国内外经典教材辅导系列·经济类

《微观经济理论：基本原理与扩展》笔记和课后习题详解

【适用尼科尔森第12版教材】

主编：圣才考研网

www.100xuexi.com

中国石化出版社

·北京·

内 容 提 要

本书是尼科尔森《微观经济理论：基本原理与扩展》(第12版)的学习辅导书。本书遵循第12版的章目编排，共分19章，每章包括两部分：第一部分为复习笔记，总结本章的重难点内容；第二部分为课(章)后习题详解，对第12版的所有习题都进行了详细的分析和解答。

圣才考研网(www.100xuexi.com)提供尼科尔森《微观经济理论：基本原理与扩展》网授精讲班【教材精讲】、电子书、题库。购书即可享受大礼包增值服务【本书AI电子书】。手机扫码(本书封底二维码)领取本书大礼包。

图书在版编目(CIP)数据

《微观经济理论：基本原理与扩展》笔记和课后习题详解/圣才考研网主编．—北京：中国石化出版社，2025.4.—ISBN 978-7-5114-7916-7

Ⅰ．F016-44

中国国家版本馆CIP数据核字第2025MN3961号

中国石化出版社出版发行

地址：北京市东城区安定门外大街58号

邮编：100011　电话：(010)57512500

发行部电话：(010)57512575

http://www.sinopec-press.com

E-mail：press@sinopec.com

武汉市新华印刷有限责任公司印刷

全国各地新华书店经销

*

787毫米×1092毫米16开本20.25印张512千字

2025年4月第1版　2025年4月第1次印刷

定价：68.00元

序　言

我国各大院校一般都把国内外通用的权威教科书作为本科生和研究生学习专业课程的参考教材，这些教材甚至被很多考试(特别是硕士和博士入学考试)和培训项目作为指定参考书。为了帮助读者更好地学习专业课，我们有针对性地编著了一套与国内外教材配套的复习资料，并提供配套的名师讲堂和题库。

尼科尔森所著的《微观经济理论：基本原理与扩展》是世界上最受欢迎的中级微观经济学教材之一。作为该教材的学习辅导书，本书具有以下几个方面的特点：

1. 梳理章节脉络，透析核心考点

本书每章的复习笔记全方位把握核心考点，并对相关重要知识点进行了延伸，内容精炼，条理清晰，易于记忆，方便考生更有针对性地复习。

2. 解析课后习题，提供详尽答案

本书参考大量微观经济学相关资料对尼科尔森所著的《微观经济理论：基本原理与扩展》(第12版)的课后习题进行了详细的分析和解答。

3. 补充相关要点，强化专业知识

一般来说，国外英文教材的中译本不太符合中国学生的思维习惯，有些语言的表述不清或条理性不强而给学习带来了不便，因此，对每章复习笔记的一些重要知识点和一些习题的解答，我们在不违背原书原意的基础上结合其他相关经典教材进行了必要的整理和分析。

与本书相配套，圣才考研网提供尼科尔森《微观经济理论：基本原理与扩展》网授精讲班【教材精讲】、电子书、题库。

要深深牢记：考研不同一般考试，概念题(名词解释)要当作简答题来回答，简答题要当作论述题来解答，而论述题的答案要像是论文，多答不扣分。有的论述题的答案简直就是一份优秀的论文(其实很多考研真题就是选自一篇专题论文)，完全需要当作论文来回答！

购买本书即可享受大礼包增值服务：手机扫码(本书封底二维码)领取本书大礼包。具体包括：本书AI电子书。

圣才考研网(www.100xuexi.com)是圣才学习网旗下的考研考博专业网站，提供全国各高校经济类专业考研考博辅导班【一对一辅导(面授/网授)、网授精讲班等】、电子书、题库、全套资料(历年真题及答案、笔记讲义等)、经济类国内外经典教材名师讲堂、考研教辅图书等。

考研辅导：kaoyan.100xuexi.com(圣才考研网)

资格考试：www.100xuexi.com(圣才学习网)

圣才考研网编辑部

目　录

第1篇　引　言

第1章　经济模型 ……………………………………………………………………（1）
　1.1　复习笔记 …………………………………………………………………（1）
　1.2　课后习题详解 ……………………………………………………………（2）
第2章　微观经济学中的数学工具 ……………………………………………（3）
　2.1　复习笔记 …………………………………………………………………（3）
　2.2　课后习题详解 ……………………………………………………………（6）

第2篇　选择与需求

第3章　偏好与效用 ……………………………………………………………（22）
　3.1　复习笔记 …………………………………………………………………（22）
　3.2　课后习题详解 ……………………………………………………………（25）
第4章　效用最大化与选择 ……………………………………………………（40）
　4.1　复习笔记 …………………………………………………………………（40）
　4.2　课后习题详解 ……………………………………………………………（44）
第5章　收入效应与替代效应 …………………………………………………（59）
　5.1　复习笔记 …………………………………………………………………（59）
　5.2　课后习题详解 ……………………………………………………………（66）
第6章　商品间的需求关系 ……………………………………………………（79）
　6.1　复习笔记 …………………………………………………………………（79）
　6.2　课后习题详解 ……………………………………………………………（80）

第3篇　不确定性与策略

第7章　不确定性 ………………………………………………………………（92）
　7.1　复习笔记 …………………………………………………………………（92）
　7.2　课后习题详解 ……………………………………………………………（95）
第8章　博弈论 …………………………………………………………………（109）
　8.1　复习笔记 …………………………………………………………………（109）
　8.2　课后习题详解 ……………………………………………………………（117）

第4篇　生产与供给

第9章　生产函数 ………………………………………………………………（132）
　9.1　复习笔记 …………………………………………………………………（132）
　9.2　课后习题详解 ……………………………………………………………（136）

第 10 章　成本函数 …… (147)
10.1　复习笔记 …… (147)
10.2　课后习题详解 …… (151)
第 11 章　利润最大化 …… (162)
11.1　复习笔记 …… (162)
11.2　课后习题详解 …… (165)

第 5 篇　竞争性市场

第 12 章　局部均衡竞争模型 …… (178)
12.1　复习笔记 …… (178)
12.2　课后习题详解 …… (184)
第 13 章　一般均衡与福利 …… (201)
13.1　复习笔记 …… (201)
13.2　课后习题详解 …… (205)

第 6 篇　市场力量

第 14 章　垄　断 …… (221)
14.1　复习笔记 …… (221)
14.2　课后习题详解 …… (225)
第 15 章　不完全竞争 …… (241)
15.1　复习笔记 …… (241)
15.2　课后习题详解 …… (243)

第 7 篇　要素市场定价

第 16 章　劳动力市场 …… (263)
16.1　复习笔记 …… (263)
16.2　课后习题详解 …… (267)
第 17 章　资本和时间 …… (278)
17.1　复习笔记 …… (278)
17.2　课后习题详解 …… (279)

第 8 篇　市场失灵

第 18 章　不对称信息 …… (290)
18.1　复习笔记 …… (290)
18.2　课后习题详解 …… (292)
第 19 章　外部性与公共品 …… (304)
19.1　复习笔记 …… (304)
19.2　课后习题详解 …… (309)

第1章 经济模型

1.1 复习笔记

1. 经济模型

(1)经济模型的含义

经济模型是用简化的数学框架或图形工具描述现实经济现象的分析工具。它通过抽象复杂经济系统，提取核心要素，揭示变量间的逻辑关系。

(2)经济模型的三个共同因素

①假设其他条件不变；

②假设经济决策者寻求某项最优化；

③准确地区分“实证性”问题和“规范性”问题。

(3)检验经济模型的方法

①直接法：检验模型的基本假设是否成立；

②间接法：检验模型对现实预测的有效性。

2.“水与钻石悖论”

亚当·斯密在《国富论》指出“具有极大使用价值的东西往往只有很少的或没有交换价值，相反，那些具有极大交换价值的东西往往很少或没有使用价值。再没有比水更有用的东西了，但水却不能购买任何东西，没有东西和水交换。相反，钻石几乎没有使用价值，却十分昂贵。”由此引出了水与钻石悖论。

英国经济学家马歇尔从需求和供给两方面来共同解释了该悖论：

从需求一方看，价格取决于商品的边际效用，而不是总效用。对于水，水源充足，人们对水的消费量大，因而其边际效用很小，价格也就很便宜。同理，人们对钻石的边际效用很大，其价格也就相应地昂贵。

从供给一方看，由于水源充足，生产人类用水的成本很低，因而其价格也低。钻石则很稀缺，生产钻石的成本也很大，因而钻石很昂贵。

综合需求和供给两方面，则水便宜，钻石昂贵。即虽然水的使用价值极大，却没有交换价值；而钻石几乎没有使用价值，却可以交换大量的其他商品。

3. 经济均衡

(1)局部均衡模型

局部均衡模型是一种经济分析方法，指在其他情况不变的情况下，仅考察经济生活在一定时间的某个变数对有关经济变量的影响的分析方法。其特点是以单个的生产者或消费者为分析的对象，而不考虑它同其他生产者或消费者之间的相互影响。英国著名经济学家马歇尔在其价值论和分配论的阐释中运用了这种分析方法。

(2)一般均衡模型

一般均衡模型是1874年法国经济学家瓦尔拉斯创立的。瓦尔拉斯认为，整个经济体系处于均衡状态时，所有消费品和生产要素的价格将有一个确定的均衡值，它们的产出和供给，将有一个确定的均衡量。他还认为在“完全竞争”的均衡条件下，出售一切生产要素的总收入和出售一切消费品的总收入必将相等。该理论的实质是说明资本主义经济可以处于稳定的均衡状态。在资本主义经济中，消费者可以获得最大效用，企业家可以获得最大利润，生产要素的所有者可以得到最大报酬。

1.2 课后习题详解

本章没有课后习题。本章是全书的一个引言，主要要求读者对微观经济模型有一个整体了解，然后在以后各章的学习中逐渐深化认识。

第 2 章　微观经济学中的数学工具

2.1　复习笔记

1. 一元函数最大值问题

假设企业能够获得的利润(π)仅取决于出售商品的数量(q)，其数学表达为 $\pi=f(q)$，则利润最大化的产量 q 必须满足以下两个条件：

(1)最大化的一阶条件(必要条件)：对于上述一元函数，如果在某一点 q^* 取到最大值，则该函数的导数(如果存在)在该点必为零，即$\left.\frac{\mathrm{d}\pi}{\mathrm{d}q}\right|_{q=q^*}=0$。

(2)最大化的二阶条件(必要条件)：在满足一阶导数等于零的条件下，并不能保证该点为极大值点，还必须满足二阶导数小于零，即$\left.\frac{\mathrm{d}^2\pi}{\mathrm{d}q^2}\right|_{q=q^*}=\left.f''(q)\right|_{q=q^*}<0$。

上述两个条件同时满足才构成最大化的充分条件。

2. 多元函数的最值问题

多元函数 $f(x_1, x_2, \cdots, x_n)$ 取最大值(或者最小值)的必要条件是，对于任意 x 的微小变化的组合都有 $\mathrm{d}y=0$，这样该点必有：$f_1=f_2=\cdots=f_n=0$，此为极值的一阶条件。但这个条件并不能保证最大化，还需要考察该点的二阶偏导数是否满足自身的二阶偏导数为负，如果满足才能保证最大化。

3. 包络定理

在经济分析中，人们常常要考察经济中的某些参数的变化对目标函数(最大值)的影响，如一商品价格的变化对消费者的效用的影响，一投入要素价格的变化(或要素禀赋的变动)对厂商收入(或利润)的影响，此时，包络定理为这种分析提供了方便。

考察如下一个最优化问题：

$$\max_x f(x, \alpha)$$

$$s.t.\ g(x, \alpha)=0$$

其中，x 为 n 维向量，参数 α 为 m 维向量。

定义值函数和拉格朗日函数分别为：

$$V(\alpha)=\max_x\{f(x, \alpha)\mid g(x, \alpha)=0\}=f[x(\alpha), \alpha]$$

$$L(x, \alpha; \lambda)=f(x, \alpha)-\lambda g(x, \alpha)$$

包络定理可以表示为：

$$\frac{\partial V}{\partial\alpha_k}=\left.L_{\alpha_k}(x, \alpha)\right|_{x^*}$$

即参数 α_k 对最大值函数(目标函数的最大值)的影响，就等于拉格朗日函数直接对参数 α_k 求偏导数，并且在最优解 x^* 处取值。

4. 有约束条件的最大化问题

求解具有约束条件最大化问题的一种方法是拉格朗日乘数法。假设求解 $x_1, x_2, \cdots, x_n$

的值，以便最大化下式：

$$y = f(x_1, x_2, \cdots, x_n)$$

其中部分自变量是有限制的，但可以将约束条件一般性地记为：

$$g(x_1, x_2, \cdots, x_n) = 0$$

构造拉格朗日函数：

$$\xi = f(x_1, x_2, \cdots, x_n) + \lambda g(x_1, x_2, \cdots, x_n)$$

有一阶条件为：

$$\frac{\partial \xi}{\partial x_1} = f_1 + \lambda g_1 = 0$$

$$\frac{\partial \xi}{\partial x_2} = f_2 + \lambda g_2 = 0$$

$$\vdots$$

$$\frac{\partial \xi}{\partial x_n} = f_n + \lambda g_n = 0$$

$$\frac{\partial \xi}{\partial \lambda} = g(x_1, x_2, \cdots, x_n) = 0$$

上述方程能够解出 x_1，x_2，…，x_n 和 λ 的值。此解满足两个性质：第一，x 服从约束条件；第二，所有这些服从约束条件的 x 使得 ξ（与 f）尽可能大。

5. 有约束条件下的最大化问题中的包络定理

假设要使以下函数达到最大化：

$$y = f(x_1, x_2, \cdots, x_n; a)$$

其变量服从约束条件：$g(x_1, x_2, \cdots, x_n; a) = 0$。

函数 f 与 g 对参数 a 具有依赖性，可以构造拉格朗日函数：

$$\xi = f(x_1, x_2, \cdots, x_n; a) + \lambda g(x_1, x_2, \cdots, x_n; a)$$

求解最优值 x_1^*，…，x_n^* 的一阶条件，它可以表示为：

$$\frac{\mathrm{d}y^*}{\mathrm{d}a} = \frac{\partial \xi}{\partial a}(x_1^*, \cdots, x_n^*; a)$$

这说明对拉格朗日函数求偏导数并代入极值点数据，就是参数 a 的改变对最优值 y 的影响。在利用拉格朗日函数求解有约束条件下的问题和无约束条件的问题时，包络定理作用相同。

6. 齐次函数

对于一个多元函数 $f(x_1, x_2, \cdots, x_n)$，如果对于任意正数 t，满足：

$$f(tx_1, tx_2, \cdots, tx_n) = t^k f(x_1, x_2, \cdots, x_n)$$

则称其为 k 次齐次函数。

（1）齐次函数的偏导数

一个 k 次齐次可微函数的各个偏导数是 $k-1$ 次齐次的。例如，对齐次函数表达式的两边分别关于 x_1 求偏导数，有：

$$\frac{\partial f(tx_1, \cdots, tx_n)}{\partial x_1} \cdot t = t^k \frac{\partial f(x_1, \cdots, x_n)}{\partial x_1}$$

$$f_1(tx_1, \cdots, tx_n) = t^{k-1} f_1(x_1, \cdots, x_n)$$

可见f_1是满足$k-1$次齐次的定义的。

(2)欧拉定理

欧拉定理是齐次函数的另一个重要性质。对齐次函数表达式的两边分别对t求偏导得:

$$kt^{k-1}f(x_1, \cdots, x_n) = x_1f_1(tx_1, \cdots, tx_n) + \cdots + x_nf_n(tx_1, \cdots, tx_n)$$

令$t=1$，有

$$kf(x_1, \cdots, x_n) = x_1f_1(x_1, \cdots, x_n) + \cdots + x_nf_n(x_1, \cdots, x_n)$$

上式(欧拉定理)说明齐次函数的值与各个偏导数都有确定的关系。

(3)位似函数

位似函数是通过对齐次函数进行任意的单调映射得到的，其保持了原函数自变量到函数值对应的序关系，即对于函数f，若一组自变量对应的函数值比另一组大，则单调映射后前者的函数值仍大于后者。此外，位似函数还有一个重要性质，即函数各个自变量之间的隐含替代关系与绝对值无关，只取决于自变量之间的比例。考虑到单调映射形式的多样性，除上述性质外，其余很多性质都可能不再成立。

定积分的微分运算规律：对积分变量求微分；对积分上限求微分；对非积分变量求微分。

7. 动态最优化

(1)最优控制问题

假设一个决策者需要找到变量$x(t)$在时间区间$[t_0, t_1]$内的最优时间路径，用一个微分方程来表示x随t的变化规律:

$$\frac{\mathrm{d}x(t)}{\mathrm{d}t} = g[x(t), c(t), t]$$

其中，变量$c(t)$被用于“控制”$x(t)$的变化。假设在t时期内，决策者得到的收益为$f[x(t), c(t), t]$，目标为最大化

$$\int_{t_0}^{t_1} f[x(t), c(t), t]\mathrm{d}t$$

(2)最大值原理

单一时间点上决策者不仅仅需要关注目标函数的现值，还需要考虑$x(t)$值的隐性变化。假设$x(t)$的现值为$\lambda(t)x(t)$，它的即时变化率是:

$$\frac{\mathrm{d}[\lambda(t)x(t)]}{\mathrm{d}t} = \lambda(t)\frac{\mathrm{d}x(t)}{\mathrm{d}t} + x(t)\frac{\mathrm{d}\lambda(t)}{\mathrm{d}t}$$

同时，在任意时间t，决策者整体关注的函数为:

$$H = f[x(t), c(t), t] + \lambda(t)g[x(t), c(t), t] + x(t)\frac{\mathrm{d}\lambda(t)}{\mathrm{d}t}$$

上式达到最优化需要满足的条件为:

$$\frac{\partial H}{\partial c} = f_c + \lambda g_c = 0 \text{ 或者 } f_c = -\lambda g_c$$

$$\frac{\partial H}{\partial x} = f_x + \lambda g_x + \frac{\mathrm{d}\lambda(t)}{\mathrm{d}t} = 0 \text{ 或者 } f_x + \lambda g_x = -\frac{\mathrm{d}\lambda(t)}{\mathrm{d}t}$$

上述的两个最优化条件被称为最大值原理。

8. 数理统计

微观经济学理论关注的不确定性和不完全信息问题与数理统计息息相关。随机变量分为

离散随机变量和连续随机变量。对随机变量而言，使用概率密度函数(PDF)表示其每一个特定结果出现的概率，且需要满足$f(x) \geqslant 0$与函数值求和(或者积分)为1的条件。常用的概率密度函数有：二项分布、均匀分布、指数分布和标准正态分布。

2.2 课后习题详解

1. 已知$f(x, y)=4x^2+3y^2$。

a. 计算f的偏导数。

b. 假设$f(x, y)=16$，运用隐函数定理计算dy/dx。

c. 当$x=1$，$y=2$时，dy/dx等于多少？

d. 画出你的结果并用它解释问题b和问题c中的结果。

解： a. 对于函数$f(x, y)=4x^2+3y^2$，其关于x和y的偏导数分别为：

$$f_x=8x,\ f_y=6y$$

b. 约束条件$f(x, y)=16$在变量间创造了一个隐函数。根据隐函数定理：

$$\frac{\mathrm{d}y}{\mathrm{d}x}=-\frac{f_x}{f_y}=-\frac{8x}{6y}=-\frac{4x}{3y}$$

c. 将$x=1$，$y=2$代入，得：

$$\frac{\mathrm{d}y}{\mathrm{d}x}=-\frac{4x}{3y}=-\frac{2}{3}$$

d. $4x^2+3y^2=16$等高线是一个以原点为中心的椭圆。

问题b中，通过隐函数定理得到的$\frac{\mathrm{d}y}{\mathrm{d}x}=\frac{-4x}{3y}$表示在曲线$4x^2+3y^2=16$上任一点的切线斜率。

问题c中，计算出点(1, 2)处的斜率为$-2/3$。

如图2-1所示。

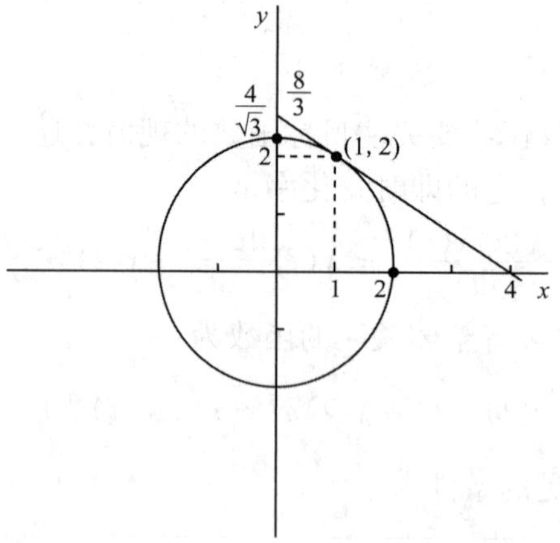

图2-1

2. 假设某企业的总收入只由产量(q)决定，且关系式为$R=70q-q^2$。总成本也只由q决定，$C=q^2+30q+100$。

a. 要使利润($R-C$)最大化，产量应为多少？最大利润是多少？

b. 说明问题a的答案满足最值的二阶条件。

c. 结果满足“边际收益=边际成本”的原则吗？请解释。

解：a. 公司的利润函数为：

$$\pi = R - C = -2q^2 + 40q - 100$$

利润最大化的一阶条件为：

$$\frac{d\pi}{dq} = -4q + 40 = 0$$

从而可以解得利润最大化时的产量为：$q^* = 10$；

相应的最大化的利润为：$\pi^* = -2 \times 10^2 + 40 \times 10 - 100 = 100$。

b. 在 $q^* = 10$ 处，利润最大化的二阶条件为：$\frac{d^2\pi}{dq^2} = -4 < 0$，因而问题 a 的答案满足最值的二阶条件。

c. 在 $q^* = 10$ 处，边际收益为：$MR = \frac{dR}{dq} = 70 - 2q^* = 70 - 2 \times 10 = 50$；

边际成本为：$MC = \frac{dC}{dq} = 2q^* + 30 = 2 \times 10 + 30 = 50$；

因而有 $MR = MC = 50$，即满足“边际收益 = 边际成本”原则。

3. 设 $f(x, y) = xy$，在 $x + y = 1$ 的约束条件下分别用消元法和拉格朗日乘数法求 f 的最大值。

解：(1)消元法

由 $x + y = 1$ 可得：$y = 1 - x$，将其代入 f 可得：$f = xy = x - x^2$，从而有：$\frac{df}{dx} = 1 - 2x = 0$，可以解得：$x = 0.5$，$y = 0.5$，$f = 0.25$。

(2)拉格朗日乘数法

构造拉格朗日函数为：$L = xy + \lambda(1 - x - y)$。

一阶条件为：

$$\frac{\partial L}{\partial x} = y - \lambda = 0$$

$$\frac{\partial L}{\partial y} = x - \lambda = 0$$

$$\frac{\partial L}{\partial \lambda} = 1 - x - y = 0$$

从而可以解得：$x = y = 0.5$，因而有：$f = xy = 0.25$。

4. 上一题的对偶问题是给定 $xy = 0.25$，求 $x + y$ 的最小值，用拉格朗日乘数法求解。比较这两题中算出的拉格朗日乘数的大小，并解释其关系。

解：(1)设最小化问题的拉格朗日函数为：

$$L = x + y + \lambda(0.25 - xy)$$

一阶条件为：

$$\frac{\partial L}{\partial x} = 1 - \lambda y = 0$$

$$\frac{\partial L}{\partial y} = 1 - \lambda x = 0$$

$$\frac{\partial L}{\partial \lambda} = 0.25 - xy = 0$$

从而有：$x=y$，$xy=x^2=0.25$，从而可以解得：$x=y=0.5$。

(2)将本题与第3题进行比较可知，两种情况下求得的拉格朗日乘数的值分别为0.5和2，互为倒数。这是因为第3题中受约束的最大化问题是本题中受约束的最小化问题的一个对偶问题。

5. 垂直向上抛球，t秒后高度为$f(t)=-0.5gt^2+40t$(其中g是常数重力加速度)。

a. 到达最高点时t为多少？将结果写成g的函数。

b. 用上一问的结果解释当g发生改变时，最高点高度是如何变化的。

c. 用包络定理直接求解问题b。

d. 在地球上$g=32$，但在不同的地方略有不同。如果两地g相差0.1，那么球在这两地能达到的最大高度大约差多少？

说明：本书认为教材题干中的表达式有误，应该在$0.5gt^2$前加上负号，特别做出更正。

解：a. 对高度函数$f(t)=-0.5gt^2+40t$关于时间求导数可得：

$$\frac{\mathrm{d}f}{\mathrm{d}t}=-gt+40=0$$

从而可以解得使高度最大的时间为：$t^*=\dfrac{40}{g}$，从而可知球到达最高点的时间t与参数g成反比例关系。

b. 将$t^*=\dfrac{40}{g}$代入高度函数中可得：

$$f(t^*)=-0.5g(40/g)^2+40\times(40/g)=800/g$$

从而有：$\dfrac{\partial f(t^*)}{\partial g}=-800/g^2<0$；

即随着g的增大，最大高度将变小。

c. 由包络定理可知：$\dfrac{\partial f}{\partial g}=-\dfrac{1}{2}(t^*)^2$取决于$g$，因为$t^*$取决于$g$。

因而有：$\dfrac{\partial f}{\partial g}=-0.5(t^*)^2=-0.5(\dfrac{40}{g})^2=\dfrac{-800}{g^2}<0$。

d. 当$g=32$时，最大高度为：$f=800/32=25$；

当$g=32.1$时，最大高度为：$f'=800/32.1\approx24.92$；

因而两地最大高度的差异为：$\Delta f=f'-f=24.92-25=-0.08$。

6. 为了建造一艘油轮，我们把一块长$3x$、宽x的铁皮四角各剪去一块边长为t的正方形，再折起来，形成一个无盖油轮的结构。

a. 证明油箱的体积$V=t(x-2t)(3x-2t)=3tx^2-8t^2x+4t^3$。

b. 对于给定的x，为了使油箱容积V最大，t应该取多少？

c. 把V视为x的函数，是否存在x使得V达到最大值？

d. 如果造船厂只有1000000平方英尺的铁皮，且满足约束条件$3x^2-4t^2=1000000$(因为切掉的铁皮可以回收)。现在求解V的最大值。此时的结果和问题b、问题c的解有什么区别？

解：a. 如图2-2所示，长方形四个角处去掉一个边长为t的正方形后叠起来的油箱是一个长方体，该长方体的长为$(3x-2t)$，宽为$(x-2t)$，高为t，因而其体积为：

$$V=t(x-2t)(3x-2t)=3tx^2-8t^2x+4t^3$$

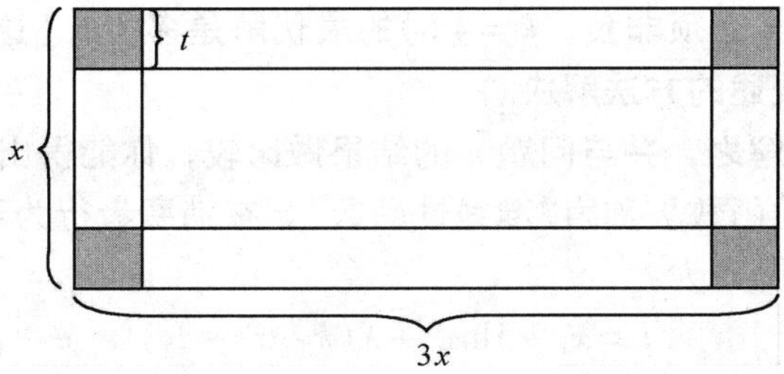

图 2－2　油箱模型的制作

b. V 关于 t 求导数可得：

$$\frac{\partial V}{\partial t}=3x^2-16xt+12t^2=0$$

从而可以解得：

$$t=\frac{16x\pm\sqrt{256x^2-144x^2}}{24}=\frac{16x\pm10.6x}{24}$$

即：$t_1=0.225x$，$t_2=1.11x$。

二阶条件为：$\frac{\partial^2 V}{\partial t^2}=-16x+24t$。

因此，只有当 $t=0.225x$ 时，才有$\frac{\partial^2 V}{\partial t^2}=-16x+24t<0$，即只有当 $t=0.225x$ 才能使给定 x 下的 V 最大。

c. 当 $t=0.225x$ 时，$V\approx0.67x^3-0.04x^3+0.05x^3\approx0.68x^3$。因而当 x 增大时，V 随之增大，没有极限。因此，不存在一个 x 使得所装油的体积最大。

d. 受约束的最优化问题为：

$$\max\ V=3tx^2-8t^2x+4t^3$$
$$s.t.\ 3x^2-4t^2=1000000$$

设拉格朗日函数为：

$$L=3tx^2-8t^2x+4t^3+\lambda(1000000-3x^2+4t^2)$$

一阶条件为：

$$\frac{\partial L}{\partial t}=3x^2-16tx+12t^2+8\lambda t=0$$

$$\frac{\partial L}{\partial x}=6tx-8t^2-6\lambda x=0$$

$$\frac{\partial L}{\partial \lambda}=1000000-3x^2+4t^2=0$$

从而可以利用拉格朗日乘数法求得最优的 t^*、x^*。显然，该受约束的最大化问题的解将有别于问题 b 和问题 c 中求解出来的解。

7. 考虑条件最值问题，使 y 最大化，其中：

$$\boldsymbol{y=x_1+5\ln x_2}$$

x_1，x_2 满足约束条件 $k-x_1-x_2=0$，k 为任意常数。

a. 证明当 $k=10$ 时，该问题可以被当作只涉及等式约束条件的问题来求解。

b. 证明 $k=4$ 时，$x_1=-1$。

c. 如果要求自变量 x 必须非负，$k=4$ 时的最优解是多少？（这个问题既可以凭直觉解决，又可以使用本章中概述的方法解决。）

d. 当 $k=20$ 时，求解之，并与问题 a 的结果做比较，你能得出什么结论？

注：这个问题涉及的函数被称为“准线性函数”，在消费者行为理论中我们还会用到。

解： a. 设拉格朗日函数为：

$$L=x_1+5\ln x_2+\lambda(k-x_1-x_2)$$

一阶条件为：

$$\frac{\partial L}{\partial x_1}=1-\lambda=0$$

$$\frac{\partial L}{\partial x_2}=\frac{5}{x_2}-\lambda=0$$

$$\frac{\partial L}{\partial \lambda}=k-x_1-x_2=0$$

从而可以解得：$\lambda=1=5/x_2$，即 $x_2=5$。当 $k=10$ 时，最优解为：$x_1=x_2=5$。

b. 当 $k=4$ 时，由问题 a 中的一阶条件可以解得：$x_2=5$，$x_1=-1$，因此结论成立。

c. 如果此问题的解非负时，最优解为：$x_1=0$，$x_2=4$，$y=5\ln 4$。因为任何正的 x_1 的值都将使 y 变小。

d. 如果 $k=20$，则由问题 a 可得最优解为：$x_1=15$，$x_2=5$。因为 x_2 给 y 提供了一个递减的边际增量，而 x_1 却没有，所以，所有的最优解要求一旦 x_2 增至 5，额外的增量应该全部由 x_1 的增加来实现。

8. 假定一个企业的边际成本函数是 $MC(q)=q+1$。

a. 这个企业的总成本函数是什么？解释为什么总成本函数只取决于一个代表固定成本的积分常数。

b. 在之前的经济学课程中已经学到，在企业作出定价决策时，产量 q 和价格 p 要满足关系 $p=MC(q)$。如果企业依照这个利润最大化原则进行决策，那么在 $p=15$ 时，企业的产量是多少？假设企业在这个价格不赚不赔，那么企业的固定成本是多少？

c. 如果价格上涨到 20，企业将获得多少利润？

d. 请证明，如果继续假设企业依据利润最大化原则作出决策，那么企业的利润能够写成价格 p 的一元函数。

e. 求解价格从 $p=15$ 上涨到 $p=20$ 后利润的增量有两种计算方法：①直接使用问题 d 中的函数求解；②对逆边际成本函数 $[MC^{-1}(p)=p-1]$ 积分，积分下限为 $p=15$，积分上限为 $p=20$。请分别使用这两种方法计算利润增量，并使用包络定理对上述结果给出直观的解释。

解： a. 由企业的边际成本函数是 $MC(q)=q+1$，设企业的固定成本为 F，则企业的总成本函数为：

$$TC(q)=F+\int_0^q(t+1)\mathrm{d}t=\frac{q^2}{2}+q+F$$

由于企业的边际成本是指企业多生产一单位的产品所增加的企业成本。用公式描述企业总成本函数和边际成函数之间的关系就是 $MC(q)=\frac{\mathrm{d}TC(q)}{\mathrm{d}q}$。而上述所求的总成本函数代表了在此边际成本函数下的总成本函数簇。此时，要使总成本函数唯一，主要取决于固定成本 F。

所以说，总成本函数只取决于一个代表了固定成本的积分常数。

b. 在企业作出定价决策时，产量 q 和价格 p 要满足关系 $p=MC(q)$。如果企业依照这个利润最大化原则进行决策，那么在 $p=15$ 时，企业的产量满足：

$$15=q+1$$

解得：$q=14$。

企业在这个价格不赚不赔，此时的企业利润为零，即：

$$\pi=p\cdot q-TC(q)=15\times 14-\left(\frac{14^2}{2}+14+F\right)=0$$

解得此时企业的固定成本为：$F=98$。

c. 如果价格上涨到 20，则企业产量满足：

$$20=q+1$$

解得：$q=19$。

此时，企业将获得利润：

$$\pi=p\cdot q-TC(q)=20\times 19-\left(\frac{19^2}{2}+19+98\right)=82.5$$

d. 如果继续假设企业依据利润最大化原则作出决策，由 $p=MC(q)$ 可将企业的产量表示为：

$$q=p-1$$

那么企业的利润函数为：

$$\pi(p)=p\cdot q-TC(q)=p(p-1)-\left[\frac{1}{2}(p-1)^2+(p-1)+F\right]=\frac{1}{2}(p-1)^2-F$$

由于 F 为常数，所以说，如果继续假设企业依据利润最大化原则作出决策，那么企业的利润函数能够写成价格 p 的一元函数。

e. 价格从 $p=15$ 上涨到 $p=20$ 后利润的增量有两种计算方法：

①直接使用问题 d 中的函数求解：

$$\Delta\pi=\pi(20)-\pi(15)=\left[\frac{1}{2}\times(20-1)^2-F\right]-\left[\frac{1}{2}\times(15-1)^2-F\right]=82.5$$

②通过对逆边际成本函数[$MC^{-1}(p)=p-1$]积分进行求解，积分下限为 $p=15$，积分上限为 $p=20$：

$$\Delta\pi=\int_{15}^{20}MC^{-1}(p)\mathrm{d}p=\int_{15}^{20}(p-1)\mathrm{d}p=82.5$$

在两种方法下，求解的利润增量相等。即拉格朗日表达式在计算有约束条件下的问题和没有约束条件的问题时，包络定理起了相同的作用。

9. 凹函数和拟凹函数

通过比较二者的定义[(2.84)式和(2.100)式]来证明凹函数必为拟凹函数，你能从直观上解释你的证明吗？它的逆命题是否正确，即拟凹函数是否是凹函数？如果不正确，请举出一例。

解：(2.84)式为：

$$f_{11}f_{22}-f_{12}^2>0$$

(2.100)式为：

$$f_{11}f_2^2-2f_{12}f_1f_2+f_{22}f_1^2<0$$

(1)下面给出该命题的两种证明方法：

①利用凹函数和拟凹函数的定义

函数$f(x)$，对定义域S(凸集)上任意两点x_1，$x_2 \in S$，$\theta \in [0,1]$，如果有$f[\theta x_1+(1-\theta)x_2] \geqslant \theta f(x_1)+(1-\theta)f(x_2)$，则称函数$f(x)$为凹函数。

函数$f(x)$，对定义域S(凸集)上任意两点x_1，$x_2 \in S$，$\theta \in [0,1]$，如果有$f[\theta x_1+(1-\theta)x_2] \geqslant \min\{f(x_1),f(x_2)\}$，则称函数$f(x)$为拟凹函数。

显然，对于凹函数有：

$$f[\theta x_1+(1-\theta)x_2] \geqslant \theta f(x_1)+(1-\theta)f(x_2) \geqslant \min\{f(x_1),f(x_2)\}$$

因而可以从凹函数推出拟凹函数，反之，则不成立。

②利用数学中关于拟凹函数的性质

本题的证明将利用如下定理：

二阶连续可微函数f: $A \to R$是拟凹函数，当且仅当对每一个$x \in A$，海塞矩阵$D^2f(x_1,x_2)$在子空间$\{z \in R^N: \nabla f(x) \cdot z=0\}$中都是半负定的，也就是说，当$\nabla f(x) \cdot z=0$时，$z \cdot D^2f(x_1,x_2)z \leqslant 0$。

下面来证明：

因为$f(x_1,x_2)$是一个凹函数，而二阶连续可微函数$f(x)$是凹函数，当且仅当其海塞矩阵是半负定的，所以对于海塞矩阵

$$D^2f(x_1,x_2)=\begin{vmatrix} f_{11} & f_{12} \\ f_{21} & f_{22} \end{vmatrix}$$

有：$f_{11}<0$，$f_{22}<0$，$\begin{vmatrix} f_{11} & f_{12} \\ f_{21} & f_{22} \end{vmatrix}>0$；

即：$f_{11}<0$，$f_{22}<0$，$f_{11}f_{22}-f_{12}^2>0$。

而海塞矩阵$D^2f(x_1,x_2)$是负定的，从而可知，海塞矩阵$D^2f(x_1,x_2)$在子空间$\{z \in R^N: \nabla f(x) \cdot z=0\}$中至少是半负定的，因而可知$f(x_1,x_2)$也是一个拟凹函数。对于拟凹函数，其加边矩阵是半负定的，即有：

$$|B_1|=\begin{vmatrix} 0 & f_1 \\ f_1 & f_{11} \end{vmatrix} \leqslant 0,\quad |B_2|=\begin{vmatrix} 0 & f_1 & f_2 \\ f_1 & f_{11} & f_{12} \\ f_2 & f_{21} & f_{22} \end{vmatrix} \geqslant 0$$

(2)直观地，从图形上看，如图2－3所示，函数$f(x)$为拟凹表示线段x_1、x_2之间的点的函数值要高于点A，或者说曲线ACB之间的点都高于点A。显然，当函数$f(x)$是凹函数，曲线呈一个倒置的锅状，则上述性质是满足的。从这一点看，凹函数一定是拟凹函数。

(3)逆命题不正确，即拟凹函数不一定是凹函数。如图2－3所示，在曲线AC段，函数是凸的；而在CB段，函数是凹的。这说明拟凹函数的概念要比凹函数更弱。

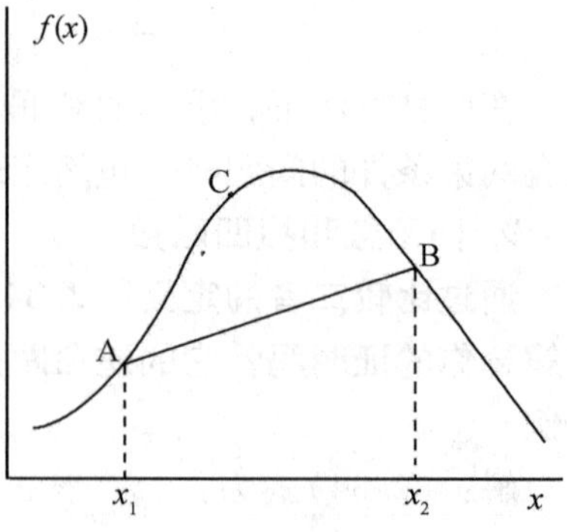

图2－3　凹函数与拟凹函数

10. 柯布－道格拉斯函数

我们即将遇到一个经济学中特别重要的函数——柯布－道格拉斯函数：

$$\boldsymbol{y=x_1^{\alpha}x_2^{\beta}}\text{，其中}\ \boldsymbol{\alpha, \beta \in (0,1)}$$

a. 运用(2.100)式，通过定义的“原始”做法证明它是拟凹函数。

b. 用 $y=c$(c 是任意正常数)的等高线围成的区域是凸集的办法证明它是拟凹函数。

c. 证明当 $\alpha+\beta>1$ 时该函数不是凹函数(这也说明拟凹函数不一定都是凹的)。

注：柯布－道格拉斯函数在扩展部分有介绍。

解： a. 分别对柯布－道格拉斯函数求一阶、二阶导数可得：

$$f_1=\alpha x_1^{\alpha-1}x_2^{\beta}>0$$

$$f_2=\beta x_1^{\alpha}x_2^{\beta-1}>0$$

$$f_{11}=\alpha(\alpha-1)x_1^{\alpha-2}x_2^{\beta}<0$$

$$f_{22}=\beta(\beta-1)x_1^{\alpha}x_2^{\beta-2}<0$$

$$f_{12}=f_{21}=\alpha\beta x_1^{\alpha-1}x_2^{\beta-1}>0$$

显然 $f_{11}f_2^2-2f_{12}f_1f_2+f_{22}f_1^2$ 中的所有项都是负的，从而可得：$f_{11}f_2^2-2f_{12}f_1f_2+f_{22}f_1^2<0$，因而可知柯布－道格拉斯函数是一个拟凹函数。

b. 如果 $y=c=x_1^{\alpha}x_2^{\beta}$，则 $x_2=c^{1/\beta}x_1^{-\alpha/\beta}$，因而当 α、$\beta>0$ 时，x_2 是 x_1 的凸函数。关于拟凹函数的一个重要性质是，如果函数 $f(x)$ 是拟凹的，则当且仅当集合 $\overline{S}=\{x\mid f(x)\geqslant k\}$ 是凸集，其中 k 是任意常数。集合 $\overline{S}=\{x\mid f(x)\geqslant k\}$ 为函数 $f(x)$ 的上等值集合。

c. 根据定义，满足 $f_{11}<0$，$f_{11}f_{22}-f_{12}^2>0$ 的函数为凹函数。

$$\begin{aligned}f_{11}f_{22}-f_{12}^2&=\alpha\beta(\alpha-1)(\beta-1)x_1^{2\alpha-2}x_2^{2\beta-2}-\alpha^2\beta^2x_1^{2\alpha-2}x_2^{2\beta-2}\\&=\alpha\beta(1-\beta-\alpha)x_1^{2\alpha-2}x_2^{2\beta-2}\end{aligned}$$

当 $\alpha+\beta>1$ 时，该式是负的，因而此时函数不是凹函数，从而可知，并非所有的拟凹函数都是凹函数。

11. 幂函数

另一种常见的函数是幂函数：$y=x^{\delta}$，其中 $0\leqslant\delta\leqslant1$(有时我们也会考察 δ 小于 0 的情形，在这类情况下我们使用 $y=x^{\delta}/\delta$ 的形式以保证微分表达式有适当的符号)。

a. 证明函数是凹函数(根据本章课后习题第 9 题，自然也是拟凹函数)。注意 $\delta=1$ 是一个特例，只有当 $\delta<1$ 时函数才是“严格”凹的。

b. 证明多元幂函数 $y=f(x_1, x_2)=(x_1)^{\delta}+(x_2)^{\delta}$ 也是凹的(和拟凹的)。请解释为何偏导数 $f_{12}=f_{21}=0$ 使得凹性的判断十分简单。

c. 用问题 b 中描述的单调映射可以给函数附加上“规模效应”：

$$g(x_1, x_2)=y^{\gamma}=[(x_1)^{\delta}+(x_2)^{\delta}]^{\gamma},\ \gamma>0$$

这个变换是否保留了函数的凹性？函数 g 是否具有拟凹性？

解： a. 当 $0\leqslant\delta<1$ 时，因为 $y'=\delta x^{\delta-1}\geqslant0$，$y''=\delta(\delta-1)x^{\delta-2}<0$，所以此时函数 $y=x^{\delta}$ 是严格凹函数。

b. 对于幂函数 $y=f(x_1, x_2)=x_1^{\delta}+x_2^{\delta}$，有：$f_1=\delta(x_1)^{\delta-1}$，$f_{11}=\delta(\delta-1)(x_1)^{\delta-2}$；$f_2=\delta(x_2)^{\delta-1}$，$f_{22}=\delta(\delta-1)(x_2)^{\delta-2}$。

因为 f_{11}，$f_{22}<0$，且 $f_{12}=f_{21}=0$，所以 $f_{11}f_{22}-f_{12}^2>0$ 满足，因而该函数是凹函数。

根据多元幂函数的表达式可知，对一个变量求一阶偏导得到的方程式与另一个变量无关，所以交叉偏导数为 0。

c. 因为 y 是拟凹函数，所以 $g=y^{\gamma}$ 也是拟凹函数。但是，当 $\delta\gamma>1$ 时，g 不是凹函数，证明如下。

$g=y^{\gamma}$，$g_1=\gamma y^{\gamma-1}y_1$，$g_2=\gamma y^{\gamma-1}y_2$，$g_{11}=\gamma(\gamma-1)y^{\gamma-2}y_1^2+\gamma y^{\gamma-1}y_{11}$，$g_{12}=\gamma(\gamma-1)y^{\gamma-2}y_1y_2$，$g_{22}=\gamma(\gamma-1)y^{\gamma-2}y_2^2+\gamma y^{\gamma-1}y_{22}$。

有：

$$\begin{aligned}g_{11}g_{22}-g_{12}^2&=\gamma^2(\gamma-1)y^{2\gamma-3}y_1^2y_{22}+\gamma^2(\gamma-1)y^{2\gamma-3}y_{11}y_2^2+\gamma^2y^{2\gamma-2}y_{11}y_{22}\\&=\gamma^2\delta^2(\delta-1)y^{2\gamma-3}x_1^{\delta-2}x_2^{\delta-2}(x_1^{\delta}+x_2^{\delta})(\delta\gamma-1)\end{aligned}$$

因为$0\leqslant\delta\leqslant1$，所以，当$\delta\gamma>1$时，$g_{11}g_{22}-g_{12}^2<0$，$g$不是凹函数；当$\delta\gamma\leqslant1$时，$g$是凹函数。

12. 在有约束的优化问题中证明包络定理

本书经常会在有约束条件的优化问题中使用包络定理，通过下面这个简单的例子证明该定理可能会帮助读者多一些直观上的理解。假设我们要最大化一个二元函数，同时这个函数与参数 a 有关：$f(x_1, x_2, a)$。这个最大化问题中的约束条件为 $g(x_1, x_2, a)=0$。

a. 写出求解这个问题的拉格朗日表达式，并写出其一阶条件。

b. 将包含 x 的两个一阶条件相加。

c. 将问题 b 中的求和式对 a 求导数。这一结果将告诉我们随着 a 的变化，x 必须要改变相对应的量，才能使一阶条件成立。

d. 我们已经从本章中学到，这个问题中的目标函数和约束条件可以表述为 a 的函数：$f[x_1(a), x_2(a), a]$，$g[x_1(a), x_2(a), a]=0$。将第一个函数对 a 求导数。这一结果表明在 x 取最优值时目标函数值随 a 值变化的情况。求导结果中必须有两项，一项含有 x，另一项只含有 $\partial f/\partial a$。

e. 将问题 d 中的第二个等式即约束条件对 a 求导。结果中有一项含有 x，另一项只含有 $\partial g/\partial a$。

f. 把问题 e 中的结果乘上 λ（拉格朗日乘数），并且运用问题 c 中的一阶条件，将这两个结果代入问题 d 的微分式中。应该可以得到：

$$\frac{df[x_1(a), x_2(a), a]}{da}=\frac{\partial f}{\partial a}+\lambda\frac{\partial g}{\partial a}$$

这个等式就是在 x 取到最优值时，拉格朗日表达式的偏微分。这也就证明了包络定理。请在直觉上解释这一证明为何能够保证 x 被调整到最优值。

g. 回过头来看例 2.8，请解释如何在篱笆周长这个例子中运用包络定理，即篱笆周长 P 的变化如何影响篱笆包围的面积。使用包络定理说明，在这个例子中拉格朗日乘数是如何施加约束的。

解：a. 这个最大化问题为：

$$\max f(x_1, x_2, a)$$
$$s.t.\ g(x_1, x_2, a)=0$$

构造拉格朗日函数：

$$L=f(x_1, x_2, a)+\lambda\cdot g(x_1, x_2, a)$$

一阶条件为：

$$\begin{cases}\dfrac{\partial L}{\partial x_1}=f_1+\lambda\cdot g_1=0\\ \dfrac{\partial L}{\partial x_2}=f_2+\lambda\cdot g_2=0\\ \dfrac{\partial L}{\partial \lambda}=g=0\end{cases}$$

b. 包含 x 的两个一阶条件相加得：

$$f_1+f_2+\lambda(g_1+g_2)=0$$

c. 将问题 b 中的求和式对 a 求导得：

$$\frac{\partial f_1}{\partial a}+\frac{\partial f_2}{\partial a}+\lambda\left(\frac{\partial g_1}{\partial a}+\frac{\partial g_2}{\partial a}\right)=0$$

d. 将目标函数对 a 求导得：

$$\frac{\mathrm{d}f[x_1(a),\ x_2(a),\ a]}{\mathrm{d}a}=f_1x_1'(a)+f_2x_2'(a)+\frac{\partial f}{\partial a} \qquad ①$$

e. 将约束条件对 a 求导得：

$$\frac{\mathrm{d}g[x_1(a),\ x_2(a),\ a]}{\mathrm{d}a}=g_1x_1'(a)+g_2x_2'(a)+\frac{\partial g}{\partial a}=0 \qquad ②$$

f. 将②乘以 λ 再加入①式，有：

$$\frac{\mathrm{d}f[x_1(a),\ x_2(a),\ a]}{\mathrm{d}a}=x_1'(a)(f_1+\lambda g_1)+x_2'(a)(f_2+\lambda g_2)+\frac{\partial f}{\partial a}+\lambda\frac{\partial g}{\partial a}$$

因为 $x_1(a)$，$x_2(a)$ 表示 f 取极值时与 a 对应的 x，因此

$$f_1+\lambda g_1=0,\ f_2+\lambda g_2=0$$

所以

$$\frac{\mathrm{d}f[x_1(a),\ x_2(a),\ a]}{\mathrm{d}a}=\frac{\partial f}{\partial a}+\lambda\frac{\partial g}{\partial a}$$

从直观上解释，这一证明是从拉格朗日表达式中推导出来的，因此能够保证 x 取到最优值。

g. 根据例 2.8 有：面积 $A=xy$，约束条件为 $P=2x+2y$，所以 $A=x\left(\frac{P}{2}-x\right)$，从而 $\frac{\mathrm{d}A}{\mathrm{d}P}=\left.\frac{\partial\left[x\left(\frac{P}{2}-x\right)\right]}{\partial P}\right|_{x=x(P)}=\left.\frac{x}{2}\right|_{x=x(P)}=\frac{x(P)}{2}=\frac{P}{8}$，即周长 P 增加一个单位时，面积增加 $\frac{P}{8}$ 个单位。拉格朗日乘数通过 $f_1+f_2+\lambda(g_1+g_2)=y+x-4\lambda=0$ 施加约束，由此可求得拉格朗日乘数为 $\lambda=\frac{x+y}{4}=\frac{x+P/2-x}{4}=\frac{P}{8}$。

13. 泰勒逼近

泰勒定理说的是任意函数在任意光滑点附近都可以用一系列原函数及微分的线性组合近似表示。下面我们看一下泰勒定理在一元函数和二元函数中的运用。

a. 任意连续和可导的一元函数 $f(x)$，在 a 点附近可以用下列公式逼近：$f(x)=f(a)+f'(a)(x-a)+0.5f''(a)(x-a)^2+f'''$，$f''''$，…中的项。

仅采用前三项则称其为二次泰勒逼近。使用二次泰勒逼近和凹函数定义说明：任何凹函数要么正好在 a 点的切线上，要么在 a 点的切线下方。

b. 任意二元函数 $f(x,\ y)$ 在点 $(a,\ b)$ 处的二次泰勒逼近为：

$$f(x,y)=f(a,b)+f_1(a,b)(x-a)+f_2(a,b)(y-b)+0.5[f_{11}(a,b)(x-a)^2+2f_{12}(a,b)(x-a)(y-b)+f_{22}(y-b)^2]$$

同样地，使用上述逼近说明：任意的凹函数[由(2.84)式定义]要么正好在点 $(a,\ b)$ 的切线上，要么在点 $(a,\ b)$ 的切线下方。

解：a. $f(x)$在a点的二次泰勒逼近式为

$$f(x)=f(a)+f'(a)(x-a)+0.5f''(a)(x-a)^2$$

因为$f''(a)<0$，$(x-a)^2>0$可得

$$f(x)\leqslant f(a)+f'(a)(x-a)$$

上面的方程表明的是$f(x)$在a点的切线方程，因此，任何凹函数要么位于a点的切线上，要么在该点切线的下方。

b. $f(x,y)$在(a,b)点的二次泰勒逼近式为

$$f(x,y)=f(a,b)+f_1(a,b)(x-a)+f_2(a,b)(y-b)+0.5[f_{11}(a,b)(x-a)^2+2f_{12}(a,b)(x-a)(y-b)+f_{22}(y-b)^2]$$

根据凹函数的性质，有

$$d^2y=f_{11}dx_1^2+2f_{12}dx_1dx_2+f_{22}dx_2^2\leqslant 0$$
$$\Rightarrow 0.5(f_{11}dx_1^2+2f_{12}dx_1dx_2+f_{22}dx_2^2)\leqslant 0$$
$$\Rightarrow f(x,y)\leqslant f(a,b)+f_1(a,b)(x-a)+f_2(a,b)(y-b)$$

上面的方程表明的是$f(x,y)$在(a,b)点的切线方程，因此，任何凹函数要么位于(a,b)点的切线上，要么在该点切线的下方。

14. 了解更多关于期望的知识

由于期望这个概念在经济学理论中有很重要的作用，因此我们将会在这里进一步总结这个统计学概念的性质。在这个问题中，我们假设x是一个连续随机变量，概率密度函数为$f(x)$。

a.（詹森不等式）假设$g(x)$是一个凹函数，证明$E[g(x)]\leqslant g[E(x)]$。提示：在点$E(x)$处作函数$g(x)$的切线。这个切线的性质是，对所有的x和$c+dE(x)=g[E(x)]$，都有$c+dx\geqslant g(x)$，其中c和d是常数。

b. 用问题a中的方法证明如果$g(x)$是凸函数，那么$E[g(x)]\geqslant g[E(x)]$。

c. 假设x只能取非负值，即$0\leqslant x$，使用分部积分法证明：

$$E(x)=\int_0^\infty [1-F(x)]dx$$

式中，$F(x)$是x的累积分布函数[即$F(x)=\int_0^x f(t)dt$]。

d.（马尔科夫不等式）证明如果x只能取正值，则下面的不等式成立：

$$P(x\geqslant t)\leqslant\frac{E(x)}{t}$$

提示：

$$E(x)=\int_0^\infty xf(x)dx=\int_0^t xf(x)dx+\int_t^\infty xf(x)dx$$

e. 考虑概率密度函数$f(x)=2x^{-3}$，其中$x\geqslant 1$。

(1)证明上述函数确实是一个概率密度函数。

(2)求出其累积分布函数$F(x)$。

(3)使用问题c中的结果计算其期望$E(x)$。

(4)证明这个函数满足马尔科夫不等式。

f. 在一些经济学问题中会用到条件期望这个概念。我们把在某些事件发生的条件下x的期望表示为$E(x|A)$。计算条件期望需要知道在事件A发生的条件下x的概率密度函数

[用 $f(x \mid A)$ 表示]，可表述为 $E(x \mid A)=\int_{-\infty}^{+\infty} x f(x \mid A)\,dx$。下面我们用一个例子来说明这些关系。

令 $f(x)=\frac{x^2}{3}$，其中 $-1 \leqslant x \leqslant 2$。

(1)证明上述函数是一个概率密度函数。

(2)计算期望 $E(x)$。

(3)计算 $-1 \leqslant x \leqslant 0$ 的概率。

(4)将事件 $0 \leqslant x \leqslant 2$ 记为事件 A，求解 $f(x \mid A)$。

(5)计算 $E(x \mid A)$。

(6)请直观地解释你的计算结果。

证明： a. 在点 $E(x)$ 处作函数 $g(x)$ 的切线，则对所有 x 和 $c+dE(x)=g[E(x)]$ 有

$$c+dx \geqslant g(x)$$

因此 $E[g(x)] \leqslant E(c+dx)=c+dE(x)=g[E(x)]$。

b. 在点 $E(x)$ 处作函数 $g(x)$ 的切线，则对所有 x 和 $c+dE(x)=g[E(x)]$ 有

$$c+dx \leqslant g(x)$$

因此 $E[g(x)] \geqslant E(c+dx)=c+dE(x)=g[E(x)]$。

c. $\int_0^{\infty}[1-F(x)]\mathrm{d}x=[1-F(x)]x\Big|_0^{\infty}-\int_0^{\infty}-f(x)x\mathrm{d}x=0+E(x)=E(x)$

所以，对于 $0 \leqslant x \leqslant \infty$，有 $E(x)=\int_0^{\infty}[1-F(x)]\mathrm{d}x$。

d. 马尔科夫不等式证明如下：

$$\frac{E(x)}{t}=\frac{1}{t}\left[\int_0^t xf(x)\mathrm{d}x+\int_t^{\infty}xf(x)\mathrm{d}x\right] \geqslant \frac{1}{t}\left[\int_t^{\infty}xf(x)\mathrm{d}x\right]$$

$$\geqslant \frac{1}{t}\left[\int_t^{\infty}tf(x)\mathrm{d}x\right]=\int_t^{\infty}f(x)\mathrm{d}x=P(x \geqslant t)$$

e. (1)对任意 $x \geqslant 1$，有 $f(x)>0$，且 $\int_{-\infty}^{\infty}f(x)\mathrm{d}x=\int_1^{\infty}2x^{-3}\mathrm{d}x=2\left(\frac{x^{-2}}{-2}\right)\Big|_1^{\infty}=1$，所以，$f(x)$ 是密度函数。

(2) $f(x)$ 的累积分布函数 $F(x)=\int_{-\infty}^{x}f(x)\mathrm{d}x=\int_1^{x}2x^{-3}\mathrm{d}x=2\left(\frac{x^{-2}}{-2}\right)\Big|_1^{x}=1-x^{-2}$。

(3) $f(x)$ 的期望函数 $E(x)=\int_{-\infty}^{\infty}[1-F(x)]\mathrm{d}x=\int_1^{\infty}x^{-2}\mathrm{d}x=-x^{-1}\Big|_1^{\infty}=1$。

(4)因为 $P(x \geqslant t)=1-F(t)=t^{-2}=\frac{1}{t^2}$，$\frac{E(x)}{t}=\frac{1}{t}$。又 $x \geqslant 1$，则有 $\frac{1}{t^2} \leqslant \frac{1}{t}$，从而 $P(x \geqslant t) \leqslant \frac{E(x)}{t}$。

所以，$f(x)$ 满足马尔科夫不等式。

f. (1)对任意 $-1 \leqslant x \leqslant 2$，有 $f(x)=\frac{x^2}{3} \geqslant 0$，且 $\int_{-\infty}^{\infty}f(x)\mathrm{d}x=\int_{-1}^{2}\frac{x^2}{3}\mathrm{d}x=\left(\frac{1}{9}x^3\right)\Big|_{-1}^{2}=1$。所以，$f(x)$ 是概率密度函数。

(2) $f(x)$ 的期望函数 $E(x)=\int_{-\infty}^{\infty}xf(x)\mathrm{d}x=\int_{-1}^{2}\frac{x^3}{3}\mathrm{d}x=\left(\frac{1}{12}x^4\right)\Big|_{-1}^{2}=\frac{16-1}{12}=\frac{5}{4}$。

(3) $P(-1\leqslant x\leqslant 0)=\int_{-1}^{0}\frac{x^2}{3}\mathrm{d}x=\left(\frac{1}{9}x^3\right)\Big|_{-1}^{0}=\frac{1}{9}$。

(4) $f(x|A)=\frac{P(x\text{ 且 }A)}{P(A)}=\frac{\frac{x^2}{3}}{\frac{8}{9}}=\frac{3x^2}{8}$；$0\leqslant x\leqslant 2$。

(5) $E(x|A)=\int_{-\infty}^{\infty}xf(x|A)\mathrm{d}x=\int_{0}^{2}\frac{3x^3}{8}\mathrm{d}x=\left(\frac{3}{32}x^4\right)\Big|_{0}^{2}=\frac{3}{2}$。

(6) 由以上结果可知：消除 x 的最低值会增加剩余值的预期值。

15. 了解更多关于方差的知识

从随机变量方差的定义式出发，可以推导出一些结论。

a. 证明 $\mathrm{Var}(x)=E(x^2)-[E(x)]^2$。

b. 使用马尔科夫不等式（本章课后习题第 14 题问题 d）证明下面的不等式成立，其中 x 为非负数：

$$P[(x-\mu_x)\geqslant k]\leqslant\frac{\sigma_x^2}{k^2}$$

这一结果告诉我们，一个随机变量偏离期望的程度是有限制的。令 $k=h\sigma$，上述结果可以转化为：

$$P[(x-\mu_x)\geqslant h\sigma]\leqslant\frac{1}{h^2}$$

因此，举个例子，一个随机变量偏离其期望超过两个标准差的概率永远小于 0.25，这个结果也被称为切比雪夫不等式。

c. (2.183) 式说明，如果两个（或两个以上）的随机变量是独立的，那么它们的和的方差等于方差的和。把这一结果推广到 n 个独立随机变量，每个随机变量的期望和方差都是 μ 和 σ^2，这 n 个随机变量的和的期望为 $n\mu$，方差为 $n\sigma^2$。这 n 个随机变量的均值的期望为 μ，方差为 σ^2/n。这有时被称为大数定理（the law of large numbers）：随着随机变量个数的增加，其均值的方差会逐渐收敛到 0。

d. 利用问题 c 的结果证明，如果 x_1 和 x_2 是两个同期望、同方差的独立随机变量，这两个随机变量的加权平均值 $X=kx_1+(1-k)x_2\ (0\leqslant k\leqslant 1)$ 的方差在 $k=0.5$ 时取到最小值。那么合理设置 k 的取值能够使 X 的方差减少多少？

e. 如果两个随机变量的方差不相等，那么问题 d 中的结果会发生怎样的变化？

解： a. 根据方差的数学定义得：

$$\begin{aligned}\mathrm{Var}(x)&=\int_{-\infty}^{+\infty}[x-E(x)]^2\cdot f(x)\mathrm{d}x\\&=\int_{-\infty}^{+\infty}[x^2-2xE(x)+E^2(x)]\cdot f(x)\mathrm{d}x\\&=\int_{-\infty}^{+\infty}[x^2\cdot f(x)-2xf(x)\cdot E(x)+E^2(x)\cdot f(x)]\mathrm{d}x\\&=E(x^2)-2E^2(x)+E^2(x)\\&=E(x^2)-E^2(x)\end{aligned}$$

b. 根据马尔科夫不等式，有：

$$P[(x-\mu_x)\geqslant k]=P[(x-\mu_x)^2\geqslant k^2]\leqslant\frac{E(x-\mu_x)^2}{k^2}=\frac{\sigma_x^2}{k^2}$$

令 $k=h\sigma$，则有：$P[(x-\mu_x)\geqslant h\sigma]\leqslant\frac{\sigma^2}{h^2\sigma^2}=\frac{1}{h^2}$。

c. 如果两个(或两个以上)的随机变量是独立的，即：

如果 x，y 相互独立，则有 $\mathrm{Var}(x+y)=\mathrm{Var}(x)+\mathrm{Var}(y)$

对于相互独立的 n 个随机变量，其期望和方差满足：

$$E(x_i)=\mu,\ \mathrm{Var}(x_i)=\sigma^2,\ i=1,\ 2,\ \cdots,\ n$$

则这 n 个随机变量和的期望和方差分别为：

$$E(x_1+x_2+\cdots+x_n)=E(x_1)+E(x_2)+\cdots+E(x_n)=n\mu$$

$$\mathrm{Var}(x_1+x_2+\cdots+x_n)=\mathrm{Var}(x_1)+\mathrm{Var}(x_2)+\cdots+\mathrm{Var}(x_n)=n\sigma^2$$

这 n 个随机变量的均值的期望和方差分别为：

$$E\left(\frac{x_1+x_2+\cdots+x_n}{n}\right)=\frac{1}{n}\cdot[E(x_1)+E(x_2)+\cdots+E(x_n)]=\mu$$

$$\mathrm{Var}\left(\frac{x_1+x_2+\cdots+x_n}{n}\right)=\frac{1}{n^2}\cdot[\mathrm{Var}(x_1)+\mathrm{Var}(x_2)+\cdots+\mathrm{Var}(x_n)]=\frac{n\sigma^2}{n^2}=\frac{\sigma^2}{n}$$

随着随机变量个数 n 的增加，其均值方差的极限为：

$$\lim_{n\to\infty}\mathrm{Var}\left(\frac{x_1+x_2+\cdots+x_n}{n}\right)=\lim_{n\to\infty}\frac{\sigma^2}{n}=0$$

d. 由题意得，X 的方差为：

$$\mathrm{Var}[kx_1+(1-k)x_2]=[k^2+(1-k)^2]\cdot\sigma^2=(2k^2-2k+1)\cdot\sigma^2$$

一阶条件满足：

$$(4k-2)\cdot\sigma^2=0$$

解得，$k=0.5$，又二阶导数为 $4\sigma^2\geqslant0$，所以此时 X 的方差达到最小值，为 $\mathrm{Var}[kx_1+(1-k)x_2]=0.5\sigma^2$。

e. 此时，方差为

$$\mathrm{Var}[kx_1+(1-k)x_2]=k^2\mathrm{Var}(x_1)+(1-k)^2\mathrm{Var}(x_2)$$

一阶条件满足：

$$2k\mathrm{Var}(x_1)-2(1-k)\mathrm{Var}(x_2)=0$$

解得：$k=\frac{\mathrm{Var}(x_2)}{\mathrm{Var}(x_1)+\mathrm{Var}(x_2)}$，$\mathrm{Var}[kx_1+(1-k)x_2]=\frac{\mathrm{Var}(x_1)\mathrm{Var}(x_2)}{\mathrm{Var}(x_1)+\mathrm{Var}(x_2)}$。

16. 了解更多关于协方差的知识

这里介绍一些与随机变量 x_1 和 x_2 的协方差有关的关系式。

a. 证明 $\mathrm{Cov}(x_1,\ x_2)=E(x_1x_2)-E(x_1)E(x_2)$，上述关系的一个重要应用就是：当 $\mathrm{Cov}(x_1,\ x_2)=0$ 时，$E(x_1x_2)=E(x_1)E(x_2)$，即随机变量乘积的期望等于这两个随机变量期望的乘积。

b. 证明 $\mathrm{Var}(ax_1+bx_2)=a^2\mathrm{Var}(x_1)+b^2\mathrm{Var}(x_2)+2ab\mathrm{Cov}(x_1,\ x_2)$。

c. 在本章课后习题第 15 题问题 d 中，我们计算了 $X=kx_1+(1-k)x_2(0\leqslant k\leqslant1)$ 的方差。如果 $\mathrm{Cov}(x_1,\ x_2)\neq0$，那么上面的结论——当 $k=0.5$ 时，X 的方差最小是否还成立？

d. 两个随机变量的相关系数定义为：

$$\mathbf{Corr}(x_1, x_2) = \frac{\mathbf{Cov}(x_1, x_2)}{\sqrt{\mathbf{Var}(x_1)\mathbf{Var}(x_2)}}$$

分别从数学上和直观上解释为什么 $-1 \leqslant \mathbf{Corr}(x_1, x_2) \leqslant 1$。

e. 假设随机变量 y 是 x 的线性变换 $y = \alpha + \beta x$。证明：

$$\boldsymbol{\beta} = \frac{\mathbf{Cov}(x, y)}{\mathbf{Var}(x)}$$

这里，$\boldsymbol{\beta}$ 也被称为 y 关于 x 的回归系数。如果使用真实数据，上述表达式也被称为普通最小二乘(OLS)回归系数。

解： a. 根据协方差数学定义得：

$$\begin{aligned}
\mathrm{Cov}(x_1, x_2) &= \int_{-\infty}^{+\infty}\int_{-\infty}^{+\infty}[x_1 - E(x_1)]\cdot[x_2 - E(x_2)]\cdot f(x_1, x_2)\mathrm{d}x_1\mathrm{d}x_2 \\
&= \int_{-\infty}^{+\infty}\int_{-\infty}^{+\infty}[x_1x_2 - x_1E(x_2) - x_2E(x_1) + E(x_1)\cdot E(x_2)]\cdot f(x_1, x_2)\mathrm{d}x_1\mathrm{d}x_2 \\
&= \int_{-\infty}^{+\infty}\int_{-\infty}^{+\infty}[x_1x_2\cdot f(x_1, x_2) - x_1f(x_1, x_2)\cdot E(x_2) - x_2f(x_1, x_2)\cdot E(x_1) \\
&\quad + f(x_1, x_2)\cdot E(x_1)\cdot E(x_2)]\mathrm{d}x_1\mathrm{d}x_2 \\
&= \int_{-\infty}^{+\infty}\int_{-\infty}^{+\infty}x_1x_2\cdot f(x_1, x_2)\mathrm{d}x_1\mathrm{d}x_2 - E(x_2)\cdot\int_{-\infty}^{+\infty}\int_{-\infty}^{+\infty}x_1\cdot f(x_1, x_2)\mathrm{d}x_1\mathrm{d}x_2 \\
&\quad - E(x_1)\cdot\int_{-\infty}^{+\infty}\int_{-\infty}^{+\infty}x_2\cdot f(x_1, x_2)\mathrm{d}x_1\mathrm{d}x_2 + E(x_1)E(x_2)\int_{-\infty}^{+\infty}\int_{-\infty}^{+\infty}f(x_1, x_2)\mathrm{d}x_1\mathrm{d}x_2 \\
&= E(x_1x_2) - E(x_1)\cdot E(x_2)
\end{aligned}$$

当 $\mathrm{Cov}(x_1, x_2) = 0$ 时，有：

$$E(x_1x_2) = E(x_1)\cdot E(x_2)$$

b. 由方差的定义得：

$$\begin{aligned}
\mathrm{Var}(ax_1 + bx_2) &= \int_{-\infty}^{+\infty}\int_{-\infty}^{+\infty}[ax_1 + bx_2 - E(ax_1 + bx_2)]^2\cdot f(x_1, x_2)\mathrm{d}x_1\mathrm{d}x_2 \\
&= \int_{-\infty}^{+\infty}\int_{-\infty}^{+\infty}[ax_1 - E(ax_1) + bx_2 - E(bx_2)]^2\cdot f(x_1, x_2)\mathrm{d}x_1\mathrm{d}x_2 \\
&= \int_{-\infty}^{+\infty}\int_{-\infty}^{+\infty}\{[ax_1 - E(ax_1)]^2 + [bx_2 - E(bx_2)]^2 + 2[ax_1 - E(ax_1)]\cdot \\
&\quad [bx_2 - E(bx_2)]\}\cdot f(x_1, x_2)\mathrm{d}x_1\mathrm{d}x_2 \\
&= \mathrm{Var}(ax_1) + \mathrm{Var}(bx_2) + 2\mathrm{Cov}(ax_1, bx_2) \\
&= a^2\mathrm{Var}(x_1) + b^2\mathrm{Var}(x_2) + 2ab\mathrm{Cov}(x_1, x_2)
\end{aligned}$$

c. 此时，有：

$$\begin{aligned}
\mathrm{Var}(kx_1 + (1-k)x_2) &= \mathrm{Var}(kx_1) + \mathrm{Var}((1-k)x_2) + 2\mathrm{Cov}(kx_1, (1-k)x_2) \\
&= k^2\mathrm{Var}(x_1) + (1-k)^2\mathrm{Var}(x_2) + 2k(1-k)\mathrm{Cov}(x_1, x_2)
\end{aligned}$$

一阶条件为：

$$2k\mathrm{Var}(x_1) - 2(1-k)\mathrm{Var}(x_2) + 2(1-2k)\mathrm{Cov}(x_1, x_2) = 0$$

解得：$k = \dfrac{\mathrm{Var}(x_2) - \mathrm{Cov}(x_1, x_2)}{\mathrm{Var}(x_1) + \mathrm{Var}(x_2) - 2\mathrm{Cov}(x_1, x_2)} = 0.5$，且二阶导数为：$4\mathrm{Var}(x_1) -$

$4\text{Cov}(x_1, x_2) \geq 0$，因此结论依然成立。

d. 有：

$$\text{Corr}^2(x_1, x_2) - 1 = \frac{\text{Cov}^2(x_1, x_2) - \text{Var}(x_1)\text{Var}(x_2)}{\text{Var}(x_1)\text{Var}(x_2)}$$

$$= \frac{[E(x_1 - Ex_1)(x_2 - Ex_2)]^2 - E(x_1 - Ex_1)^2 E(x_2 - Ex_2)^2}{E(x_1 - Ex_1)^2 E(x_2 - Ex_2)^2}$$

根据柯西－施瓦茨不等式，有：

$$[E(x_1 - Ex_1)(x_2 - Ex_2)]^2 \leq E(x_1 - Ex_1)^2 E(x_2 - Ex_2)^2$$

因此：

$$\text{Corr}^2(x_1, x_2) \leq 1$$

所以 $-1 \leq \text{Corr}(x_1, x_2) \leq 1$。

从直观上理解，相关系数度量的是两个变量之间的相关关系，当两个变量之间正线性相关时，相关关系最强，此时相关系数为1；当两个变量之间负线性相关时，相关关系最弱，此时相关系数为－1。两个变量之间的相关关系介于正线性相关和负线性相关之间，因此相关系数介于－1到1之间。

e. 随机变量 y 是 x 的线性变换 $y = \alpha + \beta x$ 时，y 和 x 的相关系数为：

$$\text{Corr}(x, y) = \frac{\text{Cov}(y, x)}{\sqrt{\text{Var}(y)\text{Var}(x)}} = \frac{\text{Cov}(y, x)}{\sqrt{\text{Var}(\alpha + \beta x)\text{Var}(x)}} = \frac{\text{Cov}(y, x)}{\beta \text{Var}(x)} = \frac{\text{Cov}(y, x)}{\beta \text{Var}(x)}$$

由于 y 与 x 正线性相关，所以 $\text{Corr}(x, y) = 1$，从而 $\beta = \dfrac{\text{Cov}(y, x)}{\text{Var}(x)}$。

第2篇 选择与需求

第3章 偏好与效用

3.1 复习笔记

1. 理性选择定理

偏好是指消费者按照自己的意愿对可供选择的商品组合进行的排序。偏好是微观经济学价值理论中的一个基础概念。偏好是主观的，也是相对的概念。

为了便于经济分析，经济学中通常假定人们的偏好关系满足以下三个基本假设：

(1)完备性：偏好是完备的，即消费者可以在所有可能的消费组合中进行比较和排序。例如，对于任何两个消费组合A和B，消费者要么偏好其中的A，要么偏好其中的B，要么觉得两者无差异。其中，无差异是指消费者从两个消费选择中获得相同的满足程度。

(2)传递性：偏好是可以传递的，这意味着，如果消费者在消费组合A和B中更偏好A，在B和C中更偏好B，那么消费者在A和C中更偏好A。这一假定保证了消费者的种种偏好是一致的，因而也是理性的。

(3)连续性：如果消费者认为消费组合A优于B，那么充分接近A的消费组合也一定优于接近B的消费组合。

2. 效用及其表示方法

(1)效用的含义

效用是指消费者消费或拥有一定数量的某种商品时所获得的满足程度。一种商品给消费者所带来的效用不同于该商品的使用价值，它是消费者对所消费商品给予的主观评价，不同的消费者在相同的时间、地点消费相同数量的商品组合可以分别获得不同的效用，即使同一消费者在不同的时期、不同的地点消费同样数量的商品组合也可获得不同的满足程度。效用有总效用和边际效用之分。边际效用量的大小在消费者的消费决策中具有重要作用。

(2)度量效用方式的不唯一性

在准确符合原本偏好排序的基础上，可以任意给定一组数值来表示同样的选择次序。例如 $U(A)=6$，$U(B)=2$ 和 $U(A)=1000$，$U(B)=0.001$ 没有区别。由于赋予效用的数值并不唯一，因此不能在不同人之间比较效用。

(3)其他条件不变的假定

影响效用度量的因素有：①商品的实质影响；②消费者同阶层带来的压力；③消费者的个人喜好；④消费者所处的社会文化环境；⑤消费者的即时心理等等。

所以，对效用最大化选择的经济分析中，为了使选择分析形式简单、易于处理，一般都假定其他条件不变。

(4)效用函数

①消费商品的效用

在单一时点上，在 n 种消费品 x_1，x_2，…，x_n 中，考虑个人的选择问题。假定可以用下列效用函数来表示个人对这些消费品的偏好序：效用 $=U(x_1, x_2, \cdots, x_n$；其他事物)。

其中，x 表示可能选择商品的数量，其他事物表示影响消费者效用的其他因素。

②效用函数的参数

当讨论个人从真实财富(W)中获得的效用时，有：效用 $=U(W)$。通过将财富用于购买效用最大的消费品来获得效用。

当讨论个人的劳动 - 闲暇选择时，有：效用 $=U(c, h)$，其中 c 表示消费，h 表示在一段给定时间内的非工作时间(即闲暇)。

当讨论在不同时段内个人的消费决策问题时，有：效用 $=U(c_1, c_2)$，其中 c_1 表示在现时段的消费，c_2 表示在另一时段的消费。

③效用函数

效用函数表示为 $U(x_1, x_2, \cdots, x_n)$，其中 x_1，x_2，…，x_n 分别代表了个人在某一个时期消费的 n 种商品的数量，如果个人的偏好序维持不变，那么这个效用函数就是唯一的。

3. 交易与替代

(1)无差异曲线

①无差异曲线的含义

无差异曲线是用来表示一组对于个人来说无差异的消费集合。或者说，它是表示能给消费者带来同等效用水平或满足程度的两种商品的不同数量的所有组合。无差异曲线可以表示为图 3 - 1。

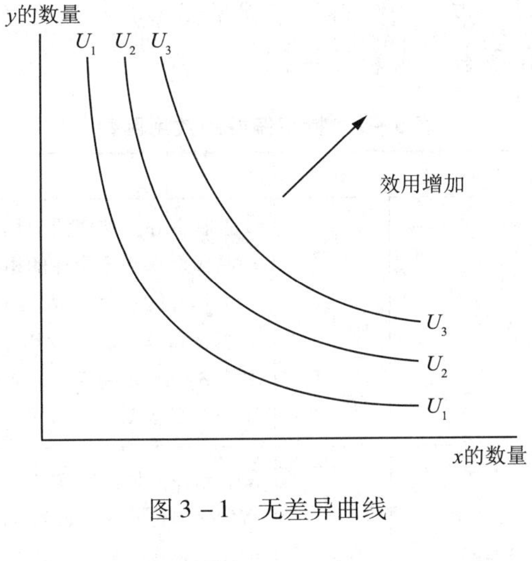

图 3 - 1　无差异曲线

②无差异曲线的特点

第一，由于假定效用函数的连续性，所以，在同一坐标平面上的任何两条无差异曲线之间，存在着无数条无差异曲线。离原点越近的无差异曲线所代表的效用水平越低，离原点越远的无差异曲线所代表的效用水平越高。

第二，在同一坐标平面上的任意两条无差异曲线不会相交。

第三，在正常情况下，无差异曲线总是凸向原点的。这一特点是由商品的边际替代率递减规律所决定的。

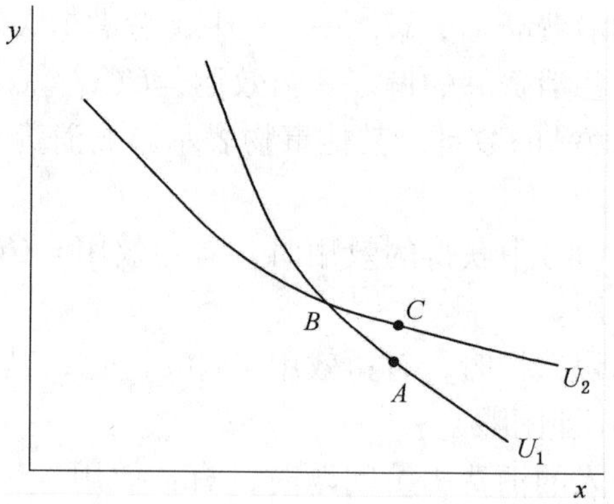

图 3－2　相交的无差异曲线意味着偏好不一致

(2)边际替代率

边际替代率(MRS)是指在维持效用水平不变的前提下，消费者增加一单位某种商品的消费数量时所需放弃的另一种商品的消费数量。以 MRS 代表商品的边际替代率，ΔX_1 和 ΔX_2 分别是商品 1 和商品 2 的消费变化量，则商品 1 对商品 2 的边际替代率的公式为：

$$MRS_{12} = -\frac{\Delta X_2}{\Delta X_1}$$

当商品数量的变化趋于无穷小时，则商品的边际替代率公式为：

$$MRS_{12} = \lim_{\Delta X_1 \to 0} -\frac{\Delta X_2}{\Delta X_1} = -\frac{\mathrm{d}X_2}{\mathrm{d}X_1}$$

显然，无差异曲线上某一点的边际替代率就是无差异曲线在该点的斜率的绝对值。

4. 特定偏好的效用函数(见表 3－1)

表 3－1　特定偏好的效用函数

效用函数	形式	图像	特点
柯布－道格拉斯效用函数	$U(X, Y) = X^{\alpha}Y^{\beta}$	图 3－3	①性状良好，被广泛应用于经济分析，参数 α、β 反映了商品 X 和 Y 对于个体的相对重要性。 ②边际替代率为：$MRS = (\alpha/\beta)(Y/X)$。 ③当 $\alpha+\beta=1$ 时，效用函数可写为 $U(X, Y) = X^{\delta}Y^{1-\delta}$，其中 $\delta=\alpha/(\alpha+\beta)$，$1-\delta=\beta/(\alpha+\beta)$。即参数 α、β 反映了用于商品 X 和 Y 的支出份额，$P_X X/I=\alpha$，$P_Y Y/I=\beta$
完全替代——线性效用函数	$U(X, Y) = \alpha X+\beta Y$	图 3－4	①表示完全替代型偏好关系，即消费者愿意用 α 单位的 Y 替代 β 单位的 X。如果两种商品 X 和 Y 之间可以按照固定的比例替代，就说商品 X 是 Y 的完全替代品。 ②当这个固定的替代比例是 1:1 时，消费者只关心消费的总数
完全互补——里昂惕夫效用函数	$U(X, Y) = \min(\alpha X, \beta Y)$	图 3－5	①表示完全互补型偏好关系。如果消费者始终以固定的比例一起消费两种商品，就说这两种商品是完全互补品。对于里昂惕夫效用函数而言，有：$\alpha X=\beta Y$，即：$Y/X=\alpha/\beta$。 ②消费者关于这两种商品的无差异曲线呈 L 形，所有无差异曲线的拐点的连线是一条直线，而直线的斜率就表示两种商品的搭配比率

续表

效用函数	形式	图像	特点
CES 效用函数	$U(X, Y) = (X^{\delta} + Y^{\delta})^{1/\delta}$	图 3-6	当 $\delta = 1$ 时，它是表示完全替代的线性效用函数；当 $\delta \to 0$ 时，它接近柯布-道格拉斯效用函数；当 $\delta \to \infty$ 时，它趋于完全互补的里昂惕夫效用函数

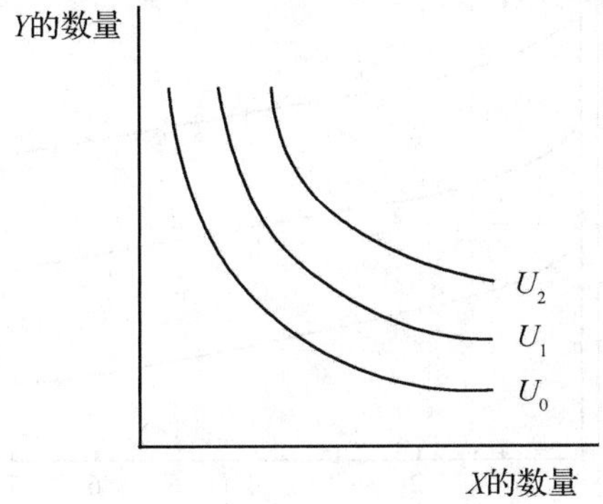

图 3-3　柯布-道格拉斯效用函数

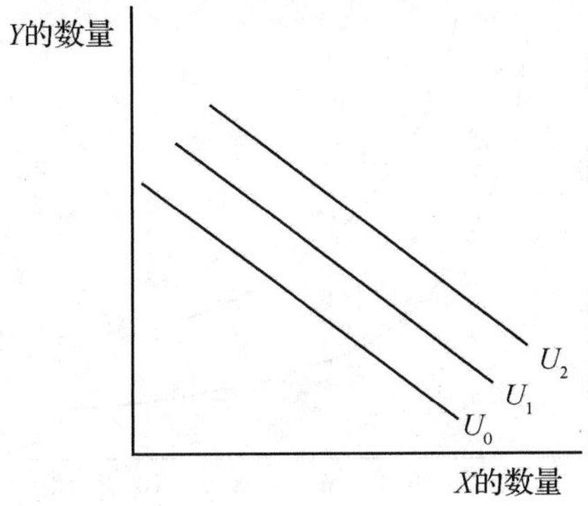

图 3-4　线性效用函数

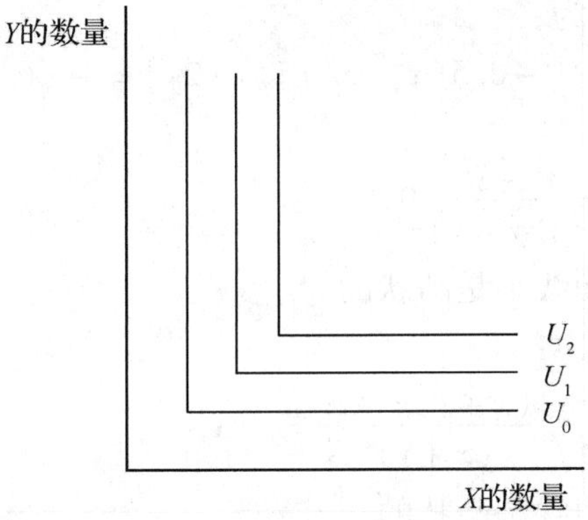

图 3-5　里昂惕夫效用函数

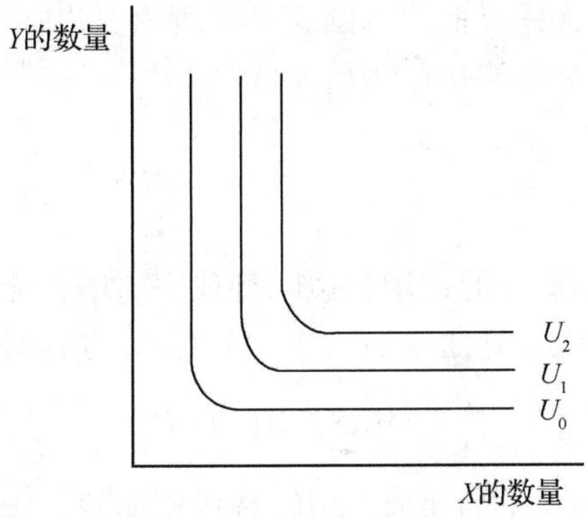

图 3-6　CES 效用函数

3.2　课后习题详解

1. 画出下列效用函数的无差异曲线并判断它们是否是凸的(即它们的 *MRS* 是否随 *x* 递增而递减)。

a. $U(x, y) = 3x + y$

b. $U(x, y) = \sqrt{x \cdot y}$

c. $U(x, y) = \sqrt{x} + y$

d. $U(x, y) = \sqrt{x^2 - y^2}$

e. $U(x, y) = \dfrac{xy}{x + y}$

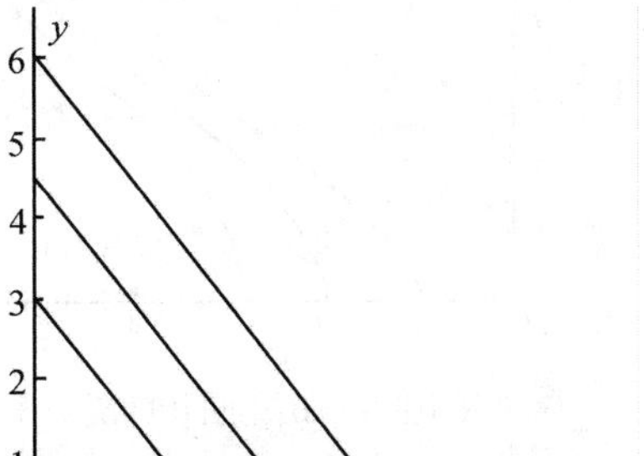

图 3-7　完全替代型的无差异曲线

解：a. 无差异曲线如图 3-7 所示，为一组直线。边际替代率为：$MRS = MU_x / MU_y = 3/1 = 3$，为一常数，因而无差异曲线不是凸状的。

b. 无差异曲线如图 3－8 所示，为性状良好的无差异曲线。边际替代率为：$MRS = MU_x/MU_y = \frac{0.5(y/x)^{0.5}}{0.5(y/x)^{-0.5}} = y/x$，随着 x 的递增，MRS 将递减，因而是凸状的无差异曲线。

c. 无差异曲线如图 3－9 所示。边际替代率为：$MRS = MU_x/MU_y = 0.5x^{-0.5}$，即随着 x 的递增，边际替代率递减，无差异曲线是凸状的，此为拟线性偏好的效用函数。

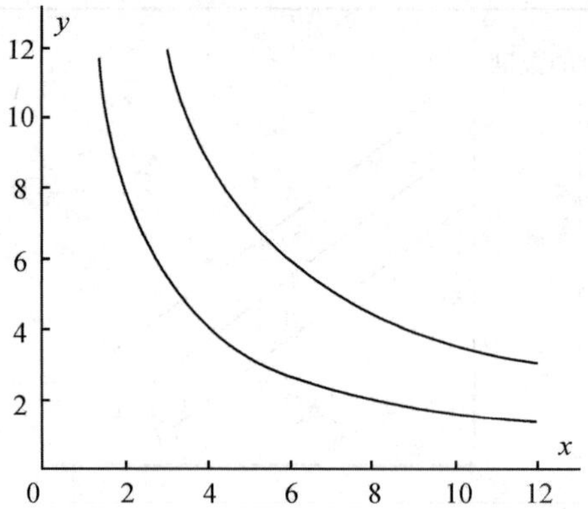

图 3－8　凸状的无差异曲线

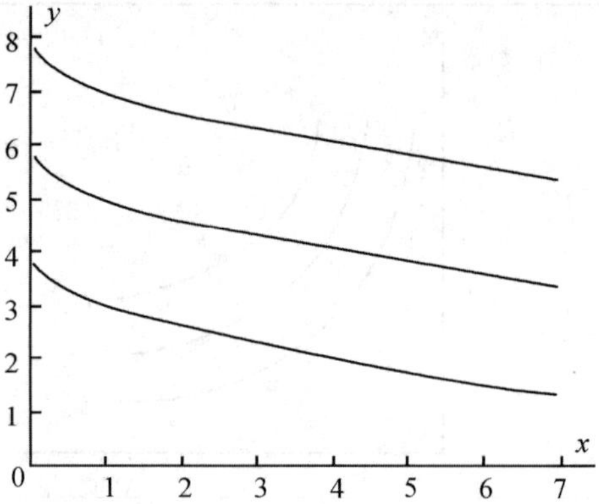

图 3－9　拟线性型的无差异曲线

d. 无差异曲线如图 3－10 所示。边际替代率为：

$$MRS = MU_x/MU_y = [0.5(x^2-y^2)^{-0.5}\cdot 2x]/[-0.5(x^2-y^2)^{-0.5}\cdot 2y] = -x/y$$

$$\frac{\mathrm{d}MRS}{\mathrm{d}x} = -\frac{y - x\frac{\mathrm{d}y}{\mathrm{d}x}}{y^2} = \frac{x^2-y^2}{y^3} > 0$$

即随着 x 的递增，边际替代率递增，无差异曲线不是凸状的。

e. 无差异曲线如图 3－11 所示。边际替代率为：

$$MRS = MU_x\Big/MU_y = \frac{(x+y)y-xy}{(x+y)^2}\Big/\frac{(x+y)x-xy}{(x+y)^2} = y^2/x^2$$

即随着 x 的递增，边际替代率递减，无差异曲线是凸状的。

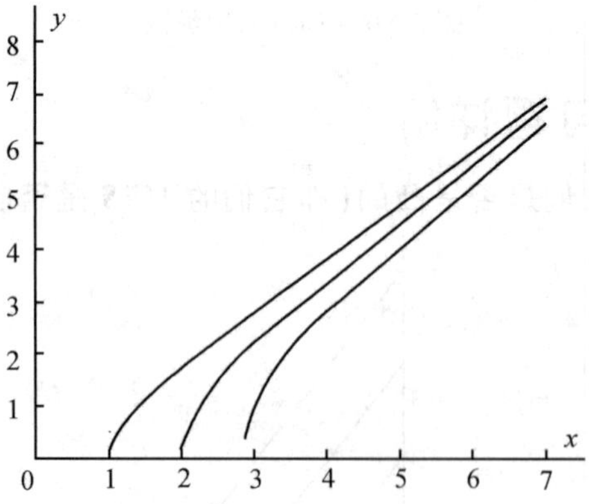

图 3－10　凹状的无差异曲线

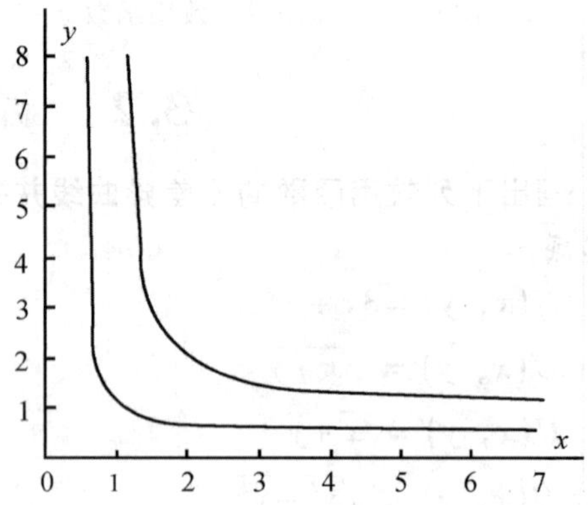

图 3－11　凸状的无差异曲线

2. 在本章脚注里我们曾说明，为了使两种商品的效用函数具有严格递减的 *MRS*（即曲线呈严格拟凹），必须满足下列条件：

$$U_{xx}U_y^2 - 2U_{xy}U_xU_y + U_{yy}U_x^2 < 0$$

利用这一条件检验本章课后习题第 1 题中各效用函数无差异曲线的凸性。写出你在解题

过程中发现的边际效用递减和拟凹性之间的关系的各种情况。

解：a. 对于效用函数 $U(x, y)=3x+y$，有：

$$U_x=3,\ U_y=1;\ U_{xx}=0,\ U_{yy}=0,\ U_{xy}=0$$

则 $U_{xx}U_y^2-2U_{xy}U_xU_y+U_{yy}U_x^2=0$。

即当两种商品的边际效用不变时，效用函数不是严格拟凹的。

b. 对于效用函数 $U(x, y)=\sqrt{x \cdot y}$，有：

$$U_x=\frac{1}{2}x^{-\frac{1}{2}}y^{\frac{1}{2}}>0,\ U_{xx}=-\frac{1}{4}x^{-\frac{3}{2}}y^{\frac{1}{2}}<0$$

$$U_y=\frac{1}{2}x^{\frac{1}{2}}y^{-\frac{1}{2}}>0,\ U_{yy}=-\frac{1}{4}x^{\frac{1}{2}}y^{-\frac{3}{2}}<0$$

$$U_{xy}=\frac{1}{4}x^{-\frac{1}{2}}y^{-\frac{1}{2}}>0$$

则 $U_{xx}U_y^2-2U_{xy}U_xU_y+U_{yy}U_x^2<0$。

即当两种商品的边际效用递减时，效用函数是严格拟凹的。

c. 对于效用函数 $U(x, y)=\sqrt{x}+y$，有：

$$U_x=\frac{1}{2\sqrt{x}},\ U_y=1;\ U_{xx}=-\frac{1}{4}x^{-\frac{3}{2}}<0,\ U_{yy}=0,\ U_{xy}=0$$

则 $U_{xx}U_y^2-2U_{xy}U_xU_y+U_{yy}U_x^2<0$。

即当一种商品的边际效用递减，另一种商品的边际效用不变时，效用函数是严格拟凹的。

d. 对于效用函数 $U(x, y)=\sqrt{x^2-y^2}$，有：

$$U_x=\frac{x}{\sqrt{x^2-y^2}},\ U_y=\frac{-y}{\sqrt{x^2-y^2}}$$

$$U_{xx}=\frac{-y^2}{(x^2-y^2)^{\frac{3}{2}}}<0,\ U_{yy}=\frac{-x^2}{(x^2-y^2)^{\frac{3}{2}}}<0,\ U_{xy}=\frac{xy}{(x^2-y^2)^{\frac{3}{2}}}$$

则有：

$$U_{xx}U_y^2-2U_{xy}U_xU_y+U_{yy}U_x^2=-(x^2-y^2)^{-\frac{1}{2}}$$

当 $x>y$ 时，$U_{xx}U_y^2-2U_{xy}U_xU_y+U_{yy}U_x^2=-(x^2-y^2)^{-\frac{1}{2}}<0$；当 $x=y$ 时，无差异曲线为一条从原点出发斜率为 1 的直线，此时效用 $U=0$。因此该效用函数并不是严格拟凹的。

e. 对于效用函数 $U(x, y)=\frac{xy}{x+y}$，有：

$$U_x=\left(\frac{y}{x+y}\right)^2>0,\ U_y=\left(\frac{x}{x+y}\right)^2>0;$$

$$U_{xx}=\frac{-2y^2}{(x+y)^3}<0,\ U_{yy}=\frac{-2x^2}{(x+y)^3}<0,\ U_{xy}=\frac{2xy}{(x+y)^3}>0$$

则 $U_{xx}U_y^2-2U_{xy}U_xU_y+U_{yy}U_x^2<0$。

即当两种商品的边际效用递减时，效用函数是严格拟凹的。

3. 考虑下列效用函数：

a. $U(x, y)=xy$

b. $U(x, y)=x^2y^2$

c. $U(x, y) = \ln x + \ln y$

证明它们的 *MRS* 都是递减的，但显示的边际效用却分别是不变、递增和递减的。你能从中得出什么结论？

证明： a. $U_x = y$，$U_{xx} = 0$，$U_y = x$，$U_{yy} = 0$，$MRS = y/x$；

b. $U_x = 2xy^2$，$U_{xx} = 2y^2$，$U_y = 2x^2y$，$U_{yy} = 2x^2$，$MRS = y/x$；

c. $U_x = 1/x$，$U_{xx} = -1/x^2$，$U_y = 1/y$，$U_{yy} = -1/y^2$，$MRS = y/x$。

从以上分析可知，单调变化会影响边际效用，但是不会影响边际替代率 *MRS*。

4. 如图 3-12 所示，为证明无差异曲线的凸性，一种方法是证明在一条满足 $U = k$ 的无差异曲线上，对于任意两点 (x_1, y_1) 和 (x_2, y_2)，点 $\left(\frac{x_1 + x_2}{2}, \frac{y_1 + y_2}{2}\right)$ 的效用不小于 k。试用这种方法讨论下面三个函数的无差异曲线的凸性，并将你的结果用图形表示出来。

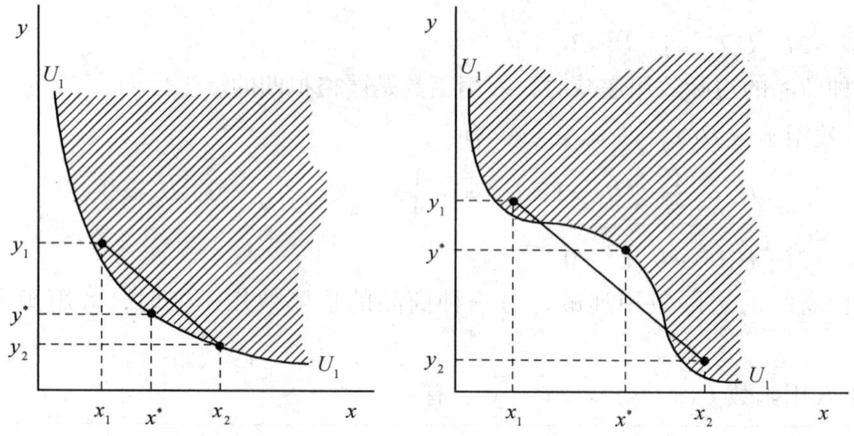

图 3-12　无差异曲线性质之一：凸性（*MRS* 递减）

a. $U(x, y) = \min(x, y)$

b. $U(x, y) = \max(x, y)$

c. $U(x, y) = x + y$

解： a. 如果两个商品组合的数量相等，则有：

$$U(x_1, y_1) = x_1 = k = U(x_2, y_2) = x_2 = U[(x_1 + x_2)/2, (y_1 + y_2)/2] = (x_1 + x_2)/2$$

如果两个商品组合的数量不同，不失一般性，可设：$y_1 > x_1 = k = y_2 < x_2$，因而有：

$$(x_1 + x_2)/2 > k \text{ 和 } (y_1 + y_2)/2 > k$$

从而可知无差异曲线如图 3-13 所示，是凸状的。

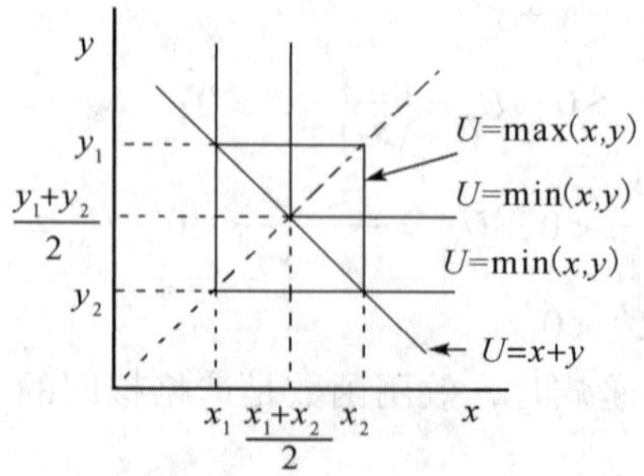

图 3-13　利用图形来判断无差异曲线的性状

b. 由问题 a 可知，两个商品组合的数量相等，则有：

$$U(x_1, y_1) = x_1 = k = U(x_2, y_2) = x_2 = U[(x_1 + x_2)/2, (y_1 + y_2)/2] = (x_1 + x_2)/2$$

如果两个商品组合的数量不同，不失一般性，可设：$y_1 < x_1 = k = y_2 > x_2$，因而有：

$$(x_1 + x_2)/2 < k, (y_1 + y_2)/2 < k$$

从而可知无差异曲线如图 3 - 13 所示，不是凸状的，而是凹状的。

c. 在完全替代型的效用函数下，有：

$$U(x_1, y_1) = U(x_2, y_2) = U[(x_1 + x_2)/2, (y_1 + y_2)/2]$$

因而无差异曲线既不是凹状的，也不是凸状的，而是线性的。

5. Phillie Phanatic(PP) 总是以独特的方式吃自己带到球场的食物——1 英尺长的热狗肠配半块圆面包、1 盎司芥末和 2 盎司酸黄瓜。他的效用是这四种商品的函数，并且其中单一元素的增加是没有价值的。

a. PP 对这四种商品的效用函数是哪种类型的？

b. 如何通过将 PP 的效用函数视为单一商品的函数来简化问题？这种商品是什么？

c. 假设 1 英尺长的热狗肠的成本是 1 美元，每块圆面包的成本是 0.50 美元，1 盎司芥末的成本是 0.05 美元，1 盎司酸黄瓜的成本是 0.15 美元，问题 b 中的商品的成本是多少？

d. 如果热狗肠的价格上涨 50%，那么问题 b 中的商品价格上涨的百分比为多少？

e. 如果面包的价格上涨 50%，这将对商品的价格造成什么样的影响？你的答案为什么和问题 d 的不同？

f. 如果政府想通过对 PP 买的那四种商品征税来获得 1 美元税收，试问政府应该如何分配税额到四种商品上以使 PP 损失的效用最小？

解： a. 如果 h 代表热狗肠，b 代表圆面包，m 代表芥末，r 代表酸黄瓜，则 PP 的效用函数可以表示为：

$$U(h, b, m, r) = \min(h, 2b, m, 0.5r)$$

这是完全互补效用函数。

b. 可以将 PP 的效用视为一种商品的函数来简化问题，即将上述四种物品的组合视为是一种完全调配好的热狗肠。

c. 该种商品的成本是：$1 + 0.5 \times 0.5 + 0.05 + 2 \times 0.15 = 1.6$(美元)。

d. 如果热狗肠的价格增至 1.5 美元，则该商品的价格为：$1.5 + 0.5 \times 0.5 + 0.05 + 2 \times 0.15 = 2.1$(美元)。因此，该种商品的价格上涨幅度为：$(2.1 - 1.6) \div 1.6 \approx 31\%$。

e. 如果圆面包的价格增至 $0.5 \times (1 + 0.5) = 0.75$(美元)，则该种商品的价格为：$1 + 0.5 \times 0.75 + 0.05 + 2 \times 0.15 = 1.725$(美元)。因此，该种商品的价格上涨幅度为：$(1.725 - 1.6) \div 1.6 \approx 7.8\%$。

f. 提高价格以使完全调配好的热狗肠的价格增至 2.6 美元，从而在征税 1 美元的情况下，这将等价于购买力的总额减少。为使 PP 的效用成本最小化，增收的 1 美元税收应该在各种商品之间按固定比例分担，即按 1:2:1:0.5 进行分担。即对每英尺热狗肠征税 0.22 美元，每块圆面包征收 0.44 美元，每盎司芥末征收 0.22 美元，每盎司酸黄瓜征收 0.11 美元，此时 PP 的效用成本最小。

6. 很多广告词都像是在断言人们的偏好，请用不同的效用函数描述下列广告词：

a. 人造黄油和天然的一样棒。

b. 一切都因可口可乐变得更好。

c. 品客薯片一口停不住。

d. 脆脆皮(Krispy Kreme)的甜甜圈就是比唐肯(Dunkin')的好。

e. 米勒酒(Miller Brewing)提醒我们"负责任"地饮酒。("不负责任"地饮酒又会是什么样子?)

解: a. 如果用 p 代表人造黄油消费量,b 代表真黄油消费量,则效用函数可以表示为:

$$U(p,\ b)=p+b$$

这表示人造黄油和真黄油是完全替代品,它们之间的替代比率是1∶1。

b. 如果用 x 代表其他商品的消费量,y 代表可口可乐的消费量,则效用函数可以表示为:

$$U(x,\ y),\text{且满足:}\frac{\partial^2 U}{\partial x\partial y}>0$$

例如效用函数 $U(x,\ y)=2xy$ 就可以表示这种偏好。

c. 如果用 p 代表品客薯片的消费量,x 代表其他商品的消费量,则效用函数可以表示为:$U(p,\ x)>U(1,\ x)$,对于所有的 $p>1$ 以及 x 成立。

d. 如果用 k 代表脆脆皮的甜甜圈的消费量,d 代表唐肯甜甜圈的消费量,x 代表其他商品的消费量,则效用函数可以表示为:

$$U(k,\ x)>U(d,\ x),\text{对于所有的 } k=d \text{ 成立}$$

e. 如果用 U' 代表其他人的效用水平,x 代表其他商品的消费量,b 代表啤酒的消费量,则效用函数可以表示为:$U(x,\ b,\ U')$,且满足 $\frac{\partial U}{\partial U'}>0$(这表示有利他偏好,说明他喝酒是负责任的),一个人喝酒会通过影响别人的效用水平,最终反过来影响自己。

7. a. 考虑某人消费两种商品 x 和 y,当他拥有6单位 x 和5单位 y 时,他愿意用3单位 x 换取1单位 y,当他拥有12单位 x 和3单位 y 时,他愿意用6单位 x 换取2单位 y,并且消费束(6,5)和(12,3)对他而言没有差异,那么他的效用函数是怎样的?提示:考虑无差异曲线的形状。

b. 考虑某人消费两种商品 x 和 y,在消费束(8,1)处,他愿意用4单位 x 换取1单位 y,在消费束(4,4)处,他愿意用1单位 x 换取2单位 y,并且两个消费束于他而言无差异。假设他的效用函数为柯布-道格拉斯函数形式 $U(x,\ y)=x^{\alpha}y^{\beta}$,$\alpha$ 和 β 均为正常数,试求解 α 和 β。

c. 问题b中是否存在信息冗余?如果是,推导出效用函数至少需要哪些信息?

解: a. 对于该消费者来说,两种商品 x 和 y 之间可以按照固定的比例替代,$MRS_{xy}=\frac{1}{3}=\frac{2}{6}=\frac{1}{3}$。所以说,商品 x 是 y 的完全替代品。效用函数为:

$$U(x,\ y)=x+3y$$

无差异曲线为一条向右下方倾斜的直线。

b. 对于柯布-道格拉斯函数形式 $U(x,\ y)=x^{\alpha}y^{\beta}$,其边际替代率 $MRS=\frac{\alpha y}{\beta x}$。

在消费束(8,1)处,他愿意用4单位 x 换取1单位 y,则 $MRS=\frac{\alpha}{8\beta}=\frac{1}{4}\Rightarrow\alpha=2\beta$。

在消费束(4,4)处,他愿意用1单位 x 换取2单位 y,则 $MRS=\frac{4\alpha}{4\beta}=\frac{2}{1}\Rightarrow\alpha=2\beta$。

因为效用函数在单调映射下是唯一的，所以一般规定 $\alpha+\beta=1$，从而可解得 $\alpha=2/3$，$\beta=1/3$。

c. 问题 b 中存在信息冗余，即我们没有使用这两点位于同一条无差异曲线上这个信息。当效用函数是柯布－道格拉斯函数形式时，若要求出效用函数，只需要知道 *MRS* 以及在某一点的 x 和 y 值就可以了。

8. 考虑下述三种无差异曲线[由 $U(\cdot)=k$ 定义]，找出对应的效用函数：

a. $z=\dfrac{k^{1/\delta}}{x^{\alpha/\delta}y^{\beta/\delta}}$

b. $y=0.5\sqrt{x^2-4(x^2-k)}-0.5x$

c. $z=\dfrac{\sqrt{y^4-4x(x^2y-k)}}{2x}-\dfrac{y^2}{2x}$

解： a. 对于 $z=\dfrac{k^{1/\delta}}{x^{\alpha/\delta}y^{\beta/\delta}}$，进行等式变形得：

$$k=U(x,\ y,\ z)=x^{\alpha}y^{\beta}z^{\delta}$$

b. 对于 $y=0.5\sqrt{x^2-4(x^2-k)}-0.5x$，进行等式变形得：

$$k=U(x,\ y)=x^2+xy+y^2$$

c. 对于 $z=\dfrac{\sqrt{y^4-4x(x^2y-k)}}{2x}-\dfrac{y^2}{2x}$，进行等式变形得：

$$k=U(x,\ y,\ z)=x^2y+y^2z+xz^2$$

9. 初始禀赋

假设给某人提供效用的商品的初始数量为 $\bar{x}$ 和 $\bar{y}$。

a. 在此人的无差异曲线图上标出这两个初始数量。

b. 如果此人可以用 x 和别人交换 y(反之亦然)，他将会做怎样的交易？不会做怎样的交易？这些交易和此人在点 $(\bar{x},\ \bar{y})$ 时的 *MRS* 有何关系？

c. 假设此人在拥有初始数量的商品时已相对满意，并且只考虑效用增加至少为 k 的交易，你怎样在无差异曲线图上标出这一点？

解： a. 此人无差异曲线如图 3－14 所示，它的初始商品拥有量为图中的 A 点，无差异曲线为 U_1。

b. 任何不同于在 $(\bar{x},\bar{y})$ 处的 *MRS* 的交易机会都有可能提高效用水平。同一 *MRS* 的交易机会的合集在图中表现为一条过 A 点的直线，直线中位于无差异曲线 U_1 上方的部分即为可行的交易机会。

c. 对初始商品组合的偏好要求交换活动能够大幅度提高效用才能促使交换发生。因而交换活动只有在交换后的 *MRS* 显著不同于在 $(\bar{x},\bar{y})$ 处的 *MRS* 时才更有可能发生，如图 3－14 所示。

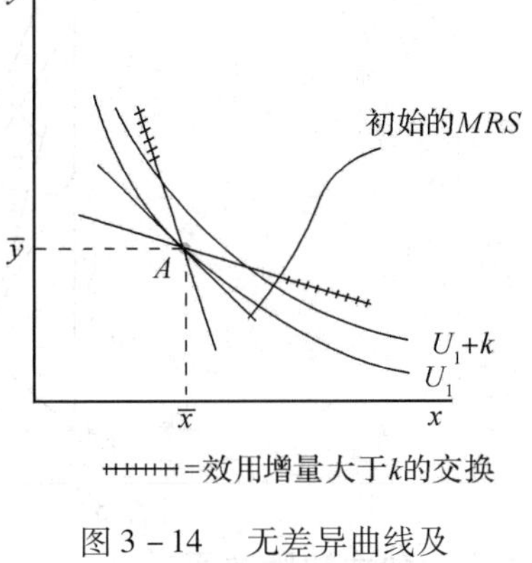

图 3－14　无差异曲线及交换活动对效用的影响

10. 柯布－道格拉斯效用函数

例 3.3 说明了柯布－道格拉斯效用函数 $U(x,\ y)=x^{\alpha}y^{\beta}$ 的边际替代率由下式给定：

$$MRS=\frac{\alpha}{\beta}(y/x)$$

a. 这个结果是否取决于 $\alpha+\beta=1$？这与选择理论有没有关系？

b. 对于一组商品 $y=x$，其 MRS 是如何取决于 α 和 β 的？请直观地解释为什么 $\alpha>\beta$ 时，$MRS>1$。请用图示予以说明。

c. x_0 与 y_0 为给定的最低生活水平，假设某人的效用仅是由超过这一最低水平的 x 与 y 的数量决定的，在这种情况下，

$$U(x,\ y)=(x-x_0)^{\alpha}(y-y_0)^{\beta}$$

是一个位似函数吗？（更进一步的讨论参见第 4 章的扩展部分。）

解：a. 边际替代率为：$MRS=\dfrac{\partial U/\partial x}{\partial U/\partial y}=\dfrac{\alpha x^{\alpha-1}y^{\beta}}{\beta x^{\alpha}y^{\beta-1}}=\dfrac{\alpha}{\beta}(y/x)$。

因此，对于柯布－道格拉斯效用函数 $U(x,\ y)=x^{\alpha}y^{\beta}$，边际替代率 $MRS=\dfrac{\alpha}{\beta}(y/x)$ 这个结果不取决于 $\alpha+\beta=1$，它也受 x 与 y 之间关系的影响，与选择理论有关系。

b. 对于一组商品 $y=x$，其边际替代率为：$MRS=\dfrac{\alpha}{\beta}$。

$\alpha>\beta$ 时，由上述等式可知 $MRS>1$。

如图 3－15 所示，图中 A、B、C 三点均在直线 $y=x$ 上，这三点处的边际替代率均为 $MRS=\dfrac{\alpha y}{\beta x}=\dfrac{\alpha}{\beta}>1$，即过此三点的预算线的斜率的绝对值都大于 1。

c. 位似函数是指齐次函数经过任意的单调映射所得到的函数。

对于效用函数 $U(x,\ y)=(x-x_0)^{\alpha}(y-y_0)^{\beta}$ 来说，有：

$$MRS=\frac{\partial U/\partial x}{\partial U/\partial y}=\frac{\alpha(y-y_0)}{\beta(x-x_0)}$$

MRS 的值与 x 和 y 的绝对值有关，不符合位似函数的性质。

事实上，该函数关于 $(x-x_0)$ 和 $(y-y_0)$ 是位似的，而关于 x 和 y 不是位似的。

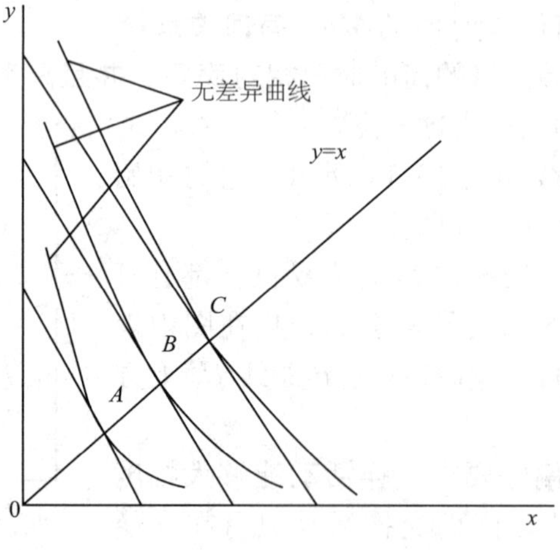

图 3－15　对于一组商品 $y=x$ 组合处的边际替代率

11. 独立边际效用

如果效用函数满足：

$$\frac{\partial^2 U}{\partial y\partial x}=\frac{\partial^2 U}{\partial x\partial y}=0$$

则称这两种商品具有独立的边际效用。试证明当我们假设每种商品的边际效用递减时，

具有独立边际效用的效用函数都会有递减的 *MRS*。举例证明其逆命题是错的。

证明：由本章课后习题第 2 题可知，$U_{xy}=0$ 意味着只要 U_{xx}，$U_{yy}<0$，则 *MRS* 递减。原命题得证。

原命题的逆命题是：如果具有独立边际效用的任一效用函数有递减的边际替代率，则其每种商品的边际效用是递减的。下面来证明此命题不一定成立。

在两种消费商品的效用函数下，递减的边际替代率意味着下式成立：

$$U_{xx}U_y^2-2U_{xy}U_xU_y+U_{yy}U_x^2<0$$

当 $U_{xy}=0$ 时，上式变为 $U_{xx}U_y^2+U_{yy}U_x^2<0$。显然，这无法推出 U_{xx}，$U_{yy}<0$ 的结论。

12. CES 效用函数

a. 证明 CES 函数

$$\alpha\frac{x^{\delta}}{\delta}+\beta\frac{y^{\delta}}{\delta}$$

是位似函数。*MRS* 是如何取决于 *y/x* 的？

b. 证明从问题 a 中得出的结果与 $\delta=1$（完全替代函数）和 $\delta=0$（柯布－道格拉斯函数）情况相符。

c. 证明对所有 $\delta<1$ 的值来说，*MRS* 都是严格递减的。

d. 证明如果 $x=y$，这个函数的 *MRS* 仅取决于 α 与 β 的相对大小。

e. 当 $\delta=0.5$ 和 $\delta=-1$ 时，分别有 $y/x=0.9$ 和 $y/x=1.1$，试计算该函数的 *MRS*。当 *MRS* 在 $x=y$ 附近变动时，它变动的程度如何？你如何从几何图形上给予解释？

解：a. 边际替代率为：

$$MRS=\frac{\partial U/\partial x}{\partial U/\partial y}=\frac{\alpha x^{\delta-1}}{\beta y^{\delta-1}}=\frac{\alpha}{\beta}(y/x)^{1-\delta}$$

因而该函数是位似的。

又因为：$\dfrac{\partial MRS}{\partial(y/x)}=\dfrac{\alpha(1-\delta)}{\beta}(y/x)^{-\delta}$；

所以，当 $\delta>1$ 时，$\dfrac{\partial MRS}{\partial(y/x)}=\dfrac{\alpha(1-\delta)}{\beta}(y/x)^{-\delta}<0$，即随着 y/x 的递增，*MRS* 递减；当 $\delta<1$ 时，$\dfrac{\partial MRS}{\partial(y/x)}=\dfrac{\alpha(1-\delta)}{\beta}(y/x)^{-\delta}>0$，即随着 y/x 的递增，*MRS* 递增；当 $\delta=1$ 时，$\dfrac{\partial MRS}{\partial(y/x)}=\dfrac{\alpha(1-\delta)}{\beta}(y/x)^{-\delta}=0$，即随着 y/x 的递增，*MRS* 不变。

b. 如果 $\delta=1$，$MRS=\alpha/\beta$ 为一常数，此时效用函数为完全替代形式；如果 $\delta=0$，$MRS=\alpha/\beta\ (y/x)$，此时效用函数为柯布－道格拉斯函数。

c. 对所有 $\delta<1$ 的值来说，有：$1-\delta>0$，所以 *MRS* 严格递减。

d. 当 $x=y$ 时，$MRS=\alpha/\beta$，所以 *MRS* 仅取决于 α 与 β 的相对大小。

e. 当 $\delta=0.5$ 时，

$$MRS(0.9)=\frac{\alpha}{\beta}(0.9)^{0.5}\approx 0.949\frac{\alpha}{\beta}$$

$$MRS(1.1)=\frac{\alpha}{\beta}(1.1)^{0.5}\approx 1.05\frac{\alpha}{\beta}$$

当 $\delta=-1$ 时，

$$MRS(0.9)=\frac{\alpha}{\beta}(0.9)^2=0.81\frac{\alpha}{\beta}$$

$$MRS(1.1)=\frac{\alpha}{\beta}(1.1)^2=1.21\frac{\alpha}{\beta}$$

因此，MRS 在 $\delta=-1$ 时比在 $\delta=0.5$ 时变化得更快。δ 越小，无差异曲线更为陡峭。特别地，当 $\delta=-\infty$ 时，无差异曲线为表示固定比例偏好的 L 形。

13. 拟线性函数

考虑经济模型中的常用函数 $U(x, y)=x+\ln y$，它具有一些有用的性质。

a. 求出该函数的 MRS，并解读这一结果。

b. 证明函数是拟凹的。

c. 试写出满足这一函数的无差异曲线方程。

d. 比较 x 和 y 的边际效用并试着解读这一结果。消费者如何在 x 与 y 中进行选择以提升效用？例如，当他们的收入增加时，他们会消费更多。（关于"收入效应"的具体问题将在第 5 章课后习题中出现。）

e. 当 x 和 y 的数量增加时，效用如何改变？试举出满足这一效用函数的一些实例。

解： a. 对于效用函数 $U(x, y)=x+\ln y$，其边际替代率为：

$$MRS=\frac{MU_x}{MU_y}=\frac{1}{1/y}=y$$

即拟线性偏好的边际替代率（或无差异曲线的斜率）不受 x 的影响。

b. 由 $U_x=1$，$U_y=\frac{1}{y}$，$U_{xx}=0$，$U_{yy}=-\frac{1}{y^2}$，$U_{xy}=0$，可得：

$$U_{xx}U_y^2-2U_{xy}U_xU_y+U_{yy}U_x^2=-\frac{1}{y^2}<0$$

所以该效用函数是拟凹的。

c. 满足这一函数的无差异曲线方程为：

$$y=e^{C-x}$$

d. 设消费者收入为 m，则消费者效用最大化问题为：

$$\max U(x, y)=x+\ln y$$
$$s.t.\ \ p_1x+p_2y=m$$

构造拉格朗日函数：

$$L=x+\ln y+\lambda\cdot(m-p_1x-p_2y)$$

一阶条件为：

$$\begin{cases}\dfrac{\partial L}{\partial x}=1-\lambda p_1=0\\ \dfrac{\partial L}{\partial y}=1/y-\lambda p_2=0\\ \dfrac{\partial L}{\partial \lambda}=m-p_1x-p_2y=0\end{cases}$$

解得：

$$\begin{cases} x = \dfrac{m}{p_1} - 1 \\ y = \dfrac{p_1}{p_2} \end{cases}$$

当收入 m 增加时，消费者会增加 x 的消费；而 y 的消费不受 m 的影响。

e. 由于 $MU_x = 1$，$\dfrac{dMU_x}{dx} = 0$，所以，x 增加 1 单位，U 也会增加 1 单位；

而 $MU_y = 1/y > 0$，$\dfrac{dMU_y}{dy} = -\dfrac{1}{y^2} < 0$，所以，$U$ 随着 y 的增加而增加，但 U 的增量会呈现递减的趋势。

参考教材中例 3.4，该效用函数通常用来描述一种商品相对于其他商品的消费情况。所以，y 可以代表特定商品，而 x 代表其他所有商品。

14. 偏好关系

偏好的规范研究是用向量来表示的。我们将一组包含 n 种商品的消费束记为向量 $x = (x_1, x_2, \cdots, x_n)$，偏好关系用"$>$"表示，$x^1 > x^2$ 表示在消费束 x^1 和 x^2 中，消费者更偏好 x^1。若消费者认为两个消费束无差异，则记为 $x^1 \approx x^2$。

对于任意两个消费束，若都有 $x^1 > x^2$，或 $x^2 > x^1$，或 $x^1 \approx x^2$，则偏好关系是"完备的"；若 $x^1 > x^2$ 和 $x^2 > x^3$ 可推出 $x^1 > x^3$，则偏好是"可传递的"；若对于任意消费束 y，$y > x$，任何充分逼近 y 的消费束都比 x 更好，则偏好是"连续的"。

a. 加总式偏好：这种偏好关系假设人们确实能将苹果和橘子相加。具体地说，当且仅当 $\sum_{i=1}^{n} x_i^1 > \sum_{i=1}^{n} x_i^2$ 时，$x^1 > x^2$。当 $\sum_{i=1}^{n} x_i^1 = \sum_{i=1}^{n} x_i^2$ 时，$x^1 \approx x^2$。

b. 字典式偏好：字典式偏好的偏好关系就像字典一样。若 $x_1^1 > x_1^2$，则 $x^1 > x^2$（不管其他 $n-1$ 种商品的数量）；若 $x_1^1 = x_1^2$ 并且 $x_2^1 > x_2^2$，那么 $x^1 > x^2$（不管其他 $n-2$ 种商品的数量）；以此类推。

c. 餍足偏好：这种偏好关系假设消费束（x^*）提供了一个"餍足点"。其他消费束的偏好关系根据它们离"餍足点"的远近而定。当且仅当 $|x^1 - x^*| < |x^2 - x^*|$ 时，$x^1 > x^2$，其中 $|x^i - x^*| = \sqrt{(x_1^i - x_1^*)^2 + (x_2^i - x_2^*)^2 + \cdots + (x_n^i - x_n^*)^2}$。

解： a. 对于两个消费束 $x^1 = (x_1^1, x_2^1, \cdots, x_n^1)$，$x^2 = (x_1^2, x_2^2, \cdots, x_n^2)$，由于 $\sum_{i=1}^{n} x_i^1 > \sum_{i=1}^{n} x_i^2$，$\sum_{i=1}^{n} x_i^1 < \sum_{i=1}^{n} x_i^2$，$\sum_{i=1}^{n} x_i^1 = \sum_{i=1}^{n} x_i^2$ 必有其一成立，因此 $x^1 > x^2$，$x^1 < x^2$，$x^1 \approx x^2$ 必有其一成立，因此加总式偏好是完备的。

由于当 $\sum_{i=1}^{n} x_i^1 > \sum_{i=1}^{n} x_i^2$ 时，存在数 α 使得 $\sum_{i=1}^{n} x_i^1 > \alpha > \sum_{i=1}^{n} x_i^2$，因此存在消费束 $x^* = (x_1^*, x_2^*, \cdots, x_n^*)$，$\sum_{i=1}^{n} x_i^* = \alpha$ 使得 $x^1 > x^* > x^2$，因此加总式偏好是连续的。

对于 $x^1 = (x_1^1, x_2^1, \cdots, x_n^1)$，$x^2 = (x_1^2, x_2^2, \cdots, x_n^2)$，$x^3 = (x_1^3, x_2^3, \cdots, x_n^3)$，假设 $\sum_{i=1}^{n} x_i^1 > \sum_{i=1}^{n} x_i^2$，$\sum_{i=1}^{n} x_i^2 > \sum_{i=1}^{n} x_i^3$，则 $\sum_{i=1}^{n} x_i^1 > \sum_{i=1}^{n} x_i^3$，因此，若 $x^1 > x^2$，$x^2 > x^3$，则 $x^1 > x^3$，所以加总式偏好是可传递的。

b. 对于两个消费束 $x^1=(x_1^1, x_2^1, \cdots, x_n^1)$，$x^2=(x_1^2, x_2^2, \cdots, x_n^2)$，假设其前 $i-1$ 种商品是无差异的，对于第 i 种商品，下述关系必有一个成立：$x_i^1>x_i^2$，$x_i^1<x_i^2$，$x_i^1=x_i^2$，因此下述关系也必有一个成立：$x^1>x^2$，$x^1<x^2$，$x^1\approx x^2$，所以字典式偏好是完备的。

对于两个消费束 $x^1=(x_1^1, x_2^1, \cdots, x_n^1)$，$x^2=(x_1^2, x_2^2, \cdots, x_n^2)$，假设其前 $i-1$ 种商品是无差异的，且对于第 i 种商品，假设 $x_i^1>x_i^2$，则存在消费束 $x^*=(x_1^1, x_2^1, \cdots, x_i^*, \cdots, x_n^1)$满足 $x_i^1>x_i^*>x_i^2$，从而 $x^1>x^*>x^2$，因此字典式偏好是连续的。

对于 $x^1=(x_1^1, x_2^1, \cdots, x_n^1)$，$x^2=(x_1^2, x_2^2, \cdots, x_n^2)$，$x^3=(x_1^3, x_2^3, \cdots, x_n^3)$，假设其前 $i-1$ 种商品是无差异的，对于第 i 种商品，假设 $x_i^1>x_i^2$，$x_i^2>x_i^3$，则 $x_i^1>x_i^3$，因此，若 $x^1>x^2$，$x^2>x^3$，则 $x^1>x^3$，所以字典式偏好是可传递的。

c. 对于两个消费束 $x^1=(x_1^1, x_2^1, \cdots, x_n^1)$，$x^2=(x_1^2, x_2^2, \cdots, x_n^2)$，由于

$$\sqrt{\sum_{i=1}^{n}(x_i^1-x_i^*)^2}>\sqrt{\sum_{i=1}^{n}(x_i^2-x_i^*)^2}$$

$$\sqrt{\sum_{i=1}^{n}(x_i^1-x_i^*)^2}<\sqrt{\sum_{i=1}^{n}(x_i^2-x_i^*)^2}$$

$$\sqrt{\sum_{i=1}^{n}(x_i^1-x_i^*)^2}=\sqrt{\sum_{i=1}^{n}(x_i^2-x_i^*)^2}$$

必有其一成立，因此 $x^1<x^2$，$x^1>x^2$，$x^1\approx x^2$ 必有其一成立，所以餍足式偏好是完备的。

由于当 $\sqrt{\sum_{i=1}^{n}(x_i^1-x_i^*)^2}>\sqrt{\sum_{i=1}^{n}(x_i^2-x_i^*)^2}$ 时，存在数 α 使得

$$\sqrt{\sum_{i=1}^{n}(x_i^1-x_i^*)^2}>\alpha>\sqrt{\sum_{i=1}^{n}(x_i^2-x_i^*)^2}$$

因此存在消费束 $x^0=(x_1^0, x_2^0, \cdots, x_n^0)$，$\sqrt{\sum_{i=1}^{n}(x_i^0-x_i^*)^2}=\alpha$ 使得 $x^1<x^0<x^2$，所以餍足式偏好是连续的。

对于 $x^1=(x_1^1, x_2^1, \cdots, x_n^1)$，$x^2=(x_1^2, x_2^2, \cdots, x_n^2)$，$x^3=(x_1^3, x_2^3, \cdots, x_n^3)$，假设

$$\sqrt{\sum_{i=1}^{n}(x_i^1-x_i^*)^2}>\sqrt{\sum_{i=1}^{n}(x_i^2-x_i^*)^2},\sqrt{\sum_{i=1}^{n}(x_i^2-x_i^*)^2}>\sqrt{\sum_{i=1}^{n}(x_i^3-x_i^*)^2}$$

则 $\sqrt{\sum_{i=1}^{n}(x_i^1-x_i^*)^2}>\sqrt{\sum_{i=1}^{n}(x_i^3-x_i^*)^2}$，因此，若 $x^1<x^2$，$x^2<x^3$，则 $x^1<x^3$，所以餍足式偏好是可传递的。

15. 收益函数

戴维·卢恩伯格(David Luenberger)在其1992年发表的论文中介绍了收益函数(benefit function)，他将此定义为一种将某种程度的基数测量纳入效用理论的方法。作者要求我们指定一个基础的消费束，然后测量该消费束需要重复多少次才能将一个人的效用水平提高到目标值。假设只有两种商品，目标效用由 $U^*(x, y)$ 给定，再假设基础的消费束为 (x_0, y_0)，则收益函数的价值 $b(U^*)$ 就是使得等式 $U(\alpha x_0, \alpha y_0)=U^*$ 成立的 α 值。

a. 假设效用函数由 $U(x, y)=x^{\beta}y^{1-\beta}$ 给出，计算 $x_0=y_0=1$ 时的收益函数。

b. 利用问题 a 中给出的效用函数，计算 $x_0=1$，$y_0=0$ 时的收益函数。解释该结果为何

与问题 a 中的结果不一样。

c. 收益函数也可以在个人拥有两种商品的初始禀赋时定义。如果这些初始禀赋为 $\bar{x}$、$\bar{y}$，则 $b(U^*, \bar{x}, \bar{y})$ 由满足 $U(\bar{x}+\alpha x_0, \bar{y}+\alpha y_0)=U^*$ 的 α 值给定。在这种情形下，“收益”可正[当 $U(\bar{x}, \bar{y})<U^*$ 时]、可负[当 $U(\bar{x}, \bar{y})>U^*$ 时]。画图表示这两种可能性，并解释初始禀赋会如何影响收益计算。

d. 考虑两种可能的初始禀赋——$\bar{x}_1$，$\bar{y}_1$ 和 $\bar{x}_2$，$\bar{y}_2$。用画图和文字表述(直观上)两种方法解释为什么 $b\left(U^*, \dfrac{\bar{x}_1+\bar{x}_2}{2}, \dfrac{\bar{y}_1+\bar{y}_2}{2}\right)<0.5b(U^*, \bar{x}_1, \bar{y}_1)+0.5b(U^*, \bar{x}_2, \bar{y}_2)$。(注意：这个不等式说明收益函数是初始禀赋的凹函数。)

解： a. 对于柯布－道格拉斯效用函数，当 $x_0=y_0=1$ 时，有：

$$U(\alpha x_0, \alpha y_0)=U(\alpha, \alpha)=\alpha^{\beta}\alpha^{1-\beta}=\alpha$$

因为收益函数的价值 $b(U^*)$，就是使得等式 $U(\alpha x_0, \alpha y_0)=U^*$ 成立的 α 值，所以 α 满足 $\alpha=U^*$，从而收益函数为 $b(U^*)=U^*$。

b. $x_0=1$，$y_0=0$ 时，有 $U(\alpha x_0, \alpha y_0)=U(\alpha, 0)=0$，不能使 $U(\alpha x_0, \alpha y_0)=U^*$ 成立。事实上，由于 $y_0=0$，这使得重复消费束的方法不可能达到任何指定的效用水平。

c. 当“收益”为正，即 $U(\bar{x}, \bar{y})<U^*$ 时，如图 3－16 所示，$A(\bar{x}, \bar{y})$ 未能达到目标效用，此时需通过正向的基础消费束，即不断沿基础消费束 P 向量的方向增加使其达到目标效用水平，AD 向量相对于 P 的长度即为正的收益大小。

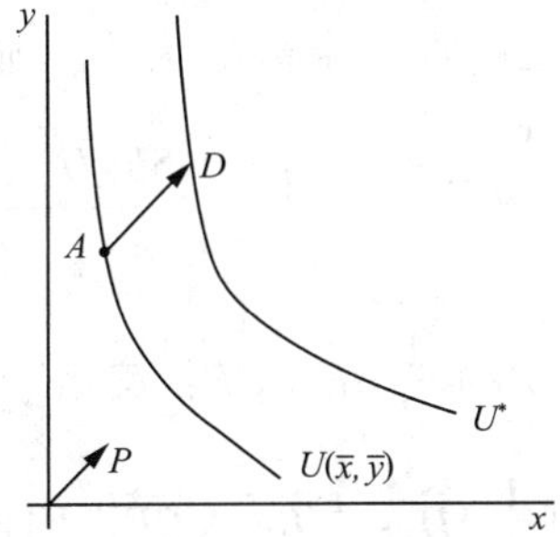

图 3－16 “收益”为正的情况

当“收益”为负，即 $U(\bar{x}, \bar{y})>U^*$ 时，如图 3－17 所示，$B(\bar{x}, \bar{y})$ 已超过目标效用，此时需通过负向的基础消费束，即不断减少基础消费使其达到目标效用水平，BD 向量相对于 P 的长度即为负的收益大小。

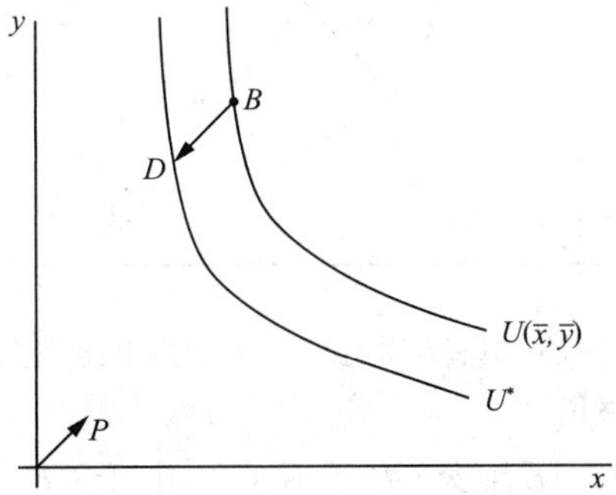

图 3－17 “收益”为负的情况

该基础消费束重复 α 次将效用水平提高到目标值，因此当基础消费束越小时，收益函数的价值越大，反之亦然。此外，基础消费束的组合，即 x、y 的相对大小决定了 P 向量的方向，这会影响初始禀赋点到目标效用曲线的距离，从而也会影响收益函数的情况。

d. 作目标效用无差异曲线，令 $A(\bar{x}_1, \bar{y}_1)$，$B(\bar{x}_2, \bar{y}_2)$ 为两个初始禀赋点，$C\left(\frac{\bar{x}_1+\bar{x}_2}{2}, \frac{\bar{y}_1+\bar{y}_2}{2}\right)$ 为 A、B 中点，向量 $P=(a, b)$ 表示基础消费束，则分以下三种情况讨论。

①A、B"收益"为正

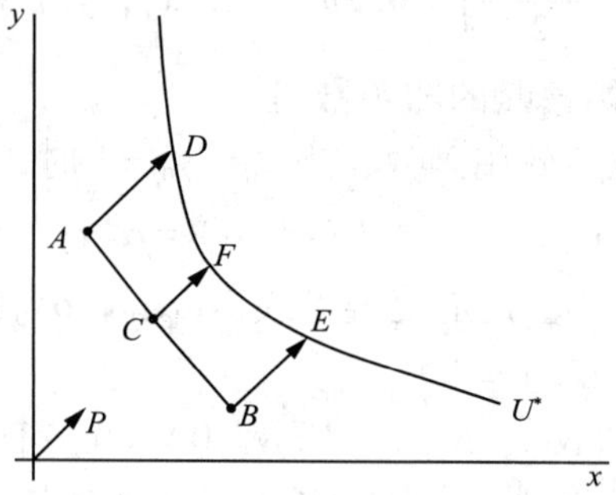

图 3－18　A、B"收益"为正的收益函数关系

如图 3－18 所示，此时从 A、B、C 三点出发，作平行于 P 向量的直线，与目标效用无差异曲线相交于 D、E、F 三点，得向量 AD、BE、CF，则$\frac{AD}{P}=b_A$，$\frac{BE}{P}=b_B$，$\frac{CF}{P}=b_C$，易知三个向量的长度可用于比较 A、B、C 三点收益函数的大小。显然，由于消费者偏好具有凸性，$\frac{1}{2}AD+\frac{1}{2}BE>CF$，则 $b\left(U^*, \frac{\bar{x}_1+\bar{x}_2}{2}, \frac{\bar{y}_1+\bar{y}_2}{2}\right)<0.5b(U^*, \bar{x}_1, \bar{y}_1)+0.5b(U^*, \bar{x}_2, \bar{y}_2)$。

②A、B"收益"为负

如图 3－19 所示，易知此时$\frac{1}{2}AD+\frac{1}{2}BE<CF$，又由于此时 A、B、C"收益"均为负，向量方向为负，与长度呈负相关，则$\frac{1}{2}\overrightarrow{AD}+\frac{1}{2}\overrightarrow{BE}>\overrightarrow{CF}$，因而仍有 $b\left(U^*, \frac{\bar{x}_1+\bar{x}_2}{2}, \frac{\bar{y}_1+\bar{y}_2}{2}\right)<0.5b(U^*, \bar{x}_1, \bar{y}_1)+0.5b(U^*, \bar{x}_2, \bar{y}_2)$。

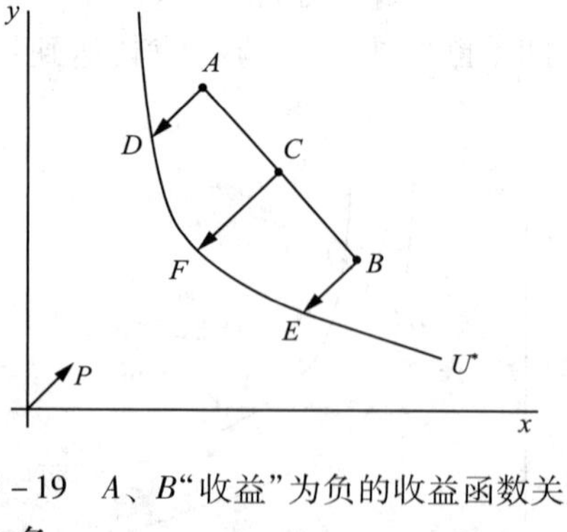

图 3－19　A、B"收益"为负的收益函数关系

③A、B 两点"收益"一正一负

如图 3－20 所示，此时连接 AE，交 CF 于 G 点，由于 CF 与 BE 平行，C 为 AB 中点，因此 G 为 AE 中点。对于 A 和 E 两点初始禀赋点，由①可知$\frac{1}{2}\overrightarrow{AD}+\frac{1}{2}\overrightarrow{EE}>\overrightarrow{GF}$，即$\frac{1}{2}\overrightarrow{AD}>\overrightarrow{GF}$，

而对三角形 ABE，C、G 分别为 AB 和 AE 中点，因此有 $\frac{1}{2}\overrightarrow{BE}=\overrightarrow{CG}$，两式相加可得 $\frac{1}{2}\overrightarrow{AD}+\frac{1}{2}\overrightarrow{BE}>\overrightarrow{CF}$，即 $b\left(U^*,\ \frac{\bar{x}_1+\bar{x}_2}{2},\ \frac{\bar{y}_1+\bar{y}_2}{2}\right)<0.5b(U^*,\ \bar{x}_1,\ \bar{y}_1)+0.5b(U^*,\ \bar{x}_2,\ \bar{y}_2)$。

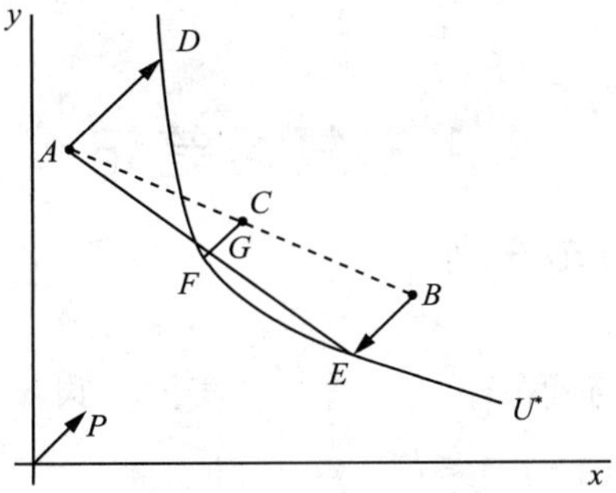

图 3－20　A、B“收益”一正一负的收益函数关系

从文字上解释：由于消费者偏好凸性，喜欢平均胜过极端，因此 $U\left(\frac{\bar{x}_1+\bar{x}_2}{2},\ \frac{\bar{y}_1+\bar{y}_2}{2}\right)>\frac{1}{2}U(\bar{x}_1,\ \bar{y}_1)+\frac{1}{2}U(\bar{x}_2,\ \bar{y}_2)$，则在初始禀赋的“收益”均为正时，相较于另外两点的加权平均效用更容易达到目标效用，则其“收益”更小；在初始禀赋“收益”均为负时，相较于另外两点的加权平均效用需要减少更多的基础组合才能退回目标效用，同样其“收益”会更小。

第 4 章　效用最大化与选择

4.1　复习笔记

1. 两种商品的情形：图形分析

(1)预算约束

假定某人用于购买商品 x 与商品 y 的预算为 I 美元，设 x 的价格和 y 的价格分别为 p_x 和 p_y，则消费者的预算约束为：$p_x x + p_y y \leq I$。

预算约束如图 4-1 所示，消费者只能购买三角形区域内(包括边界)的商品组合，如果 I 美元全部用来购买 x，那么能够购买到 $\frac{I}{p_x}$ 单位的 x；同理，如果 I 美元都用来购买 y，那么能够购买 $\frac{I}{p_y}$ 单位的 y。

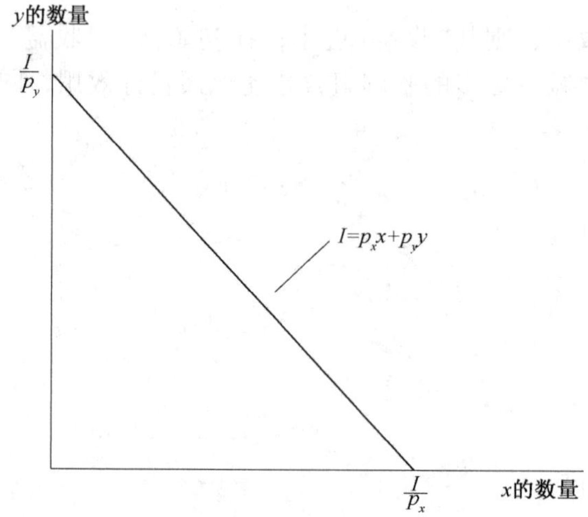

图 4-1　两种商品条件下消费者的预算约束

(2)最大化的一阶条件

两种商品条件下，消费者效用最大化选择为，预算约束线与无差异曲线的切点，即预算约束线的斜率等于无差异曲线的斜率的点：

$$\frac{p_x}{p_y} = -\left.\frac{\mathrm{d}y}{\mathrm{d}x}\right|_{U=\text{常量}} = MRS(x \text{ 对 } y)$$

为了获得最大效用，应当花费掉所有的收入，并且 MRS 要等于商品的价格之比。如图 4-2 所示，在 A 点，消费者并没有花费掉剩余的货币，所以不能达到最高的效用水平；在 B 点，通过重新分配在两种商品上的货币支出，消费者可以达到比 B 点更高的效用水平；在 D 点，消费者在现有收入水平下并不能达到；只有在 C 点可以取得最大的效用，此时既满足预算约束，又满足预算约束线的斜率等于无差异曲线的斜率。

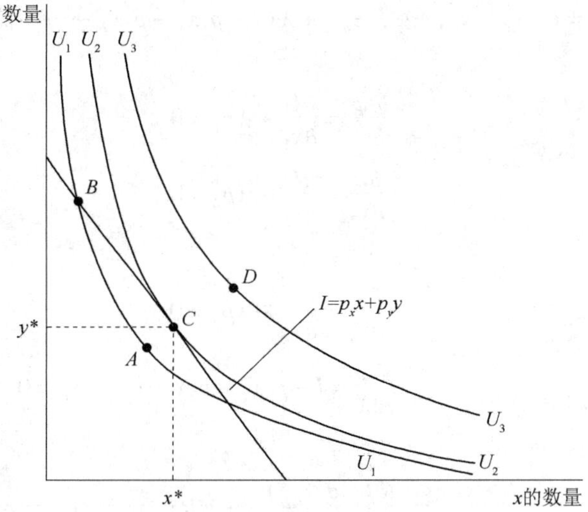

图 4－2　效用最大化的几何解释

(3)最大化的二阶条件

无差异曲线与预算约束线相切的原则只是获得最大效用的必要条件，并不是充分条件。如果无差异曲线不满足边际替代率递减的假设，那么并非所有的切点都是能达到效用最大化的点。如图 4－3 所示，切点 C 的商品组合的效用低于其他许多能用现有货币购买的商品组合的效用。在满足边际替代率递减的条件下，相切条件是效用最大化的充要条件，边际替代率递减意味着效用函数是严格拟凹的。

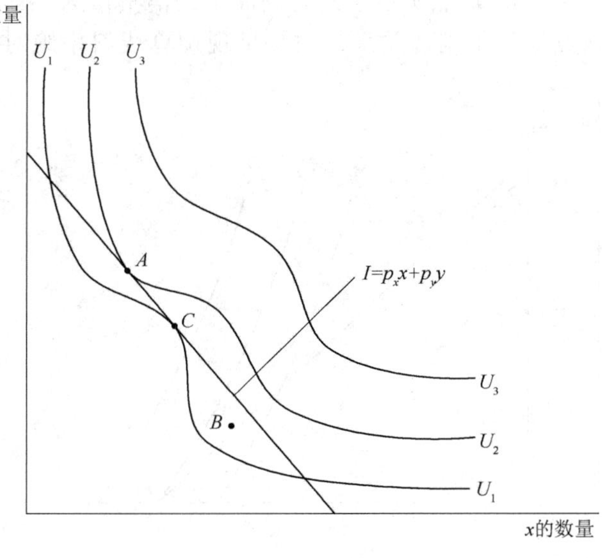

图 4－3　相切条件并不能保证最大效用的无差异曲线

2. *n* 种商品的情形

(1) n 种商品最优选择的数学表述

$$\max U(x_1, x_2, \cdots, x_n)$$

$$s.t.\quad I = p_1x_1 + p_2x_2 + \cdots + p_nx_n$$

(2)拉格朗日方法求解及一阶条件

设拉格朗日函数为:

$$\varphi = U(x_1, x_2, \cdots, x_n) + \lambda(I - p_1x_1 - p_2x_2 - \cdots - p_nx_n)$$

一阶条件为：

$$\frac{\partial \varphi}{\partial x_1} = \frac{\partial U}{\partial x_1} - \lambda p_1 = 0$$

$$\frac{\partial \varphi}{\partial x_2} = \frac{\partial U}{\partial x_2} - \lambda p_2 = 0$$

$$\vdots$$

$$\frac{\partial \varphi}{\partial x_n} = \frac{\partial U}{\partial x_n} - \lambda p_n = 0$$

$$\frac{\partial \varphi}{\partial \lambda} = I - p_1x_1 - p_2x_2 \cdots - p_nx_n = 0$$

从而可以化简为：

$$\frac{\partial U / \partial x_i}{\partial U / \partial x_j} = \frac{p_i}{p_j} = MRS$$

上式表明：两种商品的边际效用之比等于其边际替代率之比，因此消费者必须使主观偏好的交易比例等于市场上的交易比例才能够使自身效用达到最大化，即市场上 x_i 与 x_j 的交换比例需等于消费者愿意用 x_i 交换 x_j 的比例。

(3) 角点解

①角点解的几何说明

当消费者的偏好具有特殊性质时，可能存在一种极端最优解：不消费某种商品才能实现效用最大化。如图 4-4 中的 E 点所示，此时商品 y 的消费量为零。值得注意的是，预算线与无差异曲线 U_2 在该点处并非相切关系，而是呈现预算线斜率绝对值小于无差异曲线斜率绝对值的特征。

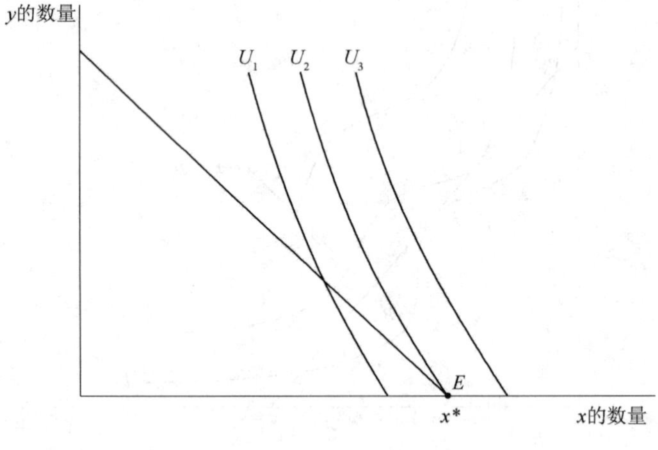

图 4-4　效用最大化问题的角点解

②角点解的数学方法

出现角点解时，拉格朗日函数的一阶条件变为：

$$\frac{\partial \varphi}{\partial x_i} = \frac{\partial U}{\partial x_i} - \lambda p_i \leqslant 0 (i = 1, \cdots, n)$$

如果

$$\frac{\partial \varphi}{\partial x_i}=\frac{\partial U}{\partial x_i}-\lambda p_i<0$$

则有：

$$x_i=0$$

经济学意义是：当商品为消费者带来的边际价值 MU_{x_i}/λ 低于价格 p_i时，消费者将不会购买该种商品($x_i=0$)。

3. 需求函数与间接效用函数

(1)需求函数

在消费者偏好既定且已知的条件下，消费者对商品的需求取决于商品的价格和收入。需求函数是指消费者对商品的需求量与价格和收入的数量关系，用公式表示即：

$$x_1^*=x_1(p_1,\ p_2,\ \cdots,\ p_n,\ I)$$
$$x_2^*=x_2(p_1,\ p_2,\ \cdots,\ p_n,\ I)$$
$$\cdots\cdots$$
$$x_n^*=x_n(p_1,\ p_2,\ \cdots,\ p_n,\ I)$$

(2)间接效用函数

间接效用函数描述的是消费者的最大化效用与价格和收入的函数关系。因此，控制消费者的消费行为实质上可以由控制价格与控制收入来实现：控制价格，实质就是价格政策或价格改革；控制收入，实质便是收入政策的内容。可见，间接效用函数有着明显的政策上的应用价值。

间接效用函数可以表示为：

$$\begin{aligned}&V(p_1,\ p_2,\ \cdots,\ p_n,\ I)\\=&U(x_1^*,\ x_2^*,\ \cdots,\ x_n^*)\\=&U[x_1^*(p_1,\ p_2,\ \cdots,\ p_n,\ I),\ x_2^*(p_1,\ p_2,\ \cdots,\ p_n,\ I),\\&\cdots,\ x_n^*(p_1,\ p_2,\ \cdots,\ p_n,\ I)]\end{aligned}$$

(3)一次总付原则

一次总付原则是指政府通过征收固定金额的税费(与个人行为或经济变量无关)，实现财政收入或政策目标，同时最小化对市场效率的扭曲。该原则认为，相比于对特定的物品征税，对消费者的一般购买力征税更好一些。一个与之类似的观点是，对低收入人群的收入补贴，要比花同样数目的钱去补贴某些特定商品更能增加效用。

4. 支出最小化与支出函数

(1)支出最小化问题的数学表达式

消费者效用最大化的对偶问题是支出最小化，即选择 x_1，x_2，$\cdots$，x_n以取得下式的最小值：总支出 $=E=p_1x_1+p_2x_2+\cdots+p_nx_n$。

约束条件为：

$$效用=\bar{U}=U(x_1,\ x_2,\ \cdots,\ x_n)$$

以上支出最小化问题的解与各种商品的价格(p_1，p_2，$\cdots$，p_n)与所要求的效用水平 $\bar{U}$ 相关，即最优商品组合随着效用目标和任意商品的价格的改变而改变。

(2)支出函数

在一组特定的商品价格条件下，要达到某一既定的效用水平所必需的最小支出可以表示成以下函数：最小支出 $=E(p_1, p_2, \cdots, p_n, U)$。容易看出，支出函数与间接效用函数互为反函数关系，并且都取决于市场价格，只是约束条件不一样（前者为效用，后者为收入）。

（3）支出函数的性质

①齐次性：若所有商品的价格都加倍，则所需的支出也加倍。

②支出函数关于价格单调不降，即对于每种商品 i 都有

$$\frac{\partial E}{\partial p_i} \geqslant 0$$

③支出函数是价格的凹函数。

4.2 课后习题详解

1. 三年级学生保罗每天在学校用午餐，他只喜欢奶油小蛋糕（t）和苏打水（s），他从中得到的效用为：效用 $=U(t, s)=\sqrt{ts}$。

a. 如果每份奶油小蛋糕 0.1 美元，每杯苏打水 0.25 美元，为使效用最大化，保罗应如何将妈妈给他的 1 美元伙食费分配在这两种食品上？

b. 学校为了减少对奶油小蛋糕的消费，将其价格提高到每份 0.4 美元，那么为了让保罗得到与问题 a 相同的效用，妈妈要多给他多少美元的伙食费？

解：a. 对效用函数 $U(t, s)=\sqrt{ts}$ 进行单调变换，令 $V(t, s)=[U(t, s)]^2=ts$，这并不改变偏好次序。

保罗效用最大化问题为：

$$\max\ ts$$
$$s.t.\ 0.1t+0.25s=1$$

设拉格朗日函数为：$L(s, t, \lambda)=ts+\lambda(1-0.1t-0.25s)$。

一阶条件为：

$$\frac{\partial L}{\partial t}=s-0.1\lambda=0$$

$$\frac{\partial L}{\partial s}=t-0.25\lambda=0$$

$$\frac{\partial L}{\partial \lambda}=1-0.1t-0.25s=0$$

解得：$s=2$，$t=5$。

因此，他所获得的效用：$U=\sqrt{10}$。

b. 消费品奶油小蛋糕价格提高了，但效用水平却保持不变，则保罗面临如下的支出最小化问题：

$$\min\ 0.4t+0.25s$$
$$s.t.\ ts=10$$

设拉格朗日函数为：$L(s, t, \lambda)=0.4t+0.25s+\lambda(10-ts)$。

一阶条件为：

$$\frac{\partial L}{\partial t}=0.4-s\lambda=0 \tag{1}$$

$$\frac{\partial L}{\partial s}=0.25-t\lambda=0 \tag{2}$$

$$\frac{\partial L}{\partial \lambda}=10-ts=0 \tag{3}$$

由上述三式解得 $t=2.5$，$s=4$，则最小支出为：$m_1=0.4\times2.5+0.25\times4=2$，所以妈妈现在要给他 2 美元伙食费（即多给他 1 美元伙食费）使他的效用水平保持不变。

2. a. 一位年轻的品酒师欲支出 600 美元建一座小酒窖，她特别喜欢两种酒：一种是 2001 年产的法国波尔多白葡萄酒（w_F），每瓶为 40 美元；另一种是稍便宜的 2005 年产的加利福尼亚葡萄酒（w_C），每瓶为 8 美元。如果她的效用函数如下式所示，那么她应该在每种酒上花多少钱？

$$U(w_F,\ w_C)=w_F^{2/3}w_C^{1/3}$$

b. 当品酒师来到酒店时，她发现由于欧元贬值，法国波尔多白葡萄酒已经降到每瓶 20 美元，如果加利福尼亚葡萄酒依旧是 8 美元一瓶，那么此时，在价格已变的条件下，为达到效用最大化，每种酒的购买量应为多少？

c. 解释为什么这个品酒师在 b 的情况下要比 a 更好。你如何用货币价值来衡量这个效用的增加？

解：a. 由题意得，该品酒师的效用最大化问题为：

$$\max U(w_F,\ w_C)=w_F^{2/3}w_C^{1/3}$$
$$s.t.\ \ 40w_F+8w_C=600$$

根据消费者均衡条件得：

$$\frac{MU_{w_F}}{MU_{w_C}}=\frac{\frac{2}{3}\left(\frac{w_C}{w_F}\right)^{\frac{1}{3}}}{\frac{1}{3}\left(\frac{w_F}{w_C}\right)^{\frac{2}{3}}}=2\cdot\frac{w_C}{w_F}=\frac{40}{8}$$

联立预算方程解得：

$$\begin{cases}w_F=10\\w_C=25\end{cases}$$

此时，消费者效用最大化时两种酒上的花费分别为：

$$\begin{cases}40w_F=400\\8w_C=200\end{cases}$$

即在法国波尔多白葡萄酒和加利福尼亚葡萄酒上的花费分别为 400 美元和 200 美元，此时该品酒师的效用达到最大化。

b. 法国波尔多白葡萄酒（w_F）已经降到每瓶 20 美元，此时的预算约束方程可写为：

$$20w_F+8w_C=600$$

利用问题 a 中的方法可得：

$$\frac{MU_{w_F}}{MU_{w_C}}=\frac{\frac{2}{3}\left(\frac{w_C}{w_F}\right)^{\frac{1}{3}}}{\frac{1}{3}\left(\frac{w_F}{w_C}\right)^{\frac{2}{3}}}=2\cdot\frac{w_C}{w_F}=\frac{20}{8}$$

联立预算约束方程解得：

$$\begin{cases} w_F = 20 \\ w_C = 25 \end{cases}$$

即品酒师效用最大化的每种酒的购买量分别为20，25。

c. 在问题a中，效用 $U(10, 25) = 10^{\frac{2}{3}} \times 25^{\frac{1}{3}} \approx 13.6$，在问题b中，效用 $U(20, 25) = 20^{\frac{2}{3}} \times 25^{\frac{1}{3}} \approx 21.5$。因此，$U(10, 25) < U(20, 25)$，即这个品酒师在b的情况下要比a更好。法国波尔多白葡萄酒(w_F)降价，使得该品酒师对波尔多白葡萄酒的实际购买力增加，此时，货币的边际效用变得更大。

3. a. 在某一个晚上，J. P. 以下列函数的形式享用雪茄(c)和白兰地(b)：

$$U(c, b) = 20c - c^2 + 18b - 3b^2$$

那么他这个晚上要抽多少支雪茄、喝多少瓶白兰地才能得到最大效用(假定他不受预算约束)？

b. 后来，J. P. 的医生告诫他：每天喝的白兰地与抽的雪茄加起来不能超出5单位，在这一条件约束下，他会喝多少白兰地、抽多少雪茄呢？

解：a. 在无约束下，J. P. 的效用最大化问题为：

$$\max U(c, b) = 20c - c^2 + 18b - 3b^2$$

效用最大化的一阶条件为：

$$\frac{\partial U}{\partial c} = 20 - 2c = 0 \Rightarrow c = 10$$

$$\frac{\partial U}{\partial b} = 18 - 6b = 0 \Rightarrow b = 3$$

从而可知J. P. 所获得的最大效用为：$U = 127$。

b. J. P. 所受的约束为：$b + c = 5$，此时他的效用最大化问题为：

$$\max U(c, b) = 20c - c^2 + 18b - 3b^2$$
$$s.t.\ b + c = 5$$

设拉格朗日函数为：$L = 20c - c^2 + 18b - 3b^2 + \lambda(5 - c - b)$。

一阶条件为：

$$\frac{\partial L}{\partial c} = 20 - 2c - \lambda = 0$$

$$\frac{\partial L}{\partial b} = 18 - 6b - \lambda = 0$$

$$\frac{\partial L}{\partial \lambda} = 5 - c - b = 0$$

从而可以解得：$b = 1$，$c = 4$，$U = 79$。

4. a. Odde Ball 先生享用商品 x 与 y 所得的效用函数为：

$$U(x, y) = \sqrt{x^2 + y^2}$$

如果 $p_x = 3$ 美元，$p_y = 4$ 美元，而他的总收入为50美元，求他能获得的最大效用。提示：求 U^2 的最大值要比求 U 的最大值方便得多。思考这种方法为什么不影响计算结果。

b. 画出 Ball 先生的无差异曲线，并指出无差异曲线与预算线的切点。图形是如何描述 Ball 的行为的？你找到真正的最大值了吗？

解：a. 因为 U^2 可由 U 经过单调变换得到，所以，最大化 U^2 同时也就是使 U 最大化。

因此，Ball 先生的效用最大化问题可以表述为：

$$\max U^2(x, y) = x^2 + y^2$$
$$s.t.\ 3x + 4y = 50$$

由 $U^2(x, y) = x^2 + y^2$ 可知，每增加一单位 x 或每增加一单位 y 带给 Ball 先生的效用是一样的；由 $p_x = 3 < p_y = 4$ 可知，当 $y = 0$ 时，Ball 先生所得效用最大，解得 $x = 50/3$，$U = 50/3$。

b. Ball 先生的无差异曲线如图 4－5 所示，显然该无差异曲线没有递减的 MRS。无差异曲线与预算线的切点如图 4－5 中的 A 点所示。在 A 点处，仅满足效用最大化的必要条件，但是不满足充分条件，因而 A 点不是一个局部最优点，效用最大化的点应该是 B 点，Ball 将其所有的收入用于购买 x，而 y 商品的购买量为零。在这里，他的效用函数不是凸的，而是凹的。在偏好为凹的情况下，效用最大化点一定在边界上取得。

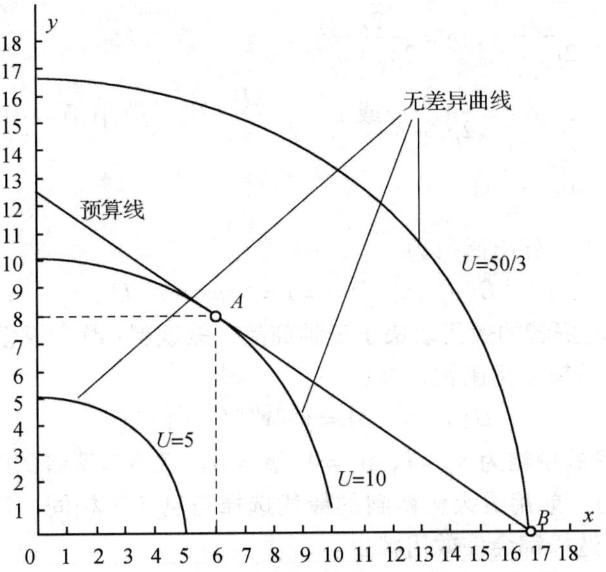

图 4－5　Ball 先生的无差异曲线

5. A 先生从马丁尼酒(m)中所获得的效用与他对马丁尼酒的消耗量成正比：$U(m) = m$。

A 先生特别喜欢马丁尼酒，但他只喜欢喝将杜松子酒(g)与苦艾酒(v)按 2∶1 的固定比例混合而成的马丁尼酒，因此，我们可以将 A 先生的效用函数改写为：

$$U(m) = U(g, v) = \min\left(\frac{g}{2}, v\right)$$

a. 画出 A 先生以 g 与 v 为变量的各种效用水平下的无差异曲线，请说明无论这两种配料酒的价格如何，A 先生永远不会改变他配制马丁尼酒的方法。

b. 求出 g 与 v 的需求函数。

c. 利用问题 b 的结论，求出 A 先生的间接效用函数。

d. 试计算 A 先生的支出函数。对于每一种效用水平，将支出表示成杜松子酒的价格 p_g 与苦艾酒的价格 p_v 的函数。提示：这个问题涉及固定比例的效用函数，因此你不能使用微积分来求解效用最大化问题。

解： a. A 先生的无差异曲线如图 4－6 所示。无论商品 g 与 v 的相对价格(即预算线的斜率)如何，效用最大化的点始终是无差异曲线的折点，即满足 $\frac{g}{2} = v$ 也即 $g = 2v$ 的点。

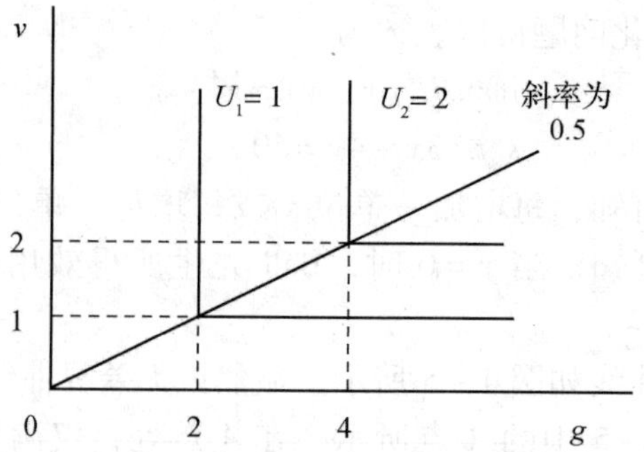

图 4－6　A 先生的无差异曲线

b. 将 $g=2v$ 代入预算约束：

$$p_g g+p_v v=I$$

从而可以解得：$v=\dfrac{I}{2p_g+p_v}$，$g=\dfrac{2I}{2p_g+p_v}$。

c. 因为 $U=g/2=v$，将 $v=\dfrac{I}{2p_g+p_v}$ 或 $g=\dfrac{2I}{2p_g+p_v}$ 代入效用函数中，得间接效用函数为 $V(p_g,\ p_v,\ I)=\dfrac{I}{2p_g+p_v}$。

d. 利用对偶性可得，支出函数为：

$$E(p_g,\ p_v,\ U)=I=(2p_g+p_v)U$$

6. 假设一个快餐爱好者的效用取决于三种商品：软饮料(x)、汉堡包(y)和冰激凌圣代(z)。根据柯布－道格拉斯效用函数，有：

$$U(x,\ y,\ z)=x^{0.5}y^{0.5}(1+z)^{0.5}$$

同时假设这些商品的价格为 $p_x=1$，$p_y=4$，$p_z=8$，且该消费者的收入 $I=8$。

a. 证明当 $z=0$ 时，效用最大化得到的最优选择与例 4.1 相同。同时证明 $z>0$(哪怕 z 非常小)时的任何最优选择都会使效用减少。

b. 你如何解释 $z=0$ 时达到最优这一事实？

c. 为了购买 z，这个人的收入要有多少？

解：a. 当 $z=0$ 时，效用函数为 $U(x,\ y,\ z)=x^{0.5}y^{0.5}$，根据柯布－道格拉斯效用函数的性质可得：

$$x^*=\frac{\alpha I}{p_x}=\frac{0.5\times 8}{1}=4$$

$$y^*=\frac{\beta I}{p_y}=\frac{0.5\times 8}{4}=1$$

此时效用 $U=(4)^{0.5}\times(1)^{0.5}=2$，与教材例 4.1 结果相同。

如果 $z=1$，则 $U=0$，因为 $x=y=0$。

如果 z 略大于 0(不妨设 $z=0.1$)，则根据柯布－道格拉斯效用函数的性质可得：

$$x=\frac{0.5\times 7.2}{1}=3.6$$

$$y=\frac{0.5\times 7.2}{4}=0.9$$

因而效用为：$U=(3.6)^{0.5}\times(0.9)^{0.5}\times(1.1)^{0.5}=1.89<U(z=0)=2$。

b. 在 $x=4$，$y=1$，$z=0$ 处，有：

$$MU_x/p_x = MU_y/p_y = 0.25,\ MU_z/p_z = 0.125$$

因而在 $z=0$ 处，从 z 获得的边际效用“不值”商品的价格。效用函数中的“1”导致了 z 在任何正的数量时，已经具有递减的边际效用。商品 z 满足“互补松弛”原理。

c. 如果收入 $I=40$，则最优选择为：$x=16$，$y=4$，$z=1$（可以利用拉格朗日方法求解，此处略去）。为了找到能够购买 z 的收入，可以利用柯布－道格拉斯函数的性质，即：

$$p_x x = p_y y = p_z(1+z)$$

代入预算约束可得：$2p_z(1+z)+p_z z = I$ 或 $3p_z z = I - 2p_z$。

因此，对于 $z>0$，必有 $I>2p_z=16$。

7. 图 4－7 所示的一次总付原则不仅可以应用于税收，也可以应用于转移支付。这个问题研究该原则在此政策下的应用。

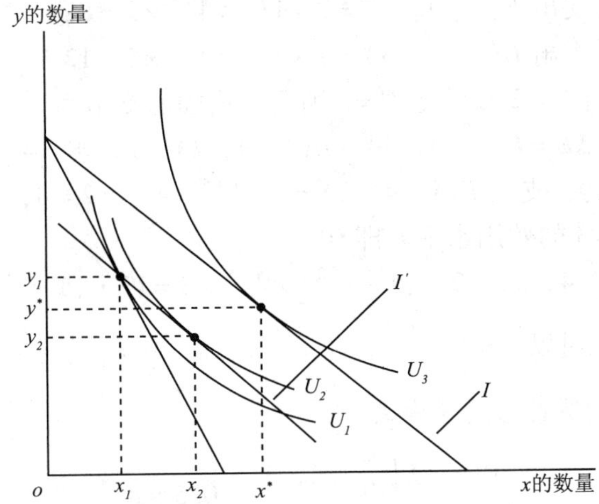

图 4－7　税收中的一次总付原则

a. 用与图 4－7 类似的图解释在政府支出相同的情况下，对一个人进行收入补贴比对商品 x 进行补贴能提供更多的效用。

b. 用（4.52）式所示的柯布－道格拉斯支出函数，计算需要多少额外购买力才能将这个人的效用由 $U=2$ 提升至 $U=3$。

c. 再次使用（4.52）式估算为了将这个人的效用从 $U=2$ 提升至 $U=3$，需要对商品 x 进行补贴的程度，并和问题 b 中得到的结果进行比较。

d. 本章课后习题第 10 题要求你计算的支出函数是与比例 4.4 的情形更一般化的柯布－道格拉斯效用函数相对应的。当 $\alpha=0.3$（这个数字接近于低收入人群花费在食物上的收入份额）时，再次使用这个支出函数回答问题 b 和 c。

e. 如果使用（4.54）式所示的固定比例情况下的支出函数，你会如何修改对此问题的计算？

解： a. 如图 4－8 所示，收入补贴可以使消费者预算线向右平行移动，在新的最优点 C 处消费者的效用要大于对商品 x 进行补贴后消费者达到最优点 B 处的效用，因此，相同数额的收入补贴比对商品 x 的补贴能够给消费者带来更大的效用。

b. 商品价格 $p_x=1$，$p_y=4$。对于（4.52）式中的柯布－道格拉斯函数而言，其支出函数为：

$$E(p_x, p_y, U) = 2p_x^{0.5}p_y^{0.5}U$$

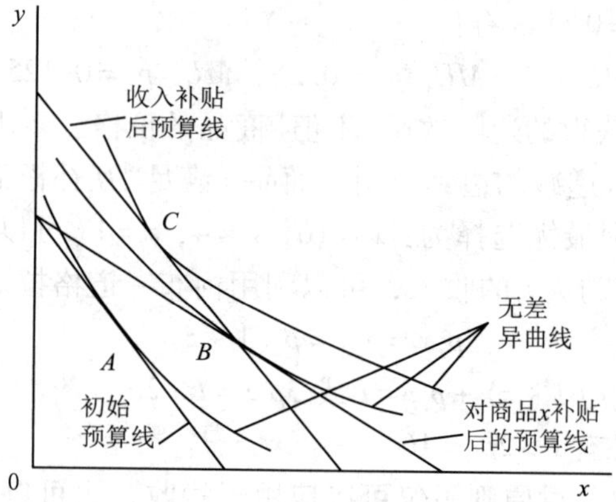

图 4-8　一次性收入补贴与对商品 x 补贴下消费者境况的比较

当效用为 $U=2$ 时，支出 $E(1,\ 4,\ 2)=2\times1^{0.5}\times4^{0.5}\times2=8$；

当效用为 $U=3$ 时，支出 $E(1,\ 4,\ 3)=2\times1^{0.5}\times4^{0.5}\times3=12$。

要使这个人的效用由 $U=2$ 提升至 $U=3$ 所需要增加的支出为：

$$\Delta E=E(1,\ 4,\ 3)-E(1,\ 4,\ 2)=12-8=4$$

c. 当效用为 $U=2$ 时，支出 $E(1,\ 4,\ 2)=2\times1^{0.5}\times4^{0.5}\times2=8$，设在此条件下，对 x 的补贴为 r 时才能达到 $U=3$ 的效用水平。即有：

$$E(1-r,\ 4,\ 3)=2\times(1-r)^{0.5}\times4^{0.5}\times3=12\cdot(1-r)^{0.5}=8$$

解得：对每单位 x 的补贴 $r=\dfrac{5}{9}$。

在此补贴价格下，消费者将选择购买：

$$x=\frac{0.5\cdot E\left(\dfrac{4}{9},\ 4,\ 3\right)}{p_x'}=\frac{0.5\times8}{1-\dfrac{5}{9}}=9$$

此时的总补贴金额为$\dfrac{5}{9}\times9=5$，比问题 b 中的补贴额高 $5-4=1$。

d. 当 $\alpha=0.3$ 时，效用函数 $U(x,\ y)=x^{0.3}y^{0.7}$，最优的 x 和 y 的取值为：

$$\begin{cases}x=\dfrac{0.3\cdot E(p_x,\ p_y,\ U)}{p_x}\\ y=\dfrac{0.7\cdot E(p_x,\ p_y,\ U)}{p_y}\end{cases}$$

将其代入效用函数，可求出对应的支出函数：

$$E(p_x,\ p_y,\ U)=\frac{p_x^{0.3}p_y^{0.7}U}{0.3^{0.3}\cdot0.7^{0.7}}=1.84\cdot p_x^{0.3}p_y^{0.7}U$$

当个人的效用由 $U=2$ 提升至 $U=3$ 时，所需要增加的支出为：

$$\Delta E=E(1,\ 4,\ 3)-E(1,\ 4,\ 2)=1.84\times1^{0.3}\times4^{0.7}\times3-1.84\times1^{0.3}\times4^{0.7}\times2\approx14.57-9.71=4.86$$

同理可设在此条件下，对 x 的补贴为 r 时才能达到 $U=3$ 的效用水平。即有：

$$E(1-r,\ 4,\ 3)=1.84\times(1-r)^{0.3}\times4^{0.7}\times3=14.57\ (1-r)^{0.3}=9.71$$

解得：对每单位 x 的补贴 $r\approx0.74$。

在此补贴价格下，消费者将选择购买：

$$x=\frac{0.3\cdot E(0.26,\ 4,\ 3)}{p_x'}=\frac{0.3\times 9.71}{1-0.74}\approx 11.20$$

此时的总补贴金额为 $0.74\times 11.20\approx 8.29$，比问题 b 中的补贴额高 $8.29-4.86=3.43$。

e. (4.54)式中的柯布－道格拉斯函数，其支出函数为：

$$E(p_x,\ p_y,\ U)=(p_x+0.25p_y)U$$

当效用为 $U=2$ 时，支出 $E(1,\ 4,\ 2)=(1+0.25\times 4)\times 2=4$；

当效用为 $U=3$ 时，支出 $E(1,\ 4,\ 3)=(1+0.25\times 4)\times 3=6$。

因而所需要增加的支出为 2。

在支出为 4 时，要满足效用水平为 3，需要政府对价格进行补贴，假设补贴后

$$E(1-r,\ 4,\ 3)=(1-r+0.25\times 4)\times 3=4$$

解得 $r=\frac{2}{3}$，故每单位需要补贴 $\frac{2}{3}$。

在此价格下，消费者选择购买 3 个单位的 x，政府补贴金额为 2，价格补贴金额与在一次总付补贴下一致，因为固定比例下，消费者需求是固定比例，价格变化没有扭曲消费者行为。

8. 考虑以下两个最简单的效用函数：

(1) 固定比例效用函数：

$$\boldsymbol{U(x,\ y)=\min(x,\ y)}$$

(2) 完全替代效用函数：

$$\boldsymbol{U(x,\ y)=x+y}$$

a. 分别对以上两个效用函数，计算：

· 对于 x 和 y 的需求函数

· 间接效用函数

· 支出函数

b. 根据问题 a 中的计算结果，解释它们为什么会是那样的形式。

解： a. 设两种商品的价格分别为 p_x、p_y，收入为 m。

(1) 对于固定比例效用函数 $U(x,\ y)=\min(x,\ y)$，均衡的消费满足：

$$\begin{cases} x=y \\ p_x x+p_y y=m \end{cases}$$

解得两种商品的需求函数分别为：

$$\begin{cases} x=\dfrac{m}{p_x+p_y} \\ y=\dfrac{m}{p_x+p_y} \end{cases}$$

将上式代入效用函数可得间接效用函数：

$$V(p_x,\ p_y,\ m)=\frac{m}{p_x+p_y}$$

反解间接效用函数可得支出函数：

$$E(p_x,\ p_y,\ U)=(p_x+p_y)U$$

(2) 对于完全替代效用函数 $U(x,\ y)=x+y$，分三种情况讨论均衡的消费：

①当 $p_x>p_y$ 时，由于 x 和 y 相互替代，此时消费者只消费 y，不消费 x。

此时的需求函数：

$$\begin{cases} x = 0 \\ y = \dfrac{m}{p_y} \end{cases}$$

间接效用函数：

$$V(p_x, p_y, m) = \frac{m}{p_y}$$

支出函数：

$$E(p_x, p_y, U) = p_y U$$

②当 $p_x < p_y$ 时，由于 x 和 y 相互替代，此时消费者只消费 x，不消费 y。

此时的需求函数：

$$\begin{cases} x = \dfrac{m}{p_x} \\ y = 0 \end{cases}$$

间接效用函数：

$$V(p_x, p_y, m) = \frac{m}{p_x}$$

支出函数：

$$E(p_x, p_y, U) = p_x U$$

③当 $p_x = p_y$ 时，x 和 y 无差异。

需求函数：

$$x + y = \frac{m}{p_x} = \frac{m}{p_y}$$

间接效用函数：

$$V(p_x, p_y, m) = \frac{m}{p_x} = \frac{m}{p_y}$$

支出函数：

$$E(p_x, p_y, U) = p_x U = p_y U$$

b. 对于完全互补的两种商品来说，两种商品之间按固定的比例进行消费，超出比例多消费任何一种商品都不会带来效用的增加，如果按 1:1 比例进行消费的两种商品，那么其效用函数为 $U(x, y) = \min(x, y)$，如图 4-9 所示；而对于完全替代的两种商品来说，两种商品间相互替代的比率是不变的，其效用函数为 $U(x, y) = x + y$，如图 4-10 所示。

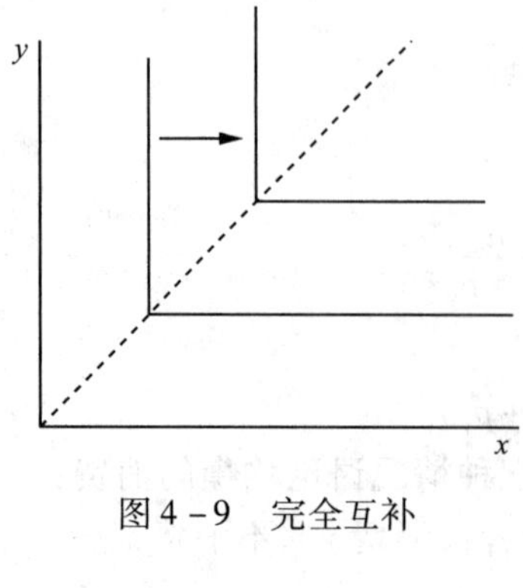

图 4-9 完全互补

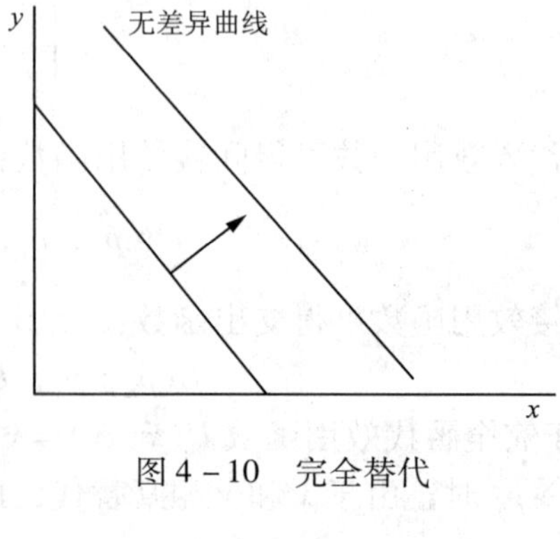

图 4-10 完全替代

9. 考虑包含两种商品的线性效用函数 $U(x, y)=ax+by$，计算与之对应的支出函数。提示：不同的价格比率会造成支出函数的扭曲。

解：由于两种商品的效用函数 $U(x, y)=ax+by$，即此两种商品为完全替代品。设两种商品的价格分别为 p_x、p_y，收入为 m，预算约束方程为 $p_x x+p_y y=m$。下面分三种情况进行讨论：

(1) 当 $\frac{p_x}{p_y}>\frac{a}{b}$ 时，此时商品 x 比 y 昂贵，最优选择满足：

$$\begin{cases} x=0 \\ y=\dfrac{m}{p_y} \end{cases}$$

此时的支出函数为：$E(p_x, p_y, U)=\frac{p_y U}{b}$。

(2) 当 $\frac{p_x}{p_y}<\frac{a}{b}$ 时，此时商品 x 比 y 便宜，最优选择满足：

$$\begin{cases} x=\dfrac{m}{p_x} \\ y=0 \end{cases}$$

此时的支出函数为：$E(p_x, p_y, U)=\frac{p_x U}{a}$。

(3) 当 $\frac{p_x}{p_y}=\frac{a}{b}$ 时，此时商品 x 与 y 无差异。此时的支出函数为：

$$E(p_x, p_y, U)=\frac{p_x U}{a}=\frac{p_y U}{b}$$

10. 柯布－道格拉斯效用函数

例 4.1 中，我们用到了柯布－道格拉斯效用函数 $U(x, y)=x^{\alpha}y^{1-\alpha}$，其中 $0\leqslant\alpha\leqslant 1$。这个问题说明了该函数的一些其他属性。

a. 计算柯布－道格拉斯情况下的间接效用函数。

b. 计算这种情况下的支出函数。

c. 明确解释为抵消 x 价格上升带来的影响，所需的补偿与指数 α 有怎样的关系。

解：a. 对于柯布－道格拉斯效用函数，其相应的需求函数为：

$$x=\alpha I/P_x, \quad y=(1-\alpha)I/P_y$$

将需求函数代入效用函数中，得间接效用函数为：

$$V(P_x, P_y, I)=\left(\frac{\alpha I}{P_x}\right)^{\alpha}[(1-\alpha)I/P_y]^{1-\alpha}=BIP_x^{-\alpha}P_y^{-(1-\alpha)}$$

其中，$B=\alpha^{\alpha}(1-\alpha)^{1-\alpha}$。

b. 利用对偶原理，可以从间接效用函数中解出支出函数为：

$$E(P_x, P_y, U)=I=B^{-1}P_x^{\alpha}P_y^{1-\alpha}U$$

c. 支出关于价格 P_x 的弹性值为：$\frac{\partial E}{\partial P_x}\cdot\frac{P_x}{E}=B^{-1}\alpha P_x^{\alpha-1}P_y^{1-\alpha}U\cdot\frac{P_x}{B^{-1}P_x^{\alpha}P_y^{1-\alpha}U}=\alpha$。

即：x 在效用函数中越重要，则支出份额中用于补偿其价格上涨的比例也越大。

11. CES 效用函数

一般的 CES 效用函数可以表示为：

$$U(x, y) = \frac{x^{\delta}}{\delta} + \frac{y^{\delta}}{\delta}$$

a. 证明上述函数在约束条件下，效用最大化的一阶条件是消费者按一定比例选择商品，这个比例式为：

$$\frac{x}{y} = \left(\frac{p_x}{p_y}\right)^{\frac{1}{\delta-1}}$$

b. 前面我们在讨论一些问题时已经说过：对于柯布－道格拉斯函数($\delta=0$)，消费者将在 x 与 y 之间平等分配费用。证明问题 a 的结论也包含了这种情况。

c. $p_x x/p_y y$ 的值与 δ 的取值有何关系？直观地解释你的结论(如果要对此函数进行更深入的探讨，参见本章扩展部分 E4.3)。

d. 推导这种情况下的间接效用函数和支出函数，并运用齐次函数的性质加以检验。

解：a. 对于此 CES 效用函数而言，在效用最大化时，有：

$$\frac{\partial U}{\partial x} = x^{\delta-1}, \quad \frac{\partial U}{\partial y} = y^{\delta-1}$$

$$MRS = \frac{\partial U/\partial x}{\partial U/\partial y} = (x/y)^{\delta-1} = p_x/p_y$$

从而可以解得：

$$x/y = (p_x/p_y)^{1/(\delta-1)} = (p_x/p_y)^{-\sigma}$$

其中，$\sigma = 1/(1-\delta)$。

b. 如果 $\delta=0$，则有 $x/y = p_y/p_x$，因而有 $p_x x = p_y y = \frac{m}{2}$，其中，$m$ 为消费者收入。即消费者将在 x 与 y 之间平等分配费用。

c. 由问题 a 可知 $p_x x/p_y y = (p_x/p_y)^{1-\sigma}$，所以，当 $\sigma<1$，即 $\delta<0$ 或 $\delta>1$ 时，收入中用于购买 x 的相对份额与其相对价格正相关；当 $\sigma>1$，即 $0<\delta<1$ 时，收入中用于购买 x 的相对份额与其相对价格负相关；当 $\sigma=1$，即 $\delta=0$ 时，消费者将在 x 和 y 商品之间平等分配收入，即 $p_x x/p_y y=1$。

d. 支出最小化问题为：

$$\min p_x x + p_y y$$

$$s.t. \quad \frac{x^{\delta}+y^{\delta}}{\delta} = u$$

设拉格朗日函数为：

$$L = p_x x + p_y y + \lambda\left(u - \frac{x^{\delta}+y^{\delta}}{\delta}\right)$$

一阶条件为：

$$\frac{\partial L}{\partial x} = p_x - \lambda x^{\delta-1} = 0$$

$$\frac{\partial L}{\partial y} = p_y - \lambda y^{\delta-1} = 0$$

$$\frac{\partial L}{\partial \lambda} = u - \frac{x^{\delta}+y^{\delta}}{\delta} = 0$$

从而可以解得：

$$x=\left(\frac{p_x}{p_y}\right)^{\frac{1}{\delta-1}}\left[\frac{u\delta}{1+(p_x/p_y)^{\frac{\delta}{\delta-1}}}\right]^{\frac{1}{\delta}}$$

$$y=\left[\frac{u\delta}{1+(p_x/p_y)^{\frac{\delta}{\delta-1}}}\right]^{\frac{1}{\delta}}$$

所以，支出函数为：

$$E(p_x,\ p_y,\ u)=(p_x^{\frac{\delta}{\delta-1}}p_y^{\frac{1}{1-\delta}}+p_y)\left[\frac{u\delta}{1+(p_x/p_y)^{\frac{\delta}{\delta-1}}}\right]^{\frac{1}{\delta}}$$

利用对偶性可得，间接效用函数为：

$$V(p_x,\ p_y,\ m)=\frac{1}{\delta}\left[\left(\frac{m}{p_x+p_x^{\frac{1}{1-\delta}}p_y^{\frac{\delta}{\delta-1}}}\right)^{\delta}+\left(\frac{m}{p_x^{\frac{\delta}{\delta-1}}p_y^{\frac{1}{1-\delta}}+p_y}\right)^{\delta}\right]$$

由齐次函数的性质，对于任意的 $t>0$，可得：

$$E(tp_x,\ tp_y,\ u)=[(tp_x)^{\frac{\delta}{\delta-1}}(tp_y)^{\frac{1}{1-\delta}}+tp_y]\cdot\left[\frac{u\delta}{1+\left(\frac{tp_x}{tp_y}\right)^{\frac{\delta}{\delta-1}}}\right]^{\frac{1}{\delta}}=t\cdot E(p_x,\ p_y,\ u)$$

$$V(tp_x,\ tp_y,\ tm)=\frac{1}{\delta}\left[\left(\frac{tm}{tp_x+(tp_x)^{\frac{1}{1-\delta}}(tp_y)^{\frac{\delta}{\delta-1}}}\right)^{\delta}+\left(\frac{tm}{(tp_x)^{\frac{\delta}{\delta-1}}(tp_y)^{\frac{1}{1-\delta}}+tp_y}\right)^{\delta}\right]=V(p_x,\ p_y,\ m)$$

所以，此支出函数是商品价格的一次齐次函数，间接效用函数是商品价格和收入的零次齐次函数。

12. 斯通－吉尔里效用函数(Stone-Geary Utility)

消费者需要一定量的食品(x)来维持生存，假设这个量为 x_0，当购买 x_0 的食品时，消费者将从食品与其他商品(y)中得到的效用为：

$$U(x,\ y)=(x-x_0)^{\alpha}y^{\beta}$$

其中 $\alpha+\beta=1$。

a. 证明：如果 $I>p_xx_0$，则为取得最大效用，消费者将会在食品 x 上花费 $\alpha(I-p_xx_0)+p_xx_0$，在其他商品 y 上花费 $\beta(I-p_xx_0)$。解释这个结果。

b. 在这个问题中，随着收入增加，p_xx/I 和 p_yy/I 将会怎样变化？(有关此效用函数的进一步讨论请参见本章扩展部分 E4.2。)

解： a. 如果 $x<x_0$，则效用值为负，因而消费者将会首先支出 p_xx_0。对于剩余的收入 $I-p_xx_0$，这是一个标准的柯布－道格拉斯效用函数最大化问题，从而有：

$$p_x(x-x_0)=\alpha(I-p_xx_0),\quad p_yy=\beta(I-p_xx_0)$$

此外，还可以用拉格朗日乘数法求解。

b. 由问题 a 以及预算约束条件可得：

$$\frac{p_xx}{I}=\alpha+\frac{(1-\alpha)p_xx_0}{I},\quad \frac{p_yy}{I}=\beta-\frac{\beta p_xx_0}{I}$$

因此，收入增加，则收入中用于购买 x 的比例将减少，用于购买 y 的比例将增加。

对 I 取极限可得：$\lim\limits_{I\to\infty}\frac{p_xx}{I}=\alpha$，$\lim\limits_{I\to\infty}\frac{p_yy}{I}=\beta$。

13. CES 间接效用函数和支出函数

现在，我们讨论形式更标准的 CES 效用函数的间接效用函数和支出函数，函数形式如下：

$$U(x,\ y)=(x^{\delta}+y^{\delta})^{1/\delta}$$

该函数的替代弹性 $\sigma=1/(1-\delta)$。

a. 证明此函数的间接效用函数为：

$$V=I\ (p_x^r+p_y^r)^{-1/r}$$

其中 $r=\delta/(\delta-1)=1-\sigma$。

b. 证明问题 a 中计算出的函数是关于价格和收入的零次齐次函数。

c. 证明此函数是收入的严格递增函数。

d. 证明对于任何价格，该函数都是严格递减的。

e. 证明此种情况下的 CES 效用函数的支出函数为：

$$E=V\ (p_x^r+p_y^r)^{1/r}$$

f. 证明问题 e 中计算出的函数是关于商品价格的一次齐次函数。

g. 证明支出函数是关于任何价格的递增函数。

h. 证明函数是任何价格的凹函数。

证明：a. 设两种商品的价格分别为 p_x、p_y，收入为 I，则消费者效用最大化问题：

$$\max U(x,\ y)=(x^{\delta}+y^{\delta})^{1/\delta}$$
$$s.t.\ \ p_x x+p_y y=I$$

构造拉格朗日函数：$L=(x^{\delta}+y^{\delta})^{\frac{1}{\delta}}+\lambda(I-p_x x-p_y y)$。

一阶条件：

$$\begin{cases}\dfrac{\partial L}{\partial x}=(x^{\delta}+y^{\delta})^{\frac{1}{\delta}-1}\cdot x^{\delta-1}-\lambda p_x=0\\ \dfrac{\partial L}{\partial y}=(x^{\delta}+y^{\delta})^{\frac{1}{\delta}-1}\cdot y^{\delta-1}-\lambda p_y=0\\ \dfrac{\partial L}{\partial \lambda}=I-p_x x-p_y y=0\end{cases}$$

解得：

$$\begin{cases}x=\dfrac{I\cdot p_x^{-\sigma}}{p_x^r+p_y^r}\\ y=\dfrac{I\cdot p_y^{-\sigma}}{p_x^r+p_y^r}\end{cases}$$

将上式代入 $U(x,\ y)=(x^{\delta}+y^{\delta})^{1/\delta}$，得间接效用函数：

$$V=I\ (p_x^r+p_y^r)^{-1/r}\text{（其中 } r=\delta/(\delta-1)=1-\sigma\text{）}$$

b. 对于任意正数 $t>0$，有：

$$V(tp_x,\ tp_y,\ tI)=tI\cdot[(tp_x)^r+(tp_y)^r]^{-1/r}=t^0\cdot I\ (p_x^r+p_y^r)^{-1/r}=t^0\cdot V(p_x,\ p_y,\ I)$$

所以说，函数 $V=I\ (p_x^r+p_y^r)^{-1/r}$ 是关于价格和收入的零次齐次函数。

c. $\dfrac{\partial V}{\partial I}=(p_x^r+p_y^r)^{-1/r}>0$，所以说此函数是收入的严格递增函数。

d. $\dfrac{\partial V}{\partial p_x}=-I\cdot p_x^{r-1}\ (p_x^r+p_y^r)^{-\frac{1+r}{r}}<0$，同理可得 $\dfrac{\partial V}{\partial p_y}<0$，所以说，对于任何价格，此函数

是严格递减的。

e. 反解间接效用函数得此函数的支出函数：

$$E=U\left(p_x^r+p_y^r\right)^{1/r}$$

f. 对于任意正数 $t>0$，有：

$$E(tp_x,\ tp_y,\ U)=U\left[(tp_x)^r+(tp_y)^r\right]^{1/r}=t\cdot E(p_x,\ p_y,\ U)$$

所以说，函数 $E=U\left(p_x^r+p_y^r\right)^{1/r}$是关于商品价格的一次齐次函数。

g. $\dfrac{\partial E}{\partial p_x}=U\cdot p_x^{r-1}\left(p_x^r+p_y^r\right)^{\frac{1-r}{r}}>0$，同理可得$\dfrac{\partial E}{\partial p_y}>0$，所以说支出函数是关于任何价格的递增函数。

h. 对支出函数关于 p_x 求二阶偏导数得：

$$\begin{aligned}\frac{\partial}{\partial p_x}\left(\frac{\partial E}{\partial p_x}\right)&=(r-1)U\cdot p_x^{r-2}\left(p_x^r+p_y^r\right)^{\frac{1-r}{r}}+(1-r)U\cdot p_x^{2(r-1)}\left(p_x^r+p_y^r\right)^{\frac{1-2r}{r}}\\&=(r-1)U\cdot p_x^{r-2}p_y^r\left(p_x^r+p_y^r\right)^{\frac{1-2r}{r}}<0\end{aligned}$$

所以说，此函数是任何价格的凹函数。

14. 利他主义

米歇尔有一个相对高的收入 I，并且他十分同情生活贫困、收入很低的索菲亚。假设米歇尔的偏好可由以下效用函数表示：

$$U_1(c_1,\ c_2)=c_1^{1-a}c_2^a$$

式中，c_1、c_2 分别表示米歇尔和索菲亚的消费水平，函数形式和两商品的柯布-道格拉斯效用函数类似。假设米歇尔可以随意支配自己的收入，既可花在自己身上，也可花在索菲亚身上(通过慈善捐赠)，并且 1 美元收入可为米歇尔或索菲亚带来 1 单位相等的效用(也就是说，消费的“价格”为 $p_1=p_2=1$)。

a. 通过讨论 $a=0$ 和 $a=1$ 时的极端情况，说明指数 a 可用于衡量“利他”程度。当 a 的值为多少时，米歇尔会是一个完美的利他主义者(把别人看作和自己同等重要)?

b. 求解米歇尔的最优化选择，并说明其如何随着 a 的变化而变化。

c. 假设所得税为 t，求解此时米歇尔的最优化选择。在慈善捐款可税前扣除(用于慈善捐款的那部分收入不纳税)的情况下，米歇尔的选择会发生怎样的变化?对于利他主义程度高和程度低的两种人，慈善捐款扣除对哪一种人的激励作用更大?

d. 回到没有税收的简单情况下，假设米歇尔的利他主义可由以下效用函数表示：

$$U_1(c_1,\ U_2)=c_1^{1-a}U_2^a$$

该式和前一章扩展部分 E3.4 相似，根据定义，米歇尔直接关心索菲亚的效用水平，间接关心索菲亚的消费水平。

(1)若索菲亚的效用函数和米歇尔是对称的，即 $U_2(c_2,\ U_1)=c_2^{1-a}U_1^a$，计算米歇尔的最优选择，并和问题 b 中的结果加以对比。米歇尔的利他主义程度是更大了还是更小了?解释这一结果。

(2)若索菲亚的效用函数为 $U_2(c_2)=c_2$，重新分析上述问题。

说明：在查阅英文版教材后，本书认为问题 c 中的“所得税为 t”是指所得税税率，并据此进行解答。

解：a. 当 $a=0$ 和 $a=1$ 时，此时米歇尔的效用函数分别为：

$$U_1(c_1,\ c_2)=c_1$$

$$U_1(c_1, c_2) = c_2$$

即当 $a=0$ 时，米歇尔效用大小只取决于自己的消费，她是一个纯粹的利己主义者；而当 $a=1$ 时，其效用大小完全取决于索菲亚的消费，她是一个纯粹的利他主义者。

当 $a=\frac{1}{2}$时，米歇尔会是一个完美的利他主义者(把别人看作和自己同等重要)，其效用函数为：$U_1(c_1, c_2)=c_1^{\frac{1}{2}}c_2^{\frac{1}{2}}$。

b. 设米歇尔的收入为 m，利用柯布－道格拉斯效用函数的性质可得米歇尔的最优选择为：

$$\begin{cases} c_1=(1-a)m \\ c_2=am \end{cases}$$

进一步可求得：

$$\frac{\mathrm{d}c_1}{\mathrm{d}a}=-m<0, \frac{\mathrm{d}c_2}{\mathrm{d}a}=m>0$$

所以，随着 a 的提高，在米歇尔的最优选择处，米歇尔的消费水平会降低而索菲亚的消费水平会增加。

c. 如果所得税税率为 t，此时米歇尔的最优化选择为：$c_1=(1-a)m(1-t)$，$c_2=am(1-t)$。

设慈善捐款额为 $s(0<s<m)$，在慈善捐款可税前扣除(用于慈善捐款的那部分收入不用缴纳所得税)的情况下米歇尔的最优化问题为：

$$\max\ U_1(c_1, c_2)=c_1^{1-a}c_2^{a}$$
$$s.t.\ c_1=(m-c_2)(1-t)$$

解得米歇尔的最优选择为：$c_1=m(1-a)(1-t)$，$c_2=am$。

在慈善捐款可税前扣除的情况下，慈善捐款额为 $s=c_2=am$，而用于慈善捐款的那部分收入也需要缴纳所得税的情况下，慈善捐款额为 $s=c_2=am(1-t)$。两种情况下慈善捐款额的变化为 $\Delta s=am-am(1-t)=amt$，从而有$\frac{\mathrm{d}\Delta s}{\mathrm{d}a}=mt>0$。因此，利他主义程度越高，慈善捐款扣除对其的激励作用越大。

d. (1)若米歇尔的效用函数 $U_1(c_1, U_2)=c_1^{1-a}U_2^{a}$，且索菲亚的效用函数 $U_2(c_2, U_1)=c_2^{1-a}U_1^{a}$，由此可以推出米歇尔的效用函数：

$$U_1(c_1, c_2)=c_1^{\frac{1}{1+a}}c_2^{\frac{a}{1+a}}$$

米歇尔的最优选择：

$$\begin{cases} c_1=\dfrac{m}{1+a} \\ c_2=\dfrac{am}{1+a} \end{cases}$$

所以，随着 a 的提高，在米歇尔的最优选择处，米歇尔的消费水平会降低而索菲亚的消费水平会增加。

(2)若索菲亚的效用函数为 $U_2(c_2)=c_2$，此时米歇尔的效用函数为 $U_1(c_1, c_2)=c_1^{1-a}c_2^{a}$，和问题 b 中的情况相同。

第5章　收入效应与替代效应

5.1　复习笔记

1. 需求函数及其性质

(1)需求函数

一般地，普通需求函数又称马歇尔需求函数，它反映了在给定的(各种商品的)价格与收入下，能使消费者实现效用最大化的各种商品的需求量，因而是价格与收入的(向量)函数。

(2)需求函数的性质

一般而言，需求函数关于价格 P 和收入 I 是零次齐次的，即对任何商品 x_i，在 $t>0$ 时有：

$$x_i^* = x_i(P_1, P_2, \cdots, P_n, I) = x_i(tP_1, tP_2, \cdots, tP_n, tI)$$

其原因在于，当价格和收入同时发生相同比例的变化时，消费者的预算约束没有发生实质性的变化，因而理性的消费者也不会改变其最优消费选择，也说明“纯”通货膨胀不会影响消费者的需求。

2. 收入变化对消费者最优选择的影响

(1)收入变化与正常品、劣等品(见表5-1)

收入变化会引起消费者预算线的平行移动，从而引起消费者最优消费选择发生相应的变化。根据收入变化时消费变化的方向，可以对商品进行分类，具体如表5-1所示。

表5-1　收入变化与正常品、劣等品

种类		具体内容
劣等品		指随着收入的增加其需求减少的商品，即 $\frac{\partial x_i}{\partial I}<0$
正常品	必需品	指随着收入的增加其需求也增加，且需求收入弹性大于0小于1的物品，即 $e_I=\frac{\partial x_i}{\partial I}\frac{I}{x_i}\in(0, 1)$
	奢侈品	指随着收入的增加其需求也增加，且需求收入弹性大于1的物品，即 $e_I=\frac{\partial x_i}{\partial I}\frac{I}{x_i}>1$

(2)恩格尔定律

恩格尔定律是一个统计规律，是指在一个家庭或一个国家中，食物支出在收入中所占的比例随着收入的增加而减少。用弹性的概念来表述该定律为：对于一个家庭或一个国家来说，富裕程度越高，则食物支出的收入弹性就越小；反之，则越大。

3. 价格变化对消费者最优选择的影响

(1)吉芬商品

吉芬商品是指这样一种商品，如果该商品的价格上升，消费者对它的需求量上升；当它的价格下降时，消费者对它的需求量也下降。用需求函数的偏导数表达就是：$\frac{\partial x_1(P_1, P_2, I)}{\partial P_1}>0$。

(2)价格变化所引起的希克斯替代效应与收入效应

①替代效应与收入效应的含义

替代效应是指由商品的价格变动所引起的商品相对价格的变动，进而由商品的相对价格变动所引起的商品需求量的变动。

收入效应是指由商品的价格变动所引起的实际收入水平变动，进而由实际收入的变动所引起的商品需求量的变动。

②正常品的替代效应和收入效应

图5－1(a)中的横轴 OX_1 和纵轴 OX_2 分别表示商品1和商品2的数量，其中，商品1是正常品。商品1的价格 P_1 下降前的消费者的效用最大化的均衡点为 a，P_1 下降后消费者的均衡点为 b。价格下降所引起的商品1的需求量的增加量为 $X_1'X_1'''$，这便是价格下降所引起的总效应。这个总效应可以被分解为替代效应和收入效应两个部分。

替代效应：作一条平行于预算线 AB' 且与无差异曲线 U_1 相切的补偿预算线 FG。FG 与 U_1 相切，表示假设的货币收入的减少(预算线的位置由 AB' 向左平移到 FG 表示)刚好能使消费者回到原有的效用水平。FG 与 AB' 平行，则这两条预算线有相同的斜率，表示商品1价格和商品2价格的一个相同的比值 P_1/P_2，而且，这个商品的相对价格 P_1/P_2 是商品1的价格 P_1 变化以后的相对价格。补偿预算线 FG 与 U_1 相切于均衡点 c，与原来的均衡点 a 相比，需求量的增加量为 $X_1'X_1''$，这个增加量就是在剔除了实际收入水平变化影响以后的替代效应。进一步地，就预算线 AB 和补偿预算线 FG 而言，它们分别与无差异曲线 U_1 相切于 a、c 两点，但斜率却是不相等的。预算线 AB 的斜率绝对值大于补偿预算线 FG，AB 所表示的商品的相对价格 P_1/P_2 大于 FG，当 AB 移至 FG 时，随着商品的相对价格 P_1/P_2 的变小，消费者为了维持原有的效用水平，会沿着既定的无差异曲线 U_1 由 a 点下滑到 c 点，增加对商品1的购买而减少对商品2的购买，即用商品1去替代商品2。于是，由 a 点到 c 点的商品1的需求量的增加量 $X_1'X_1''$，便是 P_1 下降的替代效应。

收入效应：把补偿预算线 FG 再移回到 AB' 的位置上去，于是，消费者的效用最大化的均衡点就会由无差异曲线 U_1 上的 c 点回到无差异曲线 U_2 上的 b 点，相应的需求量的变化量 $X_1''X_1'''$ 就是收入效应。

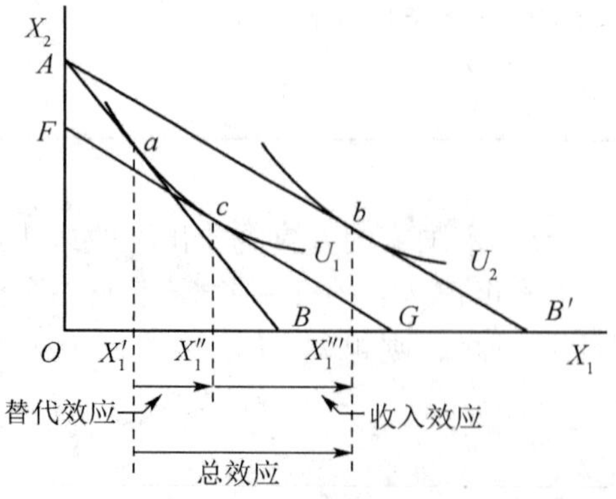

图5－1(a)　正常品的替代效应和收入效应

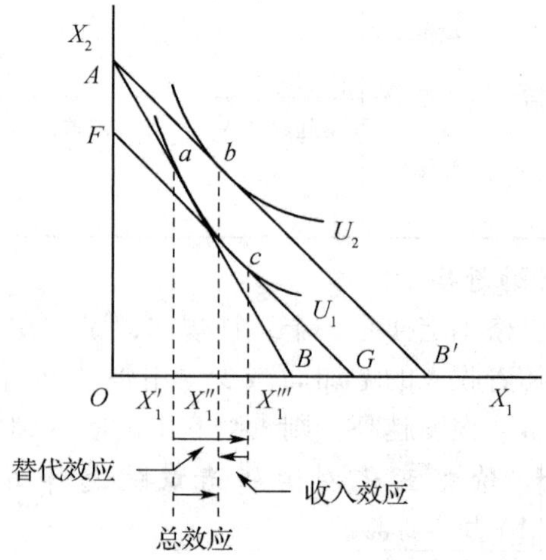

图5－1(b)　劣等品的替代效应和收入效应

③劣等品的替代效应和收入效应

图5－1(b)中的横轴 OX_1 和纵轴 OX_2 分别表示商品1和商品2的数量，其中，商品1是劣等品。商品1的价格 P_1 下降前后的消费者的效用最大化的均衡点分别为 a、b 点，因此，价格下降所引起的商品1的需求量的增加量为 $X_1'X_1''$，这是总效应。作与预算线 AB' 平行且与无差异曲线 U_1 相切的补偿预算线 FG，将总效应分解成替代效应和收入效应。P_1 下降引起的商品相对价格的变化，使消费者由均衡点 a 运动到均衡点 c，相应的需求增加量为 $X_1'X_1'''$，这是替代效应，它是一个正值。而 P_1 下降引起的消费者的实际收入水平的变动，使消费者由均衡点 c 运动到均衡点 b，需求量由 X_1''' 减少到 X_1''，这是收入效应，它是一个负值。

对劣等品来说，替代效应与价格成反方向的变动，收入效应与价格成同方向的变动，而且，在大多数的场合，收入效应的作用小于替代效应的作用，总效应与价格成反方向的变动，相应的需求曲线是向右下方倾斜的。但是，在少数场合下，某些劣等品的收入效应的作用会大于替代效应，这种特殊的劣等品是吉芬商品。

④吉芬商品的替代效应和收入效应

图5－1(c)中的横轴 OX_1 和纵轴 OX_2 分别表示商品1和商品2的数量，其中，商品1是吉芬商品。商品1的价格 P_1 下降前后的消费者的效用最大化的均衡点分别为 a 点和 b 点，相应的商品1的需求量的减少量为 $X_1'X_1''$，这是总效应。通过补偿预算线 FG 可得：$X_1''X_1'''$ 为替代效应；$X_1'X_1'''$ 是收入效应，它是一个负值。而且，负的收入效应 $X_1'X_1'''$ 的绝对值大于正的替代效应 $X_1''X_1'''$ 的绝对值，所以，最后形成的总效应 $X_1'X_1''$ 为负值。在图5－1(c)中，a 点必定落在 b、c 两点之间。对吉芬商品来说，替代效应与价格成反方向变动，收入效应与价格成同方向变动，但收入效应的作用大于替代效应的作用，总效应与价格成同方向变动，相应的需求曲线就呈现向右上方倾斜的特殊形状。

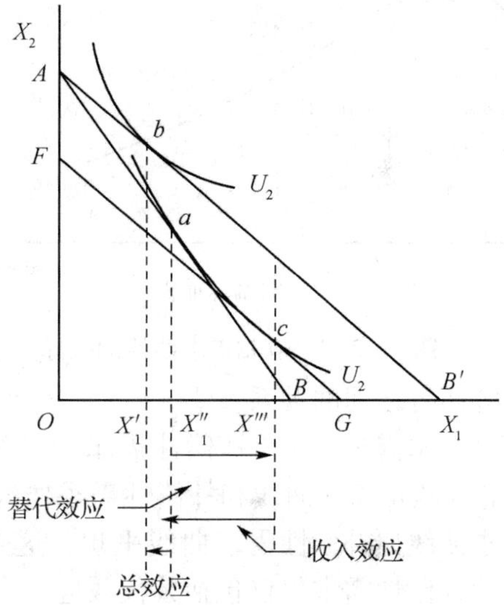

图5－1(c)　吉芬商品的替代效应和收入效应

(3)马歇尔需求曲线与希克斯补偿性需求曲线

①马歇尔需求曲线

马歇尔需求曲线是在其他条件不变情况下，商品需求量与其价格之间的数量关系。这里的“其他条件不变”是指消费者的收入、偏好及其他商品的价格不变。在这样的假定下，可利用无差异曲线、预算线及效用最大化条件推导出在各种不同价格水平下消费者对某种商品的需求量，在“价格－需求”坐标系中将这些点连接起来即可得到该商品的需求曲线。马歇尔需求曲线的图形推导如图5－2所示。

②补偿性需求曲线(希克斯需求曲线)

补偿性需求曲线是在保持消费者效用和其他商品价格不变的条件下，消费者对商品的需求量和商品价格之间的关系的轨迹。补偿性需求曲线的图形推导如图5－3所示。

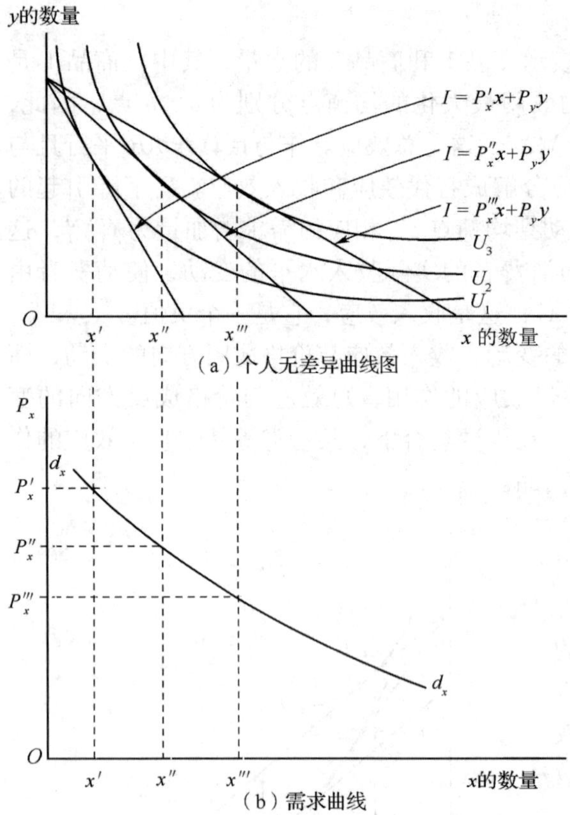

图 5－2　马歇尔需求曲线的推导

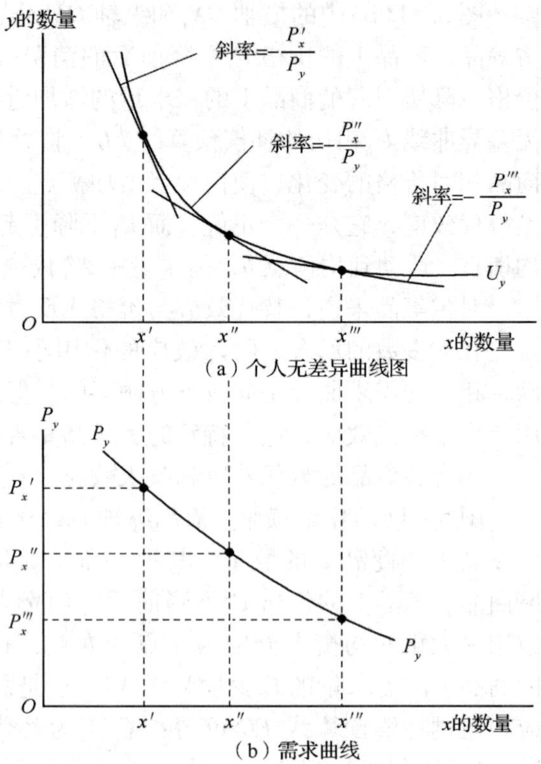

图 5－3　补偿性需求曲线的推导

③两者之间的关系

马歇尔需求(x)和补偿性需求(x^c)满足关系 $x^c(P_x, P_y, U)=x[P_x, P_y, E(P_x, P_y, U)]$。马歇尔需求曲线和补偿性需求曲线如图 5－4 所示。一般地，对于正常品而言，马歇尔需求曲线比补偿性需求曲线平坦，这是因为马歇尔需求既包括替代效应，又包括收入效应；而补偿性需求仅仅包括替代效应。

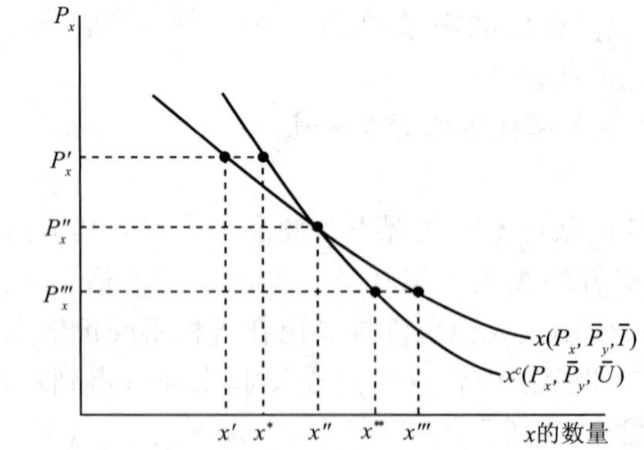

图 5－4　正常品的马歇尔需求曲线和补偿性需求曲线

(4)价格变化效应的数学方法——斯拉茨基方程

由马歇尔需求(x)与补偿性需求(x^c)之间的关系式：

$$x^c(P_x, P_y, U)=x[P_x, P_y, E(P_x, P_y, U)]$$

对商品 x 的价格求导可得：

$$\frac{\partial x^c}{\partial P_x}=\frac{\partial x}{\partial P_x}+\frac{\partial x}{\partial E}\cdot\frac{\partial E}{\partial P_x}$$

从而可得斯拉茨基方程为：

$$\frac{\partial x}{\partial P_x}=\frac{\partial x^c}{\partial P_x}-\frac{\partial x}{\partial E}\cdot\frac{\partial E}{\partial P_x}$$

其中，$\frac{\partial x}{\partial P_x}$为商品 x 价格变化的总效应；$\frac{\partial x^c}{\partial P_x}=\frac{\partial x}{\partial P_x}$（$U$ 保持不变）为替代效应；$-\frac{\partial x}{\partial E}\cdot\frac{\partial E}{\partial P_x}=-\frac{\partial x}{\partial I}\cdot\frac{\partial E}{\partial P_x}=-\frac{\partial x}{\partial I}\cdot x\left(\frac{\partial E}{\partial P_x}=x\right)$为收入效应。

斯拉茨基方程可写为：

$$\frac{\partial x}{\partial P_x}=\text{替代效应}+\text{收入效应}$$

$$\frac{\partial x}{\partial P_x}=\frac{\partial x}{\partial P_x}\bigg|_{U=\text{常量}}-x\frac{\partial x}{\partial I}$$

（5）价格与收入弹性

①需求价格弹性：$e_{x,P_x}=\frac{\Delta x/x}{\Delta P_x/P_x}=\frac{\Delta x}{\Delta P_x}\cdot\frac{P_x}{x}=\frac{\partial x}{\partial P_x}\cdot\frac{P_x}{x}$。

②需求收入弹性：$e_{x,I}=\frac{\Delta x/x}{\Delta I/I}=\frac{\Delta x}{\Delta I}\cdot\frac{I}{x}=\frac{\partial x}{\partial I}\cdot\frac{I}{x}$。

③需求交叉价格弹性：$e_{x,P_y}=\frac{\Delta x/x}{\Delta P_y/P_y}=\frac{\Delta x}{\Delta P_y}\cdot\frac{P_y}{x}=\frac{\partial x}{\partial P_y}\cdot\frac{P_y}{x}$。

④需求价格弹性与总支出之间的关系：$\frac{\partial(P_x\cdot x)}{\partial P_x}=P_x\cdot\frac{\partial x}{\partial P_x}+x=x(e_{x,P_x}+1)$。

⑤补偿性需求自身价格弹性：$e_{x^c,P_x}=\frac{\Delta x^c/x^c}{\Delta P_x/P_x}=\frac{\Delta x^c}{\Delta P_x}\cdot\frac{P_x}{x^c}=\frac{\partial x^c}{\partial P_x}\cdot\frac{P_x}{x^c}$。

⑥补偿性需求交叉价格弹性：$e_{x^c,P_y}=\frac{\Delta x^c/x^c}{\Delta P_y/P_y}=\frac{\Delta x^c}{\Delta P_y}\cdot\frac{P_y}{x^c}=\frac{\partial x^c}{\partial P_y}\cdot\frac{P_y}{x^c}$。

⑦需求价格弹性与需求收入弹性之间的关系：$0=e_{x,P_x}+e_{x,P_y}+e_{x,I}$。

⑧恩格尔加和：$1=P_x\cdot\frac{\partial x}{\partial I}\cdot\frac{xI}{xI}+P_y\cdot\frac{\partial y}{\partial I}\cdot\frac{yI}{yI}=s_xe_{x,I}+s_ye_{y,I}$，其中 $s_x=\frac{P_xx}{I}$，$s_y=\frac{P_yy}{I}$分别为商品 x 与 y 的支出份额。

⑨古诺加和：$s_xe_{x,P_x}+s_ye_{y,P_x}=-s_x$。

4. 显示偏好原理

显示性偏好理论是由保罗·萨缪尔森提出来的，其基本思路是：消费者在一定价格条件下的购买行为暴露了或显示了他内在的偏好倾向。因此可以根据消费者的购买行为来推测消费者的偏好。这是一种不基于“偏好关系（效用函数）→消费者选择”的逻辑思路，而是一个相反的过程，即“消费者选择→偏好关系”。

（1）显示偏好原理

设消费者在价格为(p_1, p_2)时购买的商品束为(x_1, x_2)，如果另一个商品组合(y_1, y_2)满足如下条件：

$$p_1x_1+p_2x_2 \geqslant p_1y_1+p_2y_2$$

在这种情况下，若消费者总是在他能够购买的商品束中选择他最偏好的商品束，则一定有：$(x_1, x_2) \succ (y_1, y_2)$，这就是显示偏好原理。

(2)直接显示偏好

假设(x_1, x_2)是消费者在收入为m时按价格(p_1, p_2)购买的商品束，并且消费者总是花尽所有的收入，因此有等式形式的预算约束$p_1x_1+p_2x_2=m$。又设(y_1, y_2)是在收入既定条件下有能力购买的商品束，这就意味着它满足如下不等式预算约束：$p_1x_1+p_2x_2 \geqslant p_1y_1+p_2y_2$。如果这一不等式成立，且$(y_1, y_2)$确实是不同于$(x_1, x_2)$的商品束，就称$(x_1, x_2)$直接显示偏好于$(y_1, y_2)$，记作：$(x_1, x_2) \succ_D (y_1, y_2)$。如图5-5所示。

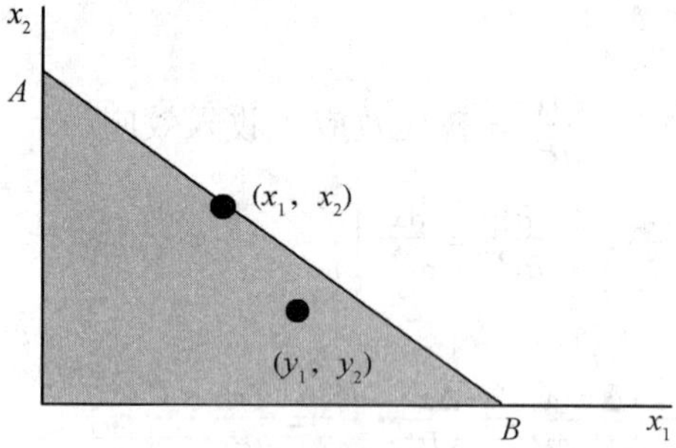

图5-5　直接显示偏好

(3)间接显示性偏好

如果(x_1, x_2)直接显示偏好于(y_1, y_2)，(y_1, y_2)直接显示偏好于(z_1, z_2)，则称(x_1, x_2)间接显示偏好于(z_1, z_2)，记作：$(x_1, x_2) \succ_I (z_1, z_2)$，如图5-6所示。

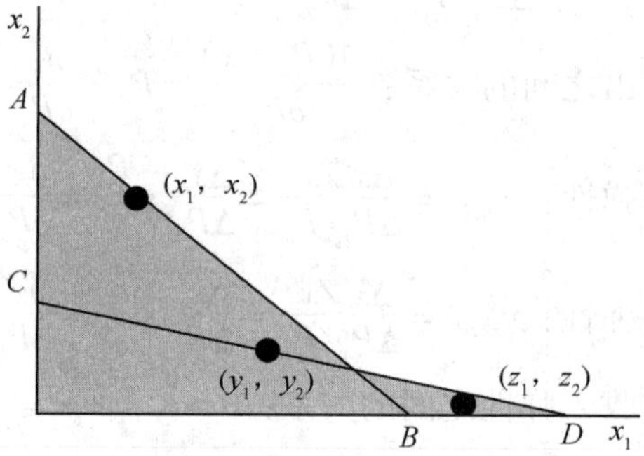

图5-6　间接显示偏好

(4)显示偏好弱公理(WARP)与显示偏好强公理(SARP)(见表5-2)

表5-2　显示偏好弱公理(WARP)与显示偏好强公理(SARP)

公理	具体内容
显示偏好弱公理(WARP)	①如果(x_1, x_2)是(y_1, y_2)的直接显示偏好，且(x_1, x_2)和(y_1, y_2)不同，那么(y_1, y_2)就不可能是(x_1, x_2)的直接显示偏好。 ②假定一个商品束(x_1, x_2)是按价格(p_1, p_2)购买的，另一个商品束(y_1, y_2)是按价格(q_1, q_2)购买的，那么，只要：$p_1x_1+p_2x_2 \geqslant p_1y_1+p_2y_2$，就不可能再有：$q_1x_1+q_2x_2 \leqslant q_1y_1+q_2y_2$
显示偏好强公理(SARP)	如果(x_1, x_2)被直接或间接显示偏好于(y_1, y_2)，且(y_1, y_2)与(x_1, x_2)不同，则(y_1, y_2)不可能被直接或间接显示偏好于(x_1, x_2)

5. 消费者剩余

(1)消费者剩余的含义

消费者剩余是指对于一件商品，消费者所愿意作出的最大支付与他的实际支付之间的差额。假设消费者的需求曲线是 $p(q)$，则消费者剩余 CS 可以表示为：

$$CS = \int_0^Q p(q)\mathrm{d}q - pQ$$

其中 $\int_0^Q p(q)\mathrm{d}q$ 表示需求曲线下方的面积，即消费者愿意的最大支付，pQ 由矩形代表，是消费者的实际支付，由此可用需求曲线以下，价格轴以上的面积表示消费者剩余。

(2)消费者剩余的变化

消费者剩余的变化为：$\Delta CS = CS(Q_2) - CS(Q_1)$。

图 5－7 可以细分引起消费者剩余变化的原因。如图 5－7 所示，消费者剩余的变化由两个小区域，即由 R 表示的矩形区域和由 T 表示的不精确的三角形区域构成。其中矩形损失是由于涨价导致消费量减少，从而使消费者要对他继续消费的每单位商品支付更多的货币造成的；三角形损失则是由于消费数量减少而造成的。所以，消费者的总损失是这两个效应之和。

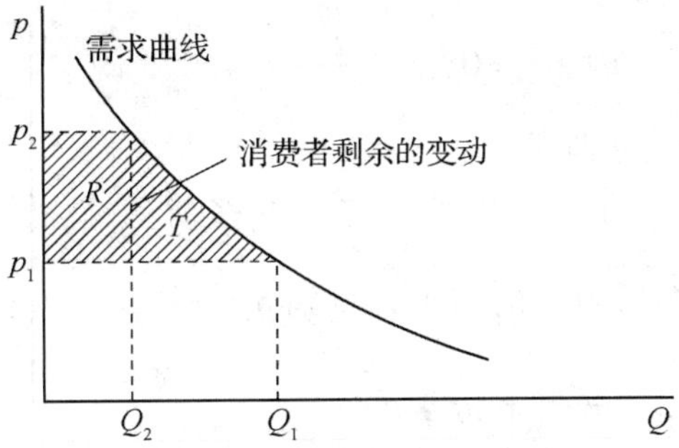

图 5－7　消费者剩余的变化

(3)补偿变化与等价变化

补偿变化(CV)和等价变化(EV)的共同特点都是用货币的变化量衡量消费者剩余的变化。补偿变化是指价格变化后，要使消费者的境况同价格变化前一样好，他必须得到的货币补偿数量。等价变化是指在价格变化前，使消费者的境况变得和价格变化后一样好而必须减少的他现在持有的货币数量。

利用支出函数和希克斯需求函数，等价变化和补偿变化也可以表示为：

$$EV = I - e[p, v(p', I)] = e[p', v(p', I)] - e[p, v(p', I)] = \int_{p^0}^{p'} x^c[t, v(p', I)]\mathrm{d}t$$

$$CV = e[p', v(p, I)] - I = e[p', v(p, I)] - e[p, v(p, I)] = \int_{p^0}^{p'} x^c[t, v(p, I)]\mathrm{d}t$$

从图 5－8 中可以看出，$EV = A + D$，$CV = A + B + C + D$，$\Delta CS = A + B + D$，所以消费者剩余的变化介于等价变化和补偿变化之间。

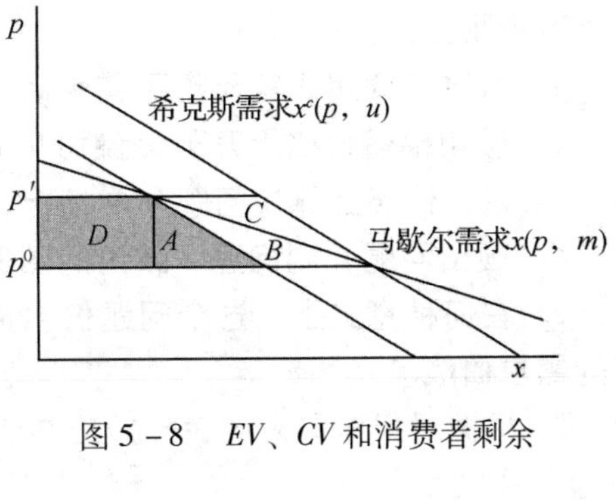

图 5－8　EV、CV 和消费者剩余

5.2 课后习题详解

1. 口渴的 Ed 只喝纯矿泉水，他有两种容器装的水可以选择：0.75 升或 2 升。因为水本身都是完全相同的，所以这两种商品是完全替代的。

a. 假设 Ed 的效用只取决于消费水的数量，而容器本身没有价值，请用 0.75 升装水的数量(x)和 2 升装水的数量(y)来表达他的效用。

b. 写出用 p_x，p_y，I 表达的 x 的需求函数。

c. 画出 p_y 和 I 不变时 x 的需求曲线。

d. 当 p_y 和 I 变化时，x 的需求曲线如何移动？

e. x 的补偿性需求曲线是什么样子的？

解：a. Ed 的效用函数可以表示为：$U=0.75x+2y$。

b. 由 Ed 的效用函数可知，他的偏好为完全替代型偏好，所以为了实现效用最大化，他将购买相对便宜的那种商品，由于无差异曲线斜率为 $-\frac{3}{8}$，预算约束线斜率为 $-\frac{p_x}{p_y}$，即：

当 $\frac{p_x}{p_y}<\frac{3}{8}$ 时，即 $p_x<\frac{3}{8}p_y$ 时，$x=I/p_x$，$y=0$；

当 $\frac{p_x}{p_y}>\frac{3}{8}$ 时，即 $p_x>\frac{3}{8}p_y$ 时，$x=0$，$y=\frac{I}{p_y}$。

c. x 的需求曲线如图 5－9 所示。

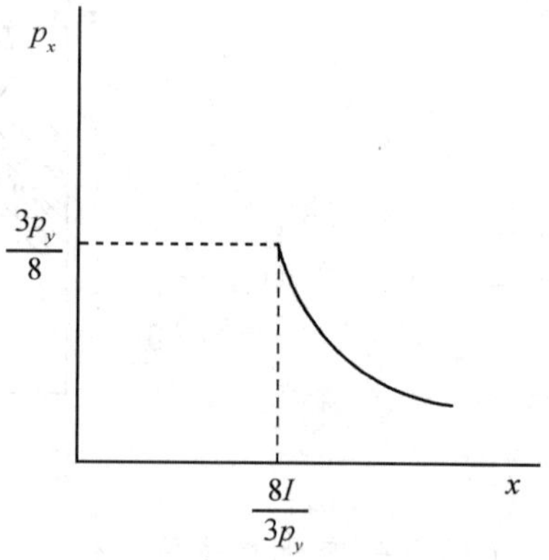

图 5－9　x 的需求曲线

d. 收入 I 的提高将使 x 的需求曲线向右上方移动。当 $p_y>\frac{8p_x}{3}$ 时，p_y 降低将不会影响 x 的需求，直到 $p_y=\frac{8p_x}{3}$ 时为止。当 $p_y<\frac{8p_x}{3}$ 时，商品 x 的需求减至 0。

e. x 的收入补偿性需求曲线表示成当前消费的一个单点(x, p_x)。当 $p_x<3p_y/8$ 时，x 的补偿性需求曲线是一条垂直线。若只消费 x，则不论 x 的价格是多少，都有 $x=U/0.75$。

2. 戴维每周有 3 美元可自由支配。他只喜欢花生酱与果酱三明治，因此他将所有钱都花费在花生酱(每盎司 0.05 美元)与果酱(每盎司 0.10 美元)上。面包则由一位热心的邻居免费提供。戴维偏好自己的吃法，严格按照 1 盎司果酱、2 盎司花生酱的比例制作三明治，从不改变配方。

a. 戴维每周用 3 美元购买花生酱与果酱各多少？

b. 假如果酱价格上升至每盎司 0.15 美元，戴维会购买花生酱与果酱各多少？

c. 果酱价格上涨如问题 b 中情况，戴维的可支配收入应增加多少才能补偿价格上涨？

d. 画出问题 a 到问题 c 结论的图形。

e. 在何种意义上，这个问题仅包括花生酱和果酱三明治这一种商品？画出这种单一商品的需求曲线。

f. 根据对果酱需求的替代效应与收入效应来讨论这一问题的结论。

解：a. 由题可知，戴维的偏好是互补型的偏好。假设花生酱的消费量为 x，果酱的消费量为 y，则戴维的效用函数可以表示为：$U=\min\{x,\ 2y\}$。因此，效用最大化要求：$x=2y$；此外，预算约束为：$0.05x+0.1y=3$。因而可以解得：$x=30$，$y=15$。

b. 如果果酱的价格增至每盎司 0.15 美元，则戴维的预算约束变为：$0.05x+0.15y=3$；结合效用最大化条件，可知：$x=24$，$y=12$。

c. 为了在价格上涨后继续消费 $x=30$，$y=15$，戴维需要多购买 6 盎司的花生酱和 3 盎司的果酱，这要求收入增加：$6\times0.05+3\times0.15=0.75$ 美元。

d. 问题 a 到问题 c 的结论如图 5－10 所示。

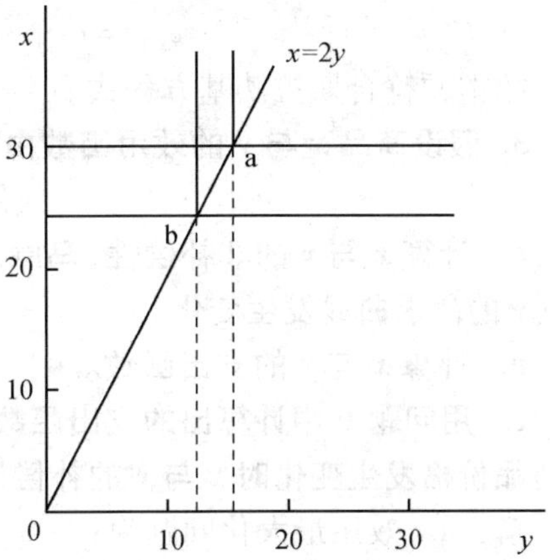

图 5－10　互补型偏好下价格变化的影响

e. 因为戴维仅按固定的比例使用花生酱和果酱，而且面包是免费的，所以，可以将此问题视为他以价格 $p_s=2p_x+p_y$ 来购买三明治。

在问题 a 中，$p_s=0.20$，花生酱和果酱三明治的数量为：$q_s=15$；

在问题 b 中，$p_s=0.25$，花生酱和果酱三明治的数量为：$q_s=12$。

一般而言，花生酱和果酱三明治这种单一商品的需求曲线为：$q_s=\dfrac{3}{p_s}$，是一条双曲线。

f. 对于固定比例的效用函数而言，不存在替代效应，价格的变化仅导致收入效应。

3. 正如第 3 章所定义的，如果任意一条穿过原点的直线通过所有无差异曲线斜率相等的点，即 *MRS* 取决于 y/x，那么这一效用函数是位似的。

a. 证明在这种效用函数下 $\partial x/\partial I$ 是常数。

b. 证明如果一个消费者的偏好可用位似的无差异曲线表示，那么价格与他的需求数量会按相反方向变化，即不会产生吉芬之谜。

证明：a. 随着收入的增加，p_x/p_y 的比值保持不变，效用最大化条件要求 $MRS=p_x/p_y$ 也保持不变。而 MRS 取决于 y/x，从而 y/x 也必须保持不变。又因为收入仅用于购买 x 和 y，所以 x 和 y 都与收入成比例，即有 $\partial x/\partial I$ 是常数。

b. 由问题 a 可知，$\dfrac{\partial x}{\partial I}>0$，$\dfrac{\partial y}{\partial I}>0$，这说明 x、y 两种商品都是正常品，而吉芬品为劣等品，所以吉芬之谜不成立。

4. 如例 5.1，假设效用由下式给出：

$$\text{效用}=U(x,\ y)=x^{0.3}y^{0.7}$$

a. 用例 5.1 中给出的非补偿性需求函数计算上式的间接效用函数与支出函数。

b. 用问题 a 中计算出的支出函数与谢泼德引理计算 x 的补偿性需求函数。

c. 用问题 b 中得出的结论与商品 x 的非补偿性需求函数证明本题符合斯拉茨基方程式。

解：a. 由例 5.1 以及柯布－道格拉斯效用函数的性质可得：

$$x=0.3I/p_x,\quad y=0.7I/p_y$$

从而可得间接效用函数为：

$$V=0.3^{0.3}\times0.7^{0.7}I/(p_x^{0.3}p_y^{0.7})=BI/(p_x^{0.3}p_y^{0.7})$$

其中，$B=0.3^{0.3}\times0.7^{0.7}$。

根据对偶性质，支出函数为：$E=B^{-1}\cdot U\cdot p_x^{0.3}p_y^{0.7}$。

b. 利用谢泼德引理可知，x 的补偿性需求函数为：$x^c=\partial E/\partial p_x=0.3B^{-1}Up_x^{-0.7}\cdot p_y^{0.7}$。

c. 因为：$e_{x,p_x}=-1$，$e_{x,I}=1$，$e_{x^c,p_x}=-0.7$，$s_x=0.3$，所以可得：

$$e_{x,p_x}=e_{x^c,p_x}-s_xe_{x,I}=-0.7-0.3\times 1=-1$$

故本题符合斯拉茨基方程式。

5. 假设商品 x 与 y 的效用函数由下式给出：

$$\text{效用}=U(x,\ y)=xy+y$$

a. 计算 x 与 y 的非补偿性(马歇尔)需求函数，并描述收入或其他商品价格变化怎样使 x 与 y 的需求曲线发生变化。

b. 计算 x 与 y 的支出函数。

c. 用问题 b 中计算出的支出函数计算商品 x 与 y 的补偿性需求函数。描述当收入或其他商品价格发生变化时 x 与 y 的补偿性需求曲线怎样变化。

解：a. 效用最大化问题为：

$$\max\ U(x,\ y)=xy+y$$
$$s.t.\ \ p_xx+p_yy=I$$

设拉格朗日函数为：

$$L=xy+y+\lambda(I-p_xx-p_yy)$$

一阶条件为：

$$\frac{\partial L}{\partial x}=y-\lambda p_x=0$$
$$\frac{\partial L}{\partial y}=x+1-\lambda p_y=0$$
$$\frac{\partial L}{\partial \lambda}=I-p_xx-p_yy=0$$

从而可以解得马歇尔需求函数为：

$$x=\frac{I-p_x}{2p_x},\ \ y=\frac{I+p_x}{2p_y}$$

因此，p_y 的变化不影响 x，而 p_x 的变化影响 y。收入 I 的增加将使 x 与 y 的需求都增加，从而需求曲线向右上方移动。

b. 由问题 a 可得间接效用函数为：$V=\dfrac{(I+p_x)^2}{4p_xp_y}$；

从而可以解得支出函数为：$E=\sqrt{4p_xp_yU}-p_x$。

c. 补偿性需求函数为：

$$x^c=\partial E/\partial p_x=\frac{p_yU}{\sqrt{p_xp_yU}}-1$$
$$y^c=\partial E/\partial p_y=\frac{p_xU}{\sqrt{p_xp_yU}}$$

x 的补偿性需求随 p_y 的上升而增加，y 的补偿性需求随 p_x 的上升而增加。收入的变化对 x 和 y 的补偿性需求均没有影响。

6. 消费者在三年中的消费行为如下：

	p_x	p_y	x	y
第一年	3	3	7	4
第二年	4	2	6	6
第三年	5	1	7	3

这一消费行为是否符合显示性偏好理论？

答：该行为违背了显示偏好强定理。其理由如下：

第二年的消费束显示偏好于第一年的消费束，因为在第二年的价格下，第一年和第二年的消费束的总支出是相同的。

第二年的消费束也显示偏好于第三年的消费束，因为在第二年的价格下，第三年的消费束的支出小于第二年的消费束的支出，而第三年的消费束却没有被选择。

但是在第三年的价格下，第二年的消费束的支出小于第三年的消费束的支出，而第二年的消费束却没有被选择，因而这违背了显示偏好强公理。

7. 假设一个人认为火腿和奶酪是完全互补品，他总是消费一片火腿和一块奶酪来做火腿奶酪三明治，假设他只购买火腿和奶酪，面包是免费的。

a. 证明：如果火腿和奶酪的价格相等，火腿的需求自身价格弹性为 −0.5，火腿对奶酪的交叉价格弹性也为 −0.5。

b. 解释为什么问题 a 中的结论只反映了收入效应，而没有反映替代效应。计算这里的补偿性价格弹性。

c. 用问题 b 中的结论说明如果一片火腿的价格是一块奶酪价格的两倍，问题 a 的结论将如何变化？

d. 假设此人只消费一种商品——火腿奶酪三明治，通过直觉来解释这个问题。

解：a. 火腿的消费量用 h 表示，奶酪的消费量用 c 表示，因为火腿和奶酪是按照固定比例消费的，所以效用函数为：$\min\{h, c\}$，因而火腿的需求为：

$$h = I/(p_h + p_c)$$

其中，I 为收入，p_h、p_c 分别为火腿和奶酪的价格。

火腿的需求自身价格弹性为：

$$e_{h,p_h} = \frac{\partial h}{\partial p_h} \cdot \frac{p_h}{h} = \frac{-I}{(p_h + p_c)^2} \cdot \frac{p_h(p_h + p_c)}{I} = \frac{-p_h}{p_h + p_c}$$

火腿对奶酪的交叉价格弹性为：

$$e_{h,p_c} = \frac{-p_c}{p_h + p_c}$$

所以，当 $p_h = p_c$ 时，$e_{h,p_h} = e_{h,p_c} = -0.5$。

b. 在固定比例效用函数下，不存在替代效应，所以补偿性价格弹性为 0。

c. 当 $p_h = 2p_c$ 时，由问题 a 可知：$e_{h,p_h} = -\frac{2}{3}$，$e_{h,p_c} = -\frac{1}{3}$。

d. 如果此人仅消费火腿奶酪三明治这一种商品，那么他对该组合商品的需求价格弹性必定为 −1。该组合商品各组成部分的需求价格弹性反映了火腿和奶酪的价格变化对三明治的价格的影响。例如，在问题 a 中，火腿价格上涨 10%，将导致三明治的价格上涨 5%，从而导致需求量下降 5%。

8. 证明收入中花费在商品 x 上的份额 $s_x = \frac{\mathrm{d}\ln E}{\mathrm{d}\ln p_x}$，其中 E 为总支出。

证明：设消费者只消费两种商品 x 和 y，价格分别为 p_x 和 p_y，则预算约束方程为：

$$p_x x + p_y y = E$$

方程两端对 p_x 求一阶导数得：$\frac{\mathrm{d}E}{\mathrm{d}p_x} = x$。

又由于：

$$s_x = \frac{\mathrm{d}\ln E}{\mathrm{d}\ln p_x} = \frac{\frac{1}{E} \cdot \frac{\mathrm{d}E}{\mathrm{d}p_x}}{\frac{1}{p_x}} = \frac{p_x}{E} \cdot \frac{\mathrm{d}E}{\mathrm{d}p_x}$$

即有：

$$s_x = \frac{p_x}{E} \cdot \frac{\mathrm{d}E}{\mathrm{d}p_x} = \frac{p_x x}{E}$$

这正是花费在 x 上的支出在总支出中所占的比例。所以说，花费在 x 上的比例可以表示为：

$$s_x = \frac{\mathrm{d}\ln E}{\mathrm{d}\ln p_x}$$

9. 份额弹性

在本书第 4 章扩展部分，我们说明了需求理论的实证研究大都集中于收入份额的研究。对于任一商品 x，其收入份额定义为 $s_x = \frac{p_x x}{I}$。在本题中，我们将证明，大多数需求弹性可以从对应的份额弹性中得到。

a. 证明一种商品的预算份额收入弹性 $\left(e_{s_x,I} = \frac{\partial s_x}{\partial I} \cdot \frac{I}{s_x}\right)$ 等于 $e_{x,I} - 1$，用几个数值例子来解释这个结论。

b. 证明一种商品的预算份额自身价格弹性 $\left(e_{s_x,p_x} = \frac{\partial s_x}{\partial p_x} \cdot \frac{p_x}{s_x}\right)$ 等于 $e_{x,p_x} + 1$，用几个数值例子来解释这个结论。

c. 用问题 b 中的结论来证明商品 x 的支出自身价格弹性 $\left[e_{x \cdot p_x, p_x} = \frac{\partial(p_x \cdot x)}{\partial p_x} \cdot \frac{1}{x}\right]$ 也等于 $e_{x,p_x} + 1$。

d. 证明一种商品的预算份额交叉价格弹性 $\left(e_{s_x,p_y} = \frac{\partial s_x}{\partial p_y} \cdot \frac{p_y}{s_x}\right)$ 等于 e_{x,p_y}。

e. 在第 4 章扩展部分，我们说明了在 CES 效用函数的情形下商品 x 的支出份额为 $s_x = \frac{1}{1 + p_y^k p_x^{-k}}$，其中 $k = \frac{\delta}{\delta - 1} = 1 - \sigma$。用这一份额方程来证明(5.56)式：$e_{x^c,p_x} = -(1 - s_x)\sigma$。

证明：a. $e_{s_x,I} = \frac{\partial\left(\frac{p_x x}{I}\right)}{\partial I} \cdot \frac{I}{p_x x/I} = \frac{I p_x \frac{\partial x}{\partial I} - p_x x}{I^2} \cdot \frac{I^2}{p_x x} = e_{x,I} - 1$，如果 $e_{x,I} = 1.5$，则 $e_{s_x,I} = 0.5$。

b. $e_{s_x,p_x} = \frac{\partial(p_x x/I)}{\partial p_x} \cdot \frac{p_x}{p_x x/I} = \frac{p_x \frac{\partial x}{\partial p_x} + x}{I} \cdot \frac{I}{x} = e_{x,p_x} + 1$，如果 $e_{x,p_x} = -0.75$，则 $e_{s_x,p_x} = 0.25$。

c. 因为在问题 b 中收入在求导时可以被消去，所以有：$e_{p_x x,p_x}=e_{x,p_x}+1$。

d. $e_{s_x,p_y}=\dfrac{\partial(p_x x/I)}{\partial p_y}\cdot\dfrac{p_y}{p_x x/I}=\dfrac{p_x\dfrac{\partial x}{\partial p_y}}{I}\cdot\dfrac{p_y I}{p_x x}=\dfrac{\partial x}{\partial p_y}\cdot\dfrac{p_y}{x}=e_{x,p_y}$。

e. 由问题 b 可得：$e_{s_x,p_x}=\dfrac{kp_y^k p_x^{-k-1}}{(1+p_y^k p_x^{-k})^2}\cdot p_x(1+p_y^k p_x^{-k})=\dfrac{kp_y^k p_x^{-k}}{1+p_y^k p_x^{-k}}$。

为了简化，令 $d=p_y^k p_x^{-k}$，从而有：$e_{x,p_x}=e_{s_x,p_x}-1=\dfrac{kd}{1+d}-1=\dfrac{kd-1-d}{1+d}$。

再利用斯拉茨基方程，以及 $e_{x,I}=1$，可得：

$$e_{x^c,p_x}=e_{x,p_x}+s_x=\frac{kd-d-1}{1+d}+\frac{1}{1+d}=\frac{d(k-1)}{1+d}=-(1-s_x)\sigma$$

10. 弹性的进一步探讨

本章课后习题第 9 题的问题 e 中有一些有用的应用，因为它说明了价格反应最终取决于效用函数的参数。特别地，使用这个结论和弹性形式的斯拉茨基方程可以证明：

a. 在柯布－道格拉斯的情形下（$\sigma=1$），商品 x，y 的自身价格弹性满足以下关系：$e_{x,p_x}+e_{y,p_y}=-2$。

b. 如果 $\sigma>1$，则 $e_{x,p_x}+e_{y,p_y}<-2$；如果 $\sigma<1$，则 $e_{x,p_x}+e_{y,p_y}>-2$。请给出一个直观的解释。

c. 你如何将上面的结论推广到多种商品的情形？讨论这种推广是否有特殊意义。

证明：a. 在柯布－道格拉斯效用函数情形下（$\sigma=1$），价格弹性分别为：

$$e_{x,p_x}=-(1-s_x)\sigma-s_x,\quad e_{y,p_y}=-s_x\sigma-s_y$$

从而有：

$$e_{x,p_x}+e_{y,p_y}=-\sigma-1=-2$$

b. 由问题 a 可知 $e_{x,p_x}+e_{y,p_y}=-\sigma-1$，当 $\sigma>1$，有 $-\sigma-1<-2$，即 $e_{x,p_x}+e_{y,p_y}<-2$。当 $\sigma<1$，有 $-\sigma-1>-2$，即 $e_{x,p_x}+e_{y,p_y}>-2$。直观上，当 σ 较大时，价格弹性将较大；当 σ 较小时，价格弹性将较小。

c. 对于多变量 CES 函数而言，该结论的推广是可行的，但是该函数对行为施加的约束却有可能不成立。

11. 多种商品的弹性加和

本章提到的三种加和关系可以推广到任意多种商品的情形。本题要求你给出这样的推广。我们假设有 n 种商品，在第 i 种商品上的支出占收入的份额为 s_i，我们定义下面的弹性：

$$e_{i,I}=\frac{\partial x_i}{\partial I}\cdot\frac{I}{x_i}$$

$$e_{i,j}=\frac{\partial x_i}{\partial p_j}\cdot\frac{p_j}{x_i}$$

请用以上表达式证明：

a. 齐次性：$\sum_{j=1}^{n}e_{i,j}+e_{i,I}=0$。

b. 恩格尔加和：$\sum_{i=1}^{n}s_i e_{i,I}=1$。

c. 古诺加和：$\sum_{i=1}^{n} s_i e_{i,j} = -s_j$。

证明：a. 由于任何商品的需求关于价格和收入都是零次齐次的，所以欧拉定理意味着：

$$\sum_{j=1}^{n} p_j \frac{\partial x_i}{\partial p_j} + I \frac{\partial x_i}{\partial I} = 0$$

两边乘以 $1/x_i$ 可得：$\sum_{j=1}^{n} \frac{p_j}{x_i} \frac{\partial x_i}{\partial p_j} + \frac{I}{x_i} \frac{\partial x_i}{\partial I} = 0$，又因为 $e_{i,j} = \frac{p_j}{x_i} \frac{\partial x_i}{\partial p_j}$，$e_{i,I} = \frac{I}{x_i} \frac{\partial x_i}{\partial I}$，所以：

$$\sum_{j=1}^{n} e_{i,j} + e_{i,I} = 0$$

b. 由预算约束 $\sum_{i=1}^{n} p_i x_i = I$ 对收入 I 求导可得：

$$\sum_{i=1}^{n} p_i \partial x_i / \partial I = 1$$

两端乘以 $x_i I / x_i I$ 可得：$\sum_{i=1}^{n} s_i e_{i,I} = 1$。

c. 由预算约束 $\sum_{i=1}^{n} p_i x_i = I$ 对 p_j 求导可得：

$$\sum_{i=1}^{n} p_i \partial x_i / \partial p_j + x_j = 0$$

两端乘以 $\frac{p_j}{I} \cdot \frac{x_i}{x_i}$ 可得：$\sum_{i=1}^{n} s_i e_{i,j} = -s_j$。

12. 拟线性效用(再次审视)

考虑简单的拟线性效用函数形式：

$$U(x, y) = x + \ln y$$

a. 计算 x，y 的收入效应和需求收入弹性。

b. 计算 x，y 的替代效应和补偿性需求自身价格弹性。

c. 证明该效用函数满足斯拉茨基方程式。

d. 证明该效用函数也满足斯拉茨基方程式的弹性形式，并描述你观察到的特殊性质。

e. 该拟线性效用函数的一个更为规范的一般化形式为 $U(x, y) = x + f(y)$，其中 $f' > 0$，$f'' < 0$。对于这个更为一般化的函数形式，问题 a—d 中的结果会发生变化吗？

解：a. 设消费者只消费两种商品 x 和 y，价格分别为 p_x、p_y，收入为 m，则消费者效用最大化问题：

$$\max\ U(x, y) = x + \ln y$$
$$s.t.\ \ p_x x + p_y y = m$$

构造拉格朗日函数：

$$L = x + \ln y + \lambda(m - p_x x - p_y y)$$

一阶条件：

$$\begin{cases} \dfrac{\partial L}{\partial x} = 1 - \lambda p_x = 0 \\ \dfrac{\partial L}{\partial y} = \dfrac{1}{y} - \lambda p_y = 0 \\ \dfrac{\partial L}{\partial \lambda} = m - p_x x - p_y y = 0 \end{cases}$$

解得：

$$\begin{cases} x = \dfrac{m}{p_x} - 1 \\ y = \dfrac{p_x}{p_y} \end{cases}$$

x 的收入效应 $= -x\dfrac{\partial x}{\partial m} = \dfrac{p_x - m}{p_x^2}$；

x 的需求收入弹性 $e_{x,m} = \dfrac{\partial x}{\partial m}\dfrac{m}{x} = \dfrac{m}{m - p_x}$。

y 的收入效应 $= -y\dfrac{\partial y}{\partial m} = 0$；

y 的需求收入弹性 $e_{y,m} = \dfrac{\partial y}{\partial m}\dfrac{m}{y} = 0$。

b. 由问题 a 可知间接效用函数 $V = \dfrac{m - p_x}{p_x} + \ln p_x - \ln p_y$，则支出函数为：

$$E = p_x(V - \ln p_x + \ln p_y + 1)$$

因为 $x^c = \dfrac{\partial E}{\partial p_x} = V - \ln p_x + \ln p_y$；$y^c = \dfrac{\partial E}{\partial p_y} = \dfrac{p_x}{p_y}$。

则 x 的替代效应 $= \dfrac{\partial x^c}{\partial p_x} = -\dfrac{1}{p_x}$；

x 的补偿性需求自身价格弹性 $e_{x^c,p_x} = \dfrac{\partial x^c}{\partial p_x}\dfrac{p_x}{x^c} = \dfrac{1}{\ln p_x - \ln p_y - V}$。

y 的替代效应 $= \dfrac{\partial y^c}{\partial p_y} = -\dfrac{p_x}{p_y^2}$；

y 的补偿性需求自身价格弹性 $e_{y^c,p_y} = \dfrac{\partial y^c}{\partial p_y}\dfrac{p_y}{y^c} = -1$。

c. 斯拉茨基方程式为 $\dfrac{\partial x(p_x,\ p_y,\ m)}{\partial p_x} =$ 替代效应 + 收入效应 $= \dfrac{\partial x^c}{\partial p_x} - x\dfrac{\partial x}{\partial m}$。

由问题 a 知 $\begin{cases} x = \dfrac{m}{p_x} - 1 \\ y = \dfrac{p_x}{p_y} \end{cases} \Rightarrow \dfrac{\partial x}{\partial p_x} = -\dfrac{m}{p_x^2},\ \dfrac{\partial y}{\partial p_y} = -\dfrac{p_x}{p_y^2}$

对 x：$\begin{cases} \dfrac{\partial x}{\partial p_x} = -\dfrac{m}{p_x^2} \\ \dfrac{\partial x^c}{\partial p_x} - x\dfrac{\partial x}{\partial m} = -\dfrac{1}{p_x} + \dfrac{p_x - m}{p_x^2} = -\dfrac{m}{p_x^2} \end{cases} \Rightarrow \dfrac{\partial x}{\partial p_x} = \dfrac{\partial x^c}{\partial p_x} - x\dfrac{\partial x}{\partial m}$

对 y：$\begin{cases} \dfrac{\partial y}{\partial p_y} = -\dfrac{p_x}{p_y^2} \\ \dfrac{\partial y^c}{\partial p_y} - y\dfrac{\partial y}{\partial m} = -\dfrac{p_x}{p_y^2} - 0 = -\dfrac{p_x}{p_y^2} \end{cases} \Rightarrow \dfrac{\partial y}{\partial p_y} = \dfrac{\partial y^c}{\partial p_y} - y\dfrac{\partial y}{\partial m}$

即该效用函数满足斯拉茨基方程式。

d. 因为 x 和 y 的需求价格弹性分别为 $e_{x,p_x}=\dfrac{m}{p_x-m}$； $e_{y,p_y}=-1$。

对 x：$\begin{cases} e_{x,p_x}=\dfrac{m}{p_x-m} \\ e_{x^c,p_x}-s_x e_{x,m}=\dfrac{1}{\ln p_x-\ln p_y-V}-\left(1-\dfrac{p_x}{m}\right)\dfrac{m}{m-p_x}=\dfrac{p_x}{p_x-m}-1=\dfrac{m}{p_x-m} \end{cases}$

$\Rightarrow e_{x,p_x}=e_{x^c,p_x}-s_x e_{x,m}$。

对 y：$\begin{cases} e_{y,p_y}=-1 \\ e_{y^c,p_y}-s_y e_{y,m}=-1-0=-1 \end{cases}$

$\Rightarrow e_{y,p_y}=e_{y^c,p_y}-s_y e_{y,m}$。

即该效用函数满足斯拉茨基方程式的弹性形式。

e. 若拟线性效用函数采用更为规范的一般化形式：$U(x,y)=x+f(y)$，其中 $f'>0$，$f''<0$。对于这个更为一般化的函数形式，均衡时 y 的取值取决于外生的 p_x 与 p_y，此时仍然不存在收入效应，则问题 a 中的结果不变。在问题 b 中，y 的补偿性弹性依赖于 $f(y)$ 形式，不再恒等于 -1。问题 c 和问题 d 中的斯拉茨基方程及其弹性形式普遍成立，与 $f(y)$ 形式无关。

13. 近乎理想的需求系统

近乎理想的需求系统(AIDS)的支出函数的一般形式如下：

$$\ln E(p_1,\cdots,p_n,U)=a_0+\sum_{i=1}^{n}\alpha_i\ln p_i+\frac{1}{2}\sum_{i=1}^{n}\sum_{j=1}^{n}\gamma_{ij}\ln p_i\ln p_j+U\beta_0\prod_{k=1}^{n}p_k^{\beta_k}$$

为便于分析，假设函数满足以下约束条件：

$$\gamma_{ij}=\gamma_{ji},\ \sum_{i=1}^{n}\alpha_i=1,\ \sum_{j=1}^{n}\gamma_{ij}=\sum_{k=1}^{n}\beta_k=0$$

a. 推导出两种商品情形下的 AIDS 函数形式。

b. 证明：在满足上述约束条件的前提下，支出函数是所有价格的一次齐次函数。正是由于该函数和实际数据反映的情况极其相似，此函数才被称为“理想”函数。

c. 运用本章课后习题第 8 题的结论 $s_x=\dfrac{d\ln E}{d\ln p_x}$，计算两种商品情形下 x 和 y 的收入份额。

解：a. 当只有两种商品时，即 $n=2$，此时 AIDS 函数形式为：

$$\ln E(p_1,p_2,U)=a_0+\alpha_1\ln p_1+\alpha_2\ln p_2+\frac{1}{2}\gamma_{11}(\ln p_1)^2+\frac{1}{2}\gamma_{22}(\ln p_2)^2+\gamma_{12}\ln p_1\ln p_2+U\beta_0 p_1^{\beta_1}p_2^{\beta_2}$$

b. 对于任意 $k>0$ 有：

$$\begin{aligned}\ln E(kp_1,kp_2,U)&=a_0+\alpha_1\ln kp_1+\alpha_2\ln kp_2+\frac{1}{2}\gamma_{11}(\ln kp_1)^2+\frac{1}{2}\gamma_{22}(\ln kp_2)^2\\&\quad+\gamma_{12}\ln kp_1\ln kp_2+U\beta_0(kp_1)^{\beta_1}(kp_2)^{\beta_2}\\&=a_0+\alpha_1\ln k+\alpha_1\ln p_1+\alpha_2\ln k+\alpha_2\ln p_2+\frac{1}{2}\gamma_{11}(\ln k)^2+\gamma_{11}\ln k\ln p_1\\&\quad+\frac{1}{2}\gamma_{11}(\ln p_1)^2+\frac{1}{2}\gamma_{22}(\ln k)^2+\gamma_{22}\ln k\ln p_2+\frac{1}{2}\gamma_{22}(\ln p_2)^2+\gamma_{12}(\ln k)^2\\&\quad+\gamma_{12}\ln k\ln p_1+\gamma_{12}\ln k\ln p_2+\gamma_{12}\ln p_1\ln p_2+k^{(\beta_1+\beta_2)}U\beta_0 p_1^{\beta_1}p_2^{\beta_2}\end{aligned}$$

由题意约束条件有：$\alpha_1+\alpha_2=1$；$\gamma_{11}+\gamma_{12}=0$；$\gamma_{21}+\gamma_{22}=0$；$\beta_1+\beta_2=0$。

则

$$\ln E(kp_1,\ kp_2,\ U)=\ln k+a_0+\alpha_1\ln p_1+\alpha_2\ln p_2+\frac{1}{2}\gamma_{11}(\ln p_1)^2+\frac{1}{2}\gamma_{22}(\ln p_2)^2$$
$$+\gamma_{12}\ln p_1\ln p_2+U\beta_0 p_1^{\beta_1}p_2^{\beta_2}$$
$$=\ln k+\ln E(p_1,\ p_2,\ U)=\ln kE(p_1,\ p_2,\ U)$$

所以 $E(kp_1,\ kp_2,\ U)=kE(p_1,\ p_2,\ U)$，即在满足上述约束条件的前提下支出函数是所有价格的一次齐次函数。

c. 由 $s_x=\dfrac{\mathrm{d}\ln E}{\mathrm{d}\ln p_x}$ 可得：

$$s_1=\alpha_1+\gamma_{11}\ln p_1+\gamma_{12}\ln p_2+U\beta_0\beta_1 p_1^{\beta_1}p_2^{\beta_2}$$
$$s_2=\alpha_2+\gamma_{22}\ln p_2+\gamma_{12}\ln p_1+U\beta_0\beta_2 p_1^{\beta_1}p_2^{\beta_2}$$

14. 价格无差异曲线

价格无差异曲线和效用无差异曲线类似，横轴和纵轴分别对应两种商品的价格，其一般形式为：

$$(p_1,\ p_2)\,|\,v(p_1,\ p_2,\ I)=v_0$$

a. 写出 $\alpha=\beta=0.5$ 的柯布－道格拉斯情形下的函数形式，并画出一条无差异曲线。

b. 观察无差异曲线的斜率，你看出了什么？

c. 在无差异曲线图中，如何表示效用增加的方向？

解：a. $\alpha=\beta=0.5$ 的柯布－道格拉斯函数为 $U(x,\ y)=x^{0.5}y^{0.5}$，利用其性质可得，效用最大化的最优选择为：

$$\begin{cases} x=\dfrac{I}{2p_x} \\ y=\dfrac{I}{2p_y} \end{cases}$$

将此解再代入到效用函数可得：

$$V(p_x,\ p_y,\ I)=\frac{I}{2\sqrt{p_xp_y}}$$

即 $p_x\cdot p_y=\left(\dfrac{I}{2V_0}\right)^2$ 为一条无差异曲线，如图 5－11 所示。

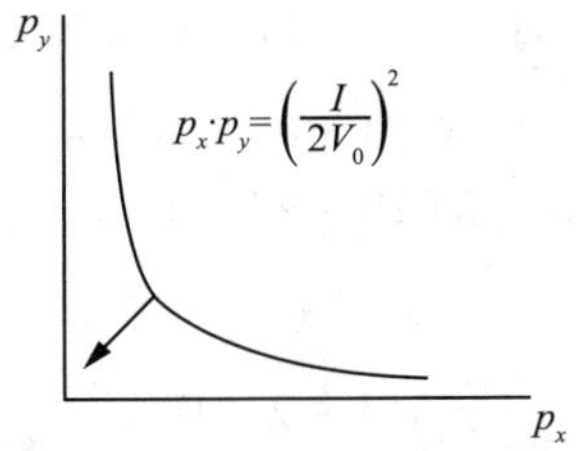

图 5－11　一条无差异曲线

b. 观察无差异曲线的斜率，不难发现此无差异曲线凸向原点，边际替代率递减，即无差异曲线的斜率呈现递减的情形，用公式表示为：$\mathrm{d}p_y/\mathrm{d}p_x=-I^2/(4V_0^2p_x^2)<0$。

c. 由 $V(p_x, p_y, I)=\frac{I}{2\sqrt{p_xp_y}}$ 知，当 p_x 和 p_y 减小时，V 变大，因此，在无差异曲线图中，距离原点越近的地方效用越大，如图 5－11 中箭头所指的方向。

15. 多自模型(the multi-self model)

行为经济学中的许多话题都可以用一个简单模型来刻画，该模型中可以包含经济决策者的多个“自我”，分别对应一个不同的效用函数。现在我们考虑这种模型的两个版本。我们假设这个人的选择可以通过以下两个可能的拟线性效用函数中的一个来刻画：

(1) $U_1(x, y)=x+2\ln y$

(2) $U_2(x, y)=x+3\ln y$

a. 决策效用：在这个模型中我们对效用函数做一个区别。函数(1)用于个人做决策，函数(2)决定个人实际体验的效用。许多原因都可以导致这两个效用函数的不同，如缺乏商品 y 的信息，或(在两阶段情形下)不愿意改变原有的消费行为。不论原因是什么，两个效用的分歧都会导致福利损失。为证明这一点，假设 $p_x=p_y=1$，$I=10$。

i. 考虑决策效用函数，个人会作出怎样的消费选择？

ii. 如果个人作出了问题 i 中的消费决策，那么他的体验效用损失会是多少？

iii. 若要激励个人使其选择实际体验效用最大化的消费束，那么应当给予商品多少补贴(记住，此时这个人也会同时最大化他的决策效用)？

iv. 一次支付原则告诉我们，为达到问题 ii 中的效用水平，收入转移的成本比补贴商品 y 的成本要低。证明这一点，并讨论对于这个问题，收入转移可能不是一个社会偏好的决策方案。

b. 偏好的不确定性：在这个版本的多自模型中，消费者意识到未来他将经历两个效用函数但并不确定哪一个函数会占主导地位。一个可能的解决方法是假设两种可能均等，也就是消费决策是要最大化效用函数 $U(x, y)=x+2.5\ln y$。

i. 消费者会选择怎样的消费束？

ii. 当消费者发现自己的真实偏好后，问题 i 中的选择会带来多少效用损失？

iii. 在作出消费决策之前，消费者会支付多少来收集他未来偏好的相关信息？

(注意：关于决策效用和体验效用的深入探讨参见 Chetty，2015。)

解：a. 决策效用：

i. 消费者效用最大化问题为：

$$\max U_1(x, y)=x+2\ln y$$
$$s.t.\ x+y=10$$

构造拉格朗日函数：$L=x+2\ln y+\lambda(10-x-y)$。

一阶条件：

$$\begin{cases}\frac{\partial L}{\partial x}=1-\lambda=0\\ \frac{\partial L}{\partial y}=\frac{2}{y}-\lambda=0\\ \frac{\partial L}{\partial \lambda}=10-x-y=0\end{cases}$$

解得：

$$\begin{cases}x=8\\y=2\end{cases}$$

因此，考虑决策效用函数，个人消费组合为 $x=8$，$y=2$。

ii. 当个人消费组合为 $x=8$，$y=2$ 时，体验效用为：$U_2(8,\ 2)=8+3\ln2=10.08$。

体验效用最大化问题为：

$$\max U_2(x,\ y)=x+3\ln y$$
$$s.t.\quad x+y=10$$

构造拉格朗日函数：$L=x+3\ln y+\lambda(10-x-y)$。

一阶条件：

$$\begin{cases}\dfrac{\partial L}{\partial x}=1-\lambda=0\\[2mm]\dfrac{\partial L}{\partial y}=\dfrac{3}{y}-\lambda=0\\[2mm]\dfrac{\partial L}{\partial \lambda}=10-x-y=0\end{cases}$$

解得：

$$\begin{cases}x=7\\y=3\end{cases}$$

当体验效用最大化时，体验效用为：$U_2(7,\ 3)=7+3\ln3=10.3$。

效用损失为：$10.3-10.08=0.22$。

因此，如果个人作出了问题 i 中的消费决策，那么他的体验效用损失会是 0.22。

iii. 若要激励个人使其选择实际体验效用最大化的消费束，此时 $x=7$，$y=3$，$U_2=10.3$。

假设对商品 y 补贴，价格为 p_y，为了使决策效用最大化，满足一阶条件：$2/y=p_y$，将 $y=3$ 代入得到 $p_y=2/3$。

此时最优消费组合为：$x=8$，$y=3$，补贴为 1，实际体验效用为 $U_2=8+3\ln3=11.3>10.3$。

因此，在补贴的同时要对商品 x 进行征税，假设最终商品 x 和 y 的价格为 p_y、p_y。效用最大化满足条件：

$$\begin{cases}\dfrac{\partial L}{\partial x}=1-\lambda p_x=0\\[2mm]\dfrac{\partial L}{\partial y}=\dfrac{2}{y}-\lambda p_y=0\\[2mm]\dfrac{\partial L}{\partial \lambda}=10-p_x x-p_y y=0\end{cases}$$

将 $x=7$，$y=3$ 代入上式，解得：

$$\begin{cases}p_x=10/9\\p_y=20/27\end{cases}$$

因此，要激励个人使其选择实际体验效用最大化的消费束，对商品 y 的每单位补贴为 7/27，对商品 x 的每单位征税为 1/9，总补贴和总税收均为 7/9。

iv. 为达到问题 ii 中的效用水平，收入转移为 0.22，根据 i 中的结果，增加的收入都将

用来购买 x，实现最大化效用，但此方法不能解决 y 消费不足的问题。

b. 偏好的不确定性：

i. 消费者效用最大化问题为：

$$\max U(x, y) = x + 2.5\ln y$$
$$s.t.\ \ x + y = 10$$

构造拉格朗日函数：$L = x + 2.5\ln y + \lambda(10 - x - y)$。

一阶条件：

$$\begin{cases} \dfrac{\partial L}{\partial x} = 1 - \lambda = 0 \\ \dfrac{\partial L}{\partial y} = \dfrac{2.5}{y} - \lambda = 0 \\ \dfrac{\partial L}{\partial \lambda} = 10 - x - y = 0 \end{cases}$$

解得：

$$\begin{cases} x = 7.5 \\ y = 2.5 \end{cases}$$

因此，考虑决策效用函数，个人消费组合为 $x = 7.5$，$y = 2.5$。

ii. 当 $x = 7.5$，$y = 2.5$ 时，$U_1(7.5, 2.5) = 9.34$，$U_2(7.5, 2.5) = 10.25$。

当消费者真实偏好为 $U_1(x, y) = x + 2\ln y$，最优选择为 $x = 8$，$y = 2$，效用 $U_1(8, 2) = 9.39$，效用损失为 0.05。

当消费者真实偏好为 $U_2(x, y) = x + 3\ln y$，最优选择为 $x = 7$，$y = 3$，效用 $U_2(7, 3) = 10.3$，效用损失为 0.05。

当消费者发现自己的真实偏好后，问题 i 中的选择带来的效用损失为 0.05。

iii. 由 ii 可知在作出消费决策之前，消费者会支付 0.05 来收集他未来偏好的相关信息。

第6章 商品间的需求关系

6.1 复习笔记

1. 两种商品的情形

商品 y 的价格变化对商品 x 的需求的影响的交叉价格效应为：

$$\frac{\partial x(p_x,\ p_y,\ I)}{\partial p_y} = 替代效应 + 收入效应 = \frac{\partial x}{\partial p_y}\Big|_{U=常数} - y \cdot \frac{\partial x}{\partial I}$$

上述关系用弹性形式可以表示为：

$$e_{x,p_y} = e_{x^c,p_y} - s_y e_{x,I}$$

2. 替代品和互补品

假定消费者消费商品1和商品2，在商品1的价格和收入水平不变的情况下，如果商品2的价格上升，商品1的需求增加，就说商品1是商品2的替代品。用需求函数的偏导数表示就是：$\frac{\partial x_1(p_1,\ p_2,\ I)}{\partial p_2}>0$；如果商品2的价格上升，商品1的需求下降，就说商品1是商品2的互补品。用需求函数的偏导数表示就是：$\frac{\partial x_1(p_1,\ p_2,\ I)}{\partial p_2}<0$。

(1)总替代品与总互补品

两种商品 x_i 与 x_j 如果有$\frac{\partial x_i}{\partial p_j}>0$，则它们是总替代品；如果$\frac{\partial x_i}{\partial p_j}<0$，则它们是总互补品。总替代品与总互补品有非对称性。

(2)净替代品与净互补品

如果$\frac{\partial x_i}{\partial p_j}\Big|_{U=常数}>0$，则 x_i 与 x_j 被称为净替代品；如果$\frac{\partial x_i}{\partial p_j}\Big|_{U=常数}<0$，则 x_i 与 x_j 被称为净互补品。净替代品与净互补品有对称性。

3. 多种商品情形下的替代关系

大多数商品是具有替代关系的，这一结论被称为“希克斯第二需求定律”。证明如下：

给定某种商品的补偿性需求函数 $x_i^c(p_1,\ \cdots,\ p_n,\ V)$，该函数对所有价格是零次齐次的。用欧拉定理，有：

$$p_1 \cdot \frac{\partial x_i^c}{\partial p_1} + p_2 \cdot \frac{\partial x_i^c}{\partial p_2} + \cdots + p_n \cdot \frac{\partial x_i^c}{\partial p_n} = 0$$

对上式各项除以 x_i，得到弹性表达形式：

$$e_{i1}^c + e_{i2}^c + \cdots + e_{in}^c = 0$$

由于 $e_{ii}^c \leqslant 0$ 恒成立，因为一种商品对自身的替代效应总是负的。因此，就有：

$$\sum_{j\neq i} e_{ij}^c \geqslant 0$$

上式说明，一种商品对于其他所有商品的补偿性交叉价格弹性是非负的，即“大多数”

商品是替代品。

4. 组合商品

(1)组合商品的含义

组合商品是所有的商品价格同步变动的一组商品。这些商品被看作是一个单一的“商品”，消费者要将总支出在其他商品与这一组商品之间进行分配。

(2)组合商品定理

组合商品定理是经济学中的一种分析工具，旨在简化多商品市场的研究。当经济学家重点关注某一种商品(如 x_1)时，可将剩余的 $n-1$ 种商品整合为一个“组合商品”y。这种处理方式的关键在于：若其他商品价格同步变动时，只需分析 x_1 与组合商品 y 之间的相互作用，从而将复杂的 n 维问题简化为二维问题。

如果用 p_2^0、…、p_n^0 代表这些商品的初始价格，再设这些价格只能同时变动，则用于组合商品的支出为：$y=p_2^0x_2+p_3^0x_3+\cdots+p_n^0x_n$，消费者的预算约束因而可以简化为：

$$I=p_1x_1+p_2^0x_2+\cdots+p_n^0x_n=p_1x_1+y$$

此时组合商品 y 的价格可以视为 1。

如果 x_2，…，x_n 的价格同时变化的比例为 t，则消费者的预算约束变为：

$$I=p_1x_1+tp_2^0x_2+\cdots+tp_n^0x_n=p_1x_1+ty$$

此时，组合商品 y 的价格变为 t。

6.2 课后习题详解

1. 海蒂从羊奶(m)和馅饼(s)两种商品中获取效用，其效用函数为：

$$U(m,\ s)=m\cdot s$$

a. 说明羊奶价格的上升不会改变海蒂对馅饼的购买量，即证明 $\partial s/\partial p_m=0$。

b. 再证明 $\partial m/\partial p_s=0$。

c. 用斯拉茨基方程和净替代的对称性证明问题 a 与问题 b 中涉及的收入效应影响是相等的。

d. 用 m 和 s 的马歇尔需求函数证明问题 c 中的结论。

解：a. 由柯布－道格拉斯效用函数的性质可得：$p_mm=p_ss=0.5I$，从而有：$s=0.5I/p_s$，因而可得结论：$\partial s/\partial p_m=0$。

此外，因为无差异曲线是一次双曲线($ms=$常数)，所以自替代效应和交叉替代效应都是相同的比例大小，但是方向相反。因为无差异曲线是位似的，两种商品的收入弹性都为 1，所以两种商品的收入效应也是相同的比例大小，因而 p_m 的变化对 s 的替代效应和收入效应恰好抵消。

b. 由问题 a 同理可得：$m=0.5I/p_m$，从而可得：$\partial m/\partial p_s=0$。

c. 因为：

$$\frac{\partial s}{\partial p_m}=0=\frac{\partial s}{\partial p_m}\Big|_{\bar{U}}-m\frac{\partial s}{\partial I}$$

$$\frac{\partial m}{\partial p_s}=0=\frac{\partial m}{\partial p_s}\Big|_{\bar{U}}-s\frac{\partial m}{\partial I}$$

又因为$\frac{\partial s}{\partial p_m}\Big|_{\bar{U}}=\frac{\partial m}{\partial p_s}\Big|_{\bar{U}}$，所以有：$m\frac{\partial s}{\partial I}=s\frac{\partial m}{\partial I}$，即与问题 a、问题 b 中的偏导数有关的收

入效应是相等的。

d. 由问题 a 中 m 和 s 的马歇尔需求函数可知：$m\dfrac{\partial s}{\partial I}=m\left(\dfrac{0.5}{p_s}\right)=m\left(\dfrac{0.5}{p_m m/s}\right)=s\left(\dfrac{0.5}{p_m}\right)=s\dfrac{\partial m}{\partial I}$。

2. 困难时期伯特仅买劣等威士忌与果酱甜甜圈度日。对于伯特来说，虽然劣等威士忌与果酱甜甜圈在通常意义上属于希克斯替代品，但劣等威士忌是具有吉芬悖论的劣等品。从直观上解释为什么在劣等威士忌价格上升的情况下，果酱甜甜圈的购买量一定会减少。也就是说，这两种商品也必定是总互补品。

解：假设 r 代表劣等威士忌的消费量，j 代表果酱甜甜圈的消费量，其价格分别为：p_r、p_j。因为 $\partial r/\partial p_r>0$，所以 p_r 的上涨意味着 rp_r 必定要上涨，从而 $p_j j=I-p_r r$ 一定会变小，因而在果酱甜甜圈价格 P_j 不变时，j 必然会变小。因而有 $\partial j/\partial p_r<0$，即劣等威士忌和果酱甜甜圈必定是总互补品。

3. 唐纳德是个很节俭的研究生，仅消费咖啡(c)与黄油面包(bt)两种商品。他在学校咖啡厅购买这些食物，并总是按一片面包配两小块黄油的比例吃。这样，他正好将津贴的一半用在咖啡上，另一半用在黄油面包上。

a. 在这一问题中，黄油面包可被视为一种组合商品。怎样根据黄油的价格(p_b)与面包的价格(p_t)求出黄油面包的价格？

b. 解释为什么 $\partial c/\partial p_{bt}=0$。

c. $\partial c/\partial p_b$ 与 $\partial c/\partial p_t$ 是否也等于 0？

解：a. 黄油面包可视为一种组合商品，其价格为：$p_{bt}=2p_b+p_t$。

b. 因为 $p_c\cdot c=0.5I$，所以 $c=0.5I/p_c$，从而有：$\partial c/\partial p_{bt}=0$。

c. 因为 p_b 或 p_t 的变化仅仅影响 p_{bt}，则根据链锁法则有：

$$\partial c/\partial p_b=(\partial c/\partial p_{bt})\cdot(\partial p_{bt}/\partial p_b)=0$$

$$\partial c/\partial p_t=(\partial c/\partial p_{bt})\cdot(\partial p_{bt}/\partial p_t)=0$$

4. 萨拉女士没有小汽车，只能靠乘公共汽车、火车或飞机旅行。她的效用函数如下：

$$\text{效用}=b\cdot t\cdot p$$

式中，每一个字母代表一种特定旅行方式的里程数。假设乘火车旅行与乘公共汽车旅行的价格比$\left(\dfrac{p_t}{p_b}\right)$固定不变。

a. 怎样定义陆路运输的组合商品？

b. 萨拉需要在陆地运输工具(g)与航空运输工具(p)中作出选择，试描述她的最优化问题。

c. 萨拉对 g 与 p 的需求函数是什么？

d. 一旦萨拉确定了花费在 g 上的支出，她会怎样将这些支出在 b 与 t 之间进行分配？

解：a. 公共汽车与火车可以视为陆路运输的组合商品，其价格为：

$$p_g=p_b b+p_t t=p_b\left(b+\frac{p_t}{p_b}\cdot t\right)=p_b\cdot g$$

其中，$g=b+\dfrac{p_t}{p_b}\cdot t$。

b. 萨拉原来的效用最大化问题为：

$$\max\ U=b\cdot t\cdot p$$

$$s.t.\ \ p_b b+p_t t+p_p p=I$$

上述最优化问题等价于：

$$\max\ U(g,\ p)=g^2 p$$

$$s.t.\ \ p_p p+p_b g=I$$

c. 由问题 b 利用柯布－道格拉斯效用函数的性质可以解得，萨拉对 g 和 p 的需求函数分别为：$p=\dfrac{I}{3p_p}$，$g=\dfrac{2I}{3p_g}$。

d. 一旦萨拉确定了花费在 g 上的支出 $p_b g$，则有：$p_b b=p_b g/2$，$p_t t=p_b g/2$。

5. 假设某人消费 x_1，x_2 与 x_3 三种商品。x_2 与 x_3 是同类商品(如在低档饭馆和高档饭馆用餐)，并且 $p_2=kp_3$，$k<1$，即商品间价格的比例关系不变。

a. 说明 x_2 与 x_3 可被视为一种组合商品。

b. 假设每一单位的 x_2 与 x_3 都有一个交易成本 t(见本章课后习题第 6 题中的例子)。这种交易成本将怎样影响 x_2 与 x_3 的价格关系？这种影响将随 t 值的不同而怎样变化？

c. 假设当 t 增长时，收入补偿性增长以维持总效用不变。此时 t 的增长如何影响在组合商品 x_2 与 x_3 上的支出？组合商品定理是否严格地适用于此例？

d. 在 t 上的收入补偿性增长是如何影响组合商品的总支出在 x_2 与 x_3 之间的分配比例的？

解： a. 因为 x_2 与 x_3 是同类商品，并且 $p_2=kp_3(k<1)$，所以 x_2 与 x_3 可以视为价格为：$p_2x_2+p_3x_3=p_3(kx_2+x_3)$的组合商品。

b. 如果每一单位的 x_2 与 x_3 都有一个交易成本 t，则商品 x_2 与 x_3 之间的相对价格为：

$$\frac{p_2+t}{p_3+t}=\frac{kp_3+t}{p_3+t}$$

如果 $t=0$，则相对价格小于 1；如果 $t\to\infty$，则相对价格将趋于 1。因此，t 的增加将提高商品 x_2 的相对价格。

c. t 的增加使组合商品的价格上升，由希克斯替代效应(总效用维持不变)可知，对组合商品的消费量减少，因此在组合商品上的支出不能确定。组合商品定理在此不能直接适用，因为问题 b 中已经表明 t 的变化会影响相对价格。

d. t 增加将会导致用于 x_2 的相对支出的减少量大于用于 x_3 的相对支出的减少量，这是因为 t 的增加提高了商品 x_2 的相对价格。

6. 运用本章课后习题第 5 题的结论解释下述现象：

a. 很难在华盛顿州买到高质量的苹果或在佛罗里达州买到新鲜的橘子(同时参见本章课后习题第 12 题)。

b. 支付高额育儿费的人们比不支付这种费用的人们更有可能在价格昂贵的饭店用餐。

c. 时间价值高的人们比时间价值低的人们更有可能乘坐飞机。

d. 人们更有可能在购置贵重商品而不是在买便宜商品时讨价还价。

注意：现象 b 与 c 也许是形成经济学家在解决刑事案件时唯一关注的两个神秘点的基础；参见 Marshall Jevons，*Murder at the Margin and The Fatal Equilibrium*。

解： a. 运输费用使得低质量的产品在远离产地的市场上的相对价格较高，因此远离产地的购买者偏好高质量的产品，从而高质量的产品会运往远离产地的市场上销售。所以，盛产苹果的华盛顿州很难买到高质量的苹果，盛产橘子的佛罗里达州很难买到新鲜的橘子。

b. 育儿费的增加会降低在价格昂贵的饭店用餐的相对价格，从而支付高额育儿费的人们比不支付这种费用的人们更有可能在价格昂贵的饭店用餐。

c. 对于珍惜时间的人们来说，时间的价值往往较高，从而乘坐飞机的相对价格较低。

d. 讨价还价成本的提高会降低昂贵物品的相对价格。

7. 在一般情况下，非补偿性的交叉价格效应是不相等的。也就是说：

$$\frac{\partial x_i}{\partial p_j} \neq \frac{\partial x_j}{\partial p_i}$$

运用斯拉茨基方程的一般形式证明，如果不论商品的相对价格如何变化，消费者总是把收入按固定比例花费在每种商品上，那么这些效应就是相等的(这是本章课后习题第1题的推广)。

解：假定 $p_i x_i = a_i I$，$p_j x_j = a_j I$，因为每种商品份额不变，从而有：$x_j \frac{\partial x_i}{\partial I} = \frac{a_i a_j I}{p_i p_j} = x_i \frac{\partial x_j}{\partial I}$，因而收入效应(除替代效应之外)是对称的。

8. 例 6.3 由含有三种商品的 CES 函数

$$U(x, y, z) = -\frac{1}{x} - \frac{1}{y} - \frac{1}{z}$$

计算出这三种商品的需求函数。

a. 运用(6.32)式中 x 的需求函数来确定 x 与 y 及 x 与 z 是总替代品还是总互补品。

b. 你怎样才能确定 x 与 y 及 x 与 z 是净替代品还是净互补品？

解：a. 在例 6.3 中，$x = \frac{I}{p_x + \sqrt{p_x p_y} + \sqrt{p_x p_z}}$。

显然有：$\partial x/\partial p_y < 0$，$\partial x/\partial p_z < 0$，从而可知，$x$ 与 y 及 x 与 z 是总互补品。

b. 确定是否为净替代品或净互补品，需根据 x 的希克斯需求函数判断。将(6.32)式中 x、y、z 代入原效用函数，得 $V = -\frac{p_x + p_y + p_z + 2(\sqrt{p_x p_y} + \sqrt{p_y p_z} + \sqrt{p_x p_z})}{I}$；

由对偶性，$E(p_x, p_y, p_z, \bar{U}) = -\frac{p_x + p_y + p_z + 2(\sqrt{p_x p_y} + \sqrt{p_y p_z} + \sqrt{p_x p_z})}{\bar{U}}$；

则 $x^h = \frac{\partial E(p_x, p_y, p_z, \bar{U})}{\partial p_x} = -\frac{\sqrt{p_x} + \sqrt{p_y} + \sqrt{p_z}}{\sqrt{p_x}\bar{U}}$，易知 $\frac{\partial x^h}{\partial p_y} = \frac{\partial x}{\partial p_y}\Big|_{U=\bar{U}} < 0$，$\frac{\partial x^h}{\partial p_z} = \frac{\partial x}{\partial p_z}\Big|_{U=\bar{U}} < 0$，因而可知，$x$ 与 y 及 x 与 z 是净互补品。

9. 多种商品情形下的消费者剩余

在第 5 章中，我们讲过某一种商品价格变化引起的福利成本的变化，可以通过支出函数或补偿性需求曲线来计算。本题要求你将价格的变化推广至两种(或多种)商品。

a. 假设某人共消费 n 种商品，其中两种商品的价格(p_1 和 p_2)上升了，如何用支出函数计算这个变动造成的补偿性差异(CV)？

b. 假设一个价格先上升，另一个价格再上升，则福利损失可以用补偿性需求曲线的图形表示，请画图并说明之。

c. 在问题 b 中，哪种商品先涨价对结论有影响吗？解释之。

d. 一般来说，两种商品是净替代品或是净互补品，哪种情况下 CV 会大一些？还是说

两种商品的关系与福利损失无关？

解：a．商品价格 p_1 和 p_2 上涨后的补偿变化为：

$$CV = E(p_1', p_2', \bar{p}_3, \cdots, \bar{p}_n, \bar{U}) - E(p_1, p_2, \bar{p}_3, \cdots, \bar{p}_n, \bar{U})$$

b．补偿变化的图示方法如图 6－1 所示。图 6－1(a)表示仅有商品 1 的价格发生变化时的福利损失；图 6－1(b)表示，在商品 1 的价格发生变化的情况下，商品 2 在新的价格下所造成的福利损失。商品 1 价格 p_1 提高将导致商品 2 的补偿性需求曲线向右上方移动。图中的阴影部分表示福利损失。

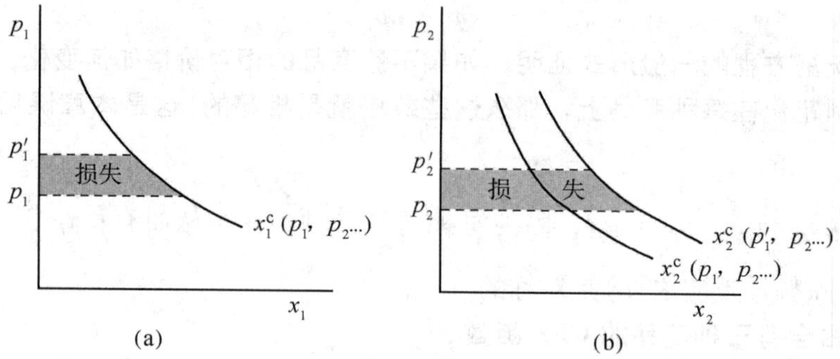

图 6－1　两种商品价格变化所引起的补偿变化的图示

c．补偿性交叉价格效应的对称性意味着问题 b 中的计算顺序是无关紧要的，对分析结果没有影响。

d．由问题 b 中的图形分析可知，两种商品是净互补品时的补偿变化小于两种商品是净替代品时的补偿变化。

10. 可拆分效用

如果一个效用函数能被这样表示：

$$U(x, y) = U_1(x) + U_2(y)$$

其中 $U_i' > 0$，$U_i'' < 0$，并且 U_1 与 U_2 可以不相同，则称这个效用函数是可拆分的。

a．可拆分的性质与 U 的交叉偏导数 U_{xy} 有什么联系？现实中什么情况下会出现这种情形？给出一种直观上的解释。

b．证明如果效用函数可拆分，则每种商品都不可能是劣等品。

c．可拆分的性质能否保证 x，y 是总替代品或总互补品？解释之。

d．用柯布－道格拉斯函数说明，对效用函数做单调映射不能保持其可拆分性质。注意：可拆分函数在本章扩展部分有更详细的讲述。

解：a．可拆分的函数形式假定 $U_{xy}=0$，即 x 的边际效用不取决于 y 的消费量。严格来讲，这个条件是不太可能满足的。但是，在诸如“食物”与“住房”这些消费总体的情况下，可拆分性条件还是可能成立的。

b．效用最大化要求：$MU_x/p_x = MU_y/p_y$，收入增加时，如果价格 p_x、p_y 都不变，则 x 和 y 的消费都必须增加，从而使该效用最大化条件得以满足。因此每种商品都不可能是劣等品。

c．可拆分性的假定难以得出 x 与 y 是总替代品或总互补品的结论。由 $MU_x/p_x = MU_y/p_y$ 可知，p_x 上涨会导致 x 的减少，从而使 MU_x 增加，因而 MU_x/p_x 变化的方向是不定的，从而 y 的变化也是不定的。

d．对于柯布－道格拉斯效用函数 $U = x^{\alpha}y^{\beta}$ 而言，其边际效用为：$MU_x = \alpha x^{\alpha-1}y^{\beta}$；但是

对于柯布－道格拉斯效用函数经过取自然对数后得到的效用函数 $\ln U = \alpha\ln x + \beta\ln y$ 而言，该效用函数是可拆分的，但是其边际效用为：$MU_x = \alpha/x$。从而可知，可拆分性对于单调变化不是不变的。

11. 画图表示互补品

用图示方法表示互补品通常很困难，因为两种商品间的互补关系（净互补关系）不仅仅涉及这两种商品。事实上，互补性必然涉及三种（或更多）商品间的需求关系。据此，萨缪尔森提供了一种用二维无差异曲线解释互补品的方法（参见推荐阅读材料）。为理解该方法，现假设消费者在三种商品间进行消费，数量分别记为 x_1，x_2 和 x_3，操作如下：

a. 保持 x_1 的数量为 x_1^0 不变，画出一条关于 x_2 和 x_3 的下凸的无差异曲线。

b. 保持 x_1 的数量为 $x_1^0 - h$ 不变，在第一条无差异曲线的右上方画出 x_2 和 x_3 的第二条无差异曲线，并标明为补偿 x_1 的损失而增加的 x_2 的消费量 j 或 x_3 的增加量 k。

c. 假设消费者被额外给予 j 单位 x_2 和 k 单位 x_3，那么他将达到更高的效用水平。在图中表示出效用水平的变化并画出 x_2 和 x_3 的第三条无差异曲线。

d. 萨缪尔森关于互补品的定义如下：

· 若第三条无差异曲线恰好对应 $x_1 = x_1^0 - 2h$ 时的无差异曲线，则 x_2 和 x_3 相互独立，既不是互补品，也不是替代品。

· 若第三条无差异曲线上提供的效用大于 $x_1 = x_1^0 - 2h$ 时无差异曲线上的效用，那么 x_2 和 x_3 为互补品。

· 若第三条无差异曲线上提供的效用小于 $x_1 = x_1^0 - 2h$ 时无差异曲线上的效用，那么 x_2 和 x_3 为替代品。

证明上述图形化定义是对称的。

e. 讨论上述图形化定义是如何与希克斯的数学定义相对应的。

f. 回到你所画的图形中，你是否真的认为所画图形涵盖了 x_2 与 x_3 之间能存在的所有关系？

解： a. x_1 的数量固定时的无差异曲线为：

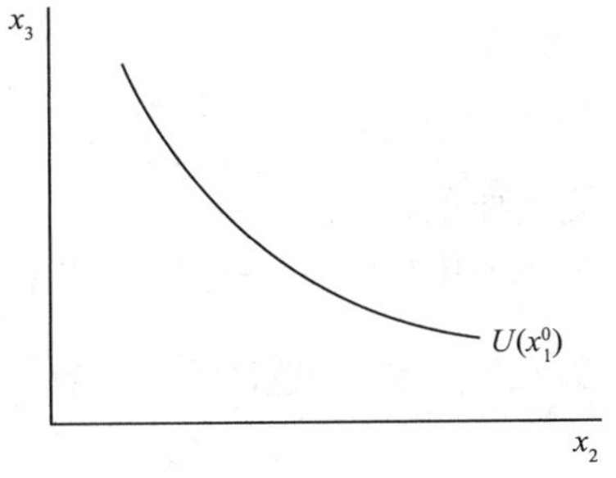

图 6－2　$x_1 = x_1^0$ 时关于 x_2 和 x_3 的下凸的无差异曲线

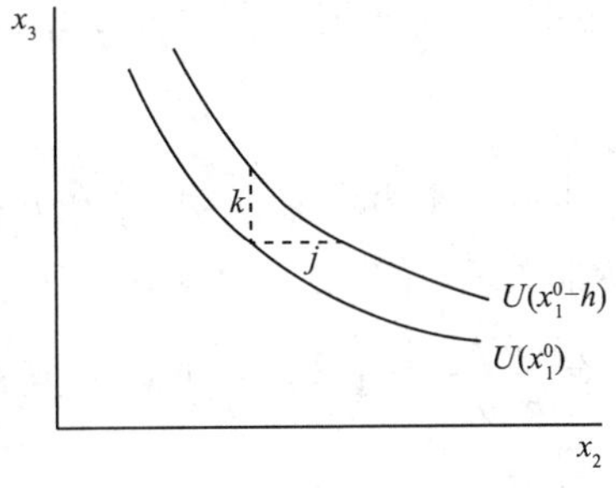

图 6－3　$x_1 = x_1^0 - h$ 时关于 x_2 和 x_3 的下凸的无差异曲线

b. x_1 数量的减少能通过增加 j 单位的 x_2 或增加 k 单位的 x_3 而得到补偿，如图 6－3 所示。

c. 若消费者被额外给予 j 单位 x_2 和 k 单位 x_3，那么他的效用水平将由 U_0 提高到 U_2，如图 6－4 所示。

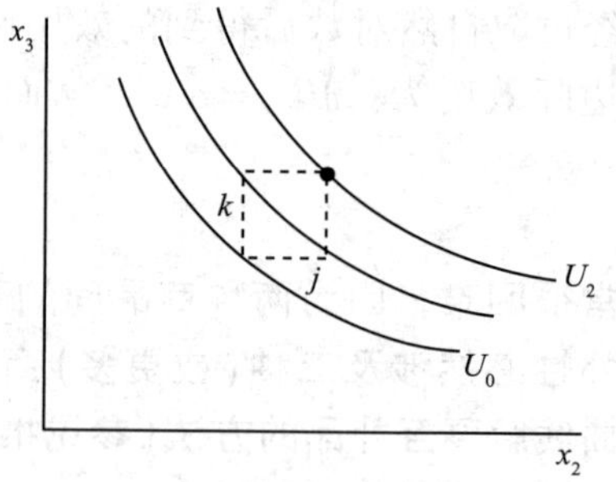

图 6－4　消费者多增加 j 单位 x_2 和 k 单位 x_3 的无差异曲线

d. 萨缪尔森关于独立品、互补品、替代品的图形化定义如图 6－5 至 6－7 所示。

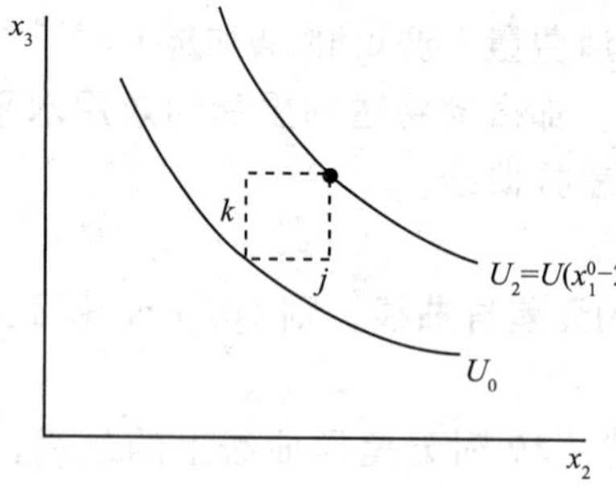

图 6－5　独立品

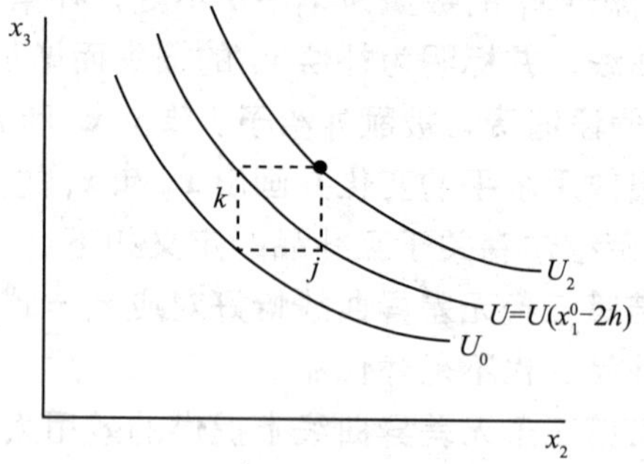

图 6－6　互补品

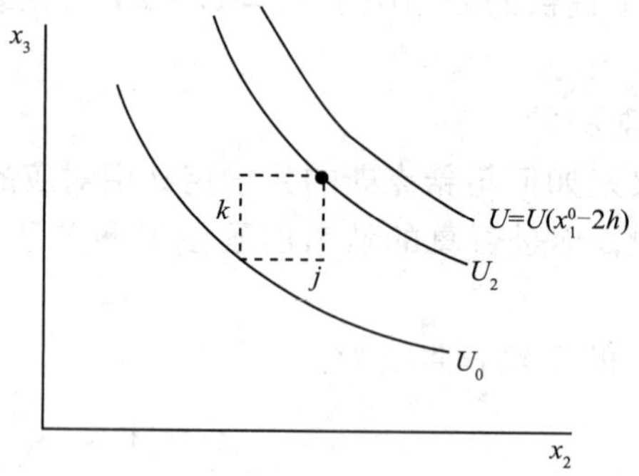

图 6－7　替代品

对称性由一个事实来说明：j 和 k 补偿的顺序是无关紧要的。

e. 从萨缪尔森的定义可知，假定 $x_1=f(x_2, x_3, U)$，效用 U 是一个常数。若 x_2 和 x_3 是独立品，有$\frac{\partial^2 f}{\partial x_2 \partial x_3}=0$；若 x_2 和 x_3 是互补品，有$\frac{\partial^2 f}{\partial x_2 \partial x_3}<0$；若 x_2 和 x_3 是替代品，有$\frac{\partial^2 f}{\partial x_2 \partial x_3}>0$。

不妨设 p_1、p_2 不变，p_3 减少，则根据$\left.\frac{\mathrm{d}x_3}{\mathrm{d}p_3}\right|_{\bar{U}}<0$，$x_3$ 增加。为使效用最大化，$\left.\frac{\partial x_1}{\partial x_2}\right|_{\bar{U}}=-MRS_{21}=-\frac{p_2}{p_1}$。根据萨缪尔森的定义，当 x_2 和 x_3 是替代品时，有$\frac{\partial^2 f}{\partial x_2 \partial x_3}=\left.\frac{\partial\left(\frac{\partial x_1}{\partial x_2}\right)}{\partial x_3}\right|_{\bar{U}}>0$，$x_3$ 增加，此时$\left.\frac{\partial x_1}{\partial x_2}\right|_{\bar{U}}>-\frac{p_2}{p_1}$，消费者会减少 x_2^h 的购买量，增加 x_1^h 的购买量。即$\frac{\partial x_2^h}{\partial p_3}>0$，因此，

根据希克斯定义，x_2 是 x_3 的净替代品，同理，由杨格定理$\frac{\partial^2 f}{\partial x_2 \partial x_3} = \frac{\partial^2 f}{\partial x_3 \partial x_2} = \left.\frac{\partial\left(\frac{\partial x_1}{\partial x_3}\right)}{\partial x_2}\right|_{\bar{U}}$，可类推得 x_3 是 x_2 的净替代品，因此符合对称性。同理可证明其他关系定义也满足对称性。所以，问题 d 中的图形化定义与希克斯的数学定义是一致的。

f. 上面所画的图形并没有涵盖 x_2 与 x_3 之间的所有关系，特别是在现实中包含很多商品的模型中。

12. 优质苹果哪里去了

本章课后习题第 5 题和第 6 题涉及一个有趣的经济现象：优质苹果哪里去了？与之有关的交易费用假设最早是由 Alchian 和 Allen 两名经济学家提出的，而问题的详细分析工作则由 Borcherding 和 Silberberg(参见推荐阅读材料)完成。学者们关注的问题是：交易费用是如何影响两种高度替代的商品的相对需求的？假设有两种高度替代的商品 x_2 和 x_3，每单位的交易成本都为 t，并且 x_2 的价格 p_2 更高(好比优质苹果的价格比普通苹果高)。学者们得出的结论是，由于交易费用降低了贵商品(如优质苹果)的相对价格[即价格比率$(p_2+t)/(p_3+t)$随着 t 的增加而降低]，因此贵商品的相对需求量就会增加，即偏导数 $\partial(x_2^c/x_3^c)/\partial t>0$(这里我们用补偿性需求函数求导，排除收入效应的影响)。Borcherding 和 Silberberg 采用了以下几个步骤证明该结论：

a. 对 x_2^c/x_3^c 的比值求偏导数 $\partial(x_2^c/x_3^c)/\partial t$。

b. 利用问题 a 中得出的结果和等式 $\partial x_i^c/\partial t=\partial x_i^c/\partial p_2+\partial x_i^c/\partial p_3$，$i=2$，3，证明下述等式成立：

$$\frac{\partial(x_2^c/x_3^c)}{\partial t}=\frac{x_2^c}{x_3^c}\left(\frac{s_{22}}{x_2}+\frac{s_{23}}{x_2}-\frac{s_{32}}{x_3}-\frac{s_{33}}{x_3}\right)$$

式中，$s_{ij}=\partial x_i^c/\partial p_j$。

c. 利用下述补偿性价格弹性的公式改写问题 b 中的结果：

$$e_{ij}^c=\frac{\partial x_i^c}{\partial p_j}\cdot\frac{p_j}{x_i^c}$$

d. 运用希克斯第三定律[(6.26)式]，证明问题 b 和 c 中括号内的表达式都可写为$[(e_{22}-e_{32})(1/p_2-1/p_3)+(e_{31}-e_{21})/p_3]$。

e. 在这个问题的情形下，问题 d 中的表达式通常为正，请对此给出一个直观的解释。提示：为何括号内第一项为正，并且第二项偏小？

f. 回到本章课后习题第 6 题中，为这些有趣的现象提供更丰富的解释。

说明：根据验算，本书认为教材问题 d 中所要证明的表达式有误，特别做出更正。

解：a. $\frac{\partial(x_2^c/x_3^c)}{\partial t}=\frac{x_3^c\frac{\partial x_2^c}{\partial t}-x_2^c\frac{\partial x_3^c}{\partial t}}{x_3^{c\,2}}$

b. 将等式$\begin{cases}\frac{\partial x_2^c}{\partial t}=\frac{\partial x_2^c}{\partial p_2}+\frac{\partial x_2^c}{\partial p_3}\\ \frac{\partial x_3^c}{\partial t}=\frac{\partial x_3^c}{\partial p_2}+\frac{\partial x_3^c}{\partial p_3}\end{cases}$代入问题 a 中，可得

$$\frac{\partial(x_2^c/x_3^c)}{\partial t}=\frac{x_3^c\left(\frac{\partial x_2^c}{\partial p_2}+\frac{\partial x_2^c}{\partial p_3}\right)-x_2^c\left(\frac{\partial x_3^c}{\partial p_2}+\frac{\partial x_3^c}{\partial p_3}\right)}{x_3^{c\ 2}}$$

$$=\frac{x_2^c}{x_3^c}\left(\frac{1}{x_2^c}\cdot\frac{\partial x_2^c}{\partial p_2}+\frac{1}{x_2^c}\cdot\frac{\partial x_2^c}{\partial p_3}-\frac{1}{x_3^c}\cdot\frac{\partial x_3^c}{\partial p_2}-\frac{1}{x_3^c}\cdot\frac{\partial x_3^c}{\partial p_3}\right)$$

$$=\frac{x_2^c}{x_3^c}\left(\frac{s_{22}}{x_2^c}+\frac{s_{23}}{x_2^c}-\frac{s_{32}}{x_3^c}-\frac{s_{33}}{x_3^c}\right)$$

其中 $s_{ij}=\partial x_i^c/\partial p_j$。

c. 将 $e_{ij}^c=\frac{\partial x_i^c}{\partial p_j}\cdot\frac{p_j}{x_i^c}=\frac{s_{ij}p_j}{x_i^c}$代入问题 b 中，可得

$$\frac{\partial(x_2^c/x_3^c)}{\partial t}=\frac{x_2^c}{x_3^c}\left(\frac{s_{22}}{x_2^c}+\frac{s_{23}}{x_2^c}-\frac{s_{32}}{x_3^c}-\frac{s_{33}}{x_3^c}\right)=\frac{x_2^c}{x_3^c}\left(\frac{e_{22}^c}{p_2}+\frac{e_{23}^c}{p_3}-\frac{e_{32}^c}{p_2}-\frac{e_{33}^c}{p_3}\right)$$

d. 由希克斯第三定理 $\sum_{j=1}^{3}e_{ij}=0$，$i=1$，2，3，知 $e_{23}=-e_{21}-e_{22}$，$e_{33}=-e_{31}-e_{32}$。从而有

$$\frac{e_{22}}{p_2}+\frac{e_{23}}{p_3}-\frac{e_{32}}{p_2}-\frac{e_{33}}{p_3}=e_{22}/p_2+(-e_{21}-e_{22})/p_3-e_{32}/p_2-(-e_{31}-e_{32})/p_3$$

$$=e_{22}(1/p_2-1/p_3)+e_{32}(-1/p_2+1/p_3)+(e_{31}-e_{21})/p_3$$

$$=(e_{22}-e_{32})\left(\frac{1}{p_2}-\frac{1}{p_3}\right)+\frac{e_{31}-e_{21}}{p_3}$$

e. 对于第一项$(e_{22}-e_{32})\left(\frac{1}{p_2}-\frac{1}{p_3}\right)$，由于商品对自身的替代效应为负，则 $e_{22}<0$，商品 2 和商品 3 是替代关系，有 $e_{32}>0$，因此$(e_{22}-e_{32})<0$；由题意知商品 2 的价格 p_2 更高，则有$\frac{1}{p_2}<\frac{1}{p_3}$，所以第一项$(e_{22}-e_{32})\left(\frac{1}{p_2}-\frac{1}{p_3}\right)>0$。对于第二项$\frac{e_{31}-e_{21}}{p_3}$，由于商品 2 和商品 3 是替代关系，它们与商品 1 的关系类似，则 e_{21} 与 e_{31} 相近，故第二项$\frac{e_{31}-e_{21}}{p_3}$较小。所以问题 d 中的表达式通常为正。

f. (1)假设高质量的苹果和新鲜的橘子代表商品 2，普通苹果和橘子代表商品 3，高质量苹果、橘子和普通苹果、橘子是替代品，由问题 e 可知$(e_{22}-e_{32})\left(\frac{1}{p_2}-\frac{1}{p_3}\right)>0$，即$\frac{\partial(x_2^c/x_3^c)}{\partial t}>0$，随着交易费用(比如运输费)的增加，贵商品高质量苹果和新鲜橘子的相对需求量就会增加。华盛顿州盛产苹果，而弗罗里达州盛产橘子，运输成本少而交易费用低，需求也较低。因此，高质量苹果和新鲜的橘子会运往运输费(即交易费用)高，从而对贵商品需求高的其他各个州，在原产地也就很难找到高质量苹果和新鲜橘子了。

(2)假设昂贵饭店用餐代表商品 2，普通饭店用餐代表商品 3，昂贵饭店和普通饭店是替代品，由问题 e 可知$(e_{22}-e_{32})\left(\frac{1}{p_2}-\frac{1}{p_3}\right)>0$，即$\frac{\partial(x_2^c/x_3^c)}{\partial t}>0$，外出用餐的人会将子女留在家中，因此，一个高的交易费用，在这里是高额育儿费，将会降低消费者的相对价格，从而增加对昂贵饭店用餐的需求量。

(3)假设乘坐飞机代表商品2，坐火车代表商品3，坐飞机与坐火车是可以替代的，由问题e可知$(e_{22}-e_{32})\left(\frac{1}{p_2}-\frac{1}{p_3}\right)>0$，即$\frac{\partial(x_2^c/x_3^c)}{\partial t}>0$，因此，一个高的交易费用，在这里是时间成本，将会增加消费者对高质量商品飞机的需求。

(4)在寻求商品上所花费的时间能改变商品的相对价格，假设在购买昂贵商品时讨价还价代表商品2，在购买一般商品时讨价还价代表商品3，在购买昂贵商品时讨价还价与在购买一般商品时讨价还价是可以替代的，由问题e可知$(e_{22}-e_{32})\left(\frac{1}{p_2}-\frac{1}{p_3}\right)>0$，即$\frac{\partial(x_2^c/x_3^c)}{\partial t}>0$，因此，一个高的交易费用，在这里是寻找商品所花费的时间成本，将会增加消费者对高质量商品的需求。

13. 组合商品定理的证明

组合商品定理的证明包含证明一个组合商品的选择和完全使用效用最大化方法求解得出的选择是相同的。这个问题要求你使用两种求解方法。对于这两种方法我们都假设只有三种商品x_1、x_2和x_3，x_2和x_3总是一同变化，也就是$p_2=tp_2^0$，$p_3=tp_3^0$，p_2^0和p_3^0是这两种商品的原始价格。在有了上述定义之后，组合商品y被定义为：

$$y=p_2^0x_2+p_3^0x_3$$

a. 运用对偶性证明

令初始问题的支出函数为$E(p_1, p_2, p_3, \overline{U})$，再考虑支出最小化问题；在$U(x_1, x_2, x_3)=\overline{U}$的约束条件下最小化$p_1x_1+ty$。这个问题同样可以得到形如$E^*(p_1, t, \overline{U})$的支出函数。

i. 运用包络定理证明：

$$\partial E/\partial t=\partial E^*/\partial t=y$$

这说明对于组合商品y的需求在两种方法下是一样的。

ii. 解释为何对于x_1的需求在另一种方法下也是一样的？[该证明取自Deaton和Muellbauer(1980)。]

b. 运用两阶段最大化证明

现在从效用最大化的视角考虑这个问题。设p_2恒等于1可以使问题简化，这意味着购买力以x_2为单位来衡量，价格p_1和p_3被视为p_2的相对价格。在组合商品理论的假设下，p_1可以变化，p_3为固定值。

初始的效用最大化问题为：

最大化$U(x_1, x_2, x_3)$，约束条件为$p_1x_1+x_2+p_3x_3=M$(其中，$M=I/p_2$)，且最大化的一阶条件为$U_i=\lambda p_i$，$i=1, 3$(λ为拉格朗日乘数)。

这个问题的两阶段求解方法如下：

阶段一：最大化$U(x_1, x_2, x_3)$，约束条件为$x_2+p_3x_3=m$(m为M中花费在组合商品上的比例)，这个最大化问题将x_1当作外生变量，所以它变成了价值函数中的一个参数。这个问题的一阶条件为$U_i=\mu p_i(i=2, 3)$，μ为此阶段的拉格朗日乘数，令阶段一的价值(间接效用)函数为$V(x_1, m)$。

阶段二：最大化$V(x_1, m)$，约束条件为$p_1x_1+m=M$。我们会得到一阶条件$\partial V/\partial x_1=\delta p_1$以及$\partial V/\partial m=\delta$，$\delta$是第二阶段的拉格朗日乘数。

有了以上步骤之后，回答下面两个问题：

i. 解释为何阶段一的价值函数只取决于x_1和m。(提示：这正是p_3一直扮演关键角色的现实反映。)

ii. **这个最大化问题的两种求解方法得到了相同的结果，$\lambda=\mu=\delta$。为了保证这个结果是相同的，你需要假设什么？**

［这个问题改自 Carter(1995)。］

解：a. 运用对偶性证明

i. 根据包络定理可知，支出函数对价格的偏导数等于对应商品的希克斯需求，即$\frac{\partial E}{\partial p_2}=x_2^c$，$\frac{\partial E}{\partial p_3}=x_3^c$ 且$\frac{\partial E^*}{\partial t}=y$。

令总支出函数对 t 求全微分得到：

$$\frac{\partial E}{\partial t}=\frac{\partial E}{\partial p_1}\cdot\frac{\partial p_1}{\partial t}+\frac{\partial E}{\partial p_2}\cdot\frac{\partial p_2}{\partial t}+\frac{\partial E}{\partial p_3}\cdot\frac{\partial p_3}{\partial t}=0+x_2^c p_2^0+x_3^c p_3^0=y$$

因此，$\partial E/\partial t=\partial E^*/\partial t=y$，对于组合商品 y 的需求在两种方法下是一样的。

ii. 根据包络定理可知，支出函数对价格的偏导数等于对应商品的希克斯需求，即$\frac{\partial E}{\partial p_1}=x_1^c$，$\frac{\partial E^*}{\partial p_1}=x_1^c$，即满足 $\partial E/\partial p_1=\partial E^*/\partial p_1=x_1$，由于组合商品构造不改变 x_1 与其他商品之间的替代关系，且 t 反映了商品价格 p_2 和 p_3 的变动，因此对于 x_1 的需求在两种方法下是一样的。

b. 运用两阶段最大化证明

i. 给定 x_1 和预算 m，消费者在 x_2、x_3 中分配 m 以最大化效用。由于 x_2、x_3 的价格保持不变，x_2 和 x_3 相对价格固定，价值函数只取决于 x_1 和 m。

ii. 等式成立来源于重复运用包络定理求解各种最优化的子问题。

阶段二的一阶条件要求 $\partial V/\partial m=\delta$，由于 V 是阶段一的价值函数，运用包络定理得到 $\partial V/\partial m=\mu$，因此 $\delta=\mu$。

原始最优化问题要求 $\partial U/\partial x_1=\lambda p_1$，阶段二的一阶条件要求 $\partial V/\partial x_1=\partial U/\partial x_1=\delta p_1$，因此 $\lambda=\delta$。

即最大化问题的两种求解方法得到了相同的结果，$\lambda=\mu=\delta$。

14. 虚假的产品差异化

我们会在第 15 章中看到，厂商有时为了增加利润会寻求与竞争对手区分开的差异化产品。在这个问题中我们探讨这样的差异化可能是“虚假的”——也就是说，表面看起来比真实情况要好，而这种情况可能会降低购买者效用。为了证明这一点，假设消费者打算购买一台电视(y)。有两个品牌可供选择，品牌 1 提供的效用为 $U(x, y_1)=x+500\ln(1+y_1)$（其中 x 表示所有其他商品）。该消费者相信品牌 2 更好，因此品牌 2 提供的效用为 $U(x, y_2)=x+600\ln(1+y_2)$。由于消费者只打算买一台电视，因此他的选择会决定哪个效用函数会起作用。

a. 假设 $p_x=1$，$I=1000$，根据不同的效用函数，消费者愿意为各品牌支付的最大价格是多少？（提示：消费者只购买一台电视，即 $y_1=1$，$y_2=0$ 或者 $y_1=0$，$y_2=1$。）

b. 假设消费者不得不支付问题 a 中计算出的价格，那么他将购买哪个品牌的电视？

c. 假设关于品牌 2 的良好感觉是虚假的——或者这个想法的建立源自一些聪明的广告商。（为什么厂商 2 愿意购买这样的广告？）当消费者购买品牌 2 的电视时，你如何计算此时的效用损失？

d. 为避免问题 c 中的效用损失，消费者会采取怎样的行动？他愿意为这类行动支付的价格是多少？

解：a. 当消费者购买品牌 1 时，假设品牌 1 的价格为 p_1，消费者效用最大化问题为：

$$\max U(x, y_1) = x + 500\ln(1 + y_1)$$
$$s.t.\ \ x + p_1 y_1 = 1000$$

构造拉格朗日函数：$L = x + 500\ln(1 + y_1) + \lambda(1000 - x - p_1 y_1)$。

一阶条件：

$$\begin{cases} \dfrac{\partial L}{\partial x} = 1 - \lambda = 0 \\ \dfrac{\partial L}{\partial y_1} = \dfrac{500}{1 + y_1} - \lambda p_1 = 0 \\ \dfrac{\partial L}{\partial \lambda} = 1000 - x - p_1 y_1 = 0 \end{cases}$$

将 $y_1 = 1$ 代入上式，解得：

$$\begin{cases} \lambda = 1 \\ x = 750 \\ p_1 = 250 \end{cases}$$

当消费者购买品牌 2 时，假设品牌 2 的价格为 p_2，消费者效用最大化问题为：

$$\max U(x, y_2) = x + 600\ln(1 + y_2)$$
$$s.t.\ \ x + p_2 y_2 = 1000$$

构造拉格朗日函数：$L = x + 600\ln(1 + y_2) + \lambda(1000 - x - p_2 y_2)$。

一阶条件：

$$\begin{cases} \dfrac{\partial L}{\partial x} = 1 - \lambda = 0 \\ \dfrac{\partial L}{\partial y_2} = \dfrac{600}{1 + y_2} - \lambda p_2 = 0 \\ \dfrac{\partial L}{\partial \lambda} = 1000 - x - p_2 y_2 = 0 \end{cases}$$

将 $y_2 = 1$ 代入上式，解得：

$$\begin{cases} \lambda = 1 \\ x = 700 \\ p_2 = 300 \end{cases}$$

因此，消费者愿意为品牌 1 和品牌 2 支付的最大价格分别为 250、300。

b. 购买品牌 1，消费者获得的效用为：$750 + 500\ln 2 = 1097$。

购买品牌 2，消费者获得的效用为：$700 + 600\ln 2 = 1116$。

因此，消费者会选择购买品牌 2。

c. 假设关于品牌 2 的良好感觉是虚假的，当消费者购买品牌 2 的电视时，消费者实际获得的效用为 $700 + 500\ln 2 = 1047$，而消费者如果购买品牌 1 的电视，获得的效用为 1097，因此效用损失为 50。

d. 为了避免效用损失，消费者将支付 x 来收集信息，假设信息搜寻结果显示品牌 2 更好的概率为 p。

消费者选择搜集信息需要满足，搜集信息后的期望效用大于购买品牌 1 的效用，即：

$$(1 - p)(750 - x + 500\ln 2) + p(700 - x + 600\ln 2) \geqslant 1097$$

求解得到 $x \leqslant 19p$。如果 $p = 1$，则消费者愿意支付 19。如果 $p = 0.5$，则消费者愿意支付 9.5。

第7章　不确定性

7.1　复习笔记

1. 风险描述——概率、期望值与方差

面对未来的不确定性，消费者和经理人员要经常进行决策。在各种可能性结果和发生的概率可知的情况下，这种不确定性常常用“风险”来描述。

(1)概率

由于在存在风险的条件下，决策者不能确定经济行为的最后结果，需要用概率来描述某种结果发生的可能性。在实际生活中，概率的形成主要是取决于经济主体自身的主观判断，他可以根据历史的经验，也可以根据直觉来判断经济行为出现的可能性，而不必拘泥于以前曾经发生过的某个具体事件。因此对于同样的经济行为，不同的个体做出的判断可能不同，基于这些判断的经济决策也可能不同。在对风险的描述中，概率是一个必不可少的概念，可以利用概率衡量一项决策行为的收益期望值及其风险波动性。

(2)期望值

期望值衡量的是，结果不确定的事件所有可能性结果的加权平均数，权数就是经济主体的主观概率。作为一个统计变量，期望值反映的是事件的总体趋势，即各种可能性的一个平均结果。计算期望值的一般公式：如果经济中有 n 种可能性结果 X_1，X_2，…，X_n，其发生的概率分别为 P_1，P_2，…，P_n，则其期望值为：

$$E(X) = P_1X_1 + P_2X_2 + \cdots + P_nX_n = \sum_{i=1}^{n} P_iX_i$$

(3)方差

方差 σ^2 是实际值与期望值之差平方的平均值，而方差的平方根 σ 就是标准差，可以衡量不确定事件发生结果的波动程度。由于方差衡量的是事件结果的波动程度，可以利用它来判断某一决策行为的风险性。方差越大，风险越大。

2. 公平赌博与期望效用假说

(1)圣彼得堡悖论

掷硬币直到出现正面为止。如果在第 n 次才第一次出现正面，则参与者可以得到 2^n 美元。圣彼得堡悖论中的赌博的期望值为：

$$期望值 = \sum_{i=1}^{\infty} \pi_i x_i = \sum_{i=1}^{\infty} 2^i \frac{1}{2^i} = 1 + 1 + 1 + \cdots + 1 + \cdots = \infty$$

上述期望值是无限大的，然而，没有人会花很多的钱(更不会多到无穷)去进行这种赌博。这便产生一个悖论：在某种意义上，赌博不值(无穷的)期望值。

(2)期望效用

圣彼得堡悖论中，丹尼尔·伯努利提出：人们在评估赌博价值时，更关注金钱带来的效用而非金钱本身。由于边际效用递减规律(即收入增加时，单位金额产生的满足感逐渐降低)，该赌博的期望效用会收敛于有限值，这个值就是参与者愿意支付的最大成本。伯努利将此称为赌博的"心理价值"。赌博的心理价值可能会低于其货币期望值。

3. 冯·纽曼-摩根斯坦定理

(1)冯·纽曼-摩根斯坦效用指数

冯·纽曼和摩根斯坦以基数效用表示效用次序，提出冯·纽曼-摩根斯坦效用指数。这个指数修改了在确定性情况下的消费者偏好，提出存在风险情况下的五个公理。

假设决策者有机会获得的各种收入按大小顺序列为 W_1，W_2，…，W_n。其中 W_1 最大，W_n 最小。决策者可以给 W_1，W_n 分别确定任一数字为效用指数，但 W_1 的效用指数必须大于 W_n 的效用指数，即 $U(W_1) > U(W_n)$。然后，就可以计算 W_1 和 W_n 之间任一收入的效用指数 $U(W_i)$，设：

$$U(W_i) = U(W_1)P + U(W_n)(1-P) = aP + b(1-P) = (a-b)P + b$$

其中，W_i 的预期效用取决于概率 P：只有获得 W_i 的概率为 P(或获得 W_i 的概率为 $1-P$)时，决策者才会对 W_i 与 W_1(或 W_n)具有同样的偏好，即 W_i 的效用指数与 W_1(或 W_n)的效用指数相同。显然，对 P 的要求因人而异：风险规避者要求有较高的 P，追求稳妥；冒险者对 P 则要求较低，不怕风险。

(2)期望效用最大化

在不确定情形下，如果消费者服从冯·纽曼-摩根斯坦行为公理，则其做出的选择会满足冯·纽曼-摩根斯坦期望效用指数的原则。

4. 风险厌恶

(1)风险厌恶与公平赌博

如图 7-1 所示，若个人财富的边际效用递减，即效用函数为凹函数，则不会选择进行公平赌博。

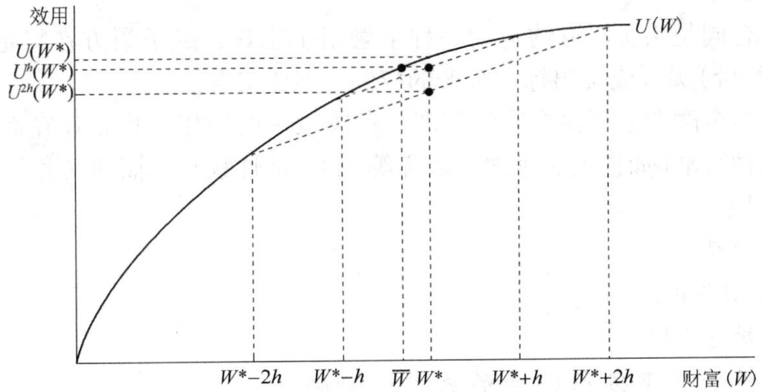

图 7-1　来自两个变动性不同的公平赌博中的财富效用

(2)风险厌恶与保险

财富的边际效用递减的人被称为风险厌恶者，他们通常会拒绝公平赌博，即使需要为此付出代价。

5. 对风险厌恶的度量

20 世纪 60 年代初期，J. W. 普拉特建立了目前最常用的度量风险厌恶的指标，记为 $r(W)$，其定义为：

$$r(W) = -\frac{U''(W)}{U'(W)}$$

因为风险厌恶者对财富的边际效用递减，即 $U''(W)<0$，所以普拉特的指标为正数。该指标对于效用函数的线性转换不变，因此也不受使用的冯·纽曼－摩根斯坦序数形式的影响。

(1)风险厌恶与保险费

$$p \cong -\frac{kU''(W)}{U'(W)} = kr(W)$$

上式说明，普拉特风险厌恶指标与风险厌恶者为避免公平赌博而愿意支付的金额大致成比例。现实生活中保险费的可观测性使其常被用于估计个人风险厌恶系数或比较不同人群。因此，可以运用市场信息了解人们对风险的态度。

(2)风险厌恶与财富

一个人风险厌恶的程度与财富水平的关系是不确定的，这取决于效用函数的准确形式。如果效用是财富的二次式，则风险厌恶程度随着财富的增加而增加；如果效用是财富的对数函数，则风险厌恶程度随着财富的增加而降低；如果效用是财富的指数函数，则风险厌恶对于所有的财富水平是一定的常数。

(3)相对风险厌恶

风险厌恶者为避免赌博而愿意支付的金钱与个人财富水平相关，一般假定愿意支付的金钱与财富成反比，表达式为：

$$rr(W) = Wr(W) = -W\frac{U''(W)}{U'(W)}$$

6. 减少不确定性和风险的方法

减少风险和不确定性的四种方法：保险、多元化、灵活性和信息。

(1)期权的类型

①金融期权合同是买卖双方约定的一种金融衍生工具，赋予买方在特定时间(到期日)以约定价格(执行价)买入或卖出标的资产的权利，但无义务。

②实物期权是金融期权理论在实物资产投资决策中的应用，指企业在面对不确定性时，拥有未来采取某种行动(如扩大、延迟、放弃等)的灵活性权利，而非义务。

(2)期权的特点

①约定某个交易；

②确定行权的时间段；

③期权本身是有价格的。

7. 不确定性情况下进行选择的状态偏好法

假定未来可能发生的某种事件可以被归类为若干种世态，若某些商品只有在某一特定世态出现时才能得到，则称该商品为或然商品。

如图 7－2 所示，直线 I 代表个人对或然财富权利的预算约束：$W = p_g W_g + p_b W_b$。或然权利市场上，若价格公平，即

$$\frac{p_g}{p_b} = \frac{\pi}{1-\pi}$$

则在确定性线上 $W_g = W_b = W^*$ 的地方实现效用最大化。若价格不公平，预算约束可能是

I'，则会在 $W_g > W_b$ 的点上实现效用最大化。

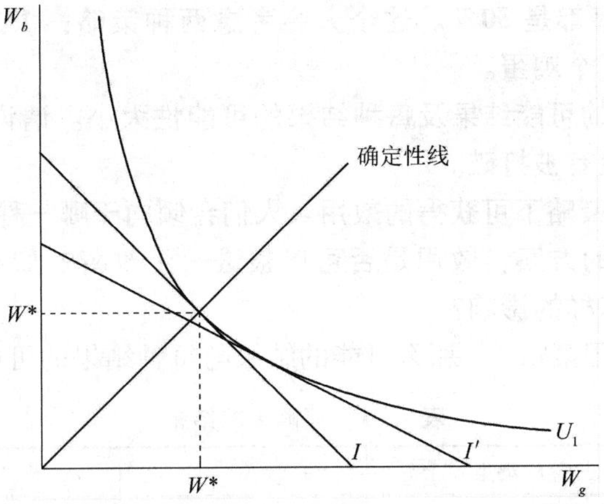

图 7－2　在世态偏好模型中的风险厌恶

7.2　课后习题详解

1. 乔治将整整 10 万美元的赌注压在公牛队身上，打赌公牛队获得 NBA 的总冠军。如果乔治的财富效用函数是对数形式的，并且他现在的财富是 100 万美元，那么他认为公牛队一定会赢的最小概率是多大？

解：假设公牛队会赢的最小概率为 p，乔治的效用函数为：$U = \ln w$，其中 w 为财富水平。

在乔治参加赌博的情况下，他的期望效用为：

$$p \ln 1100000 + (1-p)\ln 900000$$

在乔治不参加赌博的情况下，他的效用为：$\ln 1000000$；

为了使他参加赌博，因而有：

$$p \ln 1100000 + (1-p)\ln 900000 \geqslant \ln 1000000$$

从而可以解得：$p \geqslant 0.525$，也即他认为公牛队一定会赢的最小概率为 0.525。

2. 请证明如果一个人的财富效用函数是凸的，那么他会选择公平赌博而不是确定的收入，甚至还可能愿意接受某种不公平的赌博。你认为这种接受风险的行为是普遍的吗？什么因素会趋向于限制这种行为？

解：如图 7－3 所示，假设某人的初始财富为 W_0，如果参加赌博，则他可以以 0.5 的概率赢得 h，或以 0.5 的概率输掉 h。在效用函数为凸的情况下，他不参加赌博所获得的确定性效用为 $U(W_0)$，而参加赌博后获得的期望效用为 $U^h(W_0)$。因为 $U^h(W_0) > U(W_0)$，所以他会选择公平赌博，而不是仅获得确定的收入，甚至他还有可能参加不公平的赌博，因为此时的期望效用高于确定性收入下的期望效用。

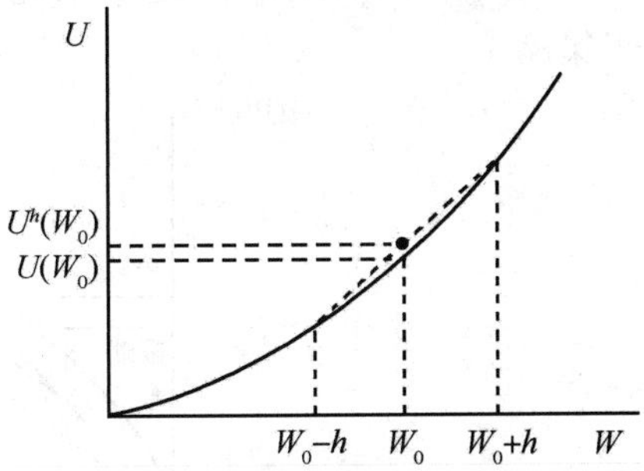

图 7－3　凸性效用函数与消费者的决策

这种接受风险的行为并不普遍。这种行为会受到消费者个人所拥有的财富等资源的限制：因为在不公平的赌博中消费者有可能耗尽其财富，而未必能实现赌博下的期望效用一定比确定性收入下的效用大的情况。

3. 一个人买了一打鸡蛋，并一定要把它们带回家。尽管回家是无成本的，但在任何一条路上鸡蛋被打破的概率都是50%。这个人会考虑两种策略：①走一趟，带所有12个鸡蛋；②走两趟，每次带6个鸡蛋。

a. 请列出每种策略的可能结果及每种结果的可能性大小。请说明在每种策略下，回家之后平均都有6个鸡蛋没有被打破。

b. 画图表示在每种策略下可获得的效用。人们会倾向于哪一种策略？

c. 采用再多跑几趟的方案，效用是否可以被进一步改善？如果多走一趟是有成本的，那么这种可能性会受到怎样的影响？

解：a. 如果此人采用策略1，那么可能的结果与每种结果的可能性如表7－1所示：

表7－1　策略1的结果

结果(未打碎的鸡蛋)/个	0	12
可能性/%	50%	50%

未打碎鸡蛋的平均个数为0×0.5＋12×0.5＝6(个)。

如果此人采用策略2，那么可能的结果与每种结果的可能性如表7－2所示：

表7－2　策略2的结果

结果(未打碎的鸡蛋)/个	0	6	12
可能性/%	25%	50%	25%

未打碎鸡蛋的平均个数为0×0.25＋6×0.5＋12×0.25＝6(个)。

b. 假设此人的效用函数为$u(x)$，这里x是鸡蛋的个数。那么，策略1带给此人的效用为：

$$E(s_1)=0.5u(0)+0.5u(12)$$

策略2带给此人的效用为：

$$E(s_2)=0.25u(0)+0.5u(6)+0.25u(12)$$

所以：

$$E(s_1)-E(s_2)=0.5\times[0.5u(0)+0.5u(12)-u(6)] \quad ①$$

这样，如果此人是风险厌恶型的，那么由①式可知$E(s_1)-E(s_2)<0$，即此人偏好于策略2(如图7－4所示)；反之如果此人是风险偏好型的，那么$E(s_1)-E(s_2)>0$，即此人偏好于策略1。

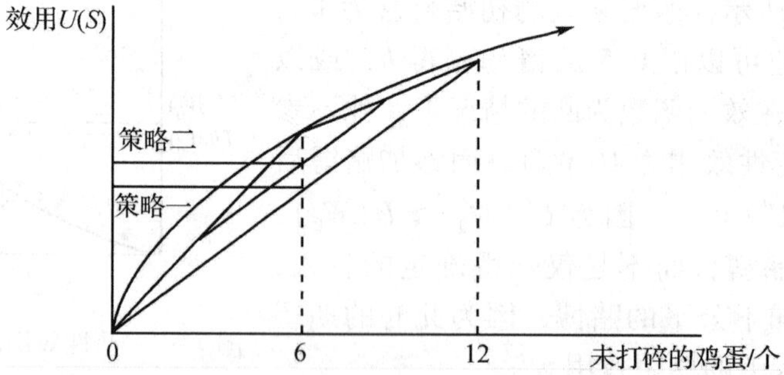

图7－4　风险厌恶型消费者的策略偏好

c. ①如果有其他多于两趟的方案，那么对于风险规避者而言，其效用可以进一步得到提高。这是因为趟数越多，风险就越容易得到分散。

②如果走路是有成本的，那么趟数越多，成本就越高，这会降低消费者的效用，因此，最终的结果是消费者需要在分散风险和降低成本之间进行平衡，也就是说存在某个数 N，当趟数大于 N 时，由于成本的增加导致的效用的减少大于由于风险分散引起的效用的提高，所以消费者的总效用会减少。当趟数小于 N 时，成本的减少导致的效用增加小于风险的增大引起的效用的降低，所以消费者的总效用也会减少，因此最优的选择就是分 N 趟把鸡蛋带回家。

4. 假定一个当前财富为 2 万美元的风险厌恶者有 50% 的可能性会得神经衰弱，并因此损失 1 万美元。

a. 请计算在这种情况下实际公平保险的成本，并使用（如图 7.1 所示的）财富效用图来表明这个人会选择公平保险以防止损失，而不是接受没有保险的赌博。

b. 假定可以获得两种类型的保险政策：

（1）赔偿全部损失的公平政策；

（2）只赔偿所发生损失的一半的公平政策。

请计算第二种类型政策的成本，并说明这个人通常会认为它比第一种类型的政策差。

解： a. 这种情况下，实际公平保险的成本为：

$$E(L)=0.50\times10000=5000(\text{美元})$$

如图 7－5 所示，在参加保险的情况下，此人的财富为 15000 美元；在没有参加保险的情况下，此人的财富可能为 10000 美元，也可能为 20000 美元。若此人是风险厌恶者，保险将给他带来更高的效用。

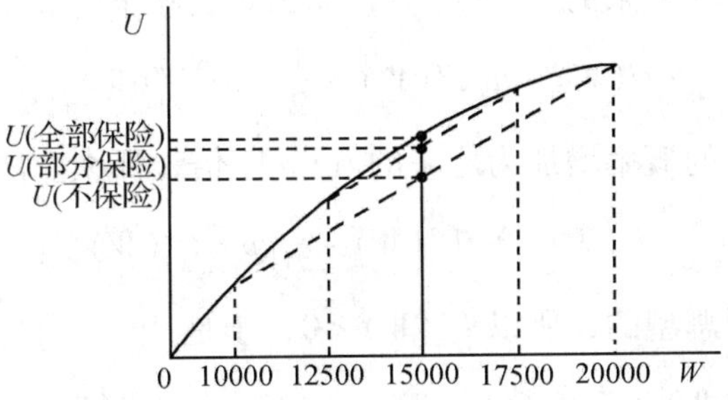

图 7－5　公平保险

b. 第二种保险类型的保险政策的成本为：$0.5\times5000=2500$（美元）。因而在不生病的情况下，此人的财富为 17500 美元，在生病的情况下，此人的财富为 12500 美元。如图 7－5 所示，第二种保险政策下，此人的期望效用低于第一种保险政策下的期望效用，因而此人会认为它比第一种保险政策差。

5. Fogg 女士计划花 1 万美元去环球旅行。从这个旅行中她所得到的效用是她实际支付的费用（Y）的函数，可以写成：

$$U(Y)=\ln Y$$

a. 如果 Fogg 女士在旅途中损失 1000 美元的可能性是 25%，那么整个旅行的期望效用会是多少？

b. 假设 Fogg 女士可以以 250 美元的“精算公平”的保险费购买保险，来预防这 1000 美元的损失（比方说，买旅行支票）。请证明她买了这个保险后的期望效用比不买保险时的期望效用高。

c. Fogg 女士愿意为其 1000 美元的可能损失而支付的保险费最多是多少？

解：a. Fogg 女士的期望效用为：

$$E(U)=0.75\ln 10000+0.25\ln 9000=9.1840$$

b. 在购买保险的情况下，Fogg 女士的期望效用为：

$$E(U)=\ln 9750=9.1850>9.1840$$

因而保险给 Fogg 女士带来了更高的期望效用。

c. 由 $\ln(10000-p)\geqslant 9.1840$ 可得：

$$10000-p\geqslant e^{9.1840}=9740$$

解得：$p\leqslant 260$。

因而 Fogg 女士所愿意支付的最高保费为：$p=260$（美元）。

6. 所有人都知道在一个非法地点停车时，收到罚款通知单的可能性是 p，并且罚金为 f。假定每个人都是风险厌恶型的，也就是说，$U''(W)<0$，其中 W 是个人的财富。

那么，在防止非法停车问题中，被抓到的概率成比例增加和罚金成比例增加，哪个会更有效呢？提示：运用泰勒级数展开式 $U(W-f)=U(W)-fU'(W)+\frac{f^2}{2}U''(W)$。

答：利用泰勒级数展开式，非法停车的总效用为：

$$\begin{aligned}pU(W-f)+(1-p)U(W)&\approx p\left[U(W)-fU'(W)+\frac{1}{2}f^2U''(W)\right]+U(W)-pU(W)\\&=U(W)-pfU'(W)+\frac{1}{2}pf^2U''(W)\end{aligned}$$

假设罚金的比例增加为原来的 $t(t>1)$ 倍，那么非法停车的效用就变为：

$$U(W)-tpfU'(W)+\frac{1}{2}t^2pf^2U''(W)$$

假设收到罚款通知单的概率增加为原来的 $t(t>1)$ 倍，那么非法停车的效用就变为：

$$U(W)-tpfU'(W)+\frac{1}{2}tpf^2U''(W)$$

由于消费者是风险厌恶型的，所以 $U''(W)<0$，于是：

$$U(W)-tpfU'(W)+\frac{1}{2}t^2pf^2U''(W)<U(W)-tpfU'(W)+\frac{1}{2}tpf^2U''(W)$$

这说明罚金的比例和收到罚款通知单的概率同比例增加，前者会使消费者的效用更低，所以罚金按比例增加在防止非法停车方面更有效。

7. 在(7.30)式中，我们已经证明，个人为避免参加公平赌博(h)而愿意支付的费用 $p=0.5E(h^2)r(W)$，其中 $r(W)$ 为个人在其初始财富水平上的绝对风险厌恶程度。在这个问题中，我们将费用 p 视为所面临风险的大小和个人财富水平的函数。

a. 考虑一个公平赌博(v)，赌注为 1 美元。这个赌博的 $E(v^2)$ 是什么？

b. 现在将问题 a 中的赌博奖金数乘以正常数 k。令 $h=kv$，那么 $E(h^2)$ 等于多少？

c. 假设此人的效用函数为对数形式，即 $U(W)=\ln W$，那么 $r(W)$ 的一般表达式是什么？

d. 分别计算 $k=0.5$、1、2，$W=10$、100 时的风险溢价(p)。比较这六个值，你能得出什么结论？

解：a. $E(v^2)=\sum_{i=1}^{2}p(x_i)f^2(x_i)=0.5\times(-1)^2+0.5\times 1^2=1$。

b. $E(h^2)=0.5(-k)^2+0.5k^2=k^2$。

c. 如果此人的效用函数为 $U(W)=\ln W$，那么 $r(W)$ 的一般表达式为：

$$r(W)=-\frac{U''(W)}{U'(W)}=-\frac{-(1/W^2)}{1/W}=\frac{1}{W},\quad W>0$$

d. 由题意知，$p=0.5E(h^2)r(W)=0.5k^2\frac{1}{W}=\frac{k^2}{2W}$。

若 $W=10$，当 $k=0.5$ 时，$p=0.0125$；当 $k=1$ 时，$p=0.05$；当 $k=2$ 时，$p=0.2$。

若 $W=100$，当 $k=0.5$ 时，$p=0.00125$；当 $k=1$ 时，$p=0.005$；当 $k=2$ 时，$p=0.02$。

从上面的式子可以看出，初始财富 W 越低，风险溢价越高；所面临的风险 k 越高，风险溢价越高。当 W 与 k 同比例增加，风险溢价 p 将增加。

8. 一个农夫认为在下一个播种季，雨水不正常的可能性是 50%。他的期望效用函数的形式为：

$$E[U(Y)]=\frac{1}{2}\ln Y_{NR}+\frac{1}{2}\ln Y_R$$

式中，Y_{NR} 与 Y_R 分别代表农夫在“正常降雨”与“多雨”情况下的收入。

a. 假定农夫一定要在如下表所示的两种谷物中进行选择（只能选择一种），收入前景也如表所示，他会种哪种谷物呢？

表 7-3　小麦和玉米在不同天气状况下的收入

谷物	Y_{NR}	Y_R
小麦	28000 美元	10000 美元
玉米	19000 美元	15000 美元

b. 假定农夫在他的土地上可以每种作物都播种一半的话，他会选择这样做吗？请解释你的结论。

c. 怎样组合小麦和玉米才可以给这个农夫带来最大的期望效用？

d. 如果对于只种小麦的农夫，有一种要花费 4000 美元的保险，在种植季节多雨的情况下会赔付 8000 美元，那么这种有关小麦种植的保险会怎样改变农夫的种植情况？

解： a. 农民种小麦的预期效用 $E(u_w)$ 为：

$$E(u_w)=0.5\ln 28000+0.5\ln 10000=0.5\ln(280\times10^6)\approx9.7252$$

农民种玉米的预期效用 $E(u_c)$ 为：

$$E(u_c)=0.5\ln 19000+0.5\ln 15000=0.5\ln(285\times10^6)\approx9.7340$$

因为 $E(u_w)<E(u_c)$，所以农民会种玉米。

b. 如果农民在他的土地上每种作物各种一半，他的收益如表 7-4 所示：

表 7-4　混合种植时不同天气状况下的收入　　**单位：美元**

谷物	Y_{NR}	Y_R
小麦和玉米各种一半	23500	12500

从而他的预期效用 $E(u)$ 为：

$$E(u)=0.5\ln 23500+0.5\ln 12500=0.5\ln(293.75\times10^6)\approx9.7491$$

由于 $E(u_w) < E(u_c) < E(u)$，所以农民会混合种植。

c. 假设小麦的种植份额为 α，那么混合种植的期望效用 EU 为：

$$\begin{aligned} EU &= \frac{1}{2}\ln[28000\alpha + 19000(1-\alpha)] + \frac{1}{2}\ln[10000\alpha + 15000(1-\alpha)] \\ &= \frac{1}{2}\ln(19000 + 9000\alpha) + \frac{1}{2}\ln(15000 - 5000\alpha) \end{aligned}$$

期望效用最大化的一阶条件为：

$$\frac{\mathrm{d}EU}{\mathrm{d}\alpha} = \frac{1}{2} \times \frac{9000}{(19000 + 9000\alpha)} - \frac{1}{2} \times \frac{5000}{(15000 - 5000\alpha)} = 0$$

解得：

$$\alpha = \frac{4}{9}$$

此时的期望效用为：

$$\begin{aligned} EU &= 0.5\ln\left(\frac{4}{9} \times 28000 + \frac{5}{9} \times 19000\right) + 0.5\ln\left(\frac{4}{9} \times 10000 + \frac{5}{9} \times 15000\right) \\ &= 0.5\ln(293.9 \times 10^6) \approx 9.7494 \end{aligned}$$

所以当农民用 4/9 的土地种小麦，5/9 的土地种玉米时，其期望效用达到最大，为 9.7494。

d. 如果种植小麦的农民购买保险，那么他的期望效用 $E(u'_w)$ 为：

$$E(u'_w) = \frac{1}{2}\ln(28000 - 4000) + \frac{1}{2}\ln(10000 + 4000) = \frac{1}{2}\ln(336 \times 10^6) \approx 9.8163$$

这个值大于两种作物按最优混合比例种植所能带给农民的效用，所以农民会买保险，且只会种小麦。

9. 玛丽有 1 美元，她可以投资于两项资产 A 和 B：投资 A 有一半概率赢得 16 美元，一半概率什么也得不到；投资 B 有一半概率赢得 9 美元，一半概率什么也得不到。玛丽的财富效用函数为 $U(W) = \sqrt{W}$。

a. 假设各项资产的回报是相互独立的。

(1) 忽略 A 的期望回报高于 B 的事实，证明玛丽倾向于将一半钱投资于 B 而不是全部投资于 A。

(2) 令 a 表示投资于 A 的比例，假设 a 可以取 0 到 1 之间的任意值，玛丽会选择的 a 的值是多少？提示：将她的期望效用写成 a 的函数，然后画出函数图形找到峰值，或者计算 a 取不同值（如 $a=0$，0.1，0.2）时的函数值。

b. 现在假设资产回报是完全负相关的：当 A 的回报为正时，B 什么也得不到，或者情况相反。

(1) 证明此时玛丽将钱平均投资到 A 和 B 的情况好于资产回报相互独立时的情况。

(2) 如果玛丽可以分配自己的投资，证明相较于资产回报相互独立的情况，玛丽会选择将一个较大的比例投资于 B。

解： a. 假设各项资产的回报是相互独立的。

(1) 若玛丽倾向于将一半钱投资于 A 一半钱投资于 B，若 A、B 均赢，概率为 0.25，获得的财富为 12.5 美元；若 A 赢 B 输，概率为 0.25，获得的财富为 8 美元；若 A 输 B 赢，概率为 0.25，获得的财富为 4.5 美元；若 A、B 均输，概率为 0.25，获得的财富为 0。

财富期望效用为：

$$EU = 0.25 \times \sqrt{12.5} + 0.25 \times \sqrt{8} + 0.25 \times \sqrt{4.5} \approx 2.121$$

若玛丽全部投资于A，有一半概率赢得16美元，一半概率为0，财富的期望效用为：

$$EU = 0.5 \times \sqrt{16} + 0.5 \times 0 = 2$$

因此，玛丽倾向于将一半钱投资于B而不是全部投资于A。

(2)令a表示投资于A的比例，$(1-a)$为投资于B的比例。若A、B均赢，概率为0.25，获得的财富为$7a+9$；若A赢B输，概率为0.25，获得的财富为$16a$；若A输B赢，概率为0.25，获得的财富为$9(1-a)$；若A、B均输，概率为0.25，获得的财富为0。

财富期望效用为：

$$EU = 0.25 \times \sqrt{7a+9} + 0.25 \times \sqrt{16a} + 0.25 \times \sqrt{9(1-a)}$$

由图7-6可知，当$a=0.8$时，$EU=2.185$，此时期望效用EU最大。因此，玛丽投资于A的比例是0.8。

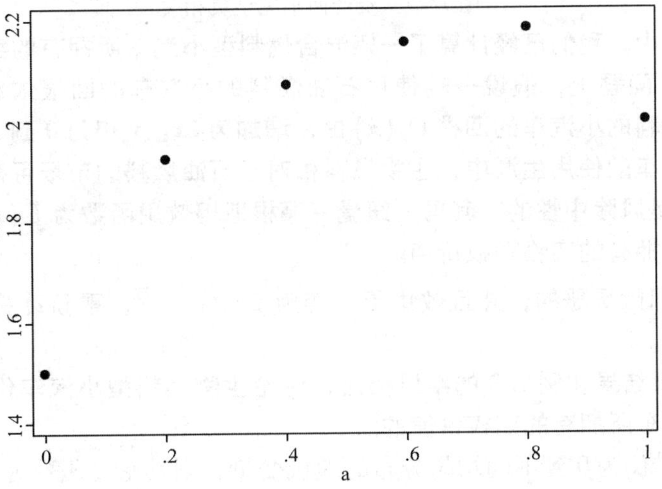

图7-6　资产回报相互独立

b. 假设资产回报是完全负相关的。

(1)若玛丽倾向于将一半钱投资于A一半钱投资于B，有两种结果。若A赢B输，概率为0.5，获得的财富为8美元；若A输B赢，概率为0.5，获得的财富为4.5美元。

财富期望效用为：

$$EU = 0.5 \times \sqrt{8} + 0.5 \times \sqrt{4.5} \approx 2.475$$

因此，玛丽将钱平均投资到A和B的情况好于资产回报相互独立时的情况。

(2)令a表示投资于A的比例，$(1-a)$为投资于B的比例。若A赢B输，概率为0.5，获得的财富为$16a$；若A输B赢，概率为0.5，获得的财富为$9(1-a)$。

财富期望效用为：

$$EU = 0.5 \times \sqrt{16a} + 0.5 \times \sqrt{9(1-a)}$$

由图7-7可知，当$a=0.6$时，$EU=2.497$，此时期望效用EU最大，投资于A的比例为0.6。因此，相较于资产回报相互独立的情况，玛丽会选择将一个较大的比例投资于B。

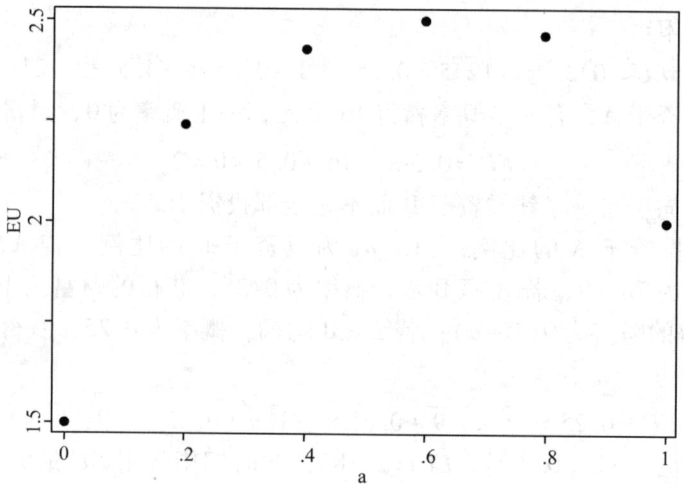

图 7－7　资产回报完全负相关

10．在例 7.5 中，我们已经计算了一辆混合燃料型小汽车所拥有的实物期权价值。现在我们再次回到这个问题上，假设一辆使用石油燃料的小汽车的回报依然为 $O_1(x)=1-x$，而一辆使用生物燃料的小汽车的回报 $O_2(x)$ 由 x 增加为 $2x$。x 仍为 0 到 1 间均匀分布的随机变量，衡量在小汽车的使用生涯中，生物燃料相对于石油燃料的市场可得性。

a．假设买主是风险中性的，其冯・纽曼－摩根斯坦效用函数为 $U(x)=x$，计算此时混合燃料型小汽车所拥有的实物期权价值。

b．若买主是风险厌恶的，并且效用函数变为 $U(x)=\sqrt{x}$，重新计算混合燃料型小汽车所拥有的期权价值。

c．将你的计算结果和例 7.5 的结果相比，讨论生物燃料型小汽车价值的增加是如何影响混合燃料型小汽车所拥有的期权价值的。

解： a．由于 x 仍为 0 到 1 间均匀分布的随机变量，则其密度函数为 $f(x)=1$，如果效用函数为 $U(x)=x$，此时石油燃料小汽车所拥有的期望效用为：

$$E[U(O_1)]=\int_0^1(1-x)\mathrm{d}x=\frac{1}{2}$$

生物燃料小汽车所拥有的期望效用为：

$$E[U(O_2)]=\int_0^1 2x\mathrm{d}x=1$$

由于生物燃料小汽车期望效用要大于石油燃料小汽车，因此所有车主会选择生物燃料小汽车。

此时混合燃料型小汽车所拥有的期望效用为：

$$E\{\max[U(O_1),\ U(O_2)]\}=\int_0^1\max[(1-x),\ 2x]\mathrm{d}x\approx 1.17$$

则混合燃料型小汽车实物期权价值为：

$$E\{\max[U(O_1),\ U(O_2)]\}-E[U(O_2)]\approx 1.17-1=0.17$$

b．由于 x 仍为 0 到 1 间均匀分布的随机变量，则其密度函数为 $f(x)=1$，如果效用函数为 $U(x)=\sqrt{x}$，此时石油燃料小汽车所拥有的期望效用为：

$$E[U(O_1)]=\int_0^1\sqrt{1-x}\mathrm{d}x=\frac{2}{3}$$

生物燃料小汽车所拥有的期望效用为：

$$E[U(O_2)] = \int_0^1 \sqrt{2x}\mathrm{d}x = \frac{2\sqrt{2}}{3}$$

显然，此时买主使用的仍然是生物燃料小汽车。

设此时混合燃料型小汽车所拥有的实物期权价值为 F，则其期望效用为：

$$\begin{aligned} E\{\max[U(O_1-F),\ U(O_2-F)]\} &= \int_0^1 \max(\sqrt{1-x-F},\ \sqrt{2x-F})f(x)\mathrm{d}x \\ &= \int_0^{\frac{1}{3}} \sqrt{1-x-F}\mathrm{d}x + \int_{\frac{1}{3}}^1 \sqrt{2x-F}\mathrm{d}x \\ &= \frac{2}{3}(1-F)^{\frac{3}{2}} + \frac{1}{3}(2-F)^{\frac{3}{2}} - \left(\frac{2}{3}-F\right)^{\frac{3}{2}} \end{aligned}$$

对车主，有

$$E\{\max[U(O_1-F),\ U(O_2-F)]\} = E[U(O_2)] = \frac{2\sqrt{2}}{3}$$

解得 $F \approx 0.2373$。

c. 在教材例 7.5 中，期权价值为 0.294，可见生物燃料小汽车价值增加，混合燃料型小汽车实物期权价值减少。这是由于生物燃料小汽车价值增加后，对它的选择会更具有吸引力，也就降低了期权价值。

11. HARA 效用

实际上，CARA 和 CRRA 效用函数都是一个更为一般的被称为调和绝对风险厌恶（harmonic absolute risk aversion，HARA）函数的特殊形式。该函数的一般形式为：

$$U(W) = \theta(\mu + W/\gamma)^{1-\gamma}$$

参数的限制条件如下：

- $\gamma \leq 1$
- $\mu + W/\gamma > 0$
- $\theta[(1-\gamma)/\gamma] > 0$

前两个限制条件是显而易见的，第三个限制条件是为了保证 $U' > 0$。

a. 计算函数的 $r(W)$，并证明结果的倒数是 W 的线性表达式。这正是函数名称中“调和”一词的由来。

b. 证明当 $\mu = 0$，$\theta = [(1-\gamma)/\gamma]^{\gamma-1}$ 时，函数简化为 CRRA 函数。

c. 利用问题 a 的结论，证明当 $\gamma \to \infty$ 时，$r(W)$ 是一个常数。

d. 用 A 表示问题 c 中计算出的常数，证明此时效用函数的形式正好是 CARA 函数，如（7.35）式。

e. 证明当 $\gamma = -1$ 时，可从 HARA 函数中推导出二次效用函数。

f. 尽管 HARA 函数看起来具有一般性，但在研究不确定性情形下的行为时仍有一些限制，请举出几个例子。

解： a. 由于该效用函数为 $U(W) = \theta(\mu + W/\gamma)^{1-\gamma}$，即有：

$$U'(W) = \frac{\theta(1-\gamma)}{\gamma}(\mu + W/\gamma)^{-\gamma},\ U''(W) = -\frac{\theta(1-\gamma)}{\gamma}(\mu + W/\gamma)^{-\gamma-1}$$

所以，绝对风险厌恶系数为：

$$r(W)=-\frac{U''(W)}{U'(W)}=-\frac{-\frac{\theta(1-\gamma)}{\gamma}(\mu+W/\gamma)^{-\gamma-1}}{\frac{\theta(1-\gamma)}{\gamma}(\mu+W/\gamma)^{-\gamma}}=(\mu+W/\gamma)^{-1}$$

因此，$\frac{1}{r(W)}=\mu+\frac{W}{\gamma}$，从而$\frac{1}{r(W)}$是 W 的线性表达式。

b. 当$\mu=0$，$\theta=[(1-\gamma)/\gamma]^{\gamma-1}$时，此时效用函数为：

$$U(W)=\left(\frac{W}{1-\gamma}\right)^{1-\gamma}$$

则该函数的相对风险厌恶系数为：

$$rr(W)=-\frac{WU''(W)}{U'(W)}=-\frac{-\gamma W^{-\gamma-1}\cdot W}{W^{-\gamma}}=\gamma$$

即当$\mu=0$，$\theta=[(1-\gamma)/\gamma]^{\gamma-1}$时，此时的函数为 CRRA 函数。

c. 利用问题 a 中的计算结果，当$\gamma\to\infty$时，有：

$$\lim_{\gamma\to\infty}r(W)=\lim_{\gamma\to\infty}(\mu+W/\gamma)^{-1}=\frac{1}{\mu}$$

即此时的$r(W)$是一个常数。

d. 由题意得$A=\frac{1}{\mu}$，由绝对风险厌恶系数的定义可得：

$$-\frac{U''(W)}{U'(W)}=A$$

解得效用函数为：

$$U(W)=-kA^{-1}e^{-Aw}$$

即此时效用函数的形式正好是 CARA 函数。

e. 当$\gamma=-1$时，

$$U(W)=\theta(\mu-W)^2=\theta(\mu^2-2\mu W+W^2)$$

f. 例如在参数是某些确定值的情况下，效用函数是没有限制的，此时可能产生圣彼得堡悖论。

12. CRRA 函数的进一步讨论

在相对不变风险厌恶的效用函数的情况[(7.42)式]下，我们已经证明风险厌恶程度由$(1-R)$来度量。在第 3 章中，我们说明了这种函数的替代弹性为$1/(1-R)$。这样，两个指标互为倒数。运用这个结果，讨论下述问题：

a. 为什么风险厌恶与一个人在各种世态之间财富替代的意愿是相关的？透过这两个概念可以抓住什么现象？

b. 你怎样在风险厌恶与替代的框架中解释$R=1$与$R=-\infty$这两种极端的情况？

c. 坏日子的或然权利价格(p_b)的上升，会导致对W_g与W_b的需求产生替代效应与收入效应。如果个人花费在两种商品上的预算是固定的，那么这会怎样影响在它们之间所进行的选择？为什么W_g的上升或下降取决于这个人所表现出的风险厌恶度？

d. 假设经验数据说明一个人需要平均 0.5% 的收益，才愿意投资一个以 50% 的概率赚或赔 5% 的项目。也就是说，该人从以相等概率得到$1.055W_0$或$0.955W_0$的赌博中得到的效用等于固定收益W_0的效用。

(1) 上面的情况发生时，R是多少？

(2)这个人需要多少收益才肯接受一项以50%的概率赚或赔10%的投资?

注意:这需要求解非线性方程,所以只需求近似解。风险-收益之间交易的比较说明了所谓的权益溢价之谜,即从实证数据显示的结果来看,从风险型投资中得到的收益似乎确实比同等程度的风险厌恶型投资更高。参见 N. R. Kocherlakota, "The Equity Premium: It's Still a Puzzle," *Journal of Economic Literature* (March 1996): 42-71。

解: a. $(1-R)$的较高值意味着不同状态之间的替代弹性较低。一个极其风险厌恶的人将不愿偏离确定性线,除非此偏离十分有利可图。

b. $R=1$ 意味着个人是风险中性的。不同状态的财富之间的替代弹性是无穷的,因而无差异曲线的斜率是 -1。

如果 $R=-\infty$,则个人的相对风险厌恶系数是无穷,他的无差异曲线是L形的,这意味着在任何价格下,此人都不愿意偏离确定性线。

c. p_b 的提高将使预算约束线以 W_g 上的交点为顶点作逆时针方向旋转,替代效应和收入效应都将使 W_b 下降。替代效应会导致 W_g 增加,但是收入效应将使 W_g 减少。不同状态之间的替代弹性越大,则替代效应将会越大。而替代弹性越大,意味着风险厌恶程度越小。因此,风险厌恶程度能够通过替代效应决定W_g 的上升或下降。

d. (1)由方程$(W_0)^R=0.5\times(1.055W_0)^R+0.5\times(0.955W_0)^R$ 可得:$R\approx-3$,此数值与某些经验研究相符。

(2)由题意可设收益为 t,则有$(W_0)^{-3}\approx0.5\times[(0.9+t)W_0]^{-3}+0.5\times[(1.1+t)W_0]^{-3}$,解出 $t\approx0.0193$。

13. 画出风险投资

在固定收益率为 r 的资产上投资 W_0 美元,可以在两种世态时都获得 $W_0(1+r)$;而在风险资产上的投资在好日子的收益为 $W_0(1+r_g)$,在坏日子的收益为 $W_0(1+r_b)$(其中 $r_g>r>r_b$)。通过上述假定,风险资产上的投资就可以在世态偏好的框架中进行研究。

a. 请画出两种投资的结果。

b. 请说明包含无风险资产与风险资产的"资产组合"是怎样在你的图中得到显示的。你怎样说明投资在风险资产中的财富比例?

c. 请说明个人对于风险的态度会怎样决定他所持有的无风险资产与风险资产的组合。一个人会在什么情况下不持有风险资产?

d. 如果一个人的效用函数采用了相对不变风险厌恶(CRRA)形式[即(7.42)式],请解释这个人在其财富增加时,为什么不会改变其所掌握的风险资产的比例。

答: a. 如图7-8所示,无风险投资的结果为 R,风险投资的结果为 R'。

b. 图7-8中的 RR'代表了资产组合。

设 E 点表示一种投资组合,则$\frac{|R'E|}{|RR'|}$表示投在无风险资产上的比例,$\frac{|RE|}{|RR'|}$表示投在风险资产上的比例。现证明如下:

设 E 点坐标为$[\alpha x_R+(1-\alpha)x_{R'},\ \alpha y_R+(1-\alpha)y_{R'}]$,即 α 是投资在无风险资产上的比例。

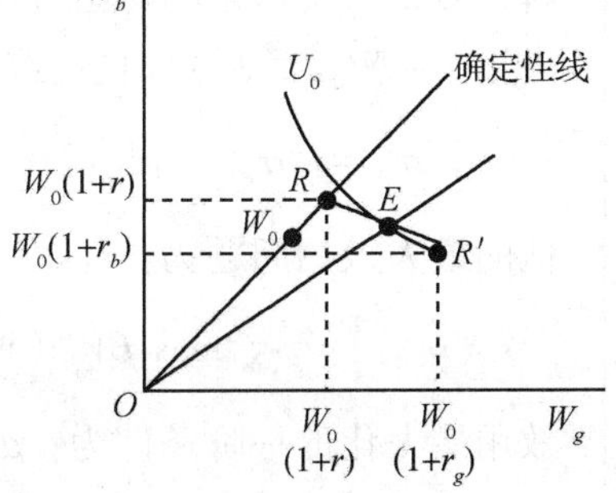

图7-8 无风险投资与风险投资

$$|R'E| = \sqrt{[\alpha x_R + (1-\alpha)x_{R'} - x_{R'}]^2 + [\alpha y_R + (1-\alpha)y_{R'} - y_{R'}]^2}$$
$$= \alpha\sqrt{(x_R - x_{R'})^2 + (y_R - y_{R'})^2} = \alpha\ |RR'|$$

即$\dfrac{|R'E|}{|RR'|} = \alpha$，表示投资在无风险资产上的比例；则$\dfrac{|RE|}{|RR'|} = 1 - \alpha$，表示投资在风险资产上的比例。

c. 对于风险厌恶者而言，他有可能在风险资产上进行部分投资，如图 7 – 8 所示；也有可能把他的财富全部投资于风险资产，如图 7 – 9 所示。需要注意的是，这种情况并不和投资者是风险厌恶的假设矛盾，因为出现这种情况就说明该投资者的风险承受能力较强或者风险较小(即坏情况下的收益率也不会比无风险情况下低太多)；也有可能把所有的资产投资于无风险资产，如图 7 – 10 所示。这些都取决于其效用函数的具体形式。对于风险中性者和风险偏好者也有类似的结论。

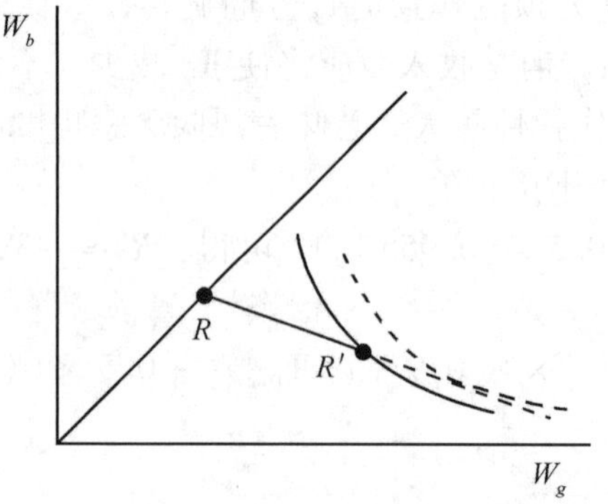

图 7 – 9　只在风险资产上投资

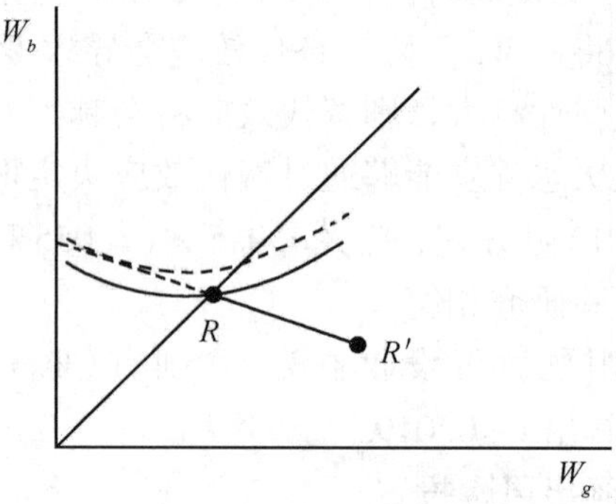

图 7 – 10　只在无风险资产上投资

d. 如果相对风险厌恶不变，则无差异曲线将是位似的，所以随着 W 值的变化，最优选择的位置将沿着 OE 而变化。

14. 正态分布风险资产的投资组合问题

在例 7.3 中我们已经证明了，当个人面对正态分布风险资产，且效用函数是 CARA 效用函数时，他的期望效用的形式是 $E[U(W)] = \mu_W - (A/2)\sigma_W^2$，其中 μ_W 和 σ_W^2 分别表示财富的期望值和方差。利用这个情况解决一个最优组合投资的财富分配问题：投资者的效用函数仍为 CARA 效用函数，他需将 k 比例的财富投资于一项期望值为 μ_r、方差为 σ_r^2 的正态分布的风险资产(结果用含 A 的表达式表示)。请直观地解释你的结果。

说明：本书认为题目中的"k 比例的财富"是指"价值为 k 的财富"，并据此进行解答。

解：假设将价值 k 的财富分配给风险资产，$W_0 - k$ 的财富分配给无风险资产。

由于 $\tilde{r} \sim N(\mu_r, \sigma_r)$，且最终财富值 $W = W_0(1+r_f) + k(\tilde{r} - r_f)$，则 $E(W) = W_0(1+r_f) + k(\mu_r - r_f)$，$\sigma_W^2 = k^2\sigma_r^2$。由此可得期望效用为 $E[U(W)] = W_0(1+r_f) + k(\mu_r - r_f) - \dfrac{A}{2}k^2\sigma_r^2$。

他的最大效用问题为：

$$\max E[U(W)] = W_0(1+r_f) + k(\mu_r - r_f) - \frac{A}{2}k^2\sigma_r^2$$

效用最大化的一阶条件为：$\mu_r - r_f - Ak\sigma_r^2 = 0$；

解得 $k = \dfrac{\mu_r - r_f}{A\sigma_r^2}$，且有 $\partial k/\partial\mu_r > 0$，$\partial k/\partial\sigma_r^2 < 0$，$\partial k/\partial A < 0$。

由上面的式子可以看出，对风险资产预期收益不同会导致对风险投资水平不同，即对风险资产预期收益越高，则投资越多；对风险资产预期收益越低，则投资越少。

15. 前景理论

两位行为经济学奠基人、2002年诺贝尔经济学奖获得者丹尼尔·卡尼曼(Daniel Kahneman)和阿莫斯·特沃斯基(Amos Tversky)进行了一组试验。试验中不同情景组的被试得出了不同的结果。

情景1：假设你有1000美元，并要在两个赌博中作出选择。赌博A能以一定概率赢得1000美元，其他情况下什么也得不到。赌博B确定能赢500美元。

情景2：假设你有2000美元，并要在两个赌博中作出选择。赌博C会以一定概率输掉1000美元，其他情况下收益为0。赌博D则确定损失500美元。

a. 假设史丹在面临不确定性时根据期望效用理论作出决策。若他是风险中性的，那么在两个情形中他将分别作出什么选择？

b. 若史丹是风险厌恶的，他的选择会是怎样的？

c. 卡尼曼和特沃斯基发现，在情景1中，有16%的被试选择了赌博A，在情景2中，有68%的被试选择了赌博C。对比你在前两问中得出的结果，为何两者不一致？

d. 为解释试验结果，卡尼曼和特沃斯基提出了一个替代期望效用理论的理论，并称其为前景理论。该理论指出，人们的当前收入函数为他们提供了一个“参照点”。超过该点，人们是风险厌恶的；低于该点，人们会对损失非常敏感。这种对损失的敏感性正好和风险厌恶相反：一个风险厌恶的人，从相对比例来说，从一个较大损失中遭受的效用损失比从一个较小损失中遭受的效用损失程度大。

(1)假设皮特在面临不确定性时依据前景理论作出决策，那么他在上述两种情景中会作出什么决策？为什么？

(2)分别画出情景1、情景2中金钱对皮特的效用曲线示意图。这两条曲线重合吗？他的效用曲线和标准情况下人们的效用曲线(比如史丹的)有何不同？

解： a. 在第一种情况下，假设赢得1000美元的概率为$p(0<p<1)$，则什么也得不到的概率为$1-p$，由于史丹是风险中性的，设其冯·纽曼-摩根斯坦效用函数为$U(x)=x$，则：

若选择赌博A，期望效用$E_A=2000p+1000(1-p)=1000p+1000$。

若选择赌博B，期望效用$E_B=1000+500=1500$。

当$E_A=1000p+1000>E_B=1500$，即$p>0.5$时，会选择A，否则会选择B。

在第二种情况下，假设输掉1000美元的概率为$q(0<q<1)$，则其他情况的概率为$1-q$，则有：

若选择赌博C，期望效用$E_C=1000q+2000(1-q)=2000-1000q$。

若选择赌博D，期望效用$E_D=2000-500=1500$。

当$E_C=2000-1000q>E_D=1500$，即$q<0.5$时，会选择C，否则会选择D。

b. 若史丹是风险厌恶的，设其冯·纽曼-摩根斯坦效用函数为$U(x)$，$U'(x)>0$，$U''(x)<0$，则：

$$E_A=U(2000)\cdot p+U(1000)\cdot(1-p)$$

$$E_B=E_D=U(1500)$$

$$E_C=U(1000)\cdot q+U(2000)\cdot(1-q)$$

当 $E_A = U(2000) \cdot p + U(1000) \cdot (1-p) > E_B = U(1500)$ 时，可解得 $p > \frac{U(1500)-U(1000)}{U(2000)-U(1000)}$，此时史丹会选择赌博 A，否则选择 B。

当 $E_C = U(1000) \cdot q + U(2000) \cdot (1-q) > E_D = U(1500)$ 时，可解得 $q < \frac{U(2000)-U(1500)}{U(2000)-U(1000)}$，此时史丹会选择赌博 C，否则选择 D。

c. 这可能是因为人们的风险偏好是与其所处状态相关的，当其处于确定性获利和不确定性获利时，人们是风险厌恶的，当其处于确定性损失和不确定性损失时，人们是风险偏好的。当然，也有可能是因为被试者的行为并不完全理性。

d. (1)在情景 1 中，参照点是 1000 美元，对于赌博而言，皮特的收入可能超过参照点，因此皮特是风险厌恶的。根据问题 b 中的结论，皮特会选择方案 B。在情景 2 中，参照点是 2000 美元，对于赌博而言，皮特的收入可能低于参照点，因此皮特是风险偏好的。皮特会选择方案 C。

(2)情景 1 的效用曲线如图 7－11 所示。

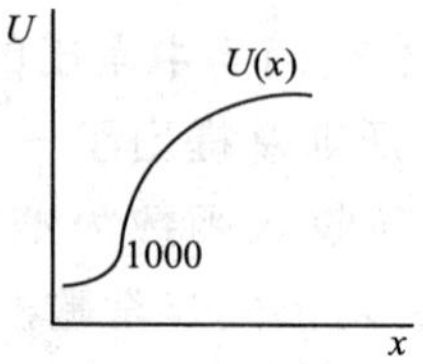

图 7－11　情景 1 的效用曲线

情景 2 的效用曲线如图 7－12 所示。

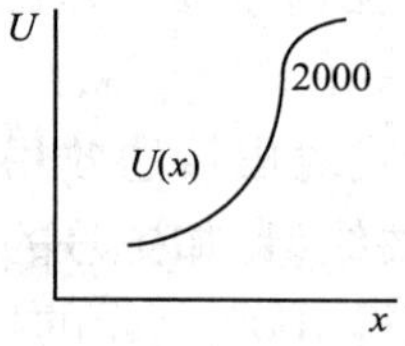

图 7－12　情景 2 的效用曲线

两条效用曲线并不重合。在小于参照点时，由于皮特是风险偏好的，因此效用曲线是下凸的，在大于参照点时，由于皮特是风险厌恶的，因此效用曲线是上凸的。而标准情况下效用曲线是上凸的。这表明在参照点前后皮特的风险偏好并不一致。

第8章　博弈论

8.1　复习笔记

1. 基本概念

博弈是指一种互动决策，即每一行为主体的利益不仅依赖它自己的行为选择，而且依赖于别人的行动选择，以致它所采取的最好行动有赖于其竞争对手将选择什么行为。博弈论，又称对策论或游戏论，它所研究的是行为者之间策略相互依存和相互作用的一种决策理论。博弈可以是合作的，在这种情况下，参与人能够达成协议；博弈也可以是非合作的，在这种情况下，不可能达成任何协议。博弈的基本要素如表8－1所示。

表8－1　博弈的基本要素

要素	具体内容
参与人	指博弈中每个策略的决策者，包括个人、企业、国家等。该要素具有有能力在可能的行为集合中作出选择的特征
策略	指博弈中参与人每个回合的行动。根据考察的博弈的不同，一个策略可能是非常简单的行动，也可能是非常复杂的行动。但是每个策略都被认为是有明确定义的、特定的一个回合的行动
收益	指在一个博弈结束后各个参与人的最终回报。通常情况下，用参与人的效用水平来衡量收益，比如货币收益。而在更一般的情形下，也可以用非货币要素衡量收益，比如声望、情感、风险偏好等

2. 囚徒困境

囚徒困境模型是指两个被捕获的囚犯之间的一种特殊“博弈”，说明为什么甚至在合作对双方有利时，保持合作也是困难的。囚徒困境是博弈论中的一个经典例证，同一市场上的寡头在力图达到垄断结果时的博弈类似于两个处于两难处境的囚犯博弈。

(1)规范式

当把囚徒困境表达为矩阵形式时，这种形式就被称为规范式，如图8－1所示。

		参与人2	
		告发	沉默
参与人1	告发	$u_1=1, u_2=1$	$u_1=3, u_2=0$
	沉默	$u_1=0, u_2=3$	$u_1=2, u_2=2$

图8－1　囚徒困境的规范式

(2)囚徒困境的策略思考

在上述囚徒两难处境的模型中，对囚徒个人而言，选择告发总比选择沉默有较高的收益，但从两人收益的总和来看，双方都沉默(合作或串谋)的结果是最优的。

囚徒困境模型深刻地揭示了社会和经济生活中的一种普遍情形，即“个人理性”与“集体理性”的矛盾，这就是“困境”。现实生活中有很多囚徒困境的例子，如国家间的军备竞赛、厂商间的价格战、公共物品的搭便车问题等。

3. 纳什均衡

纳什均衡是以美国数学家约翰·纳什(John Nash)命名的，纳什均衡指这样一种策略集，在这一策略集中，每一个博弈者都确信，在给定竞争对手策略决定的情况下，他选择了最好的策略。

(1)一个正式定义

最优反应是指给定竞争对手策略 s_{-i}，如果对于所有的 $s'_i \in S_i$，有 $u(s_i, s_{-i}) \geqslant u(s'_i, s_{-i})$成立，则 s_i 是参与人 i 的最优反应，记为 $s \in BR_i(s_{-i})$。

纳什均衡是一个策略组合(s_1^*，s_2^*，…，s_n^*)，其中，对于各参与人 i，s_i^* 是其他参与人均衡策略 s_{-i}^* 的最优反应，即 $s_i^* \in BR_i(s_{-i}^*)$。对于一个双方博弈，如果 s_1^*，s_2^* 是彼此的最优反应，即对于所有的 $s_1 \in S_1$，有 $u_1(s_1^*, s_2^*) \geqslant u_1(s_1, s_2^*)$，同时，对于所有的 $s_2 \in S_2$，有 $u_2(s_1^*, s_2^*) \geqslant u_2(s_1^*, s_2)$，那么($s_1^*$，$s_2^*$)是一个纳什均衡。

(2)囚徒困境中的纳什均衡

寻找纳什均衡的简单方法是在最优反应对应的收益下面画线，以囚徒困境为例，如图8－2所示。

第一步，在参与人1的最优反应对应的收益下面画线。

第二步，在参与人2的最优反应对应的收益下面画线。

第三步，找到两个收益下面都被画线的收益方格，这就是纳什均衡。

综上第一、二步的结果可知，对于两个参与人来说，告发是双方各自在给定对方策略下的最优选择，即(告发，告发)是一纳什均衡。

		参与人2	
		告发	沉默
参与人1	告发	$u_1=1, u_2=1$	$u_1=3, u_2=0$
	沉默	$u_1=0, u_2=3$	$u_1=2, u_2=2$

图8－2　使用画线步骤求解囚徒困境

(3)占优策略

占优策略是指对于参与人 i，存在一个策略 s_i^*，s_i^* 是对其他参与人所有策略组合的最优反应，即对于所有的 s_{-i}，$s_i^* \in BR_i(s_{-i})$。

需要指出的是，占优策略均衡一定是纳什均衡，但纳什均衡不一定是占优策略均衡。

(4)性别之战

考虑一个由妻子(参与者1)和丈夫(参与者2)构成的博弈场景。两人需共同决定观看芭蕾舞表演或拳击比赛：

妻子的偏好排序：共同欣赏芭蕾舞 > 共同观看拳击比赛 > 各自单独行动

丈夫的偏好排序：共同观看拳击比赛 > 共同欣赏芭蕾舞 > 各自单独行动

双方均认为共同行动的收益高于各自单独行动的收益。

性别之战的规范式如图 8 - 3 所示。

		参与人2(丈夫)	
		芭蕾	拳击
参与人1(妻子)	芭蕾	2,1	0,0
	拳击	0,0	1,2

图 8 - 3　性别之战的规范式

性别之战中的纳什均衡：（芭蕾，芭蕾）和（拳击，拳击）。性别之战是一个存在多个纳什均衡的博弈案例。

4. 混合策略

(1) 正式定义

假设参与人 i 有 M 种可行的行动：$A_i = \{a_i^1, \cdots, a_i^m, \cdots, a_i^M\}$，其中，下标表示参与人，上标表示不同的行动选择。

一个混合策略就是指 M 种行动的一种概率分布 $s_i = (\sigma_i^1, \cdots, \sigma_i^m, \cdots, \sigma_i^M)$。其中，$\sigma_i^m$ 是指参与人 i 采取行动 a_i^m 的概率。$0 < \sigma_i^m < 1$ 且 $\sigma_i^1 + \cdots + \sigma_i^m + \cdots + \sigma_i^M = 1$。

(2) 计算混合策略均衡

猜测博弈在严格混合策略下是否存在纳什均衡的关键：几乎所有的博弈都会存在奇数个纳什均衡。

在性别之战中，假设妻子和丈夫的策略分别为 $(w, 1-w)$ 和 $(h, 1-h)$，其中 w 和 h 分别是妻子和丈夫选择欣赏芭蕾舞的概率。

妻子的期望收益的表达式为：$U_1[(w, 1-w), (h, 1-h)] = 1 - h - w + 3hw$。

当 $h < 1/3$ 时，妻子会使 w 的取值尽量小，即取 $w = 0$。

当 $h > 1/3$ 时，妻子会使 w 的取值尽量大，即取 $w = 1$。

当 $h = 1/3$ 时，妻子的期望收益等于 2/3，与 w 的取值无关。

同理可得，丈夫的期望收益的表达式为：$U_2[(h, 1-h), (w, 1-w)] = 2 - 2h - 2w + 3hw$。

当 $w < 2/3$ 时，丈夫会使 h 的取值尽量小，即取 $h = 0$。

当 $w > 2/3$ 时，丈夫会使 h 的取值尽量大，即取 $h = 1$。

当 $w = 2/3$ 时，丈夫的期望收益等于 2/3，与 h 的取值无关。

最优反应曲线如图 8 - 4 所示。可以确定两条曲线的交点就是纳什均衡，因此该博弈存在三个纳什均衡，即 E_1、E_2 和 E_3 点。其中，E_1、E_2 点是纯策略纳什均衡；E_3 点是严格混合策略纳什均衡，即妻子选择欣赏芭蕾舞的概率是 2/3，选择观看拳击比赛的概率是 1/3；丈夫选择欣赏芭蕾舞的概率是 1/3，选择观看拳击比赛的概率是 2/3。

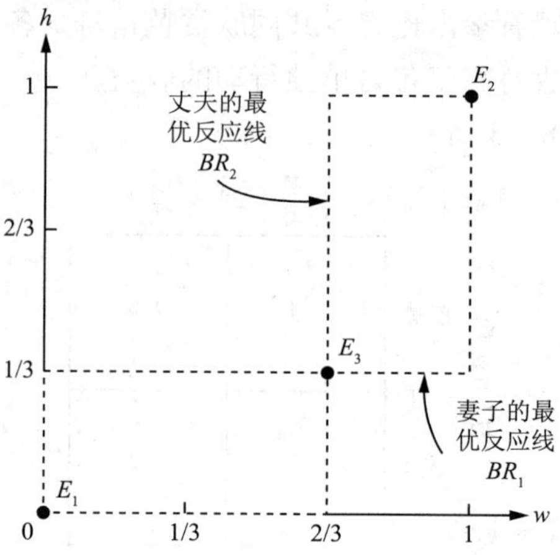

图 8－4　性别之战中在混合策略下的纳什均衡

5. 连续行动

（1）连续策略概述

连续策略是指当参与人采取混合策略时，分别赋予有限个行动对应的概率。

引入连续行动的优点：①使设置的模型更接近现实；②在求解纳什均衡时可以使用微积分；③可以分析潜在参数对均衡的影响。

（2）连续行动博弈的求解过程

首先，写出参与人的收益函数，该收益函数的自变量是所有参与人的行动。然后，计算得到使参与人收益函数最大化的一阶条件，得到的一阶条件就是参与人相对其他参与人的最优反应函数，n 个参与人就存在 n 个最优反应函数。最后，通过代数方法或者图形法就可以求解得到 n 个参与人的均衡行动。

（3）公地悲剧

公地悲剧是指当公共品是稀缺资源时，每个人都有使用权，但没有权力阻止其他人使用，从而造成资源过度使用和枯竭。与囚徒困境相同，公地悲剧的纳什均衡结果并不是所有结果中最有效率的。与最有效率的结果相比，公地悲剧的纳什均衡结果中牧羊人放牧数量过多。

过度砍伐的森林、过度捕捞的渔业资源及污染严重的河流和空气，都是"公地悲剧"的典型例子。之所以叫悲剧，是因为每个当事人都知道资源将由于过度使用而枯竭，但每个人对阻止事态的继续恶化都感到无能为力，而且都抱着短期获益的心态加剧事态的恶化。

6. 序贯博弈

序贯博弈是指参与者选择策略有时间先后的博弈形式。因此，某些对局者可能率先采取行动，它是一种较为典型的动态博弈。

（1）序贯的性别之战

在序贯的性别之战中，妻子先行动，丈夫后行动，他有四种可行的策略，如表 8－2 所示。

表 8－2　丈夫的权变策略

权变策略	用条件的格式写出
总是选择欣赏芭蕾舞	(芭蕾|芭蕾，芭蕾|拳击)
与妻子的选择一致	(芭蕾|芭蕾，拳击|拳击)
与妻子的选择相反	(芭蕾|拳击，拳击|芭蕾)
总是选择观看拳击比赛	(拳击|芭蕾，拳击|拳击)

策略中的竖线表示“条件于”。由于丈夫有四种纯策略，因此序贯博弈的规范式有 8 个方格，如图 8－5 所示。

妻子 ＼ 丈夫	(芭蕾|芭蕾，芭蕾|拳击)	(芭蕾|芭蕾，拳击|拳击)	(拳击|芭蕾，芭蕾|拳击)	(拳击|芭蕾，拳击|拳击)
芭蕾	2，1	2，1	0，0	0，0
拳击	0，0	1，2	0，0	1，2

图 8－5　性别之战序贯博弈的规范式

(2) 扩展式

博弈的扩展式是对博弈的另一种描述方式，包括：①由节点和枝组成的博弈树；②对参与人的行动顺序的描述；③在自然节点上，对自然选择概率的描述；④划分每个参与人的节点的信息集；⑤在每一个终点节点上的支付向量。

序贯性别之战的扩展式表述，如图 8－6 所示。

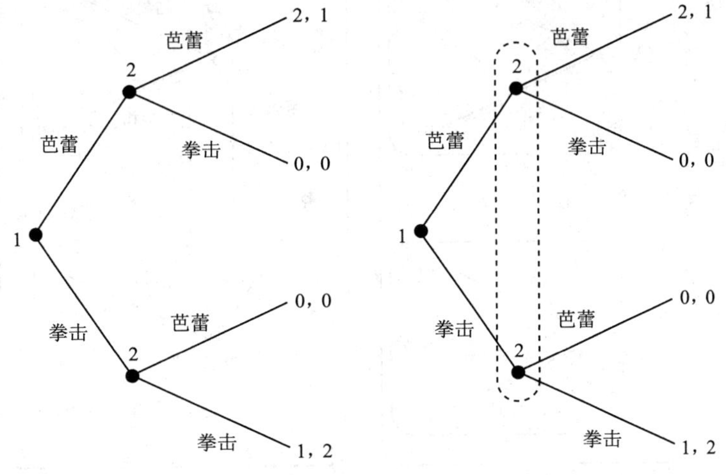

(a) 序贯博弈　　　　(b) 同时博弈

图 8－6　性别之战序贯博弈的扩展式

(3) 纳什均衡

应用在最优反应收益下面画线的方法可以找到三个纯策略纳什均衡：

①妻子选择欣赏芭蕾舞，丈夫选择(芭蕾丨芭蕾，芭蕾丨拳击)；

②妻子选择欣赏芭蕾舞，丈夫选择(芭蕾丨芭蕾，拳击丨拳击)；

③妻子选择观看拳击比赛，丈夫选择(拳击丨芭蕾，拳击丨拳击)。

其中，纳什均衡①和③中存在着不可置信的威胁。

均衡路径是指扩展式中连接均衡策略的路径。可以利用均衡路径来理解不可置信威胁和可信威胁。图 8－7 再次给出了性别之战序贯博弈的扩展式，其中虚线表示纳什均衡③的均衡路径。因为在这条均衡路径上的策略都是理性的，所以③是一个纳什均衡。但是可以想象，纳什均衡③中丈夫的威胁是不可信的，因为当妻子选择欣赏芭蕾舞时，丈夫的最优选择是芭蕾舞，而不是拳击。

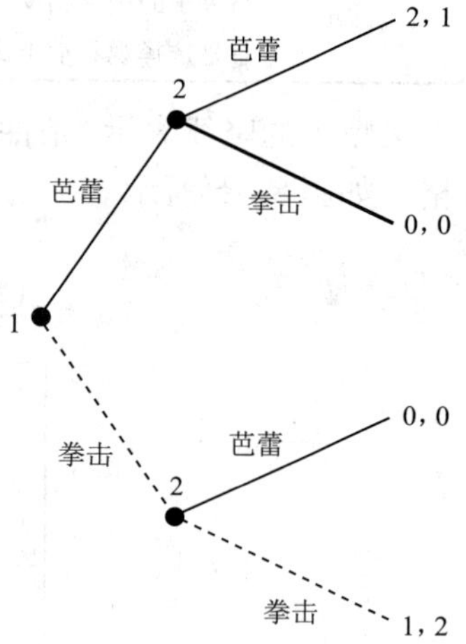

图 8－7　均衡路径

(4)子博弈完美均衡

子博弈完美均衡是一种正式的求解序贯博弈中合理纳什均衡的方法，是纳什均衡的精炼，它能够通过要求参与人在博弈树中任意点的策略都是理性的，将包含不可置信威胁的纳什均衡剔除出去。

一个子博弈是指在扩展式中，从一个决策节点开始，并且包括这个节点右侧所有分支的博弈。一个严格子博弈则要求子博弈起始的决策节点没有与其他节点连接在一个信息集内。

如果一个策略组合(s_1^*，s_2^*，…，s_n^*)是博弈中每一个严格子博弈的纳什均衡，那么就称这个策略组合是一个子博弈完美均衡。子博弈完美均衡一定是完整博弈的纳什均衡。

性别之战的完美子博弈，如图 8－8 所示。

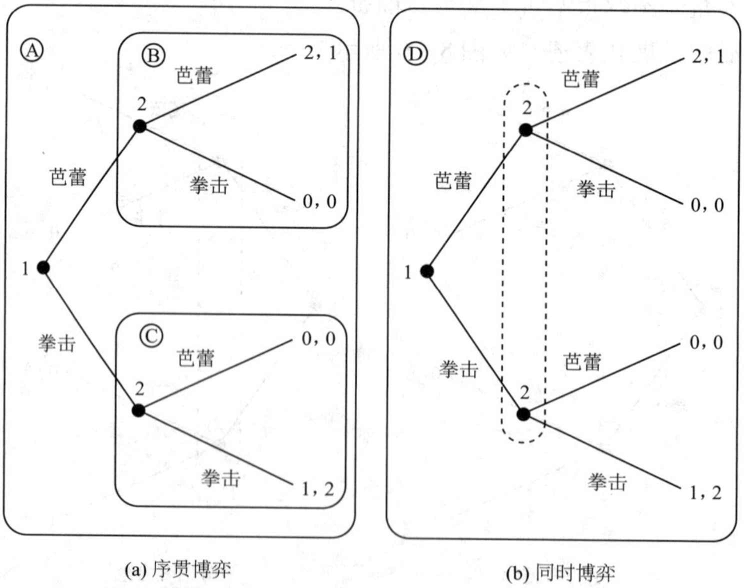

图 8－8　性别之战的完美子博弈

(5)逆向归纳法

逆向归纳法是指从博弈的最终结局出发，参与者总是选择对自己最有利的结果；一旦知道博弈的最终结果是什么，然后转向次结局的那个决策点，以同样的方法找出该点上的决策者会选择什么决策；然后回到次次结局的那个点，依此类推，直到博弈的初始点，在初始点上决策的那个参与者决定博弈的最终结果。

7. 重复博弈（见表8－3）

表8－3　重复博弈

类型	具体内容
有限重复博弈	是阶段博弈被重复有限次的博弈，用 $G(T)$ 表示，其中 T 表示阶段博弈被重复的次数。一般假设在 t 阶段之前的 $t-1$ 个阶段的博弈结果都是可观察的。在有限重复博弈中，如果阶段博弈只有唯一的纳什均衡，则不能实现合作结果；若阶段博弈有至少两个纳什均衡，则可能实现合作结果，而且合作在博弈的早期阶段就能实现
无限重复博弈	指同一个博弈被无限次重复多次。在无限次重复博弈中，对于任何一个参与者的欺骗和违约行为，其他参与者总会有机会给予报复

8. 不完全信息

当博弈中只有一部分参与人了解博弈的信息，其他参与人不了解这些信息时，该博弈就存在不完全信息。在不完全信息博弈里，缺少信息的参与人会试图根据已有的信息进行推测，该过程比较复杂。在不完全信息博弈中会涉及贝叶斯法则的相关内容，所以该类博弈也称为贝叶斯博弈。

9. 同时贝叶斯博弈

贝叶斯－纳什均衡是指在一个包含两个参与人，其中参与人1有私人信息的同时博弈中，一个贝叶斯－纳什均衡是一个策略组合（$s_1^*(t)$，s_2^*），使得对于参与人1的每一个类型 $t\in T$，$s_1^*(t)$都是 s_2^* 的最优反应，即对所有的 $s'_1\in S_1$，有

$$U_1(s_1^*(t),\ s_2^*,\ t)\geqslant U_1(s'_1,\ s_2^*,\ t)$$

同时使得在给定参与人2对参与人1类型的信念 $Pr(t_k)$的情况下，s_2^* 是 $s_1^*(t)$的最优反应，即对所有的 $s'_2\in S_2$，有

$$\sum_{t_k\in T}Pr(t_k)U_2(s_2^*,s_1^*(t_k),t_k)\geqslant\sum_{t_k\in T}Pr(t_k)U_2(s'_2,s_1^*(t_k),t_k)$$

由于纳什均衡和贝叶斯－纳什均衡的区别仅在于对一个问题的诠释不同，因此在纳什均衡中得到的结论（包括存在性定理）对于贝叶斯－纳什均衡同样适用。贝叶斯纳什均衡是一种类型依赖型战略组合。在给定自己的类型和其他参与人类型的分布概率的条件下，这种战略组合使得每个参与人的期望效用达到了最大化。

10. 信号博弈

（1）劳动市场信号

①参与人设定

参与人1（求职者）：存在两种能力类型（私人信息）。

高能力（$t=H$）：受雇后可为企业创造收益 π（$\pi>w>0$）；

低能力（$t=L$）：受雇后无法创造收益。

参与人2（企业）：决定是否以固定工资 w 雇用工人，仅能观察到教育背景信号。

②教育成本假设

假定 c_H 为高能力工人接受教育的成本，c_L 为低能力工人接受教育的成本，且 $c_H<c_L$，

即高能力工人在学习时只需要付出较少的努力。并假设教育不会直接增加工人的生产力。即便如此，应聘者可能还会决定去接受教育，因为教育背景可以作为能力的信号向雇主传达信息。

③博弈时序

参与人 1 首先观察到自己的能力类型。参与人 2 在行动前只能观察到参与人 1 的行动（教育信号）。$\Pr(H)$ 和 $\Pr(L)$ 分别为在观察到参与人 1 的教育信号前，参与人 2 对参与人 1 高、低能力的信念。在观察到参与人 1 的行动后，参与人 2 会对信念进行修正。例如，高能力工人的概率视接受教育的概率 $\Pr(H|E)$ 和没有接受教育的概率 $\Pr(H|NE)$ 而定。

图 8－9 画出了博弈的扩展式。

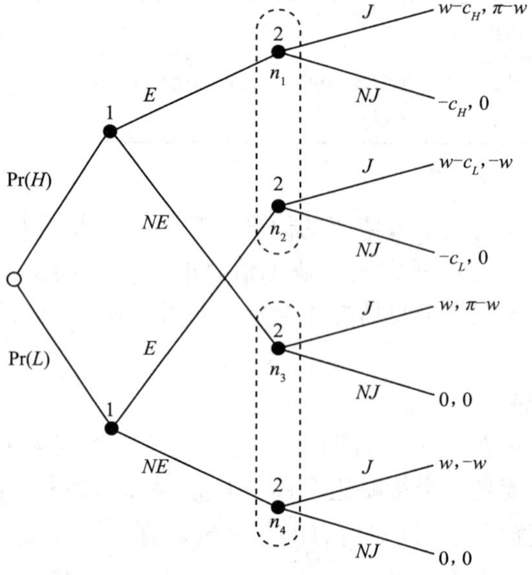

图 8－9　劳动市场信号

参与人 1（工人）观察到自己的能力类型，然后选择接受教育（E）或没有接受过教育（NE）。参与人 2（企业）在观察到参与人 1 的行动后，决定为其提供工作（J）或不提供工作（NJ）。参与人 2 信息集的结点记为 n_1，…，n_4 供参考。

参与人 2 的后验信念是用来计算参与人 2 对参与人 1 教育决策的最优反应。假设参与人 2 观察到参与人 1 选择了 E，那么参与人 2 通过选择 J 获得的期望收益为：

$$\Pr(H|E)(\pi-w)+\Pr(L|E)(-w)=\Pr(H|E)\pi-w$$

其中，上式的结果是由于参与人 1 只有 L 和 H 两个类型，即有 $\Pr(L|E)=1-\Pr(H|E)$。

参与人 2 通过选择 NJ 获得的收益为 0，参与人 2 通过比较选择 J 获得的期望收益与 0 的大小，确定对行动 E 的最优反应。当且仅当 $\Pr(H|E)>w/\pi$ 时，J 是参与人 2 的最优反应。

(2) 贝叶斯法则

贝叶斯法则给出了计算参与人 2 的后验信念 $\Pr(H|E)$ 的公式：

$$\Pr(H|E)=\frac{\Pr(E|H)\Pr(H)}{\Pr(E|H)\Pr(H)+\Pr(E|L)\Pr(L)}$$

类似的，$\Pr(H|NE)$ 由下式给出

$$\Pr(H|NE)=\frac{\Pr(NE|H)\Pr(H)}{\Pr(NE|H)\Pr(H)+\Pr(NE|L)\Pr(L)}$$

先验信念是由特定博弈中起始节点的不同分支上的概率给出的。而条件概率 $\Pr(E|H)$、$\Pr(NE|L)$ 等则是由参与人 1 的均衡策略给出。

如果参与人 1 选择混合策略 $\Pr(E|H)=p$ 和 $\Pr(E|L)=q$，由贝叶斯法则可得：

$$\Pr(H|E)=\frac{p\Pr(H)}{p\Pr(H)+q\Pr(L)}$$

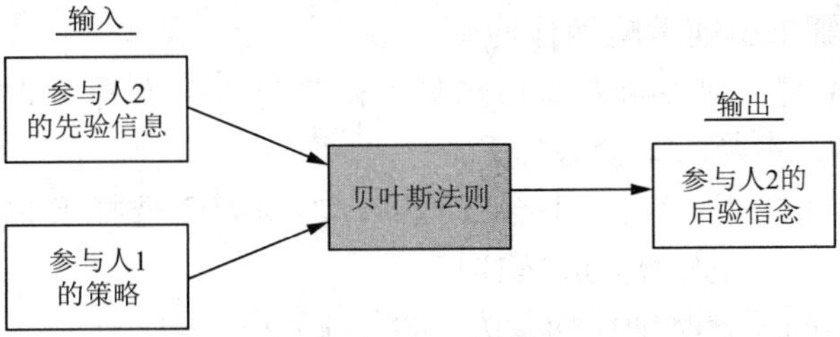

图 8-10　把贝叶斯法则当成黑箱

根据贝叶斯法则提供的公式，可以利用博弈中的信息计算出参与人 2 的后验信念。

(3) 完美贝叶斯均衡

完美贝叶斯均衡是指存在一个策略组合和一组信念使得博弈的每一个节点满足：①给定其他参与人的信念和策略，博弈剩余部分的策略是纳什均衡策略；②给定博弈到目前为止的历史，参与人在每一个信息集上的信念都是理性的（参与人将根据观察到的行动，运用贝叶斯法则来修正主观判断）。

需要注意的是，贝叶斯法则只能在“可能的情况下”使用，当出现完全出乎意料的事件时，贝叶斯法则就会失效。

11. 实验博弈（见表 8-4）

表 8-4　实验博弈

类别	具体内容
囚徒困境博弈实验	实验对象的行为是随机的。尽管实验行为与理论预期高度一致，但并不完全相同
最后通牒博弈实验	实验中出现了严重的实验行为与均衡结果的背离，一些博弈论学者开始重新思考理论，并且考虑了公平的重要性
独裁者博弈实验	在该博弈中，提案人提出的分配方式比最后通牒博弈中的更不公平，但还是会分配给回应人一些钱，这说明提案人在一定程度上考虑了分配的公平性

8.2　课后习题详解

1. 考虑下面的博弈：

参与人1 \ 参与人2	D	E	F
A	7, 6	5, 8	0, 0
B	5, 8	7, 6	1, 1
C	0, 0	1, 1	4, 4

a. 找到纯策略纳什均衡(如果存在)。

b. 在均衡中各个参与人只会在前两个行动之间随机选择，找到此时的混合策略纳什均衡。

c. 计算问题 a、b 得到的均衡中各个参与人的期望收益。

d. 写出这个博弈的扩展式。

解：a. 用画线步骤求解纯策略纳什均衡。

当参与人 1 选择 A 时，则参与人 2 会选择 E；参与人 1 选择 B 时，那么参与人 2 选择 D；参与人 1 选择 C 时，参与人 2 会选择 F。

当参与人 2 选择 D 时，则参与人 1 会选择 A；参与人 2 选择 E 时，那么参与人 1 选择 B；参与人 2 选择 F 时，参与人 1 会选择 C。

综合上述，此博弈的纯策略纳什均衡为：(C，F)。

b. 在均衡中各个参与人只会在前两个行动之间随机选择，此时的博弈矩阵如下：

参与人2

参与人1	D	E
A	7，6	5，8
B	5，8	7，6

设参与人 1 选择 A 的概率为 r，参与人 2 选择 D 的概率为 c，那么参与人 1 的期望收益为：

$$E_1 = 7rc + 5r(1-c) + 5(1-r)c + 7(1-r)(1-c) = 4rc - 2r - 2c + 7$$

①若 $c > \frac{1}{2}$，则随着 r 的增加参与人 1 的期望收益值增加；

②若 $c < \frac{1}{2}$，则随着 r 的增加参与人 1 的期望收益值减小；

③若 $c = \frac{1}{2}$，则参与人 1 的期望收益值的变化不受 r 的影响。

同理，参与人 2 的期望收益为：

$$E_2 = 6rc + 8r(1-c) + 8(1-r)c + 6(1-r)(1-c) = -4rc + 2r + 2c + 6$$

①若 $r > \frac{1}{2}$，则随着 c 的增加参与人 2 的期望收益值减小；

②若 $r < \frac{1}{2}$，则随着 c 的增加参与人 2 的期望收益值增加；

③若 $r = \frac{1}{2}$，则参与人 2 的期望收益值的变化不受 c 的影响。

综上所述，该博弈的混合策略纳什均衡为：参与人 1 选择 A、B 策略的概率各占 $\frac{1}{2}$；参与人 2 选择 D、E 策略的概率也各占 $\frac{1}{2}$。

c. 在问题 a 中，参与人的纯策略纳什均衡点为(C，F)，此时两人的期望收益均为 4。

在问题 b 中，参与人的混合策略均衡为参与人 1 分别以 $\frac{1}{2}$ 的概率选择 A、B 策略；参与

人 2 分别以$\frac{1}{2}$的概率选择 D、E 策略，此时，

$$参与人 1 的期望收益 = 4rc - 2r - 2c + 7 = 4 \times \frac{1}{2} \times \frac{1}{2} - 2 \times \frac{1}{2} - 2 \times \frac{1}{2} + 7 = 6$$

$$参与人 2 的期望收益 = -4rc + 2r + 2c + 6 = -4 \times \frac{1}{2} \times \frac{1}{2} + 2 \times \frac{1}{2} + 2 \times \frac{1}{2} + 6 = 7$$

d. 以参与人 1 先做出选择为例，该博弈的扩展式如图 8－11 所示。

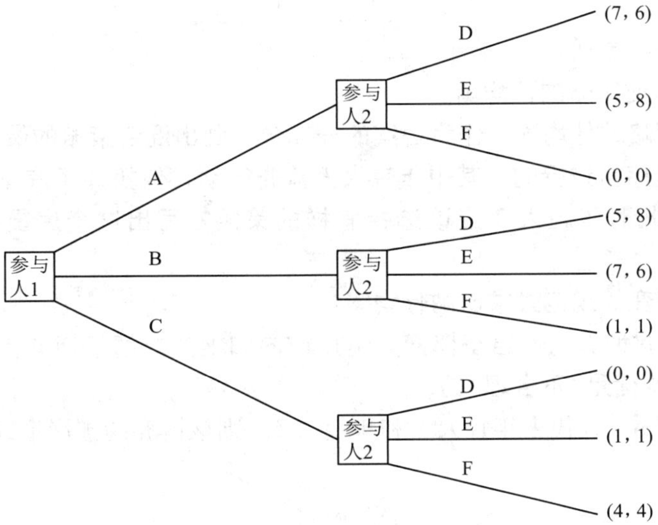

图 8－11　博弈的扩展式

2. 在图 8.3 的性别之战中，混合策略纳什均衡会与收益的数值相关。为了得到一个一般解，假设该博弈的收益矩阵是：

		参与人2（丈夫）芭蕾	参与人2（丈夫）拳击
参与人1（妻子）	芭蕾	K, 1	0, 0
参与人1（妻子）	拳击	0, 0	1, K

其中，$K \geqslant 1$。请说明混合策略纳什均衡与 K 取值的关系。

解：假设参与人妻子以概率 r 欣赏芭蕾舞，丈夫以概率 s 欣赏芭蕾舞，则妻子的期望效用为：

$$E(U_1) = 1 - s + r[(K+1)s - 1]$$

丈夫的期望效用为：

$$E(U_2) = K(1-r) + s[(K+1)r - K]$$

因而可得混合策略纳什均衡为：

$$s = 1/(K+1), \quad r = K/(K+1)$$

3. 胆小鬼博弈描述的是，在一条单行道上，两个血气方刚的年轻人面对面驾车加速冲向对方。第一个转向的人会被打上胆小鬼的烙印，而没有转向的人则会受到其他年轻人的“尊重”。当然，如果双方都不转向，两个人都会因撞车而死亡。胆小鬼博弈的收益矩阵如

下图所示：

年轻人1 \ 年轻人2	转向	不转向
转向	2，2	1，3
不转向	3，1	0，0

a. 写出博弈的扩展式。

b. 找出博弈的纯策略纳什均衡。

c. 计算混合策略纳什均衡，作为答案的一部分，画出混合策略的最优反应函数图形。

d. 假定博弈是序贯进行的，其中年轻人 1 首先行动，他扔掉了汽车的方向盘以此表明他不会选择转向。此时年轻人 2 应该选择怎样的策略？写出这个序贯博弈的规范式和扩展式。

e. 利用序贯博弈的规范式求出纳什均衡。

f. 求出这个序贯博弈的恰当子博弈。运用逆向归纳法求解子博弈完美均衡，并且解释为什么另一个纳什均衡是"不合理"的。

解：a. 分别用 A、B 代表年轻人 1 和年轻人 2。则该博弈的扩展形式如图 8－12 所示。

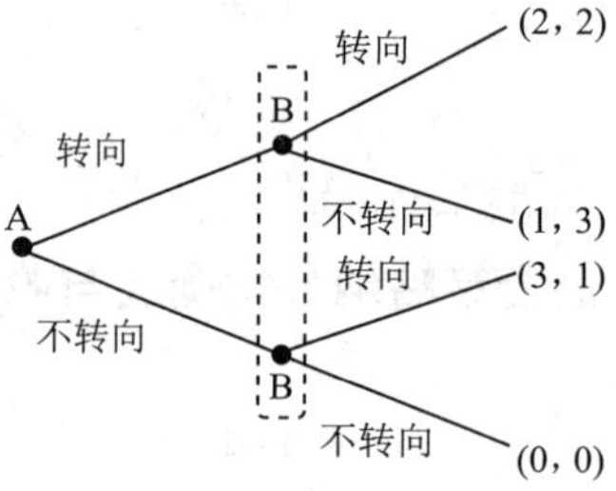

图 8－12　博弈的扩展形式

b. 用画线步骤可以找出该博弈存在两个纳什均衡：（转向，不转向）、（不转向，转向）。

c. 设年轻人 1 选择转向的概率为 r，年轻人 2 选择转向的概率为 c，那么年轻人 1 的期望收益为：

$$E_1 = 2rc + r(1-c) + 3(1-r)c = -2rc + r + 3c$$

①若 $c > \frac{1}{2}$，则随着 r 的增加年轻人 1 的期望收益值减小；

②若 $c < \frac{1}{2}$，则随着 r 的增加年轻人 1 的期望收益值增加；

③若 $c = \frac{1}{2}$，则年轻人 1 的期望收益值的变化不受 r 的影响。

同理，参与人 2 的期望收益为：

$$E_2 = 2rc + 3r(1-c) + (1-r)c = -2rc + 3r + c$$

①若 $r > \frac{1}{2}$，则随着 c 的增加年轻人 2 的期望收益值减小；

②若 $r < \frac{1}{2}$，则随着 c 的增加年轻人 2 的期望收益值增加；

③若 $r=\frac{1}{2}$，则年轻人 2 的期望收益值的变化不受 c 的影响。

综上所述，该博弈的混合策略纳什均衡为：年轻人 1 选择转向、不转向策略的概率各占 $\frac{1}{2}$；参与人 2 选择转向、不转向策略的概率也各占 $\frac{1}{2}$。混合策略的最优反应曲线如图 8－13 所示。

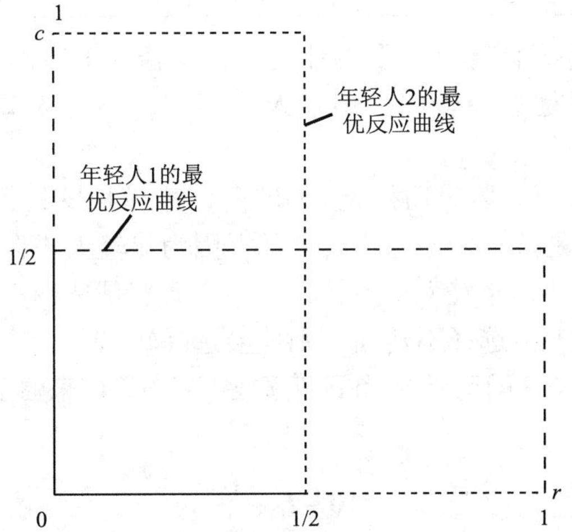

图 8－13　最优反应曲线

d. 如果该博弈是序贯进行的，其中年轻人 1 首先行动，他扔掉了汽车的方向盘以此来承诺他不会选择转向。年轻人 2 的权变策略有以下几种：总是选择转向，总是选择不转向，和年轻人 1 的选择相同，和年轻人 1 的选择相反。此时这个序贯博弈的规范式和扩展式分别如表 8－5、图 8－14 所示。

表 8－5　年轻人 1 承诺不转向时的博弈的规范式

		年轻人 2			
		（转向｜转向，转向｜不转）	（转向｜转向，不转｜不转）	（不转｜转向，转向｜不转）	（不转｜转向，不转｜不转）
年轻人 1	不转	3，1	0，0	3，1	0，0

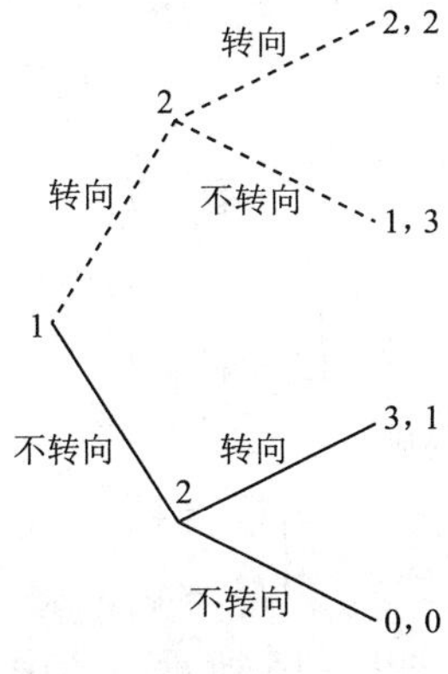

图 8－14　年轻人 1 承诺不转向时的博弈的扩展式

e. 此时该序贯博弈的规范式如表 8－6 所示。

表 8－6　序贯博弈的规范式

		年轻人 2			
		（转向 | 转向，转向 | 不转）	（转向 | 转向，不转 | 不转）	（不转 | 转向，转向 | 不转）	（不转 | 转向，不转 | 不转）
年轻人 1	转向	2，2	2，2	1，3	1，3
	不转	3，1	0，0	3，1	0，0

由表 8－6 可求出该序贯博弈有三个纳什均衡：年轻人 1 转向，年轻人 2 永远不转；年轻人 1 不转，年轻人 2 总是选择转向；年轻人 1 不转，年轻人 2 选择与年轻人 1 相反的做法。

f. 这个序贯博弈的恰当子博弈均衡是（不转向，选择相反的策略）。问题 e 中年轻人 1 选择不转向，年轻人 2 总是选择转向是不合理的，因为年轻人 2 在察觉到年轻人 1 有可能转向时他会选择不转向。同理，年轻人 1 不转，年轻人 2 总是选择不转向也是不合理的，因为如果年轻人 2 确信年轻人 1 会选择不转向，则他会选择转向。

4. 两个邻居，$i=1, 2$，同时选择自己花费多少时间 l_i 来修剪草坪。每小时的平均收益为：

$$10-l_i+\frac{l_j}{2}$$

同时，机会成本每小时为 4。房主 i 的平均收益随邻居 j 除草时间的增加而增加，这是由于邻居环境的美化能够增加房产的价值。

a. 计算纳什均衡。

b. 画出最优反应函数，并且在图中标出纳什均衡。

c. 用图形说明，如果邻居的平均收益函数的截距由 10 变为一个比 10 小的数值，纳什均衡会如何变化。

解： a. 对于房主来说其利润函数为：

$$\pi_i(l_i)=\left(10-l_i+\frac{l_j}{2}\right)\cdot l_i-4l_i$$

利润最大化的一阶条件：

$$\pi_i'(l_i)=10-2l_i+\frac{l_j}{2}-4=6-2l_i+\frac{l_j}{2}=0$$

解得房主的反应函数：

$$12=4l_i-l_j \qquad ①$$

同理可解得邻居的反应函数：

$$12=4l_j-l_i \qquad ②$$

联立①②两式可以求出纳什均衡解：

$$\begin{cases}l_i^*=4\\ l_j^*=4\end{cases}$$

b. 房主和邻居最优反应函数如图 8－15 所示，图中 E 点表示纳什均衡解。

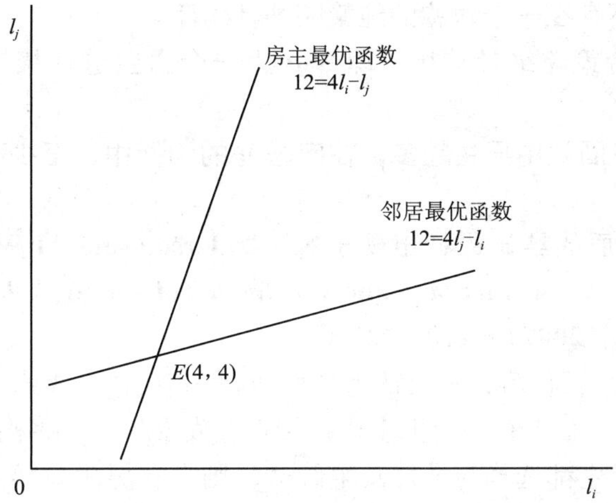

图 8－15　房主和邻居最优反应函数

c. 如果邻居的平均收益函数的截距由 10 变为一个比 10 小的数值 $a(0<a<10)$，类似于问题 a 中的方法，可解得此时房主和邻居的最优反应函数分别为：

$$\begin{cases}2(a-4)=4l_i-l_j\\2(a-4)=4l_j-l_i\end{cases}$$

与原先的最优反应函数相比较，房主的最优反应曲线向左移动并且邻居的最优反应曲线向下平移，此时纳什均衡所花费的时间变少，E'表示新的纳什均衡点，如图 8－16 所示。

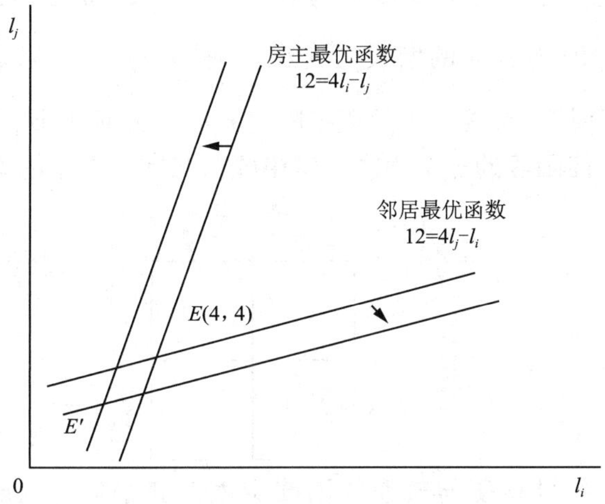

图 8－16　平均收益函数的截距变小时的纳什均衡

5. 奥斯卡获奖电影《美丽心灵》用戏剧的手法讲述了约翰·纳什的一生，其中有一个镜头阐述了纳什在学术上的贡献：他和他的男研究生在酒吧闲聊的过程中想到了纳什均衡的概念。他们注意到酒吧中有几个女生，其中一个女生是金发，其他的都是深褐色头发，他们都认为金发的女生要比深褐色头发的女生更有魅力。纳什把这一场景视为几个男生之间的博弈。假设 n 个男生同时接近这些女生。如果男生 i 单独接近金发女生，那么他就能成功地和金发女生约会，得到 a 的收益。如果接近金发女生的男生人数多于 1，那么由于竞争，这些男生都得不到金发女生的青睐，他们只能得到 0 的收益。然而，如果男生 i 接近深褐色头发的女生，那么他一定能够与深褐色头发女生约会，获得 $b>0$ 的收益，因为深褐色头发的女生数量比男生的数量多。同时因为金发女生更迷人，所以 $a>b$。

a. 证明这个博弈不存在一个对称的纯策略纳什均衡。

b. 求解对称的混合策略纳什均衡，即令 p 为一个男生选择接近金发女生的概率，求解 p^*。

c. 证明下面结论：酒吧中男生越多，在问题 b 的均衡中，至少有一个男生成功与金发女生约会的概率越低。

注：这个与直觉矛盾的结论最初出现于 S. Anderson and M. Engers，"Participation Games：Market Entry，Coordination，and the Beautiful Blond，"*Journal of Economic Behavior & Organization* 63(2007)：120－137。

说明：在查阅英文版教材后，本书认为教材问题 c 中的"至少有一个男生成功与金发女生约会"翻译有误，应为"至少有一个男生选择接近金发女生"，并据此进行解答。

解：a. 如果所有男生都选择与金发女生约会，则会有男生背离这个选择而与深褐色头发女生约会，因为当接近金发女生的男生人数多于1时，他们的收益均为0，而与深褐色头发女生约会能获得正的收益。如果所有男生都选择与深褐色头发女生约会，也会有男生背离这个选择而与金发女生约会，因为与金发女生约会获得的收益大于与深褐色头发女生约会获得的收益。所以这个博弈不存在一个对称的纯策略纳什均衡。

b. 与深褐色头发女生约会获得确定的收益为 b，与金发女生约会获得的收益等于 $a(1-p)^{n-1}$，对称的混合策略纳什均衡是使得两者的收益相等，即 $b=a(1-p)^{n-1}$，从而可解得 $p^*=1-(b/a)^{1/(n-1)}$。

c. 至少有一个男生选择接近金发女生的概率 $=1-(1-p^*)^n=1-(b/a)^{n/(n-1)}$，因为 $a>b$，则 $\frac{b}{a}<1$，$n/(n-1)$ 随着 n 的增大而变小，则 $(b/a)^{n/(n-1)}$ 随着 n 的变大而变大，因此，至少有一个男生选择接近金发女生的概率随着 n 的增大而变小。

6. 下面的博弈是囚徒困境的一个版本，其中收益与图 8.1 中的博弈有些许不同。

嫌疑人1 \ 嫌疑人2	告发	沉默
告发	0，0	3，-1
沉默	-1，3	1，1

a. 说明这个博弈的纳什均衡与普通的囚徒困境博弈相似，同时两个参与人都有占优策略。

b. 假设这个阶段博弈重复无限次。计算贴现因子在什么范围内，两个嫌疑人能够在各个阶段都采取合作策略(保持沉默)。描述其中使用的触发策略。

解：a. 先找该博弈的纳什均衡。

对于嫌疑人 1 来说，如果他选择"告发"，嫌疑人 2 会选择"告发"，因为 $0>-1$；如果他选择"沉默"，嫌疑人 2 会选择"告发"，因为 $3>1$。不难看出，"告发"对于嫌疑人 2 来说是占优策略选择。

对于嫌疑人 2 来说，如果他选择"告发"，嫌疑人 1 会选择"告发"，因为 $0>-1$；如果他选择"沉默"，嫌疑人 1 会选择"告发"，因为 $3>1$。即可知"告发"对于嫌疑人 1 来说也是占优策略选择。

综上所述，双方的纳什均衡是(告发，告发)，不论对于嫌疑人 1 还是嫌疑人 2 来说，“告发”都是占优的。这也与普通的囚徒困境博弈相似，符合常理。

b. 博弈重复无限次时，纳什均衡为(沉默，沉默)。假设从某一局(记为 $t=1$)博弈开始，嫌疑人 1 选择告发，而嫌疑人 2 选择沉默，那么从下一局博弈开始，嫌疑人 2 为报复嫌疑人 1 的告发行为，选择一直告发，此时，博弈的纳什均衡为(告发，告发)。

嫌疑人 1 选择告发时，其收益为：

$$U_1=u_0+\sum_{t=1}^{\infty}u_t\delta^t=1+3\delta+0+0+\cdots=1+3\delta$$

嫌疑人 1 选择不告发时，其收益为：

$$U_1'=u_0+\sum_{t=1}^{\infty}u_t\delta^t=\sum_{t=0}^{\infty}1\times\delta^t=\frac{1}{1-\delta}$$

当 $U_1'>U_1$ 时，两个嫌疑人能够在各个阶段都采取合作策略，此时

$$\frac{1}{1-\delta}>1+3\delta$$

解得：$\delta>\frac{2}{3}$。

因此，当贴现因子大于 2/3 时，两个嫌疑人都采取合作策略，当贴现因子小于 2/3 时，将触发背叛合作的行为。

7. 回到本章课后习题第 4 题中两个邻居之间的博弈。参与人 i 修剪草坪的每小时平均收益还是：

$$\mathbf{10-l_i+\frac{l_j}{2}}$$

参与人 2 的机会成本保持不变为 4；而参与人 1 的机会成本则会有相同的概率变为 3 或 5，参与人 1 的成本是他的私人信息。

a. 求解贝叶斯－纳什均衡。

b. 用最优反应函数图形表示贝叶斯－纳什均衡。

c. 哪种类型的参与人 1 倾向于向参与人 2 传递真实的信号？哪种类型的参与人 1 倾向于隐藏自己的私人信息？

解： a. 当参与人 1 的机会成本为 3 时，对于参与人 1 来说其利润函数为：

$$\pi_1(l_1)=\left(10-l_1+\frac{l_2}{2}\right)\cdot l_1-3l_1$$

利润最大化的一阶条件：

$$\pi_1'(l_1)=10-2l_1+\frac{l_2}{2}-3=7-2l_1+\frac{l_2}{2}=0$$

解得参与人 1 的反应函数：

$$l_{L1}=3.5+\frac{l_2}{4} \quad ①$$

同样的分析可得，当参与人 1 的机会成本为 5 时，参与人 1 的反应函数为：

$$l_{H1}=2.5+\frac{l_2}{4} \quad ②$$

参与人 2 的利润函数为：

$$\pi_2(l_2)=\left(10-l_2+\frac{E(l_1)}{2}\right)\cdot l_2-4l_2$$

解得参与人 2 的反应函数为：

$$l_2=3+\frac{E(l_1)}{4} \quad ③$$

其中：

$$E(l_1)=\frac{1}{2}l_{L1}+\frac{1}{2}l_{H1} \quad ④$$

联立①②③④可以求出纳什均衡解：

$$\begin{cases} l_{L1}^*=4.5 \\ l_{H1}^*=3.5 \\ l_2^*=4 \end{cases}$$

b. 如图 8－17 所示，$BR_{HC}(l_2)$表示参与人 1 机会成本为 5 时的最优反应函数，$BR_{LC}(l_2)$表示参与人 1 机会成本为 3 时的最优反应函数，$BR_2(l_1)$表示参与人 2 的最优反应函数，HC 点表示参与人 1 机会成本为 5 时最优纳什均衡点，LC 点表示参与人 1 机会成本为 3 时最优纳什均衡点。

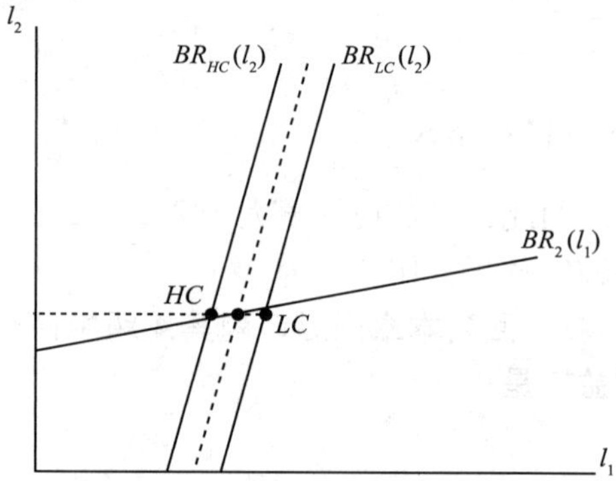

图 8－17　贝叶斯纳什均衡

c. 在完全信息条件下，参与人 2 的反应函数为 $l_2=3+\frac{l_1}{4}$。

当参与人 1 的机会成本为 3 时，参与人 1 的反应函数为 $l_1=3.5+\frac{l_2}{4}$，将其与参与人 2 的反应函数联立，解得$(l_1, l_2)=\left(\frac{68}{15}, \frac{62}{15}\right)$，由 $\pi_1(l_1)=\left(10-l_1+\frac{l_2}{2}\right)\cdot l_1-3l_1$，解得 $\pi_1\approx 20.55$。而在贝叶斯－纳什均衡下，$(l_1, l_2)=(4.5, 4)$，$\pi_1=20.25$。因为 $20.55>20.25$，此时，参与人 1 倾向于向参与人 2 传递真实的信号。

当参与人 1 的机会成本为 5 时，参与人 1 的反应函数为 $l_1=2.5+\frac{l_2}{4}$，将其与参与人 2 的反应函数联立，解得$(l_1, l_2)=\left(\frac{52}{15}, \frac{58}{15}\right)$，由 $\pi_1(l_1)=\left(10-l_1+\frac{l_2}{2}\right)\cdot l_1-5l_1$，解得 $\pi_1\approx 12.02$。贝叶斯－纳什均衡下，$(l_1, l_2)=(3.5, 4)$，$\pi_1=12.25$。由于 $12.02<12.25$，此时参与人 1 倾向于隐藏自己的私人信息。

8. 在德克萨斯扑克中，参与人 2 首先从标准牌堆中抽出一张纸牌，并且将纸牌背对自己，让参与人 1 看到纸牌的大小，而自己不看。参与人 1 首先行动，决定是保留还是盖牌。如果参与人 1 选择盖牌，那么他必须向参与人 2 支付 50 美元；如果参与人 1 选择保留，则参与人 2 开始行动。参与人 2 可以选择盖牌和开牌。如果参与人 2 盖牌，那么她必须向参与人 1 支付 50 美元；而如果参与人 2 选择开牌，则双方查看纸牌的大小。如果是小牌(2—8)，参与人 2 就输 100 美元给参与人 1。而如果是大牌(9，10，J，Q，K，A)，参与人 1 就输

100 美元给参与人 2。

a. 写出博弈的扩展式。

b. 求解杂合均衡。

c. 计算各参与人的期望收益。

解：a. 图 8－18 给出了参与人 1 和参与人 2 博弈的扩展式，参与人 1 首先能看到牌的大小，参与人 2 在行动前只能观察到参与人 1 的行动。Pr(*H*) 和 Pr(*L*) 分别表示在观察到参与人 1 行动前，参与人 2 对牌大小的信念。

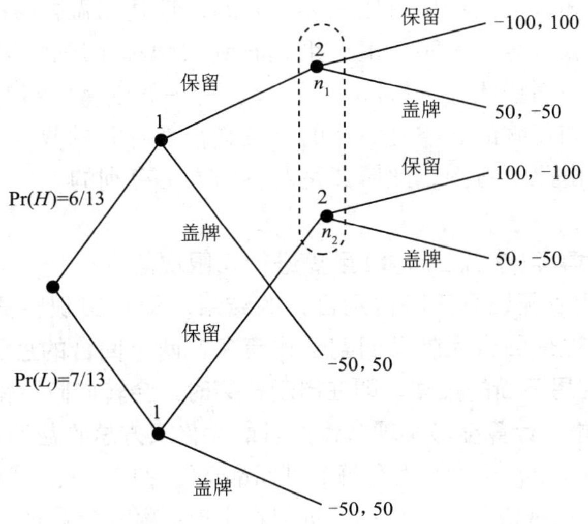

图 8－18　博弈的扩展式

b. 在一个混合均衡中，至少有一个参与者的选择策略是混合策略。如果参与人 1 看到的是小牌，他的占优策略一定是选择保留，此时为纯均衡策略。当他看到的是大牌时，他的选择策略一定是随机的，这是因为如果参与人 1 的选择是要么保留要么盖牌的纯策略，那么参与人 2 的最优反应同样也是一个纯策略，此时的均衡不可能是混合均衡。

设参与人 1 看到大牌后选择保留的概率是 α，则看到大牌后选择盖牌的概率是 $1-\alpha$；设参与人 2 在大牌时选择保留的概率是 β，则在大牌时选择盖牌的概率是 $1-\beta$。

参与人 1 在看到大牌时要采取严格混合策略，则 β 应保证参与人 1 在保留和盖牌之间的选择是无差异的，即参与人 1 在看到大牌后选择保留的收益与参与人 1 在看到大牌后选择盖牌的收益相等，因此有 $\beta\times(-100)+(1-\beta)\times 50=-50$，解得 $\beta^{*}=2/3$。

要保证参与人 2 的策略选择是随机的，则有其在保留和盖牌之间的选择是无差异的，参与人 2 的保留收益 $=\Pr(H\mid 保留)\times 100+[1-\Pr(H\mid 保留)]\times(-100)$，其中 $\Pr(H\mid 保留)$ 是一种后验概率，即已知参与人 1 保留时，参与人 1 抽中的是大牌的概率。参与人 2 的盖牌收益 $=-50$，根据 $\Pr(H\mid 保留)\times 100+[1-\Pr(H\mid 保留)]\times(-100)=-50$，解得 $\Pr(H\mid 保留)=1/4$。根据后验概率 $\Pr(H\mid 保留)$ 满足贝叶斯法则，有

$$\begin{aligned}\Pr(H\mid 保留)&=\frac{\Pr(保留\mid H)\Pr(H)}{\Pr(保留\mid H)\Pr(H)+\Pr(保留\mid L)\Pr(L)}\\&=\frac{\alpha\times(6/13)}{\alpha\times(6/13)+1\times(7/13)}\\&=\frac{6\alpha}{6\alpha+7}\end{aligned}$$

联立方程 $\Pr(H \mid \text{保留}) = 1/4 = \frac{6\alpha}{6\alpha+7}$，解得 $\alpha^* = 7/18$。

综上所述，在混合均衡中，参与人 1 看到小牌总是会选择保留，看到大牌后选择保留的概率是 7/18，选择盖牌的概率是 11/18。参与人 2 在保留和盖牌之间的选择是随机的，其概率分别是 2/3 和 1/3。参与人 2 的后验信念是如果参与人 1 选择盖牌，则牌面是大牌，若参与人 1 选择保留，则有 1/4 的概率是大牌，3/4 的概率是小牌。

c. 参与人 1 看到小牌的期望收益 $= 100 \times (2/3) + 50 \times (1/3) \approx 83.3$，均衡状态下参与人 1 在看到大牌后保留和盖牌的期望效用是无差异的，且其在盖牌时的收益为 -50，因此参与人 1 看到大牌的期望收益等于 -50。由于给定看到大牌和小牌的先验概率分别为 6/13 和 7/13，因此，参与人 1 的期望收益 $= 83.3 \times (7/13) + (-50) \times (6/13) \approx 21.8$。同理，在均衡时参与人 2 选择保留和盖牌的收益是一样的，且其在盖牌时的收益为 -50，所以参与人 2 的期望收益等于 -50。由此可看到，此博弈是对参与人 1 有利的。

9. 另一种冷酷策略

假设囚徒困境阶段博弈(参见图 8.1)重复进行无限次。

a. 参与人能否利用以牙还牙策略得到合作的结果，即在出现背离时只转向阶段博弈纳什均衡的一个回合，在这个回合后就又回到合作策略？两个回合的惩罚够不够？

b. 假设参与人会使用下面的策略，即在出现背离时，会转向阶段博弈纳什均衡的 10 个回合，然后才回到合作策略。计算能够实现合作并且最大化双方总收益的临界贴现因子的取值。

解： a. 沿着均衡路径，每个参与人在每个时期都选择保持沉默，则每个人各个时期可以获得 2 的收益，其总收益的贴现值为 $2/(1-\delta)$，如果在出现背离时会采取以牙还牙的策略，则在一个回合后回到合作策略的贴现值为 $3 + \delta \cdot 1 + \delta^2 \cdot \left(\frac{2}{1-\delta}\right)$。因为在背离的第一阶段，收益为 3，第二阶段是不合作的惩罚，收益为 1，第三阶段回到合作的策略上，收益为 2，后各期收益均为 2。要使参与者在一个回合后回到合作，则 $3 + \delta \cdot 1 + \delta^2 \cdot \left(\frac{2}{1-\delta}\right) \leqslant 2/(1-\delta)$，解得 $\delta \geqslant 1$。

如果采取两个回合的惩罚，则在两个回合后回到合作策略的贴现值为 $3 + \delta \cdot 1 + \delta^2 \cdot 1 + \delta^3\left(\frac{2}{1-\delta}\right)$，要使参与者在两个回合后回到合作，则要 $3 + \delta \cdot 1 + \delta^2 \cdot 1 + \delta^3\left(\frac{2}{1-\delta}\right) \leqslant 2/(1-\delta)$，解得 $\delta \geqslant 0.62$。

b. 如果采取 10 个回合的惩罚，则在 10 个回合后回到合作策略的贴现值为 $3 + \delta(1-\delta^{10})/(1-\delta) + 2\delta^{11}/(1-\delta)$，要使参与者在两个回合后回到合作，则要 $3 + \delta(1-\delta^{10})/(1-\delta) + 2\delta^{11}/(1-\delta) \leqslant 2/(1-\delta)$，可解得 $\delta \geqslant 0.50025$，这个结果接近于在无限重复博弈中得到的贴现因子 $\delta \geqslant 1/2$。

10. 完美贝叶斯均衡的精炼

回忆例 8.9 中的劳动力市场信号博弈。

a. 找到符合下面条件的混同均衡：在均衡中，两种类型的参与人都选择不接受教育(*NE*)，同时企业只雇用没有接受教育的工人。并具体指出信念和策略。

b. 找到符合下面条件的混同均衡：在均衡中，两种类型的参与人都选择不接受教育(*NE*)，同时企业不会雇用没有接受过教育的工人。在这个混同均衡中，指出企业对低能力的参与人条件与接受教育的最小后验信念。为什么更自然的想法是低能力的工人几乎不会背离到 *E*，因此接受教育的工人一定是高能力的？Cho 和 Kreps 的概念——直观标准(intuitive

criterion)是一个更复杂的对完美贝叶斯均衡的精炼，能够用来排除基于不合理后验信念得出的均衡。参见 I. K. Cho and D. M. Kreps，"Signalling Games and Stable Equilibria," *Quarterly Journal of Economics* 102(1987)：179－221。

解：a. 因为企业只雇用没有接受教育的工人(对于工人来说，所有类型的工人都有获得最高收益的可能，因为他们被录用并且没有花费教育成本)，则企业提供工作的期望收益为

$$\Pr(H|NE)(\pi - w) + [1 - \Pr(H|NE)](-w)$$

当 $\Pr(H|NE)(\pi - w) + [1 - \Pr(H|NE)](-w) > 0$，可得 $\Pr(H|NE) \geqslant w/\pi$。根据贝叶斯法则，在这个混同均衡中，后验信念与先验一样，即 $\Pr(H|NE) = \Pr(H)$。所以混同均衡的条件是 $\Pr(H|NE) \geqslant w/\pi$，即当 $\Pr(H|NE) \geqslant w/\pi$，企业会通过观察选择受过教育的工人，而当 $\Pr(H|E) \leqslant w/\pi$，企业不会给受过教育的工人提供工作。

b. 因为企业不会雇用没有接受过教育的工人，由此可得 $\Pr(H) \leqslant w/\pi$，高能力的工人不会偏离到 E，除非公司选择不雇用受过教育的工人，当超出均衡的后验信念得到满足，即 $\Pr(H|E) \leqslant w/\pi$ 或 $\Pr(L|E) \geqslant 1 - w/\pi$，企业才会偏向于选择不雇用受过教育的工人。假设 $c_H < w < c_L$，则认为低能力工人永远偏离到 E，是不合理的。不论公司选择什么策略，若低能力工人接受教育，则其收益是负的；不接受教育，其收益是非负的。相反，高能力工人则有激励背离到 E，因为当他接受教育并且得到雇用，其收益是正的。直观标准限制了不平衡的后验信念 $\Pr(L|E) = 0$。因为 $\Pr(L|E) = 0$ 与所需条件 $\Pr(L|E) \geqslant 1 - w/\pi$ 是不一致的，因此直观标准排除了不合理的后验信念得出的均衡。

11. 最后通牒博弈中的公平

考察之前讨论过的最后通牒博弈。首先行动的参与人(提案人)提出一个分配 1 美元的方案。令 r 为另一个参与人得到的份额(即先行动的参与人自己保留 $1-r$)，其中 $0 \leqslant r \leqslant 1/2$。然后另一个参与人(回应人)行动，选择接受或者拒绝这个提案。如果回应人接受提案，两个参与人会按照提案获得相应的收益；如果回应人拒绝提案，两个参与人就什么都得不到。如果回应人接受或者拒绝一个提案的收益是无差异的，他就会选择接受。

a. 假设参与人只在意金钱收益。请证明在前文中提到的结果是最后通牒博弈的唯一子博弈完美均衡。

b. 比较最后通牒博弈和独裁者博弈的结果(在之前内容中也提到过)，即提案人在决策时并不会考虑回应人的行动(实际上这个博弈并不是策略博弈)。

c. 现在假定参与人会同时考虑公平和金钱。引用 Fehr 和 Schmidt 的文献，假定参与人的效用函数为：

$$U_1(x_1, x_2) = x_1 - a|x_1 - x_2|$$

式中，x_1 为参与人 1 的收益，x_2 为参与人 2 的收益(对于参与人 2，对称的效用函数同样成立)。函数中的第一项反映了参与人对金钱的渴望，第二项反映了对公平的考虑，即两个参与人的收益不能相差太多。参数 a 衡量了参与人对公平的偏好。假设 $a < 1/2$。

(1)求解在最后通牒博弈中回应人的均衡策略。

(2)在考虑到回应人的行动后，求解提案人的均衡策略 r^*。提示：r^* 会是一个角点解，并且与 a 的取值有关。

(3)在公平偏好下，比较最后通牒博弈和独裁者博弈结果的区别，并且找到与前文中实验结果匹配的结果，特别是最后通牒博弈比独裁者博弈分配方式更公平的结果。最后通牒博弈是否存在最公平的分配方式？

解：a. 参与人 1 的收益 π_1 为 $1-r$ 或 0，参与人 2 的收益 π_2 为 r 或 0。由逆向归纳法和题给条件，若参与人 2 拒绝或接受一个提案无差异时，他会选择接受，且有 $r\geqslant 0$，则可知无论如何参与人 2 都会接受分配方案。在给定参与人 2 接受分配方案的条件下，对除了$(\pi_1, \pi_2)=(1, 0)$之外的任何一个方案，参与人 1 的收益都会变少，因此其他方案不是参与人 1 的占优方案，所以$(\pi_1, \pi_2)=(1, 0)$是唯一的子博弈完美均衡。

b. 在独裁者博弈中，博弈的均衡提案为 $r=0$，此时与最后通牒博弈的结果一致。

c. (1)对于回应人而言，其效用函数与收益关系为：

$U_2(r)=r-a|1-2r|$，$0\leqslant r\leqslant \frac{1}{2}$，即 $U_2(r)=(2a+1)r-a$，$0\leqslant r\leqslant \frac{1}{2}$，则回应人的收益函数如图 8－19 所示。

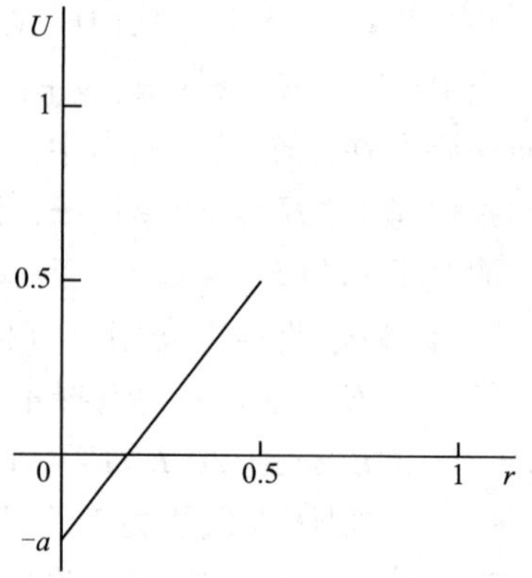

图 8－19　回应人面临的 r 与 U 关系

若回应人拒绝提案，则 $U_2=0-a\cdot 0=0$，因此，当 $U(r)\geqslant 0$ 时，回应人接受提案，解得：$r\geqslant \frac{a}{2a+1}$，因此，回应人的均衡策略是：

$$\begin{cases} 0\leqslant r<\frac{a}{2a+1}，拒绝提案 \\ \frac{a}{2a+1}\leqslant r\leqslant \frac{1}{2}，接受提案 \end{cases}$$

(2)提案人效用函数为 $U_1(r)=1-r-a|1-2r|$，$0\leqslant r\leqslant \frac{1}{2}$，即

$$U_1(r)=(2a-1)r-a+1，0\leqslant r\leqslant \frac{1}{2}$$

提案人的收益函数如图 8－20 所示。

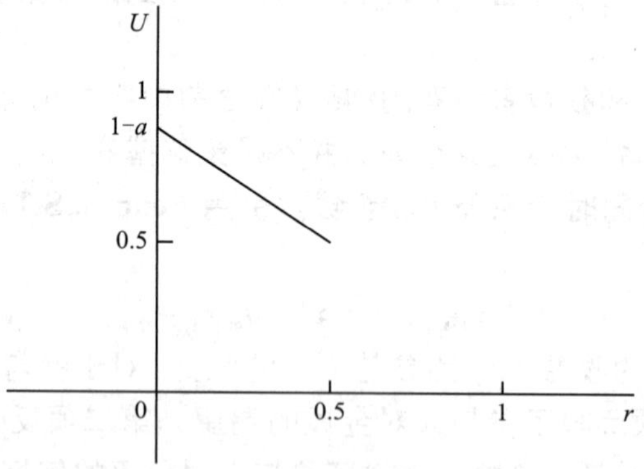

图 8－20　提案人面临的 r 与 U 关系

由图可知，尽管提案人会考虑公平，但是由于 $a<1/2$，其效用仍随 r 增加而递减。当考虑回应人的策略后，为了使回应人不拒绝提案，提案人需要将 r 维持在 $r\geqslant \frac{a}{2a+1}$ 上，又为了使自身的效用最大化，提案人不会让 r 超过 $\frac{a}{2a+1}$，因此 $r^*=\frac{a}{2a+1}$。

(3)在独裁者博弈中，提案人不再需要考虑回应人的意见，完全极大化自身效用，在

$a<1/2$ 时，其效用最大化点必为 $r=0$ 时的点，因此这时 $r^*=0$，所有收益完全归提案人所有。

由教材中实验的结果可知，在最后通牒博弈时，若实验者有公平精神，提案人出于公平和害怕被拒绝的角度会将收益与回应人分享，其分享多少视 a 的大小而定。但是在独裁者博弈中，由于不用担心会被回应人拒绝，这时分配结果完全由提案人的效用函数决定。如果提案人缺乏公平精神，即 a 值很低，会独占全部收益。若提案人的 a 值超过 1/2，则会将收益与回应人平分。对应教材实验，相较于最后通牒实验，在独裁者博弈实验中，有更多的人选择独占所有收益，这和本题的结论是一致的。

12. 坏孩子定理

在《论家庭》(*A Treatise on the Family*, Cambridge, MA: Harvard University Press, 1981)中，诺贝尔奖得主加里·贝克尔提出了著名的坏孩子定理。坏孩子定理是由一个序贯博弈得出的，博弈在一个潜在的坏孩子(参与人1)和孩子的家长(参与人2)中进行。孩子首先行动，选择能够影响他自己收入 $Y_1(r)$ 和父母收入 $Y_2(r)$ 的行动 r，其中 $Y_1'(r)>0$，$Y_2'(r)<0$。然后，父母行动，决定留给孩子的遗产为 L。孩子在乎自己的效用 $U_1(Y_1+L)$，不过父母则是要最大化 $U_2(Y_2-L)+\alpha U_1$，其中 $\alpha>0$ 反映父母的利他程度。请证明，在子博弈完美均衡中，孩子会选择合适的 r，使得 Y_1+Y_2 取得最大值，即使他没有利他倾向。提示：运用逆向归纳法，首先求解父母的最优化问题，由一阶条件可以得到均衡的 L^*；尽管不能得出 L^* 的精确值，但是 L^* 关于 r 的微分函数可以运用隐函数法则得出(在孩子的第一阶段最优化问题中求解)。

解：在第二阶段，父母选择遗产数为 L，其效用最大化问题为

$$\max\ U_2[Y_2(r)-L]+\alpha U_1[Y_1(r)+L]$$

对上式求最大值可转化为求

$$-U_2'[Y_2(r)-L]+\alpha U_1'[Y_1(r)+L]=0$$

虽然不能解得确定的 $L^*(r)$，但可以利用隐函数法则解得 L^* 关于 r 的微分函数

$$\frac{\mathrm{d}L^*}{\mathrm{d}r}=\frac{U_2''Y_2'(r)-\alpha U_1''Y_1'(r)}{U_2''+\alpha U_1''}$$

在第一阶段，孩子的效用最大化问题为

$$\max\ U_1[Y_1(r)+L^*(r)]$$

对上式求最大值可转化为求

$$\begin{aligned}
&U_1'\left[Y_1'(r)+\frac{\mathrm{d}L^*}{\mathrm{d}r}\right]\\
&=\left(\frac{U_1'}{U_2''+\alpha U_1''}\right)[Y_1'(r)(U_2''+\alpha U_1'')+U_2''Y_2'(r)-\alpha U_1''Y_1'(r)]\\
&=\left(\frac{U_1'U_2''}{U_2''+\alpha U_1''}\right)[Y_1'(r)+Y_2'(r)]\\
&=0
\end{aligned}$$

由上述等式可得 $Y_1'(r)+Y_2'(r)=0$，所以，在子博弈完美均衡中，孩子会选择合适的 r，使得 Y_1+Y_2 取得最大值，即使他没有利他倾向。

第9章　生产函数

9.1　复习笔记

1. 边际生产率

(1)生产函数的含义

生产函数表示在技术水平不变的情况下，一定时期内厂商生产过程中所使用的各种要素的数量与它们所能生产的最大产量之间的关系。若以 l 表示劳动投入数量，以 k 表示资本投入数量，则生产函数写为：$q=f(l,\ k)$。

(2)边际实物产量

①边际实物产量的含义

一种投入的边际实物产量是在保持其他投入不变时，增加一单位该投入所带来的产出增加量。用数学表示为：

资本的边际实物产量 $MP_k=\frac{\partial q}{\partial k}=f_k$；

劳动的边际实物产量 $MP_l=\frac{\partial q}{\partial l}=f_l$。

②边际生产率递减

在生产过程中，存在着边际生产率递减。在数学上，边际生产率递减表现为生产函数的二阶偏导数为负，即$\frac{\partial MP_k}{\partial k}=f_{kk}<0$，$\frac{\partial MP_l}{\partial l}=f_{ll}<0$。

③平均实物生产率

在通常的运用中，劳动生产率这一术语常用来指平均生产率，劳动的平均产量 AP_l 定义为：

$$AP_l=\frac{\text{产出}}{\text{投入的劳动量}}=\frac{q}{l}=\frac{f(k,\ l)}{l}$$

注意，AP_l 也取决于资本的投入水平。

2. 等产量线图和技术替代率

(1)等产量线

等产量线表示在技术水平不变的条件下，为生产一定的产量所需投入的两种生产要素之间的所有不同组合的轨迹。以常数 q_0 表示既定的产量水平，则与等产量线相对应的生产函数为：

$$f(k,\ l)=q_0$$

等产量线表示生产既定水平的产出时，可供选择的投入组合。这些曲线的斜率表明保持产出不变时 l 替代 k 的比率。负的斜率被称为(边际)技术替代率(RTS)。如图9－1所示，边际技

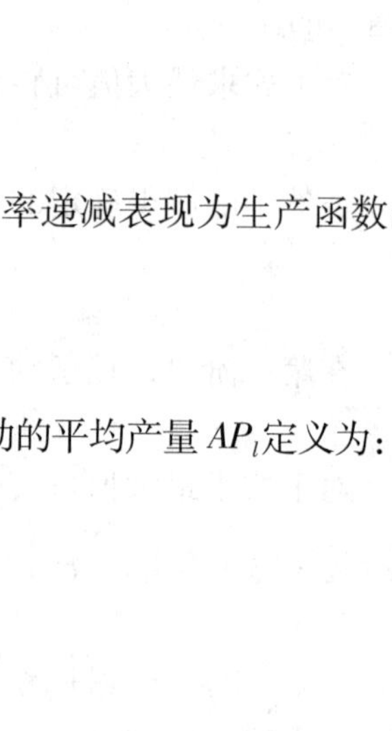

图9－1　等产量线图

术替代率为正，而且随着劳动等量的增加，劳动能够替代的资本数量会递减。

(2)边际技术替代率

边际技术替代率(RTS)是指在产量保持不变的前提条件下，增加一种生产要素的数量与可以减少的另一种生产要素的数量之比。RTS 用数学表示为：

$$RTS(l\text{ 对 }k)=\left.\frac{-\mathrm{d}k}{\mathrm{d}l}\right|_{q=q_0}$$

①边际技术替代率和边际生产率

边际技术替代率还可以表示为两要素的边际产量之比，即 $RTS_{lk}=-\frac{\mathrm{d}k}{\mathrm{d}l}=\frac{MP_l}{MP_k}$，证明如下：

因为 $q=f(l,k)$，两边全微分，得 $\mathrm{d}q=\frac{\partial f}{\partial l}\mathrm{d}l+\frac{\partial f}{\partial k}\mathrm{d}k$。由于产量 q 是一个常数，所以 $\mathrm{d}q=0$，从而$\frac{\partial f}{\partial l}\mathrm{d}l+\frac{\partial f}{\partial k}\mathrm{d}k=0$，所以 $RTS_{lk}=-\frac{\mathrm{d}k}{\mathrm{d}l}=\frac{\frac{\partial f}{\partial l}}{\frac{\partial f}{\partial k}}=\frac{MP_l}{MP_k}$。

②边际技术替代率递减的原因

等产量边际技术替代率递减法则的内容：在维持产量不变的前提下，当一种生产要素的投入量不断增加时，每一单位的这种生产要素所能替代的另一种生产要素的数量是递减的。

边际技术替代率递减的主要原因在于：任何一种产品的生产技术都要求各要素投入之间有适当的比例，这意味着要素之间的替代是有限制的。等产量线凸向原点证明如下：

假设 $q=f(l,k)$和 f_k、f_l都为正(即边际生产率为正)。另外，还假设$f_{kk}<0$ 和$f_{ll}<0$(即边际生产率递减)。因为 $RTS=\frac{f_l}{f_k}$，所以有：

$$\frac{\mathrm{d}RTS}{\mathrm{d}l}=\frac{\mathrm{d}(f_l/f_k)}{\mathrm{d}l}$$

因为f_l，f_k是 k 和 l 的函数，则可得：

$$\frac{\mathrm{d}RTS}{\mathrm{d}l}=\frac{[f_k(f_{ll}+f_{lk}\cdot\mathrm{d}k/\mathrm{d}l)-f_l(f_{kl}+f_{kk}\cdot\mathrm{d}k/\mathrm{d}l)]}{(f_k)^2}$$

又因为沿着等产量线$\frac{\mathrm{d}k}{\mathrm{d}l}=-\frac{f_l}{f_k}$，并且根据杨格定理($f_{kl}=f_{lk}$)，所以有：

$$\frac{\mathrm{d}RTS}{\mathrm{d}l}=\frac{(f_k^2f_{ll}-2f_kf_lf_{kl}+f_l^2f_{kk})}{(f_k)^3}$$

因为假设f_{ll}和f_{kk}均为负，所以如果f_{kl}为正值则分子就为负值，分母为正数，从而整个式子为负，就可以证明$\frac{\mathrm{d}RTS}{\mathrm{d}l}<0$(即等产量线是凸的)。

3. 规模报酬与替代弹性

(1)规模报酬

如果生产函数是 $q=f(l,k)$，且所有的投入都以相同的正的常数增加 $t(t>1)$倍，那么将生产函数的规模报酬分成以下几类：

对产出的影响	规模报酬
Ⅰ. $f(tk, tl) = tf(k, l) = tq$	不变
Ⅱ. $f(tk, tl) < tf(k, l) = tq$	递减
Ⅲ. $f(tk, tl) > tf(k, l) = tq$	递增

产量增加的比例等于生产要素增加的比例，这是规模报酬不变；产量增加的比例小于生产要素增加的比例，这是规模报酬递减；产量增加的比例大于生产要素增加的比例，这是规模报酬递增。

①规模报酬不变

规模报酬不变是指投入的增加导致产出相同比例的增加，用公式表示为：

$$f(tk, tl) = t^1 f(k, l) = tq$$

规模报酬不变的生产函数对应的边际生产率函数是零阶齐次函数。即，对于任何 $t > 0$，有：

$$MP_k = \frac{\partial f(k, l)}{\partial k} = \frac{\partial f(tk, tl)}{\partial k}$$

$$MP_l = \frac{\partial f(k, l)}{\partial l} = \frac{\partial f(tk, tl)}{\partial l}$$

②位似生产函数

对于任何规模报酬不变的生产函数而言，边际技术替代率 $RTS = \frac{MP_l}{MP_k}$ 只依赖于投入要素的比率，而不依赖于它们的绝对水平。也就是说，此生产函数是位似的，它的等产量线将沿着射线延伸。如图 9－2 所示，每条等产量线都是单位等产量线的放大。沿着通过原点的任意一条射线(一条 $\frac{k}{l}$ 比率不变的射线)，边际技术替代率在所有等产量线上都是相同的。

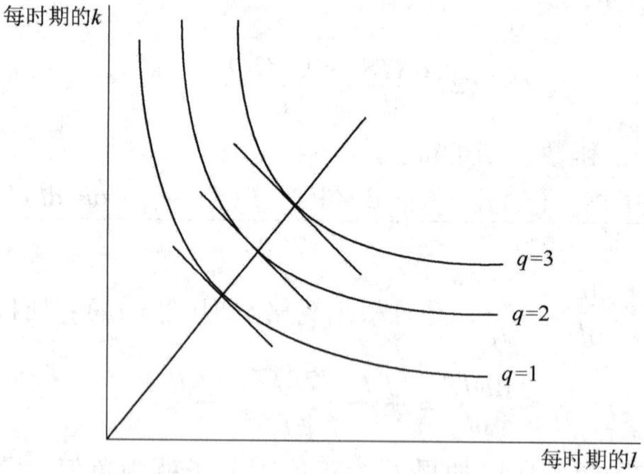

图 9－2　规模报酬不变的生产函数的等产量线图

如果生产函数不是规模报酬不变的，也仍然是位似的。

③n 种投入的情况

规模报酬的定义可以容易地推广至有 n 种投入要素的生产函数。如果生产函数是：

$$q = f(x_1, x_2, \cdots, x_n)$$

所有要素投入都乘以 $t(t > 1)$，对某一常数 k，得到：

$$f(tx_1, tx_2, \cdots, tx_n) = t^k f(x_1, x_2, \cdots, x_n) = t^k q$$

当 $k=1$ 时，生产函数是规模报酬不变的；

当 $k<1$ 时，生产函数是规模报酬递减的；

当 $k>1$ 时，生产函数是规模报酬递增的。

(2)替代弹性

替代弹性主要用于度量无差异曲线的弯曲程度，具体而言，它度量当产出保持不变时，技术水平和投入价格不变的条件下，边际技术替代率的相对变动引起的投入比率的相对变动。替代弹性用公式可以表示为：

$$\sigma = \frac{\Delta(k/l)\text{的百分比}}{\Delta RTS\text{的百分比}} = \frac{\mathrm{d}(k/l)}{\mathrm{d}RTS} \cdot \frac{RTS}{k/l} = \frac{\partial \ln(k/l)}{\partial \ln RTS} = \frac{\partial \ln(k/l)}{\partial \ln(f_l/f_k)}$$

几种常见生产函数的替代弹性：柯布－道格拉斯生产函数的替代弹性恒为常数1；里昂惕夫生产函数的替代弹性为0，这表示两种生产要素完全不能替代，必须按照某个固定比例使用；线性生产函数的替代弹性为∞，这说明两种生产要素完全可以相互替代。

4. 四种简单的生产函数（见表9－1）

表9－1 四种简单的生产函数

类型	含义	函数形式	规模报酬	替代弹性
线性生产函数	又称固定替代比例的生产函数，表示在每一产量水平上任何两种生产要素间的替代比例都固定	$q=f(k, l)=\alpha k+\beta l$，$\alpha$、$\beta>0$	规模报酬不变	$\sigma=\infty$
固定投入比例的生产函数	又称里昂惕夫生产函数，是指在每一个产量水平上任何一对要素投入量间的比例都是固定的生产函数	$q=\min(\alpha k, \beta l)$，$\alpha$、$\beta>0$	规模报酬不变	$\sigma=0$
柯布－道格拉斯生产函数	这是一种典型的齐次生产函数	$q=f(k, l)=Ak^{\alpha}l^{\beta}$，其中 $0<\alpha$、$\beta<1$，α 和 β 分别为资本和劳动所得在总产量中所占的份额	当 $\alpha+\beta>1$，规模报酬递增；当 $\alpha+\beta=1$，规模报酬不变；当 $\alpha+\beta<1$，规模报酬递减	$\sigma=1$
CES生产函数	又称不变替代弹性生产函数，该函数是最为一般的生产函数	对于 $\rho\leqslant1$，$\rho\neq0$，$\gamma>0$，有：$q=f(k, l)=(k^{\rho}+l^{\rho})^{\gamma/\rho}$	当 $\gamma>1$，规模报酬递增；当 $\gamma<1$，规模报酬递减；当 $\gamma=1$，规模报酬不变	$\sigma=1/(1-\rho)$

5. 技术进步

技术进步是指生产现有产品的新方法、使新产品的生产得以实现的新设计和组织、营销及管理的新技术。经济学家常利用生产函数来衡量技术进步。

(1)技术进步的测度

对于生产函数 $q=A(t)f(k, l)$，k，l 分别代表资本和劳动投入，$A(t)$ 表示除资本和劳动投入以外的其他因素对产出的贡献，主要归结为技术进步。

对该生产函数关于时间 t 求导，得到

$$\frac{dq}{dt}=\frac{dA}{dt}\cdot f(k,\ l)+A\cdot\frac{df(k,\ l)}{dt}$$
$$=\frac{dA}{dt}\cdot\frac{q}{A}+\frac{q}{f(k,\ l)}\left(\frac{\partial f}{\partial k}\cdot\frac{dk}{dt}+\frac{\partial f}{\partial l}\cdot\frac{dl}{dt}\right)$$

上式除以 q，得到

$$\frac{dq/dt}{q}=\frac{dA/dt}{A}+\frac{\partial f/\partial k}{f(k,\ l)}\cdot\frac{dk}{dt}+\frac{\partial f/\partial l}{f(k,\ l)}\cdot\frac{dl}{dt}$$

或者

$$\frac{dq/dt}{q}=\frac{dA/dt}{A}+\frac{\partial f}{\partial k}\cdot\frac{k}{f(k,\ l)}\cdot\frac{dk/dt}{k}+\frac{\partial f}{\partial l}\cdot\frac{l}{f(k,\ l)}\cdot\frac{dl/dt}{l}$$

对于任何变量 x，$\frac{dx/dt}{x}$是 x 在单位时间内的增长率。用 G_x来表示。因此，上式可以以增长率的形式写成：

$$G_q=G_A+\frac{\partial f}{\partial k}\cdot\frac{k}{f(k,\ l)}\cdot G_k+\frac{\partial f}{\partial l}\cdot\frac{l}{f(k,\ l)}\cdot G_l$$

其中

$$\frac{\partial f}{\partial k}\cdot\frac{k}{f(k,\ l)}=\frac{\partial q}{\partial k}\cdot\frac{k}{q}=\text{资本投入的产出弹性}=e_{q,k}$$

及

$$\frac{\partial f}{\partial l}\cdot\frac{l}{f(k,\ l)}=\frac{\partial q}{\partial l}\cdot\frac{l}{q}=\text{劳动投入的产出弹性}=e_{q,l}$$

(2)增长的测算

增长函数最终变为：

$$G_q=G_A+e_{q,k}G_k+e_{q,l}G_l$$

这表明产出的增长可以分解为两部分的和：归因于投入(k 和 l)变化的增长和“其余”的(即 A 的变化)体现技术进步的增长。

9.2　课后习题详解

1. 动力山羊草坪公司使用两种大小不同的割草机割草。较小的割草机有一个 22 英尺长的刀片。较大的割草机是较小割草机的两倍大。动力山羊的两个生产函数如下表：

	每小时产出(平方英尺)	资本投入(24 小时用电量)	劳动投入
小型割草机	5000	1	1
大型割草机	8000	2	1

a. 画出第一个生产函数 $q=40000$ 平方英尺的等产量线。如果不想产生浪费，应该投入多少 k 和 l?

b. 对第二个生产函数回答问题 a。

c. 如果 40000 平方英尺草坪中的一半用第一种生产函数的方法割草，另一半用第二种生产函数的方法割草，为了不浪费，应该使用多少 k 和 l? 如果第一种方法割 1/4 草坪，第二种方法割 3/4 草坪，应该使用多少 k 和 l? k 和 l 是分数意味着什么?

d. 在你对问题 c 的回答的基础上，画出结合两种生产函数的 $q=40000$ 的等产量线。

解：对于每一种割草机，由于它们需要的资本投入和劳动投入的比例是固定的，所以生产函数是固定比例型的生产函数，即：

$$F_1 = 5000\min\{k_1, l_1\}$$

$$F_2 = 8000\min\{\frac{k_2}{2}, l_2\}$$

a. 对于第一种生产函数，$q = 40000$ 平方英尺的等产量线如图 9－3 所示。将 $q = F_1 = 40000$ 代入小型割草机的生产函数，得：

$$8 = \min\{k_1, l_1\}$$

由此可知最优投入为 $k_1 = 8$，$l_1 = 8$。

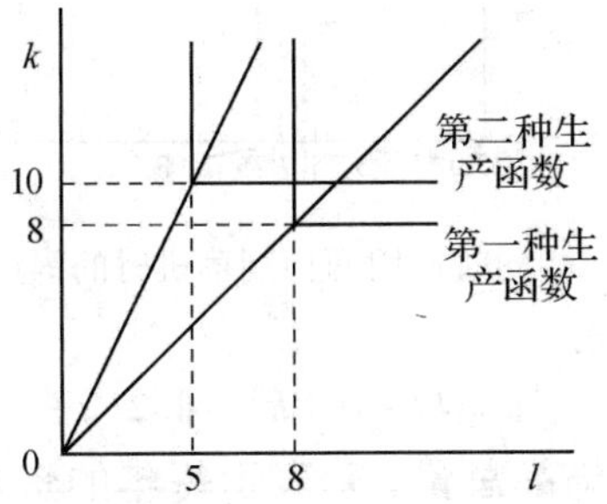

图 9－3　等产量线

b. 对于第二种生产函数，$q = 40000$ 平方英尺的等产量线如图 9－3 所示。把 $q = F_2 = 40000$ 代入大型割草机的生产函数，得：

$$5 = \min\left\{\frac{k_2}{2}, l_2\right\}$$

由此可知最优投入为 $k_2 = 10$，$l_2 = 5$。

c. 如果 40000 平方英尺草坪中的一半用第一种生产函数的方法割草，另一半用第二种生产函数的方法割草，则把 $F_1 = 20000$，$F_2 = 20000$ 分别代入小型割草机和大型割草机的生产函数，得到：

$$4 = \min\{k_1, l_1\}$$

$$2.5 = \min\left\{\frac{k_2}{2}, l_2\right\}$$

解得：$k_1 = 4$，$l_1 = 4$；$k_2 = 5$，$l_2 = 2.5$。从而得到：

$$k = k_1 + k_2 = 4 + 5 = 9$$

$$l = l_1 + l_2 = 4 + 2.5 = 6.5$$

如果 1/4 的草坪由第一种生产函数完成，而 3/4 的草坪由第二种生产函数完成，则采用类似的方法可得：$k = 9.5$，$l = 5.75$。

在 k 和 l 只能取整数的情况下，k 和 l 为分数意味着不能在不产生浪费的情况下实现最优的要素投入，即此时只能选择与 k 和 l 近似的整数，但此时会产生浪费。

d. 假设大型割草机完成 40000 平方英尺草坪中的 S 份，其余的由小型割草机完成，则：

$$40000(1 - S) = 5000\min\{k_1, l_1\}$$

$$40000S = 8000\min\left\{\frac{k_2}{2}, l_2\right\}$$

从而可以解得：

$$k_1 = l_1 = 8(1-S),\ k_2 = 10S,\ l_2 = 5S$$

因而有：

$$k = k_1 + k_2 = 8 + 2S,\ l = l_1 + l_2 = 8 - 3S$$

进而可得：$3k + 2l = 40$ 即为所求的等产量线，如图 9－4 所示。需注意，由于 $0 \leqslant S \leqslant 1$，所以 $5 \leqslant l \leqslant 8$，$8 \leqslant k \leqslant 10$。

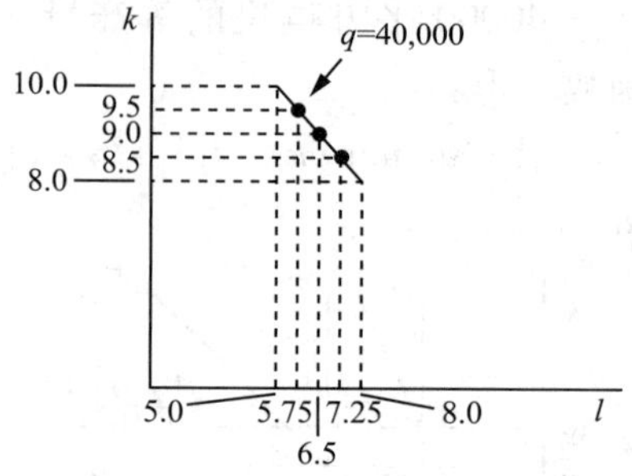

图 9－4　同时使用两种割草机时的等产量线

2. 假设小饰品的生产函数是：

$$q = kl - 0.8k^2 - 0.2l^2$$

其中，q 表示每年生产的小饰品总量，k 表示每年的资本投入量，l 表示每年的劳动投入量。

a. 假设 $k=10$，画出劳动的总产量线和平均产量线。劳动投入什么时候能使平均产量最大？此时生产了多少小饰品？

b. 同样假设 $k=10$，画出 MP_l 曲线。在哪一点劳动投入使得 $MP_l=0$？

c. 假设资本投入增加到 $k=20$。问题 a、b 中的答案如何变化？

d. 小饰品生产函数是规模报酬不变、递增还是递减的？

解：a. 当 $k=10$ 时，总产量函数为 $q = 10l - 0.2l^2 - 80$，总产量最大化的一阶条件为：

$$\frac{\mathrm{d}q}{\mathrm{d}l} = 10 - 0.4l = 0$$

解得：$l=25$，又因为 $\frac{\mathrm{d}^2 q}{\mathrm{d}l^2} = -0.4$，所以总产量曲线是凹的，使总产量最大化的劳动投入为 $l=25$，劳动的总产量曲线如图 9－5(a)所示，平均产量曲线如图 9－5(b)所示。

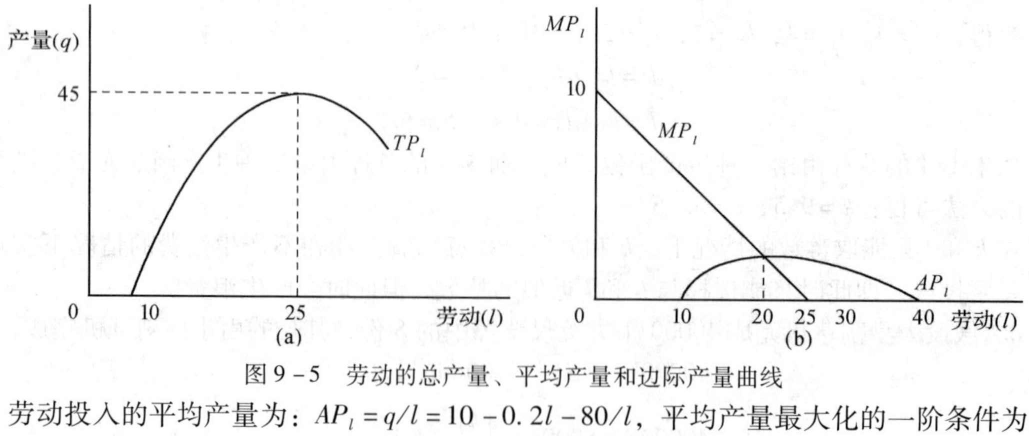

图 9－5　劳动的总产量、平均产量和边际产量曲线

劳动投入的平均产量为：$AP_l = q/l = 10 - 0.2l - 80/l$，平均产量最大化的一阶条件为：

$$\frac{\mathrm{d}AP_l}{\mathrm{d}l} = \frac{80}{l^2} - 0.2 = 0$$

从而可以解得使平均产量最大的劳动投入量为：$l=20$。平均产量曲线如图 9－5(b)所示。此时，总产量 $TP=l\times AP_l=40$。

b. 当 $k=10$ 时，劳动的边际产量为：$MP_l=10-0.4l$，边际产量曲线如图 9－5(b)所示。由 $10-0.4l=0$ 可以解得：$l=25$。

c. 当 $k=20$ 时，生产函数为：$q=20l-0.2l^2-320$；

因而劳动的平均产量为：$AP_l=20-0.2l-\dfrac{320}{l}$，在 $l=40$，$q=160$ 处平均产量达到最大；

边际产量为：$MP_l=20-0.4l$，在 $l=50$ 处 $MP_l=0$。

d. 因为：$f(tk, tl)=t^2(kl-0.8k^2-0.2l^2)=t^2q>q(t>1)$，所以，该函数是规模报酬递增的。

3. 山姆·马龙正在考虑改良切尔斯酒吧的座椅。新座椅的生产函数是：

$$q=0.1k^{0.2}l^{0.8}$$

其中，q 是在改良周内生产的座椅的数量，k 表示在这段时间内生产座椅的车床的使用时间(小时)，l 表示这段时间内雇用的工人数量。山姆想生产 10 把新的酒吧座椅，并且他为这一工程分配了 10000 美元的预算。

a. 山姆考虑到使用一台座椅加工车床和雇用一个熟练的技术工人的成本是相等的(每小时 50 美元)，因此他打算使用同样多的这两种投入。如果这样生产，他对这两种要素的投入各是多少？改良工程的成本是多少？

b. 诺姆(对于酒吧座椅有一些了解)认为山姆又一次忘记了微观经济学。他断言山姆应该选择两种投入的数量使其边际(而非平均)生产率相等。如果山姆选择了这个计划，他对这两种要素的投入应该各是多少？整个改良工程的成本是多少？

c. 因为听说采用诺姆的方案后会剩余一部分钱，克里夫建议山姆用剩余的钱添置更多的座椅，以便为他在邮政署的同事提供更多的座位。如果山姆采用克里夫的建议，那么他用预算内的钱能够多添置几把座椅？

d. 卡拉担心克里夫的建议会增加她为客人送食物的工作量。她如何才能说服山姆坚持他最初只改良 10 把座椅的计划呢？

解：a. 由于山姆所使用的车床和工人工作的时长一样，即 $k=l$，且 $q=10=0.1k^{0.2}l^{0.8}$，则可得 $k=100$，$l=100$。此时，总成本为：$100\times50+100\times50=10000$(美元)。

b. $MP_k=\partial q/\partial k=0.02(l/k)^{0.8}$，$MP_l=0.08(k/l)^{0.2}$，令 $MP_k=MP_l$ 可得：$l/k=4$；

再由 $q=10=0.1k^{0.2}(4k)^{0.8}=0.303k$ 可以解得：$k=33$，$l=132$。

因而此时的总支出为：$50\times(33+132)=8250$(美元)。

c. 由于该生产函数是规模报酬不变的，所以所有要素同时增加，产出将按比例增加，增加的比例为：$10000\div8250=1.21$。因此 $k=40$，$l=160$，$q=12.1$，能够多添置 2 把座椅。

d. 卡拉影响山姆计划的能力取决于她对于切尔斯酒吧而言是否能视为一个不可替代的投入。

4. 假设蜡笔的生产(q)在两个地点进行，并且劳动(l)是唯一的投入要素。地点 1 的生产函数是 $q_1=10l_1^{0.5}$，地点 2 的生产函数是 $q_2=50l_2^{0.5}$。

a. 假设只有一个工厂，该工厂在两个地点都可以生产，并且希望在给定劳动投入的条件下产量越多越好。那么，工厂将如何分配劳动量？请准确解释 l_1 和 l_2 的关系。

b. 假设工厂按问题 a 中的高效率方式运营，总产量 q 将如何依赖于劳动总投入 l？

解：a. 设工厂的劳动投入为 l，则工厂产量最大化问题为：

$$\max q(l_1, l_2) = 10l_1^{0.5} + 50l_2^{0.5}$$
$$s.t.\ \ l_1 + l_2 = l$$

构造拉格朗日函数：

$$L = 10l_1^{0.5} + 50l_2^{0.5} + \lambda(l - l_1 - l_2)$$

一阶条件：

$$\begin{cases} \dfrac{\partial L}{\partial l_1} = 5l_1^{-0.5} - \lambda = 0 \\ \dfrac{\partial L}{\partial l_2} = 25l_2^{-0.5} - \lambda = 0 \\ \dfrac{\partial L}{\partial \lambda} = l - l_1 - l_2 = 0 \end{cases}$$

解得：

$$\begin{cases} l_1 = \dfrac{l}{26} \\ l_2 = \dfrac{25l}{26} \end{cases}$$

为使在给定劳动投入为 l 的条件下，产量最多，工厂将分配劳动量 $l_1 = \dfrac{l}{26}$，$l_2 = \dfrac{25l}{26}$，两者的关系为$\dfrac{l_1}{l_2} = \dfrac{1}{25}$。

b. 假设工厂按问题 a 中的高效率方式运营着，此时，工厂的生产函数为：

$$q = \sqrt{2600l}$$

5. 正如我们在许多地方看到的，两种投入的柯布－道格拉斯生产函数的一般形式是：

$$q = f(k, l) = Ak^{\alpha}l^{\beta}$$

其中，$0 < \alpha < 1$，$0 < \beta < 1$。对于此生产函数：

a. 证明 $f_k > 0$，$f_l > 0$，$f_{kk} < 0$，$f_{ll} < 0$，$f_{kl} = f_{lk} > 0$。

b. 证明 $e_{q,k} = \alpha$，$e_{q,l} = \beta$。

c. 在本章脚注中，我们将规模弹性定义为：

$$e_{q,t} = \frac{\partial f(tk, tl)}{\partial t} \cdot \frac{t}{f(tk, tl)}$$

在 $t = 1$ 时估计表达式的值。证明：对于柯布－道格拉斯函数，$e_{q,t} = \alpha + \beta$。也就是说在这个例子中，规模弹性和生产函数的规模报酬是一致的。

d. 证明此函数的图形是拟凹的。

e. 证明当 $\alpha + \beta \leqslant 1$ 时，该函数图形是凹的，当 $\alpha + \beta > 1$ 时则不是。

证明：a. 由生产函数 $q = f(k, l) = Ak^{\alpha}l^{\beta}$ 可得：

$$f_k = \alpha Ak^{\alpha-1}l^{\beta} > 0$$
$$f_l = \beta Ak^{\alpha}l^{\beta-1} > 0$$
$$f_{kk} = \alpha(\alpha-1)Ak^{\alpha-2}l^{\beta} < 0$$
$$f_{ll} = \beta(\beta-1)Ak^{\alpha}l^{\beta-2} < 0$$
$$f_{kl} = f_{lk} = \alpha\beta Ak^{\alpha-1}l^{\beta-1} > 0$$

b. 由产出弹性的定义可得：

$$e_{q,k}=\frac{\partial q}{\partial k}\cdot\frac{k}{q}=\alpha Ak^{\alpha-1}l^{\beta}\cdot\frac{k}{q}=\alpha$$

$$e_{q,l}=\frac{\partial q}{\partial l}\cdot\frac{l}{q}=\beta Ak^{\alpha}l^{\beta-1}\cdot\frac{l}{q}=\beta$$

c. 对于$f(tk,\ tl)=t^{\alpha+\beta}Ak^{\alpha}l^{\beta}$，由规模弹性的定义可得：

$$e_{q,t}=\lim_{t\to1}\frac{\partial f(tk,\ tl)}{\partial t}\cdot\frac{t}{q}=\lim_{t\to1}(\alpha+\beta)t^{\alpha+\beta-1}q\cdot\frac{t}{q}=\alpha+\beta$$

d. 由问题 a 可知，该生产函数满足$f_{11}f_2^2-2f_{12}f_1f_2+f_{22}f_1^2<0$，所以，该函数的图形是拟凹的。

e. 根据函数凹凸性判定定理：

$$\begin{aligned}f_{kk}f_{ll}-f_{kl}^2&=\alpha(\alpha-1)\beta(\beta-1)A^2k^{2\alpha-2}l^{2\beta-2}-\alpha^2\beta^2A^2k^{2\alpha-2}l^{2\beta-2}\\&=A^2k^{2\alpha-2}l^{2\beta-2}\alpha\beta(1-\alpha-\beta)\end{aligned}$$

如果$\alpha+\beta\leqslant1$，则上式将为非负，从而该函数图形是凹的；如果$\alpha+\beta>1$，则上式为负，该函数图形则不是凹的。

6. 对于规模报酬不变的 CES 生产函数：

$$q=(k^{\rho}+l^{\rho})^{\frac{1}{\rho}}$$

a. 证明 $MP_k=\left(\frac{q}{k}\right)^{1-\rho}$，$MP_l=\left(\frac{q}{l}\right)^{1-\rho}$。

b. 证明 $RTS=\left(\frac{k}{l}\right)^{1-\rho}$，并以此证明 $\sigma=1/(1-\rho)$。

c. 确定 k 和 l 的产出弹性，并证明它们的和等于 1。

d. 证明：$\frac{q}{l}=\left(\frac{\partial q}{\partial l}\right)^{\sigma}$，从而 $\ln\left(\frac{q}{l}\right)=\sigma\ln\left(\frac{\partial q}{\partial l}\right)$。

注意：后一个等式在实证中很有用，因为我们将通过竞争决定的工资率来估算 $\partial q/\partial l$ 的近似值。因此，σ 的值可通过 $\ln(q/l)$ 对 $\ln w$ 的回归估计出来。

解： a. k 的边际产出为：

$$MP_k=\frac{\partial q}{\partial k}=\frac{1}{\rho}(k^{\rho}+l^{\rho})^{(1-\rho)/\rho}\cdot\rho k^{\rho-1}=q^{1-\rho}\cdot k^{\rho-1}=(q/k)^{1-\rho}$$

同理可得：$MP_l=\left(\frac{q}{l}\right)^{1-\rho}$。

b. 边际技术替代率为：

$$RTS=MP_l/MP_k=(k/l)^{1-\rho}$$

从而有：

$$\sigma=\frac{\partial\ln(k/l)}{\partial\ln RTS}=\frac{1}{1-\rho}$$

c. k 和 l 的产出弹性分别为：

$$e_{q,k}=\partial q/\partial k\cdot k/q=(q/k)^{-\rho}=\frac{1}{1+(l/k)^{\rho}}$$

$$e_{q,l}=(q/l)^{-\rho}=\frac{1}{1+(k/l)^{\rho}}=\frac{1}{1+(l/k)^{-\rho}}$$

从而有：$e_{q,k}+e_{q,l}=1$。

d. 因为 $\sigma=\dfrac{1}{1-\rho}$，根据问题 a 有：

$$\frac{q}{l}=\left(\frac{q}{l}\right)^{1-\rho\cdot\frac{1}{1-\rho}}=\left(\frac{\partial q}{\partial l}\right)^{\frac{1}{1-\rho}}=\left(\frac{\partial q}{\partial l}\right)^{\sigma},\ \ln\frac{q}{l}=\sigma\ln\left(\frac{\partial q}{\partial l}\right)$$

7. 考虑例 9.3 中生产函数的一般形式：

$$q=\beta_0+\beta_1\sqrt{kl}+\beta_2 k+\beta_3 l$$

其中，$0\leqslant\beta_i\leqslant1$，$i=0$，…，3。

a. 如果该函数是规模报酬不变的，对于参数 β_0，…，β_3 有何约束?

b. 证明在规模报酬不变的情形下，该函数边际生产率递减且其边际生产率函数是零次齐次函数。

c. 计算此时的 σ 值。尽管 σ 不是普通常数，但当 β 取什么值时 $\sigma=0$，1 或∞？

解：a. 生产函数呈现规模报酬不变是指当所有的生产要素的数量增加为原来的 $t(t>1)$ 倍时，产出也会同比例增长。对本题的生产函数而言，规模报酬不变就意味着下式成立：

$$f(tk,\ tl)=tf(k,\ l)$$

即：

$$\beta_0+\beta_1 t\,(kl)^{\frac{1}{2}}+\beta_2 tk+\beta_3 tl=t\beta_0+\beta_1 t\,(kl)^{\frac{1}{2}}+\beta_2 tk+\beta_3 tl$$

解得 $\beta_0=t\beta_0$，由于 $t>1$，所以 $\beta_0=0$。即 $\beta_0=0$ 时，本题的生产函数是规模报酬不变的。

b. 规模报酬不变时，边际生产函数为 $f_l(k,\ l)=\dfrac{1}{2}\beta_1 k^{\frac{1}{2}}l^{-\frac{1}{2}}+\beta_3$ 和 $f_k(k,\ l)=\dfrac{1}{2}\beta_1 k^{-\frac{1}{2}}l^{\frac{1}{2}}+\beta_2$。

由于 $f_{ll}(k,\ l)=-\dfrac{1}{4}\beta_1 k^{\frac{1}{2}}l^{-\frac{3}{2}}<0$，所以 MP_l 递减；由于 $f_{kk}(k,\ l)=-\dfrac{1}{4}\beta_1 k^{-\frac{3}{2}}l^{\frac{1}{2}}<0$，所以 MP_k 递减。此外：

$$f_l(tk,\ tl)=\frac{1}{2}\beta_1\,(tk)^{\frac{1}{2}}(tl)^{-\frac{1}{2}}+\beta_3=t^0 f_l(k,\ l)$$

所以 $f_l(k,\ l)$ 是零次齐次的；同样：

$$f_k(tk,\ tl)=\frac{1}{2}\beta_1\,(tk)^{-\frac{1}{2}}(tl)^{\frac{1}{2}}+\beta_2=t^0 f_k(k,\ l)$$

所以 $f_k(k,\ l)$ 是零次齐次的。

c. $\sigma=\dfrac{f_k f_l}{f\cdot f_{kl}}=\dfrac{\beta_1^2+2\beta_1[\beta_2(k/l)^{0.5}+\beta_3(l/k)^{0.5}]+4\beta_2\beta_3}{q\,[\beta_1(kl)^{-0.5}]}$

（注意，此处使用的替代弹性定义与教材中例 9.3 是一样的。）

显然随着 k, l 值的不同，σ 的值也将不同。

当 $\sigma=0$ 时，$\beta_1=0$，且 $\beta_2=0$ 或 $\beta_3=0$，即 k 和 l 的边际产出为零。

当 $\sigma=1$ 时，生产函数一般为柯布－道格拉斯型的，所以有：$\beta_0=0$，$\beta_2=\beta_3=0$。

当 $\sigma=\infty$ 时，生产函数为线性，所以有：$\beta_1=0$。

常见的生产函数及其替代弹性如下表所示。

生产函数模型		函数形式及参数意义	要素边际产出 MP 或产出弹性 E	要素替代弹性 σ	估计方法
不变要素替代弹性模型	线性生产函数	$Y=\beta_0+\beta_1 K+\beta_2 L$	$MP_K=\beta_1$ $MP_L=\beta_2$	∞	单方程估计方法
	投入产出生产函数	$Y=\min\left(\frac{K}{a},\ \frac{L}{b}\right)$ a，b 为单位产出所需必要投入量	$MP_K=0$ $MP_L=0$	0	根据实际情况进行分析
	C－D 生产函数	$Y=AK^{\alpha}L^{\beta}$ $\alpha+\beta$ 为规模参数	$E_K=\alpha$ $E_L=\beta$	1	线性化后单方程估计法
	CES 生产函数	$Y=A(\delta_1 K^{-\rho}+\delta_2 L^{-\rho})^{\frac{m}{\rho}}$ δ_1，δ_2 为分配系数，$\delta_1+\delta_2=1$ m 为规模报酬参数	$E_K=\frac{m\delta_1 K^{-\rho}}{\delta_1 K^{-\rho}+\delta_2 L^{-\rho}}$ $E_L=\frac{m\delta_2 L^{-\rho}}{\delta_1 K^{-\rho}+\delta_2 L^{-\rho}}$	$\frac{1}{1+\rho}$	变化形式如下： $\ln Y=\ln A+\delta_1 m\ln K+\delta_2 m$ $\ln L-\frac{1}{2}\rho m\delta_1\delta_2\left(\ln\frac{K}{L}\right)^2$ 然后采用单方程估计法估计

8. 证明：欧拉定理表明对于规模报酬不变的生产函数 $q=f(k,\ l)$，存在

$$q=f_k\cdot k+f_l\cdot l$$

使用该结论证明对于该生产函数，如果 $MP_l>AP_l$，那么 MP_k 一定是负值。这对于生产在何处进行有什么启示？一个厂商可能在 AP_l 处于上升阶段的点上组织生产吗？

证明：(1)由题意知：$q=f_k\cdot k+f_l\cdot l$，对该式变形得：

$$MP_k=f_k=\frac{q-l\cdot f_l}{k}=\frac{l\cdot AP_l-l\cdot MP_l}{k}=\frac{l\cdot(AP_l-MP_l)}{k}$$

由于 $MP_l>AP_l$，所以 $MP_k=\frac{l\cdot(AP_l-MP_l)}{k}<0$，即 MP_k 为负数。

(2)这意味着企业应该在 $MP_k>0$ 时，即 $MP_l<AP_l$，也即劳动力的平均产出递减的产量处生产。

(3)由(1)、(2)可知，一个企业不能够在 AP_l 递增的点进行生产，因为 AP_l 递增就意味着 $MP_l>AP_l$，从而 MP_k 为负数，此时增加要素投入量反而会导致产量下降。

9. 局部规模报酬

规模弹性 $e_{q,t}=\frac{\partial f(tk,\ tl)}{\partial t}\cdot\frac{t}{q}$ 在 $t=1$ 时的值给出了局部测算生产函数规模报酬的方法。

a. 证明生产函数规模报酬不变时，$e_{q,t}=1$。

b. 我们将投入 k 和 l 的产出弹性定义为：

$$e_{q,k}=\frac{\partial f(k,\ l)}{\partial k}\cdot\frac{k}{q}$$

$$e_{q,l}=\frac{\partial f(k,\ l)}{\partial l}\cdot\frac{l}{q}$$

证明：$e_{q,t}=e_{q,k}+e_{q,l}$。

c. 对于一个规模弹性是变量的函数：

$$q=(1+k^{-1}l^{-1})^{-1}$$

证明：对此函数，当 $q<0.5$ 时，$e_{q,t}>1$；当 $q>0.5$ 时，$e_{q,t}<1$。

d. **从直观上解释你在问题 c 中得到的结果。提示：生产函数的 q 是否有上限？**

证明：a. 如果 $f(tk, tl)=tf(k, l)$，则有：

$$e_{q,t}=\lim_{t\to 1}\frac{\partial f(tk, tl)}{\partial t}\cdot\frac{t}{q}=\lim_{t\to 1}\frac{\partial[tf(k, l)]}{\partial t}\cdot\frac{t}{f(k, l)}=1$$

b. 根据欧拉定理，有$\frac{\partial f(tk, tl)}{\partial t}=\frac{\partial f}{\partial k}\cdot k+\frac{\partial f}{\partial l}\cdot l$，因此：

$$e_{q,t}=\lim_{t\to 1}\frac{\partial f(tk, tl)}{\partial t}\cdot\frac{t}{q}=\lim_{t\to 1}\left(\frac{\partial f}{\partial k}\cdot k+\frac{\partial f}{\partial l}\cdot l\right)\cdot\frac{t}{q}=e_{q,k}+e_{q,l}$$

c.

$$e_{q,t}=\lim_{t\to 1}\frac{\partial f(tk, tl)}{\partial t}\cdot\frac{t}{q}=\lim_{t\to 1}\frac{\partial(1+t^{-2}k^{-1}l^{-1})^{-1}}{\partial t}\cdot\frac{t}{q}=\lim_{t\to 1}[2t^{-3}k^{-1}l^{-1}(1+t^{-2}k^{-1}l^{-1})^{-2}]\cdot\frac{t}{q}$$

$$=[2k^{-1}l^{-1}(1+k^{-1}l^{-1})^{-2}]\cdot\frac{1}{q}=2qk^{-1}l^{-1}=2q\left(\frac{1}{q}-1\right)=2-2q$$

从而当 $q<0.5$ 时，$e_{q,t}>1$；当 $q>0.5$ 时，$e_{q,t}<1$。

d. 对于问题 c 中的规模弹性变化的一个直观解释是，生产函数有一个上界 $q=1$，当 q 接近于其上界时，增加要素投入的收益将下降。

10. 规模报酬与替代

尽管我们对各种不同的生产函数的替代弹性进行测度时，都假设其是规模报酬不变的，但在很多情况下这种假设是不必要的。本问题阐述其中的一些情况。

a. **从本章脚注我们可以看到，在规模报酬不变的情况下，有两种投入的生产函数的替代弹性是：**

$$\sigma=\frac{f_k f_l}{f\cdot f_{kl}}$$

我们现在定义一个齐次生产函数 F：

$$F(k, l)=[f(k, l)]^{\gamma}$$

其中，$f(k, l)$ 是规模报酬不变的生产函数，γ 是正指数。

证明该生产函数的替代弹性和函数 f 的替代弹性相同。

b. **说明如何将此结果应用于柯布－道格拉斯生产函数和 CES 生产函数。**

解：a. 单调变换并不影响 RTS，即：

$$RTS=\frac{F_l}{F_k}=\frac{\gamma f^{\gamma-1}f_l}{\gamma f^{\gamma-1}f_k}=\frac{f_l}{f_k}$$

因此，由定义可知，两个函数的替代弹性 σ 都是相同的。

b. 对于柯布－道格拉斯函数 $y=f(k, l)=Ak^{\alpha}l^{1-\alpha}$ 而言，有：

$$RTS=\frac{f_l}{f_k}=\frac{(1-\alpha)Ak^{\alpha}l^{-\alpha}}{\alpha Ak^{\alpha-1}l^{1-\alpha}}=\frac{(1-\alpha)k}{\alpha l}$$

经过单调变化可得：$F=[f(k, l)]^{\gamma}=A^{\gamma}k^{\alpha\gamma}l^{(1-\alpha)\gamma}$。

从而有：$RTS=\frac{F_l}{F_k}=\frac{(1-\alpha)\gamma A^{\gamma}k^{\alpha\gamma}l^{(1-\alpha)\gamma-1}}{\alpha\gamma A^{\gamma}k^{\alpha\gamma-1}l^{(1-\alpha)\gamma}}=\frac{(1-\alpha)k}{\alpha l}$。

因此，对于柯布－道格拉斯函数而言，经过单调变换后，其 RTS 没有改变，所以其替代弹性也没有发生改变。

类似地，对于 CES 函数而言，其 RTS 为：$RTS=(l/k)^{1-\rho}=(l/k)^{1/\sigma}$（参见本章课后习题

第 6 题)，不受单调变化的影响，因而其替代弹性也不会受单调变换的影响。

11. 欧拉定理的进一步讨论

假设生产函数 $f(x_1, x_2, \cdots, x_n)$ 是 k 次齐次的。运用欧拉定理，可证明 $\sum_i x_i f_i = kf$。利用这个结果，可以证明 f 的偏导数是 $k-1$ 次齐次的。

a. 证明 $\sum_{i=1}^{n}\sum_{j=1}^{n} x_i x_j f_{ij} = k(k-1)f$。

b. 当 $n=2$，$k=1$ 时，问题 a 中的结果会给二阶偏导数 f_{12} 带来什么限制？当 $k>1$ 或 $k<1$ 时，结论会发生什么变化？

c. 如何将问题 b 部分的结论推广到有任意种要素投入的生产函数？

d. 该问题对多变量的柯布－道格拉斯生产函数 $f(x_1, x_2, \cdots, x_n) = \prod_{i=1}^{n} x_i^{\alpha_i}$ $(\alpha_i \geqslant 0)$ 的参数 α_i 有何启示？

解：a. 由齐次函数的定义可知，对于任意的 $t>0$，有：

$$f(tx_1, tx_2, \cdots, tx_n) = t^k f(x_1, x_2, \cdots, x_n) \quad ①$$

①式两边同时对 t 求一阶导数得：

$$\sum_{i=1}^{n} x_i f_i(tx_1, tx_2, \cdots, tx_n) = kt^{k-1} f(x_1, x_2, \cdots, x_n) \quad ②$$

对于②式再对 t 求导得：

$$x_1 \sum_{i=1}^{n} x_i f_{1i}(tx_1, tx_2, \cdots, tx_n) + x_2 \sum_{i=1}^{n} x_i f_{2i}(tx_1, tx_2, \cdots, tx_n) + \cdots$$

$$+ x_n \sum_{i=1}^{n} x_i f_{ni}(tx_1, tx_2, \cdots, tx_n) = k(k-1)t^{k-2} f(x_1, x_2, \cdots, x_n) \quad ③$$

又由于 f 的偏导数是 $k-1$ 次齐次的，即：

$$f_{ij}(tx_1, tx_2, \cdots, tx_n) = t^{k-2} f_{ij}(x_1, x_2, \cdots, x_n)$$

代入③式整理得：

$$\sum_{i=1}^{n}\sum_{j=1}^{n} x_i x_j f_{ij} = k(k-1)f$$

b. 将 $n=2$，$k=1$ 代入问题 a 中的表达式，得 $x_1^2 f_{11} + 2x_1 x_2 f_{12} + x_2^2 f_{22} = 0$。

根据边际生产率是递减的，有 $f_{11}<0$，$f_{22}<0$，因为 x_1，x_2 表示数量，都是大于 0 的，要保证上述等式成立，则有 $f_{12}>0$，即在规模报酬不变的情况下，随着一种要素投入的增加，另一种要素的边际产出会增加。

当 $k>1$ 时，生产函数是规模报酬递增的，此时 $x_1^2 f_{11} + 2x_1 x_2 f_{12} + x_2^2 f_{22} > 0$，因为 $f_{11}<0$，$f_{22}<0$，所以 $f_{12}>0$，即在规模报酬递增的情况下，随着一种要素投入的增加，另一种要素的边际产出会增加。

当 $k<1$ 时，生产函数是规模报酬递减的，此时 $x_1^2 f_{11} + 2x_1 x_2 f_{12} + x_2^2 f_{22} < 0$，因为 $f_{11}<0$，$f_{22}<0$，此时 f_{12} 的符号不能确定，因此在规模报酬递减的情况下，随着一种要素投入的增加，另一种要素的边际产出状况不确定。

c. 当投入的生产要素大于 2 种时，在边际生产率递减规律的假设下，$f_{ii}<0$，$i=1$，$\cdots$，n，$\sum_{i=1}^{n}\sum_{j=1}^{n} x_i x_j f_{ij} = k(k-1)f$，此时并不能确定任何偏导数的符号。当 $k=1$ 或 $k>1$ 时，

$\sum_{i=1}^{n}\sum_{j=1}^{n} x_i x_j f_{ij} = k(k-1)f \geqslant 0$，此时至少有一个偏导数是大于 0 的；当 $k<1$ 时，与两种投入要素的情况一样，偏导数的符号是不能确定的。

d. $f(x_1, x_2, \cdots, x_n) = \prod_{i=1}^{n} x_i^{\alpha_i}$，对于任意的 $t>0$，有：

$$f(tx_1, tx_2, \cdots, tx_n) = t^{\alpha_1+\alpha_2+\cdots+\alpha_n}\prod_{i=1}^{n} x_i^{\alpha_i}$$

因此多变量的柯布－道格拉斯生产函数的规模报酬取决于 $k=\alpha_1+\alpha_2+\cdots+\alpha_n$。

对函数求偏导可得：

$$f_i = \alpha_i x_i^{\alpha_i-1}\prod_{j=1, j\neq i}^{n} x_j^{\alpha_j}$$

$$f_{ii} = \alpha_i(\alpha_i-1)x_i^{\alpha_i-2}\prod_{j=1, j\neq i}^{n} x_j^{\alpha_j}$$

$$f_{ij} = \alpha_i\alpha_j x_i^{\alpha_i-1}x_j^{\alpha_j-1}\prod_{k=1, k\neq j\neq i}^{n} x_k^{\alpha_k}$$

由问题 a 中的证明可知对 f 的偏导数是 $k-1$ 次齐次的，即：

$$\sum_i\sum_j x_i x_j f_{ij} = \sum_i\sum_j \alpha_i\alpha_j f - \sum_i \alpha_i f = k(k-1)f$$

故当 $k>1$ 时，$\sum_i\sum_j \alpha_i\alpha_j - \sum_i \alpha_i > 0$；

当 $k=1$ 时，$\sum_i\sum_j \alpha_i\alpha_j - \sum_i \alpha_i = 0$；

当 $k<1$ 时，$\sum_i\sum_j \alpha_i\alpha_j - \sum_i \alpha_i < 0$。

第10章 成本函数

10.1 复习笔记

1. 成本的定义

(1)劳动成本

劳动成本是指对劳动服务的报酬支付，属于厂商的显性成本。国际上通用的劳动成本包括：已完成工作的工资；未工作而有报酬时间的工资；奖金与小费；食品饮料及此类支出；雇主负担的工作的住房费用；雇主支付雇员的社会保险支出；雇工对职业培训、福利服务和杂项费用的支出，如工人的交通费、工作服、健康恢复及视为人工成本的税收等。

(2)资本成本

资本成本是指企业为筹集和使用资金而付出的代价，广义讲，企业筹集和使用任何资金，不论短期的还是长期的，都要付出代价。狭义的资本成本仅指筹集和使用长期资金(包括自有资本和借入长期资金)的成本。由于长期资金也被称为资本，所以长期资金成本也称为资本成本。

(3)企业家才能的成本

企业家才能的成本是指企业家利用其才能为其他企业效力时所能赚到的钱，属于机会成本的一种，是经济成本的一部分。

(4)经济成本

经济成本是保证投入处于现行使用状态而必须支付的费用。或者等价地讲，一种投入的经济成本是该投入在其他用途上获得的最高回报。

经济学家认为经济成本适用于所有厂商决策，区别于会计成本。

(5)经济利润

企业的经济利润是指企业的总收益和总成本(包括显成本和隐成本)之间的差额，简称企业的利润(也被称为超额利润，企业追求的最大利润就是企业的经济利润)。经济利润用公式可以表示为：

$$\pi = \text{总收入} - \text{总成本} = pq - wl - vk = pf(k,\ l) - wl - vk$$

2. 成本最小的投入选择

(1)数学表示

对 $q = f(k,\ l) = q_0$ 寻求总成本的最小化，构造拉格朗日函数：

$$\xi = wl + vk + \lambda[q_0 - f(k,\ l)]$$

成本最小化的一阶条件是：

$$\frac{\partial \xi}{\partial l} = w - \lambda \frac{\partial f}{\partial l} = 0$$

$$\frac{\partial \xi}{\partial k} = v - \lambda \frac{\partial f}{\partial k} = 0$$

$$\frac{\partial \xi}{\partial \lambda} = q_0 - f(k,\ l) = 0$$

前两个等式相除，得：

$$\frac{w}{v}=\frac{\partial f/\partial l}{\partial f/\partial k}=RTS(l\text{ 对于 }k)$$

所以，厂商成本最小化的条件为：两种投入的边际技术替代率（*RTS*）与它们的价格比率相等。

（2）图形表示

如图 10－1 所示，假定厂商通过选择 k 和 l 来最小化其成本。最小化的条件是：k 和 l 在技术上的交换比率应该与这两种投入在市场上的交换比率相等。换言之，l 对于 k 的边际技术替代率 *RTS* 应该和价格比率 $\frac{w}{v}$ 相等。图 10－1 中展示了这种相切关系：在 C_1 上选择（l^*，k^*）组合可以使成本最小化。

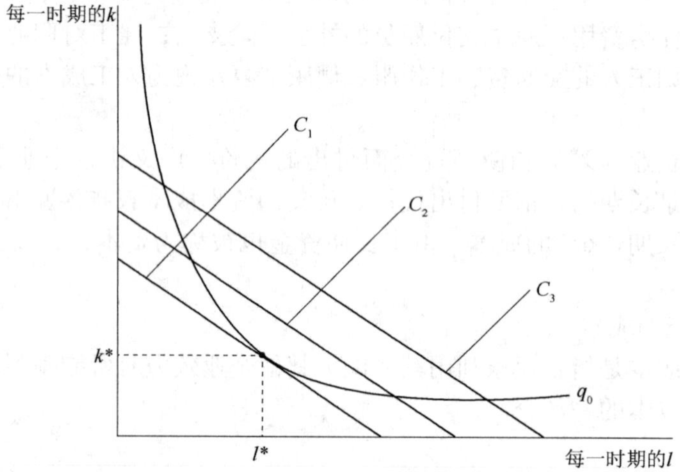

图 10－1　$q=q_0$ 时成本最小化

（3）扩展线

扩展线是厂商在长期的扩张或收缩生产时所必须遵循的路线。不同的等产量线将与不同的等成本线相切，形成一系列不同的生产均衡点，这些生产均衡点的轨迹就是扩展线。如图 10－2 所示，线 *OE* 即为扩展线，为成本最小化切点的轨迹。

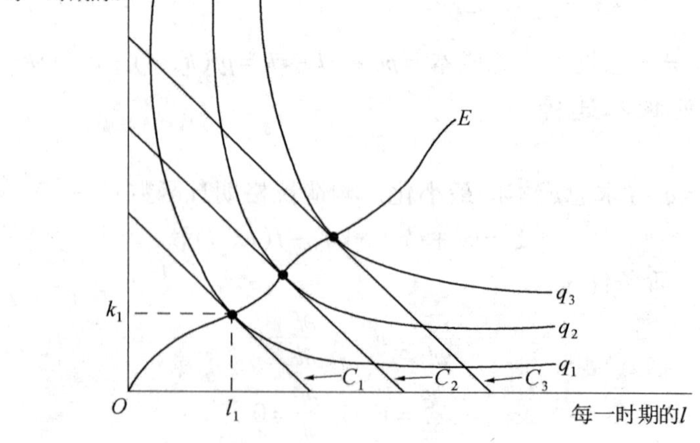

图 10－2　厂商的扩展线

扩展线的形状取决于有特定的 RTS 的点在一系列等产量线上的轨迹。当生产函数的规模报酬不变时，对应的扩展线是一条直线。一般情况下，扩展线向右上方延伸，表示较高的产出水平需要同时更多地投入两种要素，但是如果投入要素为劣等投入要素时，对应的扩展线具有负的斜率。

3. 成本函数

(1)总成本函数、平均成本函数和边际成本函数

总成本函数描述对于任意一组投入组合和任意产出水平，厂商的最小总成本为：

$$C = C(v, w, q)$$

其中，v 和 w 分别表示两种投入要素的价格。

平均成本表示每单位产出的总成本，即：

$$AC(v, w, q) = \frac{C(v, w, q)}{q}$$

边际成本(MC)反映每单位产出变化导致的总成本变化量，即：

$$MC(v, w, q) = \frac{\partial C(v, w, q)}{\partial q}$$

(2)总成本曲线、平均成本曲线和边际成本曲线

当总成本函数是三次方形式时，对应的总成本曲线、平均成本曲线和边际成本曲线如图10－3所示。

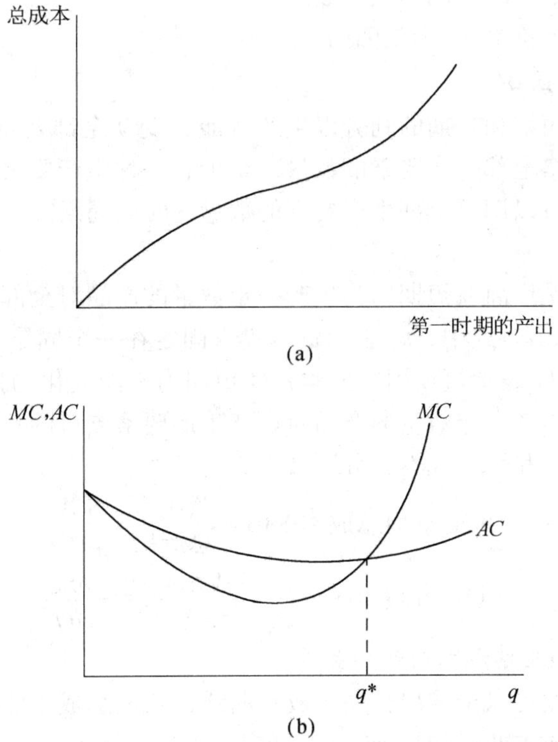

图 10－3　三次方形式时的总成本、平均成本和边际成本曲线

图 10－3(a)中，初始总成本曲线是凹的，随着产量的增加，总成本曲线开始变成凸，对应的图 10－3(b)中，平均成本 AC 曲线和边际成本 MC 曲线呈 U 形特征，即先递减，后递增。

(3)平均成本和边际成本的关系

MC 曲线必定与 AC 曲线相交于 AC 曲线的最低点。数学证明如下：

$$\frac{\mathrm{d}}{\mathrm{d}Q}AC=\frac{\mathrm{d}}{\mathrm{d}Q}\left(\frac{TC}{Q}\right)=\frac{TC'\cdot Q-TC}{Q^2}=\frac{1}{Q}(MC-AC)$$

由于 $Q>0$，所以，当 $MC<AC$，AC 曲线是下降的；当 $MC>AC$ 时，AC 曲线是上升的；当 $MC=AC$ 时，AC 曲线达极小值点。

4. 成本曲线的移动和成本函数的性质

(1)成本曲线的移动

所有的成本曲线都建立在投入要素的价格不变的假设之上。当投入要素的价格发生变化时，成本曲线将移动到新的位置。移动的幅度取决于价格发生变化的投入要素在投入组合中占有的权重和厂商以另一种要素代替该要素的难易程度。同样，技术的进步也将使成本曲线发生移动。

(2)成本函数的性质

成本函数是指在技术水平和要素价格不变的条件下，成本与产出之间的相互关系，表示生产某个特定产量所需的最小成本。当用 v 和 w 分别表示投入要素 x_1 和 x_2 的价格时，成本函数具有以下性质：

①齐次性：成本函数是投入要素 x_1、x_2 的一次齐次函数。

②成本函数是 q、v、w 的单调非减函数。

③成本函数关于投入价格 v、w 是凹的。

5. 短期和长期的区别

在微观经济学中，短期和长期的划分以生产者能否变动全部要素投入的数量作为标准。短期指生产者来不及调整全部生产要素的数量，至少有一种生产要素的数量是固定不变的时间周期。长期指生产者可以调整全部生产要素的数量的时间周期。

(1)各种短期成本

厂商的短期总成本是厂商在短期内为生产一定数量的产品对全部生产要素所支出的总成本，可表示为 $SC=vk_1+wl$。式中，k_1 表示资本投入固定在一个固定的水平，即短期内资本投入是不变的。这样，vk_1 表示短期固定成本，即短期内不能变化的投入的成本；wl 表示短期可变成本，即短期内生产一定数量的产品对可变生产要素支付的总成本。另外，各种短期成本还包括短期边际成本和平均成本，分别被定义为：

$$\text{短期平均总成本 } SAC=\frac{\text{总成本}}{\text{总产出}}=\frac{SC}{q}$$

$$\text{短期边际成本 } SMC=\frac{\text{总成本变化}}{\text{产出变化}}=\frac{\partial SC}{\partial q}$$

(2)短期成本曲线和长期成本曲线的关系

根据短期总成本曲线可以推导出长期总成本曲线，长期总成本曲线是无数条短期总成本曲线的包络线。长期总成本曲线的特征有：

①长期总成本曲线从原点出发向右上方倾斜。它表示：当产量为零时，长期总成本为零，以后随着产量的增加，长期总成本是增加的。

②长期总成本曲线表示长期内厂商在每一产量水平上由最优生产规模所带来的最小生产总成本。

③与短期总成本曲线相似的是，长期总成本曲线也是先递减速率上升，经拐点后以递增的速率上升。

同样的，长期平均成本曲线是无数条短期平均成本曲线的包络线。事实上，长期平均成本曲线表示厂商在长期内在每一产量水平上，通过选择最优生产规模所实现的最小的平均成本。

10.2 课后习题详解

1. 假设厂商生产两种不同的商品，数量分别为 q_1 和 q_2。一般地，厂商的总成本可以用 $C(q_1, q_2)$ 表示。如果对于任何一种商品的所有产出水平都有 $C(q_1, 0)+C(0, q_2)>C(q_1, q_2)$，则此函数表现出规模经济性。

a. 用文字解释为什么这个数学式说明厂商混合生产的成本低于两个单独生产每种商品的厂商的成本。

b. 如果两种产出实际上是同一种商品，那么我们可以将总产出定义为 $q=q_1+q_2$。假设此种情况下平均成本（$=C/q$）随着 q 的增加而降低，试说明此厂商在此条件下仍然享受规模经济。

解：a. 根据规模经济的定义，由一家厂商同时生产 q_1 和 q_2 比由两家不同的厂商分别生产 q_1 和 q_2 成本更低，因为 $C(q_1, 0)$ 意味着一家厂商仅生产 q_1，$C(q_2, 0)$ 意味着另一家厂商仅生产 q_2，而 $C(q_1, q_2)$ 则意味着一家厂商同时生产 q_1 和 q_2。

b. 令 $q=q_1+q_2(q_1>0, q_2>0)$。

由假设可知：$C(q_1, q_2)/q<C(q_1, 0)/q_1$，从而有：$q_1C(q_1, q_2)/q<C(q_1, 0)$ ①

类似的，有：$q_2C(q_1, q_2)/q<C(0, q_2)$ ②

加总①②两式可得：$C(q_1, q_2)<C(q_1, 0)+C(0, q_2)$，即该厂商也享受规模经济。

2. 史密斯教授和琼斯教授将写一本新的教科书。作为真正的科学家，他们将书的生产函数设为：

$$q=S^{1/2}J^{1/2}$$

其中，q 为已完成书稿的页数，S 为史密斯花费的工作时间，J 为琼斯花费的工作时间。史密斯将劳动力价格定为每小时 3 美元，他花费了 900 小时准备初稿。琼斯的劳动力价格是每小时 12 美元，他将把史密斯的初稿校订成书。

a. 琼斯将花费多长时间校订一本 150 页的书？300 页的书呢？450 页的书呢？

b. 这本成书第 150 页的边际成本是多少？第 300 页呢？第 450 页呢？

解：a. 由于史密斯教授已经花费了 900 个小时准备初稿，所以生产函数就变为：

$$q=900^{\frac{1}{2}}J^{\frac{1}{2}}=30J^{1/2}$$

这样本问题就变成了求解下面三个方程：

$$150=30J_1^{1/2},\ 300=30J_2^{1/2},\ 450=30J_3^{1/2}$$

解得 $J_1=25$（小时），$J_2=100$（小时），$J_3=225$（小时）。

b. 生产书的成本函数为：

$$c(q)=900\times3+\left(\frac{q}{30}\right)^2\times12=2700+\frac{q^2}{75}$$

相应的边际成本 $MC=\frac{2}{75}q$。把 $q=150$、300、450 分别代入边际成本的表达式得到：

$$MC_1=4,\ MC_2=8,\ MC_3=12$$

3. 假设一个厂商的固定比例生产函数是：$q=\min(5k,\ 10l)$。

a. 计算厂商的长期总成本、长期平均成本、长期边际成本函数。

b. 假设短期内将 k 固定在 10。计算厂商的短期总成本、短期平均成本、短期边际成本函数。

c. 假设资本和劳动的租金率是 $v=1$，$w=3$，计算厂商长期和短期的平均成本、边际成本函数。

解：a. 设资本和劳动的租金分别为 v、w，则厂商成本函数为 $C=vk+wl$。

由厂商生产函数 $q=\min(5k,\ 10l)$ 知，在长期有 $5k=10l=q$ 成立，从而可解得：

$$LTC(k,\ l,\ q)=vk+wl=(2v+w)q/10$$

$$LAC=LTC(k,\ l,\ q)/q=(2v+w)/10$$

$$LMC=\frac{\partial LTC(k,\ l,\ q)}{\partial q}=\frac{2v+w}{10}$$

b. 当 $k=10$ 时，有 $q=\min(50,\ 10l)$，即厂商的生产函数可表示为：

$$q=\begin{cases}10l & 0\leqslant l\leqslant 5\\ 50 & l>5\end{cases}$$

因为当 $l>5$ 时，厂商会选择在 $5k=10l$ 处生产，故 $l\leqslant 5$，则 $q\leqslant 50$。

短期总成本为：

$$STC=10v+\frac{q}{10}w,\ 0\leqslant q\leqslant 50$$

相应的平均成本函数和边际成本函数为：

$$SAC=\frac{10v}{q}+\frac{w}{10},\ 0\leqslant q\leqslant 50$$

$$SMC=\frac{w}{10},\ 0\leqslant q\leqslant 50$$

c. 当 $v=1$，$w=3$ 时，将其代入问题 a 和问题 b 所求的函数表达式可得：

长期平均成本函数为：$LAC=(2v+w)/10=0.5$；

长期边际成本函数为：$LMC=(2v+w)/10=0.5$；

短期平均成本函数为：$SAC=\frac{10v}{q}+\frac{w}{10}=\frac{10}{q}+\frac{3}{10},\ 0\leqslant q\leqslant 50$；

短期边际成本函数为：$SMC=\frac{w}{10}=\frac{3}{10},\ 0\leqslant q\leqslant 50$。

4. 一个生产曲棍球球棒的厂商的生产函数是：$q=2\sqrt{kl}$。短期内，厂商的资本设备数量固定为 $k=100$。k 的租金率是 $v=1$ 美元，l 的租金率是 $w=4$ 美元。

a. 计算厂商的短期总成本函数、短期平均成本函数。

b. 厂商短期边际成本函数是怎样的？如果厂商生产 25 个曲棍球球棒，*SC*、*SAC* 和 *SMC* 分别是多少？如果生产 50 个呢？100 个又会怎样？200 个呢？

c. 画出厂商的 *SAC* 和 *SMC* 图形。指出问题 b 中的那些点。

d. *SMC* 曲线和 *SAC* 曲线在哪儿相交？为何 *SMC* 曲线总与 *SAC* 曲线交于 *SAC* 曲线的最低点？

现在假设短期内生产曲棍球球棒的资本投入固定为 k_1。

e. 计算厂商的总成本，使其为 q，w，v 和 k_1 的函数。

f. 给定 q，w 和 v，厂商将如何选择资本存量以使总成本最小化？

g. 使用你从问题 f 中得出的结果计算曲棍球球棒生产的长期总成本。

h. 对于 $w=4$ 美元，$v=1$ 美元，画出曲棍球球棒生产的长期总成本曲线。并通过考察 k_1 的值分别等于 100、200 或 400 的情况，证明该曲线是问题 e 中计算出的短期曲线的包络线。

解：a. 短期内，固定投入的数量为 $k=100$，所以厂商的生产函数为：

$$q=20\sqrt{l}$$

所以厂商的短期总成本函数为 $STC(q)=100+\left(\frac{q}{20}\right)^2\times 4=100+\frac{q^2}{100}$，相应的短期平均成本函数为 $SAC(q)=\frac{100}{q}+\frac{q}{100}$。

b. 短期边际成本函数为 $SMC(q)=\frac{q}{50}$，由此可知，当厂商的产量分别为 25 个、50 个、100 个、200 个时，短期总成本分别为 106.25 美元、125 美元、200 美元、500 美元，短期边际成本分别为 0.5 美元、1 美元、2 美元、4 美元，短期平均成本分别为 4.25 美元、2.5 美元、2 美元、2.5 美元。

c. 如图 10－4 所示。

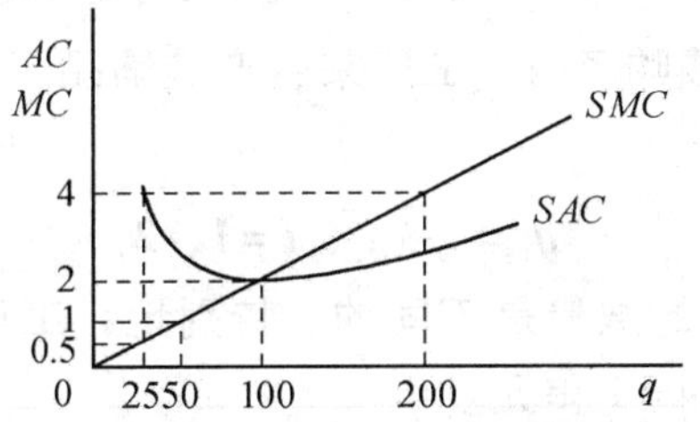

图 10－4　短期总成本曲线和短期平均成本曲线

d. SMC 曲线与 SAC 曲线相交于 SAC 曲线的最低点。当多生产一单位产品增加的成本低于平均成本时，平均成本下降；当多生产一单位产品增加的成本高于平均成本时，平均成本上升。并且，在生产要素的边际报酬递减规律作用下，边际成本曲线呈先下降后上升的 U 形。因此，当多生产一单位的产品增加的成本等于平均成本时，平均成本最低。

e. 在短期内，当 $k=k_1$ 时，$q=2\sqrt{k_1 l}$，从而可以解得：$l=q^2/(4k_1)$。

因而厂商的总成本函数为：$SC=vk_1+wl=vk_1+wq^2/(4k_1)$。

f. $\frac{\partial SC}{\partial k_1}=v-wq^2/(4k_1^2)=0$ ，从而可以解得使总成本最小的资本存量为：

$$k_1=0.5qw^{0.5}v^{-0.5}$$

g. 由问题 f 可知，长期总成本为：

$$C=vk+wl=0.5q\ w^{0.5}v^{0.5}+0.5q\ w^{0.5}\ v^{0.5}=qw^{0.5}\ v^{0.5}$$

h. 当 $w=4$，$v=1$ 时，长期总成本为：$C=2q$。

当产量为 $q=100$ 时，短期成本曲线为：$SC\ (k_1=100)=100+q^2/100$，长期成本为：$SC=200$ 。

当产量为 $q=200$ 时，短期成本曲线为：$SC(k_1=200)=200+q^2/200$，长期成本为：

$SC=400$ 。

当产量为 $q=400$ 时，短期成本曲线为：SC（$k_1=400$）$=400+q^2/400$，长期成本为：$SC=800$ 。

如图 10－5 所示。

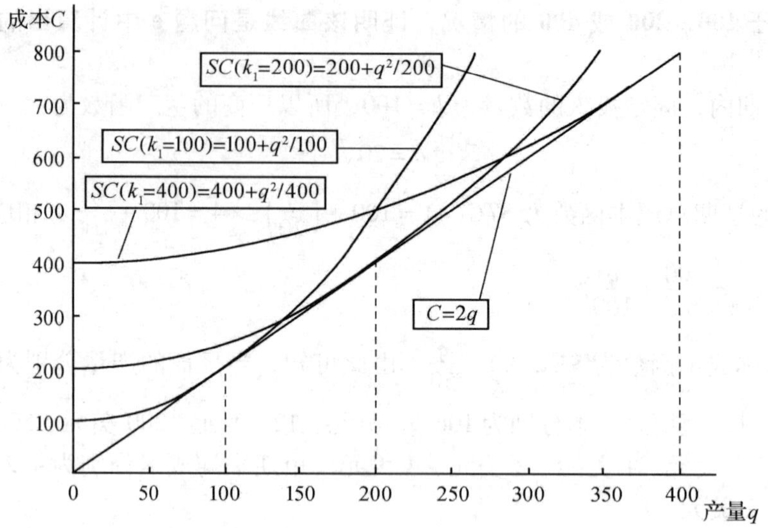

图 10－5　短期成本曲线与长期成本曲线

5. 一个有魄力的企业家收购了两个工厂来生产装饰品。每个工厂生产相同的商品，并且每个工厂的生产函数是：

$$q_i=\sqrt{k_il_i},\ i=1,\ 2$$

然而，每个工厂资本设备的数量是不同的。特别地，工厂 1 有 $k_1=25$，工厂 2 有 $k_2=100$，k 和 l 的租金率都是 $w=v=1$ 美元。

a. 如果企业家想使短期内生产装饰品的成本最小化，他将如何在两个工厂间分配产量？

b. 如果在两个工厂间最优地分配产量，计算短期总成本、短期平均成本和短期边际成本。第 100 个装饰品的边际成本是多少？第 125 个呢？第 200 个呢？

c. 企业家长期内如何在两个工厂间分配生产？计算生产装饰品的长期总成本、长期平均总成本和长期边际成本。

d. 如果两个工厂都呈现规模报酬递减，那么你将如何回答问题 c？

解：a. 短期内，每个工厂的固定投入的数量是确定的，所以它们的生产函数就变为：

$$q_1=5\sqrt{l_1},\ q_2=10\sqrt{l_2}$$

于是两个工厂各自的短期成本函数为：

$$STC_1(q_1)=25+\frac{q_1^2}{25},\ STC_2(q_2)=100+\frac{q_2^2}{100}$$

工厂 1 边际成本为：$SMC_1(q_1)=\dfrac{2q_1}{25}$；

工厂 2 边际成本为：$SMC_2(q_2)=\dfrac{q_2}{50}$。

由等边际法则 $SMC_1(q_1)=SMC_2(q_2)$，即有：

$$\frac{2q_1}{25}=\frac{q_2}{50}$$

解得：$q_1=\frac{1}{4}q_2$，即产量在两个工厂之间分配的比例为1:4。设总产量为 Q，则工厂1产量为$\frac{1}{5}Q$，工厂2产量为$\frac{4}{5}Q$。

b. 把 $q_1=\frac{1}{4}q_2$ 代入成本最小化问题的预算约束中，解得 $q_1=0.2q$，$q_2=0.8q$，把它们代入成本最小化问题的目标函数式中就得到了该企业的短期总成本函数：

$$STC=STC_1\left(\frac{1}{5}q\right)+STC_2\left(\frac{4}{5}q\right)=125+\frac{q^2}{125}$$

则短期平均成本函数为：

$$SAC=\frac{125}{q}+\frac{q}{125}$$

短期边际成本函数为：

$$SMC=\frac{2q}{125}$$

所以，当 $q=100$ 时，$SMC=\frac{200}{125}=1.6$；当 $q=125$ 时，$SMC=\frac{125\times2}{125}=2$；当 $q=200$ 时，$SMC=\frac{2\times200}{125}=3.2$。

c. 长期内，由于两个工厂的生产函数相同，那么对于每一个单独的工厂而言，其成本最小化问题是：

$$\min_{k,l} vk+wl$$

$$s.t.\ q=k^{\frac{1}{2}}l^{\frac{1}{2}}$$

利用拉格朗日乘数法解得资本和劳动的要素需求函数为：

$$k=q\left(\frac{w}{v}\right)^{\frac{1}{2}},\ l=q\left(\frac{w}{v}\right)^{-\frac{1}{2}}$$

把要素需求函数代入目标函数式中得到单个工厂的长期成本函数：

$$LTC=wl+vk=l+k=q\left(\frac{w}{v}\right)^{\frac{1}{2}}+q\left(\frac{w}{v}\right)^{-\frac{1}{2}}=2q$$

这样企业的成本最小化问题就是：

$$\min_{q_1,q_2} 2(q_1+q_2)$$

$$s.t.\ q_1+q_2=q$$

易见，长期内无论在两个工厂之间如何分配产量，都不会影响企业的总成本。这是由于长期内厂商可以自由调整要素投入量，要素可在各部门之间自由流动，所以企业的长期成本函数为 $LTC=2q$，相应的长期边际成本和长期平均成本分别为 $LAC=LMC=2$。

d. 如果两个工厂的生产函数表现出规模报酬递减，那么厂商的产量分配标准是使得每个工厂生产的最后一单位产品的边际成本相同，即 $MC_1(q_1)=MC_2(q_2)$。特别地，由于本题假设两个工厂的生产函数相同，所以最优的产量分配方案是每个工厂生产相同的产量，即：

$$q_1 = q_2 = \frac{1}{2}q$$

6. 假设一个厂商的总成本函数是：$C = qw^{2/3}v^{1/3}$。

a. 使用谢泼德引理计算固定产出下对于投入 l 和 k 的需求函数。

b. 使用你从问题 a 中得出的结果计算 q 的生产函数。

解：a. 由谢泼德引理可知，劳动和资本的需求为：

$$l = \frac{\partial C}{\partial w} = \frac{2}{3}q\left(\frac{v}{w}\right)^{1/3},\ k = \frac{\partial C}{\partial v} = \frac{1}{3}q\left(\frac{w}{v}\right)^{2/3}$$

b. 从问题 a 的方程中消去 w/v 可得：$q = \left(\frac{3}{2}\right)^{2/3}(3)^{1/3}l^{2/3}k^{1/3} = Bl^{2/3}k^{1/3}$，从而该生产函数为柯布－道格拉斯型，其中 $B = \left(\frac{3}{2}\right)^{2/3}(3)^{1/3}$。

7. 假设一个厂商的总成本函数是：$C = q(v + 2\sqrt{vw} + w)$。

a. 使用谢泼德引理计算两种投入 k 和 l 的(固定产出)需求函数。

b. 使用问题 a 中的结果计算 q 的生产函数。

c. 你可以用例 10.2 的结果来检验这个结论，证明 $\sigma = 0.5$，$\rho = -1$ 的 CES 成本函数可以得出此总成本函数。

解：a. 由谢泼德引理可知，资本和劳动的需求为：

$$k = \frac{\partial C}{\partial v} = Bv^{-0.5}q,\ l = \frac{\partial C}{\partial w} = Bw^{-0.5}q$$

其中，$B = v^{0.5} + w^{0.5}$。

b. 由 a 可得：

$$\frac{q}{k} = \frac{v^{0.5}}{B},\ \frac{q}{l} = \frac{w^{0.5}}{B}$$

从而有：$\frac{q}{k} + \frac{q}{l} = 1$ 或 $k^{-1} + l^{-1} = q^{-1}$。

因而生产函数为：$q = (k^{-1} + l^{-1})^{-1} = \frac{kl}{k+l}$。

c. 当 $\rho = -1$ 时，$\sigma = 1/(1-\rho) = 0.5$。

因而教材例 10.2 中的成本函数为：

$$\begin{aligned} C &= q^{1/\gamma}(v^{1-\sigma} + w^{1-\sigma})^{\frac{1}{1-\sigma}} = q^{1/\gamma}(v^{0.5} + w^{0.5})^2 \\ &= q^{1/\gamma}(2v^{0.5}w^{0.5} + v + w) \end{aligned}$$

当 $\gamma = 1$ 时，此上述函数即为本题中的成本函数。

8. 在一篇著名的文章中[(J. Viner, "Cost Curves and Supply Curves," *Zeitschrift fur Nationalokonomie* 3 (September 1931): 23-46]，Viner 批评他的绘图员不能画出一组 *SAC* 曲线，使其与 U 形 *AC* 曲线的切点分别是每一条 *SAC* 曲线的最低点。绘图员抗议说这种画法是不可能的。在这一辩论中，你支持哪一方？

答：在这一辩论中，我会支持绘图员一方。理由如下：

假如可以按照 Viner 的意思画出一组短期平均成本曲线 SAC_i，其中 $i = 1, 2, \cdots, n$，使得它们和 U 形的长期平均成本曲线 AC 分别相切于点 x_i，而且切点是 SAC_i 曲线的最低点。如果 x_i 是 AC 曲线的最低点，那么过该点作 SAC_i 曲线的切线 l_i，它应该是一条水平的直线。

同时过 x_i 点作 AC 曲线的切线 L_i，由于 x_i 不一定是 AC 曲线的最低点，所以 L_i 不一定是水平的。可是 SAC_i 曲线和 AC 曲线相切于点 x_i 却意味着 l_i 和 L_i 是同一直线，所以它们有相同的斜率，这样的结果相互矛盾。因此，如果 x_i 不是 AC 曲线的最低点，那么它必然不是 SAC_i 曲线的最低点。但是，如果 x_i 是 AC 曲线的最低点，那么它也是 SAC_i 曲线的最低点。

9. CES 成本函数的推广

CES 生产函数被广泛应用于估计投入的权重。在两种投入的情况下，此函数是：

$$q=f(k,\ l)=[(\alpha k)^{\rho}+(\beta l)^{\rho}]^{\gamma/\rho}$$

a. 生产函数是 CES 生产函数的厂商的总成本函数是怎样的？提示：当然，你可以从草图中得出函数。使用例 10.2 中的结果可能更简单，并且证明此生产函数中每单位资本投入的价格是 v/α，每单位劳动投入的价格是 w/β。

b. 如果 $\gamma=1$ 并且 $\alpha+\beta=1$，可以证明当 $\rho\to 0$ 时，此生产函数收敛于柯布－道格拉斯生产函数形式。CES 函数的这种特殊形式的总成本函数是怎样的？

c. 两种投入的生产函数中劳动成本的相对份额是 wl/vk。证明这一份额对于问题 b 中的柯布－道格拉斯生产函数是常数。参数 α 和 β 是如何影响劳动成本的相对份额的？

d. 计算上面介绍的一般 CES 函数的劳动成本的相对份额。w/v 的变化如何影响这一份额？替代弹性 σ 是如何决定这种影响的方向的？参数 α 和 β 的大小如何对其产生影响？

解： a. 在教材例 10.2 中，令 $k'=\alpha k$，$l'=\beta l$，从而有：$k=k'/\alpha$，$l=l'/\beta$。

因而生产函数可以变为：$q=f(k',\ l')=[(k')^{\rho}+(l')^{\rho}]^{\frac{\gamma}{\rho}}$。

总成本为：$C=wl+vk=\dfrac{w}{\beta}l'+\dfrac{v}{\alpha}k'$。

因而可以将资本和劳动投入视为 k'、l'，相应的价格为$\dfrac{v}{\alpha}$、$\dfrac{w}{\beta}$。

利用教材例 10.2 中的结论可得，总成本为：

$$C=q^{1/\gamma}[(v/\alpha)^{1-\sigma}+(w/\beta)^{1-\sigma}]^{1/(1-\sigma)}$$

其中，$\sigma=1/(1-\rho)$。

b. 由题意知，当 $\gamma=1$，$\alpha+\beta=1$，$\rho\to 0$ 时，此生产函数收敛于柯布－道格拉斯生产函数形式。又根据教材例 10.2 可知，对于柯布－道格拉斯生产函数，其总成本函数为 $C=q^{1/(\alpha+\beta)}Bv^{\alpha/(\alpha+\beta)}w^{\beta/(\alpha+\beta)}$，其中，$B=(\alpha+\beta)\alpha^{-\alpha/(\alpha+\beta)}\beta^{-\beta/(\alpha+\beta)}$，所以当 $\alpha+\beta=1$ 时，总成本函数为$C=q\alpha^{-\alpha}\beta^{-\beta}v^{\alpha}w^{\beta}$。

c. 对于柯布－道格拉斯函数而言，劳动的相对支出份额为：

$$wl/vk=(w/v)(l/k)=(MP_l/MP_k)(l/k)=\beta/\alpha$$

因而劳动的相对支出份额不变。但是该相对支出份额受到参数 α 和 β 的影响，它与 α 成反比，与 β 成正比。

d. 由成本最优化条件可得 $w/v=(\beta^{\rho}l^{\rho-1})/(\alpha^{\rho}k^{\rho-1})$，则 $l/k=(v/w)^{1/(1-\rho)}(\beta/\alpha)^{\rho/(1-\rho)}$，则劳动的相对支出份额为：

$$wl/vk=(w/v)(l/k)=(w/v)^{1-\sigma}(\alpha/\beta)^{1-\sigma}$$

其中，$\sigma=1/(1-\rho)$。

如果 $\sigma>1$，则劳动的相对支出份额变化的方向与 w/v 变化的方向相反；如果 $\sigma<1$，则劳动的相对支出份额变化的方向与 w/v 变化的方向相同。这与替代性影响相对支出份额的直观相一致。

如果 $\sigma>1$，则劳动的相对支出份额是 α/β 的减函数；如果 $\sigma<1$，则劳动的相对支出份额是 α/β 的增函数。

10. 投入需求弹性

对于劳动和资本的引致投入需求的自身价格弹性是：

$$e_{l^c,w}=\frac{\partial l^c}{\partial w}\cdot\frac{w}{l^c},\quad e_{k^c,v}=\frac{\partial k^c}{\partial v}\cdot\frac{v}{k^c}$$

a. 计算例 10.2 中各个成本函数的 $e_{l^c,w}$ 和 $e_{k^c,v}$。

b. 证明：在一般情况下，$e_{l^c,w}+e_{l^c,v}=0$。

c. 证明引致需求函数的交叉价格偏导数相等，即证明 $\frac{\partial l^c}{\partial v}=\frac{\partial k^c}{\partial w}$。使用此结果证明 $s_le_{l^c,v}=s_ke_{k^c,w}$，其中 s_l，s_k 分别是总成本的劳动份额（wl/C）和总成本的资本份额（vk/C）。

d. 使用问题 b 和 c 中的结果证明 $s_le_{l^c,w}+s_ke_{k^c,w}=0$。

e. 用文字解释这些不同的弹性的关系并在一般的投入需求理论中讨论它们的整体相关性。

解： a. 对于固定比例情形，因为 q 保持不变，所以有：$e_{l^c,w}=e_{k^c,v}=0$；

对于柯布－道格拉斯情形，$e_{l^c,w}=-\alpha/(\alpha+\beta)$，$e_{k^c,v}=-\beta/(\alpha+\beta)$；

对于 CES 情形，根据教材中例 10.4 可知：

$$\begin{aligned}l^c(v,w,q)&=\frac{\partial C}{\partial w}=\frac{1}{1-\sigma}\cdot q^{1/\gamma}(v^{1-\sigma}+w^{1-\sigma})^{\sigma/(1-\sigma)}(1-\sigma)w^{-\sigma}\\&=q^{1/\gamma}(v^{1-\sigma}+w^{1-\sigma})^{\sigma/(1-\sigma)}w^{-\sigma}\end{aligned}$$

$$\begin{aligned}k^c(v,w,q)&=\frac{\partial C}{\partial v}=\frac{1}{1-\sigma}\cdot q^{1/\gamma}(v^{1-\sigma}+w^{1-\sigma})^{\sigma/(1-\sigma)}(1-\sigma)v^{-\sigma}\\&=q^{1/\gamma}(v^{1-\sigma}+w^{1-\sigma})^{\sigma/(1-\sigma)}v^{-\sigma}\end{aligned}$$

因此有：

$$\begin{aligned}e_{l^c,w}&=\frac{\partial l^c}{\partial w}\cdot\frac{w}{l^c}\\&=q^{\frac{1}{\gamma}}\left[(v^{1-\sigma}+w^{1-\sigma})^{\frac{\sigma}{1-\sigma}-1}\frac{\sigma}{1-\sigma}(1-\sigma)w^{-\sigma}w^{-\sigma}+(v^{1-\sigma}+w^{1-\sigma})^{\frac{\sigma}{1-\sigma}}(-\sigma)w^{-\sigma-1}\right]\cdot\frac{w}{l^c}\\&=\sigma\left(\frac{w^{1-\sigma}}{v^{1-\sigma}+w^{1-\sigma}}-1\right)=-\frac{\sigma v^{1-\sigma}}{v^{1-\sigma}+w^{1-\sigma}}\end{aligned}$$

$$\begin{aligned}e_{k^c,v}&=\frac{\partial k^c}{\partial v}\cdot\frac{v}{k^c}\\&=q^{\frac{1}{\gamma}}\left[(v^{1-\sigma}+w^{1-\sigma})^{\frac{\sigma}{1-\sigma}-1}\frac{\sigma}{1-\sigma}(1-\sigma)v^{-\sigma}v^{-\sigma}+(v^{1-\sigma}+w^{1-\sigma})^{\frac{\sigma}{1-\sigma}}(-\sigma)v^{-\sigma-1}\right]\cdot\frac{v}{k^c}\\&=-\frac{\sigma w^{1-\sigma}}{v^{1-\sigma}+w^{1-\sigma}}\end{aligned}$$

b. 由于成本函数关于投入的价格是一次齐次的，所以引致需求函数关于投入价格是零次齐次的。利用欧拉定理可得：$l_w^cw+l_v^cv=0$。该式两端除以 l^c 可得：$l_w^c\frac{w}{l^c}+l_v^c\frac{v}{l^c}=0$，即：

$$e_{l^c,w}+e_{l^c,v}=0$$

c. 利用杨格定理可得：

$$\frac{\partial l^c}{\partial v}=\frac{\partial^2 C}{\partial w\partial v}=\frac{\partial^2 C}{\partial v\partial w}=\frac{\partial k^c}{\partial w}$$

该等式左乘$\frac{vwl^c}{l^c C}$，右乘$\frac{vwk^c}{k^c C}$可得：

$$\frac{vwl^c}{l^c C}\frac{\partial l^c}{\partial v}=\frac{\partial k^c}{\partial w}\frac{vwk^c}{k^c C}$$

$$\frac{\partial l^c}{\partial v}\cdot\frac{v}{l^c}\cdot\frac{wl^c}{C}=\frac{\partial k^c}{\partial w}\cdot\frac{w}{k^c}\cdot\frac{vk^c}{C}$$

可得：

$$s_l e_{l^c,v}=s_k e_{k^c,w}$$

d. 利用问题 b、问题 c 中的结论可得：

$$s_l\cdot e_{l^c,v}\cdot e_{l^c,w}+s_k\cdot e_{l^c,v}\cdot e_{k^c,w}=0$$

一般情况下，$e_{l^c,v}\neq 0$，得：

$$s_l e_{l^c,w}+s_k e_{k^c,w}=0$$

e. 所有上述结论为经验研究（特别是计量经济模型）提供了一些重要的检验依据。

$l_w^c\frac{w}{l^c}+l_v^c\frac{v}{l^c}=0$ 意味着劳动和资本价格的微小变动不会引起劳动要素需求的增加，因为工资率 w 的增加导致劳动要素需求减少，而资本价格 v 的提高将导致劳动需求增加，这两种效应恰好抵消，从而使劳动要素需求保持不变。

$s_l e_{l^c,w}+s_k e_{k^c,w}=0$ 意味着工资率 w 变化所引起的劳动和资本需求量变化的百分比按其各自在成本支出中所占比例加权之和为 0。

11. 替代弹性与投入需求弹性

(10.54) 式中（森岛）替代弹性 s_{ij} 可在投入需求弹性的框架下重新定义，该定义对基本的不对称性做了很好的说明。

a. 证明如果 w_j 发生改变，$s_{ij}=e_{x_i^c,w_j}-e_{x_j^c,w_j}$。

b. 证明如果 w_i 发生改变，$s_{ji}=e_{x_j^c,w_i}-e_{x_i^c,w_i}$。

c. 证明如果生产函数采取 CES 函数的一般形式，$q=\left(\sum_n x_i^\rho\right)^{1/\rho}$，$\rho\neq 0$，那么所有的森岛弹性都是一样的：$s_{ij}=1/(1-\rho)=\sigma$。这是在森岛的定义中唯一对称的情形。

说明：本书认为教材问题 c 中的 CES 函数表达式有误，特别做出更正。

解：a. 若 w_j 发生改变，w_i 不变，则有：

$$s_{ij}=\partial\ln(x_i^c/x_j^c)/\partial\ln(w_j/w_i)=\partial\ln(x_i^c/x_j^c)/\partial\ln(w_j)$$

由 $e_{x_i^c,w_j}=\partial\ln x_i^c/\partial\ln w_j$，$e_{x_j^c,w_j}=\partial\ln x_j^c/\partial\ln w_j$，可得：

$$e_{x_i^c,w_j}-e_{x_j^c,w_j}=\partial\ln x_i^c/\partial\ln w_j-\partial\ln x_j^c/\partial\ln w_j=\partial\ln(x_i^c/x_j^c)/\partial\ln w_j=s_{ij}$$

b. 若 w_i 发生改变，w_j 不变，则有：

$$s_{ji}=\partial\ln(x_j^c/x_i^c)/\partial\ln(w_i/w_j)=\partial\ln(x_j^c/x_i^c)/\partial\ln(w_i)$$

由 $e_{x_j^c,w_i}=\partial\ln x_j^c/\partial\ln w_i$，$e_{x_i^c,w_i}=\partial\ln x_i^c/\partial\ln w_i$，可得：

$$e_{x_j^c,w_i}-e_{x_i^c,w_i}=\partial\ln x_j^c/\partial\ln w_i-\partial\ln x_i^c/\partial\ln w_i=\partial\ln(x_j^c/x_i^c)/\partial\ln w_i=s_{ji}$$

c. 若生产函数采取 CES 函数的一般形式 $q=\left(\sum_n x_i^\rho\right)^{1/\rho}$，则其成本函数为：

$$C(w_1,w_2,\cdots,w_n,q)=q\left(\sum_{k=1}^n w_k^{\rho/(\rho-1)}\right)^{(\rho-1)/\rho}$$

令 $B=\sum_{k=1}^{n} w_k{}^{\rho/(\rho-1)}$，由谢泼德引理可得：

$$x_i^c(w_1, w_2, \cdots, w_n, q)=\partial C(w_1, w_2, \cdots, w_n, q)/\partial w_i=qB^{-1/\rho}w_i{}^{1/(\rho-1)}$$

$$x_j^c(w_1, w_2, \cdots, w_n, q)=\partial C(w_1, w_2, \cdots, w_n, q)/\partial w_j=qB^{-1/\rho}w_j{}^{1/(\rho-1)}$$

由于

$$e_{x_i^c,w_j}=(\partial x_i^c/\partial w_j)(w_j/x_i^c)=[-1/(\rho-1)]B^{-1}w_j^{\rho/(\rho-1)}$$

$$\begin{aligned}e_{x_j^c,w_j}&=(\partial x_j^c/\partial w_j)(w_j/x_j^c)\\&=1/(\rho-1)-[1/(\rho-1)]B^{-1}w_j^{\rho/(\rho-1)}=-\sigma+e_{x_i^c,w_j}\end{aligned}$$

$$e_{x_j^c,w_i}=(\partial x_j^c/\partial w_i)(w_i/x_j^c)=[-1/(\rho-1)]B^{-1}w_i^{\rho/(\rho-1)}$$

$$\begin{aligned}e_{x_i^c,w_i}&=(\partial x_i^c/\partial w_i)(w_i/x_i^c)\\&=1/(\rho-1)-[1/(\rho-1)]B^{-1}w_i^{\rho/(\rho-1)}=-\sigma+e_{x_j^c,w_i}\end{aligned}$$

则有 $s_{ij}=s_{ji}=e_{x_i^c,w_j}-e_{x_j^c,w_j}=e_{x_j^c,w_i}-e_{x_i^c,w_i}=\sigma$。

12. 艾伦替代弹性

大量实证研究为要素投入间的替代弹性提出了另一种定义，这个定义最初由艾伦（R. G. D Allen）在20世纪30年代提出，后由宇泽弘文（H. Uzawa）于60年代进一步阐明。该定义直接建立在以生产函数为基础的替代弹性（见第9章脚注）上：

$$\boldsymbol{A_{ij}=(C_{ij}C)/(C_iC_j)}$$

下标表明了生产函数对不同的投入价格的偏导数。很明显，艾伦的定义是对称的。

a. 证明 $A_{ij}=e_{x_i^c,w_j}/s_j$，s_j 是投入 j 在总成本中所占的份额。

b. 证明 s_i 对投入 j 的价格的弹性与艾伦弹性有关，其关系式为 $e_{s_i,p_j}=s_j(A_{ij}-1)$。

c. 证明如果只有两种投入，$A_{kl}=1$ 对应柯布－道格拉斯情形，$A_{kl}=\sigma$ 对应CES情形。

d. 阅读Blackorby和Russell的论文（1989："Will the Real Elasticity of Substitution Please Stand Up?"），思考为何森岛的弹性定义是大多数研究者的首选。

解： a. 由谢泼德引理知 $x_i^c=\dfrac{\partial C}{\partial w_i}=C_i$。

因为 $e_{x_i^c,w_j}=\dfrac{\partial x_i^c}{\partial w_j}\dfrac{w_j}{x_i^c}=\dfrac{\partial C}{\partial w_i\partial w_j}\dfrac{w_j}{x_i^c}=C_{ij}\dfrac{w_j}{C_i}$，$s_j=\dfrac{w_jx_j^c}{C}=\dfrac{w_jC_j}{C}$，所以，有：

$$\frac{e_{x_i^c,w_j}}{s_j}=C_{ij}\frac{w_j}{C_i}\frac{C}{w_jC_j}=\frac{C_{ij}C}{C_iC_j}=A_{ij}$$

b. s_i 对投入 j 的价格的弹性为

$$\begin{aligned}e_{s_i,p_j}&=\frac{\partial s_i}{\partial p_j}\frac{p_j}{s_i}=\frac{\partial(p_iC_i/C)}{\partial p_j}\frac{p_j}{p_iC_i/C}=\frac{p_i\partial(C_i/C)}{\partial p_j}\frac{p_jC}{p_iC_i}=p_i\frac{C_{ij}C-C_iC_j}{C^2}\frac{p_jC}{p_iC_i}\\&=\frac{(C_{ij}C-C_iC_j)p_j}{CC_i}=\frac{[(C_{ij}C)/(C_iC_j)-1]p_jC_j}{C}=s_j(A_{ij}-1)\end{aligned}$$

c. 若只有两种投入，在柯布－道格拉斯情形下有 $C=q^{1/(\alpha+\beta)}Bv^{\alpha/(\alpha+\beta)}w^{\beta/(\alpha+\beta)}$，其中，$B=(\alpha+\beta)\alpha^{-\alpha/(\alpha+\beta)}\beta^{-\beta/(\alpha+\beta)}$。

$$C_l=\partial C/\partial w=q^{1/(\alpha+\beta)}B[\beta/(\alpha+\beta)]v^{\alpha/(\alpha+\beta)}w^{-\alpha/(\alpha+\beta)}$$

$$C_k=\partial C/\partial v=q^{1/(\alpha+\beta)}B[\alpha/(\alpha+\beta)]v^{-\beta/(\alpha+\beta)}w^{\beta/(\alpha+\beta)}$$

$$C_{kl}=\partial C_k/\partial w=q^{1/(\alpha+\beta)}B[\alpha\beta/(\alpha+\beta)^2]v^{-\beta/(\alpha+\beta)}w^{-\alpha/(\alpha+\beta)}$$

$$A_{kl}=(C_{kl}C)/(C_kC_l)=1$$

在 CES 情形下成本函数为 $C=q^{1/\gamma}(v^{1-\sigma}+w^{1-\sigma})^{1/(1-\sigma)}$，从而有：

$$C_l=\partial C/\partial w=q^{1/\gamma}(v^{1-\sigma}+w^{1-\sigma})^{\sigma/(1-\sigma)}w^{-\sigma}$$

$$C_k=\partial C/\partial v=q^{1/\gamma}(v^{1-\sigma}+w^{1-\sigma})^{\sigma/(1-\sigma)}v^{-\sigma}$$

$$C_{kl}=\partial C_k/\partial w=q^{1/\gamma}\sigma(v^{1-\sigma}+w^{1-\sigma})^{(2\sigma-1)/(1-\sigma)}v^{-\sigma}w^{-\sigma}$$

$$A_{kl}=(C_{kl}C)/(C_kC_l)=\sigma$$

d. 读者可自行查阅论文对弹性定义进行更深入的学习。

第 11 章　利润最大化

11.1　复习笔记

1. 利润最大化

(1)利润最大化的必要和充分条件

厂商的经济利润为：

$$\pi(q)=P(q)\cdot q-TC(q)=TR(q)-TC(q)$$

其中，q 是厂商的产量，P 是商品的价格，TC 是总成本，TR 是总收益，π 是经济利润。

厂商利润最大化的一阶必要条件为：

$$\mathrm{d}\pi/\mathrm{d}q=\pi'(q)=\mathrm{d}TR/\mathrm{d}q-\mathrm{d}TC/\mathrm{d}q=0$$

即：

$$MR=\mathrm{d}TR/\mathrm{d}q=\mathrm{d}TC/\mathrm{d}q=MC$$

厂商利润最大化的二阶必要条件为：

$$\mathrm{d}^2\pi/\mathrm{d}q^2\big|_{q=q^*}=\mathrm{d}\pi'(q)/\mathrm{d}q\big|_{q=q^*}<0$$

只有上述两个条件同时满足才构成利润最大化的充分条件。

(2)利润最大化的图形表示

厂商的最大利润如图 11－1 所示，TR 表示总收益，TC 表示总成本，两者之间的垂直差距表示利润或损失。可见，在产量为 Q^* 时，厂商将获得最大利润。

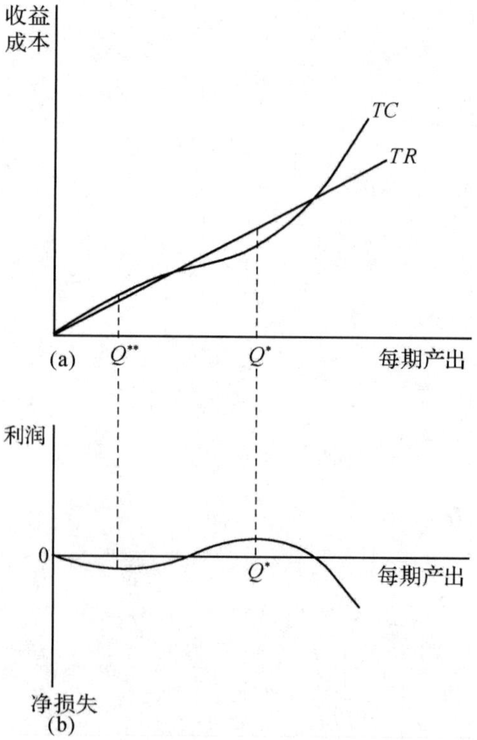

图 11－1　利润最大化

(3)边际收益与弹性

厂商的边际收益和弹性之间的关系为：

$$MR(q)=\frac{\mathrm{d}R}{\mathrm{d}q}=\frac{\mathrm{d}[P(q)\cdot q]}{\mathrm{d}q}=P+q\frac{\mathrm{d}P}{\mathrm{d}q}=P\left(1+\frac{1}{e_{q,P}}\right)$$

因此，如果需求曲线富有弹性($e_{q,P}<-1$)，则厂商将有正的边际收益；如果需求曲线具有无限弹性($e_{q,P}=-\infty$)，则边际收益将等于价格；如果需求曲线缺乏弹性($e_{q,P}>-1$)，则边际收益将是负的。

(4)逆弹性法则

逆弹性法则可以表示为：

$MC=P(1+1/e_{q,P})$ 或 $(P-MC)/P=-1/e_{q,P}$

这表明当厂商面临的需求曲线变得更富有弹性时，价格与边际成本的差额将逐步缩小。

2. 作为价格接受者的厂商的短期供给

(1)价格接受者

如果产量增加时价格不变($\frac{dP}{dq}=0$)，这时边际收益等于价格。在这种情况下，称该厂商是价格接受者，因为它的决策不影响它所接受的价格水平。当厂商是价格接受者时，对应的需求曲线是一条由既定的市场均衡价格水平出发的水平线。

(2)厂商的短期供给曲线

厂商的短期供给曲线表示在各种可能的价格水平下厂商将生产多少产出。对于一个接受既定的产出价格并追求利润最大化的厂商来说，厂商的短期供给曲线由厂商的短期边际成本曲线上高于平均可变成本最低点的有正斜率的那一段组成。当价格低于供给曲线最低点时，厂商利润最大化的决策将是停业、停产。分析如下：

如果一家厂商生产量为零，它仍要支付固定成本 F，所以，此时的利润为 $-F$。产量为 q 时的利润为 $Pq-SVC(q)-F$，当 $-F>Pq-SVC(q)-F$ 时，厂商停止生产较为有利。重新整理不等式 $-F>Pq-SVC(q)-F$，可得停止生产条件为：

$$SAVC(q)=\frac{SVC(q)}{q}>P$$

即如果平均可变成本大于平均收益(价格)时，厂商停止营业是比较有利的。

如图 11－2 所示，在短期，一个作为价格接受者的厂商将生产这样的产出水平：此时 $SMC=P$。例如，在点 P^*，厂商产出为 q^*。SMC 曲线也表示在其他价格水平上将生产多少，但是，当价格低于 $SAVC$ 时，厂商将不生产。图 11－2 中的黑体粗线部分代表厂商的短期供给曲线。

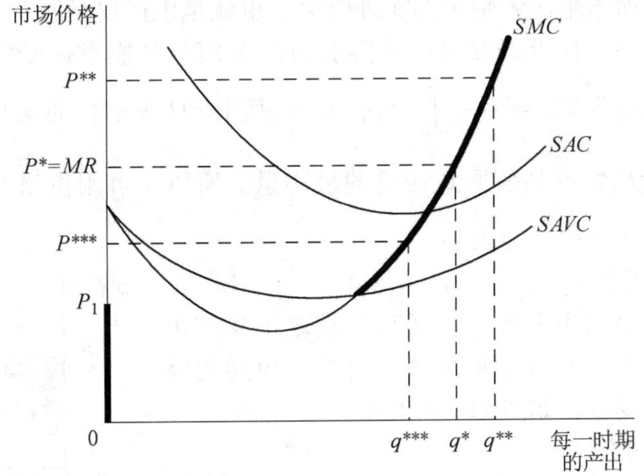

图 11－2　作为价格接受者的厂商短期供给曲线

3. 利润函数及其性质

(1)利润函数的定义

厂商的利润函数表明其最大化利润是该厂商面临的价格的函数，即：

$$\Pi(P,v,w)=\max_{k,l}Pf(k,l)-vk-wl$$

(2)利润函数的存在性

①利润函数只有当规模报酬递减时才存在；

②规模报酬递增，就不会存在利润函数；

③若规模报酬不变，又有利润最大值，则该利润必为零。

(3)利润函数的性质

①齐次性。利润函数是所有价格的一次齐次函数，即若利润函数中所有价格都增加一倍，则利润也会增加一倍。

②利润函数是产出价格 P 的非减函数。

③利润函数是投入价格 v 和 w 的非增函数。

④利润函数是产出价格的凸函数，即两种不同价格下的利润函数的平均值大于等于两种价格平均值对应的利润函数。

⑤霍特林引理。已知利润函数 $\Pi(P, v, w)$，且 $\Pi(P, v, w)$ 是可导的，则根据霍特林引理：

$$\frac{\partial \Pi(P, v, w)}{\partial P}=q(P, v, w)$$

其中 $q(P, v, w)$ 是供给函数；

$$\frac{\partial \Pi(P, v, w)}{\partial v}=-k(P, v, w)$$

$$\frac{\partial \Pi(P, v, w)}{\partial w}=-l(P, v, w)$$

其中 $k(P, v, w)$ 和 $l(P, v, w)$ 是投入需求函数。

4. 生产者剩余

生产者剩余是指生产要素所有者、产品提供者由于生产要素、产品的供给价格与当前市场价格之间存在差异而给生产者带来的额外收益，也就是生产要素所有者、产品提供者因拥有生产要素或提供产品，在市场交易中实际获得的金额与其愿意接受的最小金额之间的差额。生产者剩余可表示为 $PS=PQ-\int_0^Q P(Q)\mathrm{d}Q$，其中 PQ 表示厂商出售产品得到的量，而 $\int_0^Q P(Q)\mathrm{d}Q$ 表示厂商出售产品所愿意接受的最小量。所以，可用供给曲线以上，价格轴以下的图形面积表示生产者剩余的大小。

(1)短期生产者剩余

短期生产者剩余是指企业参与市场交易较之不参与市场交易而言的福利改进，其数额可由市场价格与短期边际成本线之间的面积来度量，如图 11-3 所示。

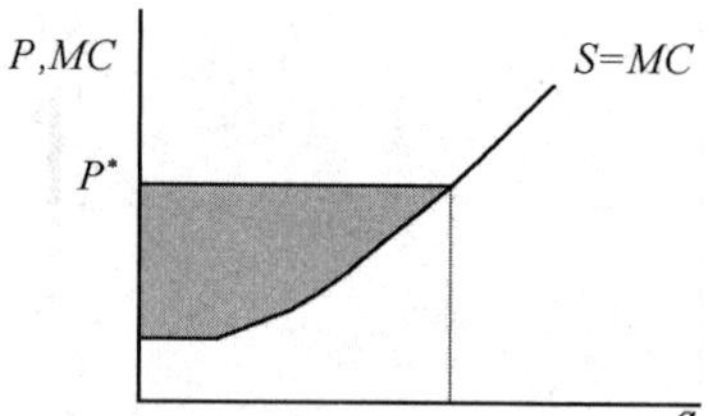

图 11-3　短期生产者剩余

(2)长期生产者剩余

长期生产者剩余是指企业参与市场交易较之不参与市场交易而言在福利上的改进，它也是由市场价格线与长期供给线之间的面积来度量。更准确地说，长期生产者剩余是指一个行业的最后进入者的利润为零时，超过正常利润的额外利润。

5. 长期利润最大化的必要条件和长期要素需求曲线

(1)长期利润最大化

长期条件下由于不存在固定投入，厂商可以任意选择要素的使用量，因此，厂商的长期利润最大化问题可以表示为：

$$\max_{x_1,x_2} Pf(x_1, x_2) - w_1x_1 - w_2x_2$$

关于 x_1 和 x_2 求导，得到长期利润最大化的必要条件：

$$P \cdot MP_1(x_1, x_2) = w_1, \ P \cdot MP_2(x_1, x_2) = w_2$$

这两个条件给出了包含有两个未知数 x_1 和 x_2 的两个方程。从而可以解出 x_1、x_2 作为 w_1、w_2 和 P 的函数，这就是投入需求函数，记为：$x_1(w_1, w_2, P)$，$x_2(w_1, w_2, P)$。

(2)替代效应与产出效应

在长期内，当一种要素投入的价格发生变化(例如，价格下降)时，两种效应将导致该要素的需求量发生相应的变化(需求量增加)：

①替代效应：替代效应将使厂商在既定的产量下，会更多地使用价格相对便宜的要素。

②产出效应：由于投入要素价格下降导致生产成本下降，这将使厂商能够出售更多的产品，因而产出的增加也将使厂商增加对生产要素的需求(包括价格下降的生产要素)。

11.2 课后习题详解

1. 约翰割草服务公司(下称“约翰公司”)是一个小厂商，是一个价格接受者(即 $MR = P$)。修剪草坪的现行市场价格为每亩20美元，约翰公司的成本为：

$$\text{总成本} = 0.1q^2 + 10q + 50$$

式中，q 为约翰公司每天修剪的亩数。

a. 为达到利润最大化，约翰公司将选择修剪多少亩草坪?

b. 计算约翰公司每日的最大利润额。

c. 用图形展示这些结果并画出约翰公司的供给曲线。

解： a. 约翰公司的利润函数为：

$$\pi = Pq - C = 20q - (0.1q^2 + 10q + 50) = -0.1q^2 + 10q - 50$$

利润最大化的一阶条件为：$\frac{d\pi}{dq} = -0.2q + 10 = 0$，解得 $q^* = 50$，且 $\frac{d^2\pi}{dq^2} = -0.2 < 0$，故为实现利润最大化，约翰公司每天将选择修剪50亩草坪。

b. 由问题a可得，约翰公司每天的最大利润额为：

$$\pi = Pq - C = 1000 - 800 = 200(\text{美元})$$

c. 约翰公司的供给曲线如图11-4所示。

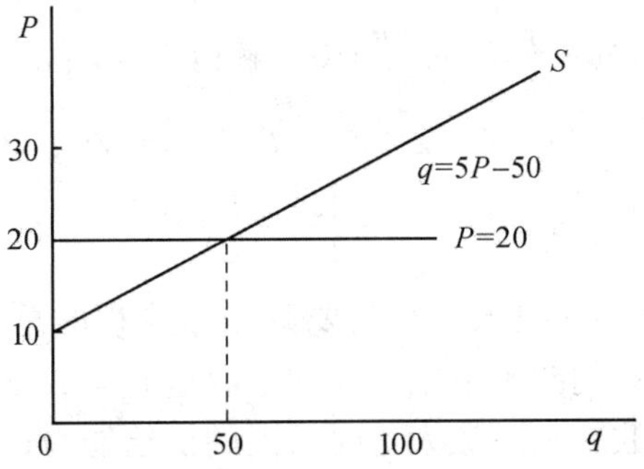

图11-4　约翰公司的供给曲线

2. 环球小器械公司在它设在内华达州的工厂生产高质量的小器械，销往世界各地。小器械的总成本函数为：总成本 $= 0.25q^2$。

小器械的需求地只有澳大利亚(其需求曲线为 $q_A = 100 - 2P_A$)与拉普兰(其需求曲线为 $q_L = 100 - 4P_L$)，因此总需求为 $q = q_A + q_L$。如果该公司能够控制它在每一个市场上的供给量，为了使总的利润最大，它应该在每个地方各出售多少商品？在每个地方以什么价格出售？

解：该公司的总成本为：$C = 0.25q^2 = 0.25(q_A + q_L)^2$，$P_A = 50 - 0.5q_A$，$P_L = 25 - 0.25q_L$，因此可得该公司的总利润函数为：

$$\pi(q_A, q_L) = P_A q_A + P_L q_L - C = -0.75q_A^2 + 50q_A - 0.5q_A q_L - 0.5q_L^2 + 25q_L$$

利润最大化的一阶条件为：

$$\frac{\partial \pi}{\partial q_A} = -1.5q_A + 50 - 0.5q_L = 0$$

$$\frac{\partial \pi}{\partial q_L} = -q_L + 25 - 0.5q_A = 0$$

解得：$q_A = 30$，$q_L = 10$。

从而可得 $P_A = 50 - 0.5q_A = 35$，$P_L = 25 - 0.25q_L = 22.5$。

总利润为 $\pi = 35 \times 30 + 10 \times 22.5 - 0.25 \times 40^2 = 875$。

3. 一个集成计算器生产厂商的生产函数为：$q = 2\sqrt{l}$。式中，q 为计算器产量，l 代表劳动投入的小时数。这个厂商在计算器(售价为 P)与劳动(每小时工资为 w)市场上，是一个价格接受者。

a. 厂商的总成本函数是怎样的？

b. 厂商的利润函数是怎样的？

c. 集成计算器的供给函数 $q(P, w)$ 是怎样的？

d. 厂商的劳动需求函数 $l(P, w)$ 是怎样的？

e. 请直观地解释这些函数的形式。

解：a. 因为 $q = 2\sqrt{l}$，$q^2 = 4l$，所以 $l = q^2/4$，该厂商的成本函数为：

$$C = wl = wq^2/4$$

b&c. 该厂商的利润函数为：

$$\pi = Pq - C = Pq - \frac{wq^2}{4}$$

利润最大化的一阶条件为：$\frac{\partial \pi}{\partial q} = P - \frac{wq}{2} = 0$，解得供给函数为：$q = 2P/w$。

从而可得利润函数为：$\pi = Pq - C = 2P^2/w - P^2/w = P^2/w$，关于 P 和 w 是一次齐次的。

d. 劳动需求函数为：$l(P, w) = q^2/4 = \frac{4P^2}{4w^2} = \frac{P^2}{w^2}$。

e. 厂商的总成本是厂商要素投入量与其要素价格乘积的总和，总成本函数一般表示成总成本与产出量的函数关系；利润函数是厂商的总收益和总成本之间的差额，一般也表示成产出量的函数关系；供给函数是利润最大化时厂商的供给能力；劳动需求函数是利润最大化时当前工资水平下厂商对劳动的需求量。

4. 优质鱼子酱的市场取决于天气，如果天气很好，便会有很多人买，售价为每磅鱼子酱 30 美元。天气不好时，每磅只能售 20 美元。一周前生产的鱼子酱不能保留到下一周，一个小规模的鱼子酱生产者的成本函数为：$C = 0.5q^2 + 5q + 100$。

式中，q 为每周鱼子酱的产量，生产者的决策必须在知道天气情况（与鱼子酱的价格）之前作出，不过我们知道好天气与坏天气出现的概率各为 0.5。

a. 厂商如果希望使预期利润最大化，那么应该生产多少鱼子酱？

b. 假设此厂商有这样的效用函数：效用 $=\sqrt{\pi}$，式中，π 是每周的利润。则按问题 a 中所确定的产出策略，其预期效用是多少？

c. 这个厂商能通过达到不同于问题 a 与 b 中得出的具体产量而获得更高的利润吗？请对此加以解释。

d. 假定这个厂商能预测下周的价格，但不能影响这一价格。在这种情况下，为使预期利润最大化应采取什么策略？这时的预期利润是多少？

解： a. 该厂商的预期利润为：

$$E(\pi)=0.5[30q-C(q)]+0.5[20q-C(q)]=-\frac{1}{2}q^2+20q-100$$

期望利润最大化的一阶条件为：

$$E'(\pi)=-q+20=0$$

从而可以解得 $q=20$，因而最大期望利润为：

$$E(\pi)=E(P)q-C(q)=500-400=100$$

b. 在两种状态下，当是好天气，即 $P=30$ 时，利润为：$\pi=600-400=200$；

当是坏天气，即 $P=20$ 时，利润为：$\pi=400-400=0$；

因而预期效用为：$E(U)=0.5\times\sqrt{200}+0.5\times\sqrt{0}\approx7.1$。

c. 这个厂商能通过达到不同于问题 a 与 b 中得出的具体产量而获得更高的利润。当产出水平介于 13 和 19 之间时，利润会高于产量为 $q=20$ 时所获得的利润。价格 P 较高时产量减少所导致的利润减少可由价格较低时所增加的利润来补偿。例如，$q=17$，此时，当 $P=30$ 时，利润为：$\pi=510-329.5=180.5$；当 $P=20$ 时，利润为：$\pi=340-329.5=10.5$；因而预期效用为：$E(U)=0.5\times\sqrt{180.5}+0.5\times\sqrt{10.5}\approx8.34$，因而效用水平提高了。

d. 如果价格可以预测，在每种状态下令 $P=MC$，则当 $P=30$ 时，$q=25$，利润为：$\pi=212.5$；当 $P=20$ 时，$q=15$，利润为：$\pi=12.5$。因而期望利润为：$E(\pi)=112.5$。

厂商的期望效用为：$E(U)=0.5\times\sqrt{212.5}+0.5\times\sqrt{12.5}\approx9.06$。

5. 重型机械学校教学生如何操作建筑机器。学校每个星期能够培训的学生数量是：

$$q=10\min(k,l)^{\gamma}$$

其中 k 是学校每星期租用的挖掘机的数量，l 是学校每星期雇用的老师的数量，γ 表示生产函数的规模报酬。

a. 解释为什么这个利润最大化模型要求 $0<\gamma<1$。

b. 假定 $\gamma=0.5$，计算厂商的总成本和利润函数。

c. 如果 $v=1000$，$w=500$，并且 $P=600$，则这个学校能够服务多少学生？利润是多少？

d. 如果学生愿意支付的费用上涨为 $P=900$，利润将如何变化？

e. 画出学校对学生的供给曲线，并用图表示问题 d 中得出的利润的增加量。

解： a. 为了使利润最大化的二阶条件得以满足，边际成本必须递增，此时要求规模报酬递减，从而要求 $0<\gamma<1$。

b. 当 $\gamma = 0.5$ 时，$q = 10k^{0.5} = 10l^{0.5}$，从而有：

$$k = l = q^2/100$$

总成本函数为：

$$C = vk + wl = q^2(v+w)/100$$

利润最大化要求 $P = MC = q(v+w)/50$，从而可得供给为：$q = 50P/(v+w)$。

因而利润函数为：

$$\pi(v, w, P) = Pq - C = 50P^2/(v+w) - [50P/(v+w)]^2(v+w)/100 = 25P^2/(v+w)$$

c. 当 $v = 1000$，$w = 500$，$P = 600$ 时，$q = 20$，$\pi = 6000$。

d. 当 $v = 1000$，$w = 500$，$P = 900$ 时，$q = 30$，$\pi = 13500$。

e. 学校的学生供给曲线如图 11－5 所示，利润的变化如图中的阴影部分所示。

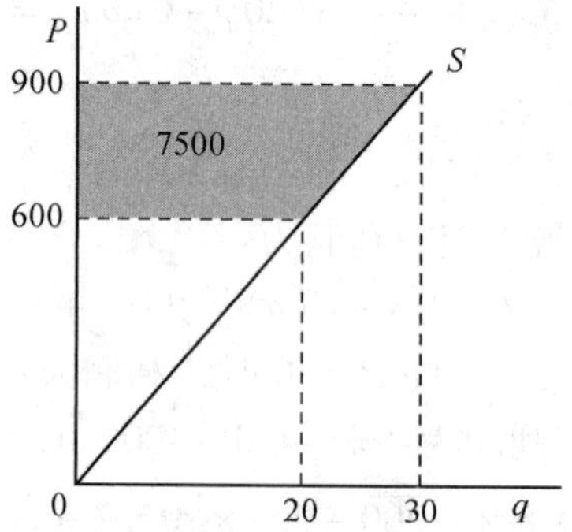

图 11－5 学校的供给曲线

6. 固定的一次总付的利得税会影响利润最大化的产量吗？如果对利润计征比例税呢？如果按每单位产出征收，会对产量有影响吗？如果是对劳动投入征税呢？

答：假设厂商的利润为：$\pi(q) = R(q) - C(q)$，则利润最大化的一阶条件为：$\frac{\partial \pi}{\partial q} = \frac{\partial R}{\partial q} - \frac{\partial C}{\partial q} = 0$，即 $MR = MC$。

(1) 设一次总付的利得税为 T，在此利得税下厂商的利润函数为：$\pi(q) = R(q) - C(q) - T$，利润最大化的一阶条件为：$\frac{\partial \pi}{\partial q} = \frac{\partial R}{\partial q} - \frac{\partial C}{\partial q} - 0 = 0$，即 $MR = MC$，与不征税时一样，因而固定的一次总付的利得税不会影响利润最大化的产出。

(2) 在对利润征收比例税的情况下，假设征收比例为 t，则利润函数变为：$\pi(q) = (1-t)[R(q) - C(q)]$，一阶条件为：$\frac{\partial \pi}{\partial q} = (1-t)(MR - MC) = 0$，即 $MR = MC$，因而对利润征收比例税也不会影响利润最大化的产出。

(3) 如果按每单位产出征税，则利润函数为：$\pi(q) = R(q) - C(q) - tq$，利润最大化的一阶条件为：$\frac{\partial \pi}{\partial q} = MR - MC - t = 0$，即 $MR = MC + t$。因而产出 q 将发生变化，此时产品税确实影响利润最大化时的产出。

(4) 如果对劳动投入征税，则厂商的边际成本有可能发生变化，从而利润最大化的一阶条件也有可能发生变化，最终对劳动投入征税会影响企业的产出。

7. 本题与一些函数形式的需求曲线和边际收益曲线的关系有关。请证明：

a. 对于一条线性需求曲线，在任何价格水平上，边际收益曲线都处在纵轴与需求曲线之间的平分点上。

b. 对于任一条线性需求曲线，需求曲线与边际收益曲线之间的垂直距离为 $-1/b \cdot q$，其中 $b(<0)$ 是需求曲线的斜率。

c. 对于形式为 $q=aP^b$ 的不变弹性需求曲线，需求曲线与边际收益曲线之间的垂直距离与需求曲线的高度成一固定的比例，这一比例取决于需求的价格弹性。

d. 对于任何向下倾斜的需求曲线，在任一点上需求曲线与边际收益曲线之间的垂直距离可以通过在该点对需求曲线做线性趋近，并应用问题 b 中所描述的步骤得到。

e. 将问题 a 到问题 d 的结果在图上表示出来。

解： a. 假设线性需求曲线为：$q=a+bP$，从而可得反需求曲线为：$P=(q-a)/b$，因而总收益为：$R=Pq=(q-a)q/b$。

边际收益为：$MR=\dfrac{2q-a}{b}$。

从而有：$q=(a+bMR)/2$。

因为纵轴与价格为 P 时需求曲线某点之间的距离为 $q=a+bP$，此时纵轴与 $MR=P$ 时 MR 曲线上的某点之间的距离为：$q'=(a+bMR)/2=(a+bP)/2=q/2$。由于 P 是任取的，因而可知对一条线性需求曲线，在任何价格水平上，边际收益曲线都处在纵轴与需求曲线之间的平分点上。

b. 对于需求曲线 $q=a+bP(b<0)$ 而言，有：$P=\dfrac{q-a}{b}$，而 $MR=\dfrac{2q-a}{b}$，因而有：$P-MR=-\dfrac{1}{b}q$。

c. 对于不变弹性需求函数 $q=aP^b$ 而言，其边际收益为：

$$MR=P+q\frac{\partial P}{\partial q}=\left(\frac{q}{a}\right)^{1/b}+\frac{(q/a)^{1/b}}{b}$$

其需求的价格弹性为：$\dfrac{\partial q}{\partial P}\cdot\dfrac{P}{q}=\dfrac{abP^b}{aP^b}=b$。

因而需求曲线与边际收益曲线之间的垂直距离为：

$$P-MR=\frac{-(q/a)^{1/b}}{b}=\frac{-P}{b}(b<0)$$

从而 $P-MR$ 与需求的高度(P)成正比，同时这一比例也取决于需求的价格弹性 b。

d. 如果 $e_{q,P}<0$(需求曲线向下倾斜)，则边际收益将小于价格，从而垂直距离为：$P-MR$。因为 $MR=P+q\dfrac{\mathrm{d}P}{\mathrm{d}q}$，从而垂直距离为：$-q\dfrac{\mathrm{d}P}{\mathrm{d}q}$。又因为$\dfrac{\mathrm{d}q}{\mathrm{d}P}=b$ 为需求曲线切线的斜率，所以可得需求曲线与边际收益曲线之间的垂直距离为：$P-MR=\dfrac{-q}{b}$。

e. 上述问题 a、问题 b 和问题 d 的结论如图 11－6(a)所示，问题 c 的结论如图 11－6(b)所示。

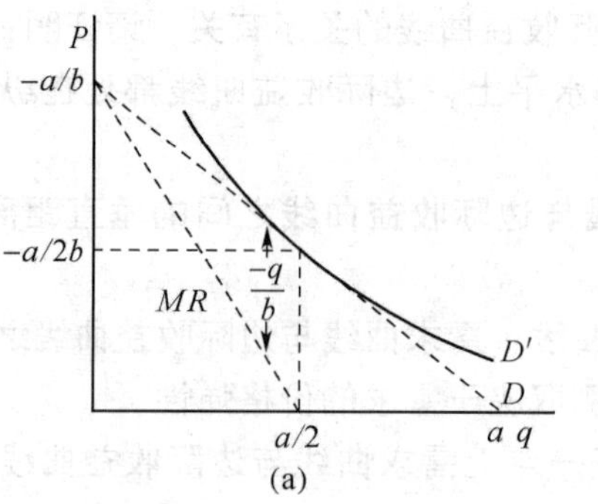

图 11－6　需求曲线与边际收益曲线之间的关系

8. 你认为产出价格 P 的上升将如何影响对资本和劳动投入的需求?

a. 用图形解释为什么当投入都不是劣等投入时，价格 P 的上升不必然减少对这些要素的需求。

b. 说明问题 a 中的图形化假设可以用柯布－道格拉斯情形下推导出的投入需求函数证明。

c. 使用利润函数证明劣等投入将如何使 P 对投入需求的影响变得不确定。

解: a. 如图 11－7 所示，当边际成本递增时，P 的上涨会导致 q 的增加。为了生产额外的产出，每种投入也将相应增加(除非投入为劣等品)。

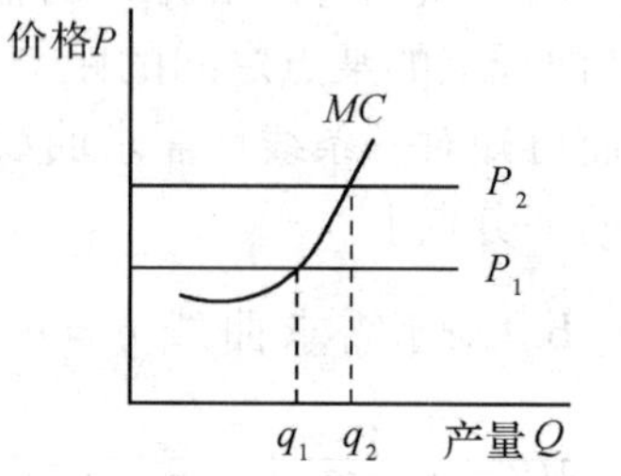

图 11－7　价格上涨对产出的影响

b. 在柯布－道格拉斯情况下，要素需求为:

$$k=\left(\frac{\alpha}{\beta}\right)^{\frac{\beta}{\alpha+\beta}}q^{\frac{1}{\alpha+\beta}}\left(\frac{w}{v}\right)^{\frac{\beta}{\alpha+\beta}}$$

$$l=\left(\frac{\beta}{\alpha}\right)^{\frac{\alpha}{\alpha+\beta}}q^{\frac{1}{\alpha+\beta}}\left(\frac{v}{w}\right)^{\frac{\alpha}{\alpha+\beta}}$$

显然，当 P 的提高引起 q 的增加时，k 和 l 都将增加。

c. 因为 $\partial l/\partial P=\partial[-\partial\pi/\partial w]/\partial P=-\partial^2\pi/\partial P\partial w=-\partial q/\partial w$，所以当 l 是一种劣等品时，最后的偏导数的符号有可能是负的，因而 P 的变化对投入需求的影响是不确定的。

9. CES 利润函数

使用形式为 $q=(k^\rho+l^\rho)^{\gamma/\rho}$ 的 CES 生产函数，可以通过很多的代数知识来计算利润函数:

$$\pi(P,\ v,\ w)=KP^{1/(1-\gamma)}(v^{1-\sigma}+w^{1-\sigma})^{\gamma/(1-\sigma)(\gamma-1)}$$

其中 $\sigma=1/(1-\rho)$ 并且 K 是常数。

a. 如果你不怕麻烦(或者你的老师不怕麻烦)，请证明利润函数是这种形式的。可能最简便的方法是从例 10.2 中的 CES 成本函数开始。

b. 解释为什么只有在 $0<\gamma<1$ 时，利润函数才是对厂商行为的合理表示。

c. 说明替代弹性(σ)在利润函数中的作用。

d. 这种情况下的供给函数是什么? 当投入价格变化时，替代弹性(σ)如何决定函数移动的程度?

e. 推导此情况下的投入需求函数。替代弹性(σ)的大小如何影响这些函数?

解: a. 厂商的利润最大化问题为:

$$\max \pi(P, v, w) = P(k^{\rho} + l^{\rho})^{\frac{\gamma}{\rho}} - wl - vk$$

利润最大化的一阶条件为：

$$\frac{\partial \pi}{\partial k} = \gamma P(k^{\rho} + l^{\rho})^{\frac{\gamma}{\rho}-1} k^{\rho-1} - v = 0$$

$$\frac{\partial \pi}{\partial l} = \gamma P(k^{\rho} + l^{\rho})^{\frac{\gamma}{\rho}-1} l^{\rho-1} - w = 0$$

从而可以解得：

$$l^* = \gamma^{\frac{1}{1-\gamma}} P^{\frac{1}{1-\gamma}} [v^{\rho/(\rho-1)} + w^{\rho/(\rho-1)}]^{\frac{\gamma-\rho}{\rho(1-\gamma)}} w^{1/(\rho-1)}$$

$$k^* = \gamma^{\frac{1}{1-\gamma}} P^{\frac{1}{1-\gamma}} [v^{\rho/(\rho-1)} + w^{\rho/(\rho-1)}]^{\frac{\gamma-\rho}{\rho(1-\gamma)}} v^{1/(\rho-1)}$$

因而利润函数为：

$$\begin{aligned} \pi(P, v, w) &= P[(k^*)^{\rho} + (l^*)^{\rho}]^{\frac{\gamma}{\rho}} - wl^* - vk^* \\ &= P^{\frac{1}{1-\gamma}} [v^{\rho/(\rho-1)} + w^{\rho/(\rho-1)}]^{\frac{\gamma(1-\rho)}{\rho(1-\gamma)}} [\gamma^{\gamma/(1-\gamma)} - \gamma^{1/(1-\gamma)}] \end{aligned}$$

从而有：$\pi(P, v, w) = KP^{1/(1-\gamma)}(v^{1-\sigma} + w^{1-\sigma})^{\gamma/[(1-\sigma)(\gamma-1)]}$，其中，$\sigma = \dfrac{1}{1-\rho}$。

b. 为了使利润最大化存在，则利润最大化的二阶条件必须满足，即边际成本 MC 必须递增，从而要求规模报酬递减，从而有 $0 < \gamma < 1$。

c. 在此利润函数中，σ 决定了厂商如何应对投入的变化，从而反映了厂商在一组给定的价格下的可得的盈利情况。

d. 供给函数为：$q = \partial \pi / \partial P = K(1-\gamma)^{-1} P^{\gamma/(1-\gamma)} (v^{1-\sigma} + w^{1-\sigma})^{\gamma/[(1-\sigma)(\gamma-1)]}$。该供给函数表明，$\sigma$ 不会直接影响供给弹性，但是它会影响涉及投入价格的项。较大的 σ 意味着在给定的投入价格下供给的较小变动。

e. 由问题 a 可得，投入需求函数为：

$$l^* = \gamma^{\frac{1}{1-\gamma}} P^{\frac{1}{1-\gamma}} (v^{1-\sigma} + w^{1-\sigma})^{\frac{\gamma}{(1-\sigma)(\gamma-1)}-1} w^{-\sigma}$$

$$k^* = \gamma^{\frac{1}{1-\gamma}} P^{\frac{1}{1-\gamma}} (v^{1-\sigma} + w^{1-\sigma})^{\frac{\gamma}{(1-\sigma)(\gamma-1)}-1} v^{-\sigma}$$

σ 对要素需求的影响取决于其值的大小，由于参数 σ 以及 γ 的大小未知，所以 σ 对要素需求的影响难以确定。参数 σ 会通过投入价格项来影响要素需求，较大的 σ 意味着在给定的投入价格下要素投入的较小变动。

10. 一些包络结果

结合杨氏定理与本章中的包络结果，可推导出一些有用的结论：

a. 证明 $\partial l(P, v, w)/\partial v = \partial k(P, v, w)/\partial w$，并用替代效应和产出效应加以解释。

b. 利用问题 a 的结论解释对每单位劳动征税将如何影响资本投入。

c. 证明 $\partial q/\partial w = -\partial l/\partial P$，并解释此结果。

d. 使用问题 c 的结果讨论对每单位劳动投入征税将如何影响供给量。

解： a. $\partial l/\partial v = \partial^2 \pi/\partial w \partial v = \partial^2 \pi/\partial v \partial w = \partial k/\partial w$，这表明投入需求的交叉价格效应是相同的。这类似于需求理论中的补偿性的交叉价格效应的等价性。

b. 对劳动征税 1 单位，对资本投入的影响取决于资本和劳动是替代品还是互补品。如果是替代品，则资本投入将增加；如果是互补品，则资本投入将减少。

c. $\partial q/\partial w = \partial^2 \pi/\partial P \partial w = \partial^2 \pi/\partial w \partial P = -\partial l/\partial P$，这表明工资的增加对减少产出的影响与产品价格下降对降低劳动需求的影响相同，也就是说，工资和产出价格的效应在某些情况下是

对称的。

d. 由于 $\partial l/\partial P>0$，所以有：$\partial q/\partial w<0$，即对劳动投入征税会降低产出。

11. 勒夏特列原理

厂商由于在长期内具有很大的灵活性，因此对价格的长期反应会大于短期反应。萨缪尔森或许是第一个发现此现象与化学中的勒夏特列原理相似的经济学家。该原理的基本观点是，任何打破平衡的因素(比如价格改变)不仅会带来直接影响，还会引起反馈效应，这个反馈效应会加剧对平衡的反应。让我们来看一些例子。考虑一个作为价格接受者的厂商通过选择投入以使其利润最大化，利润函数为：

$$\Pi(P, v, w)=Pf(k, l)-wl-vk$$

我们将利润最大化时的最优解记为 $q^*(P, v, w)$，$l^*(P, v, w)$，$k^*(P, v, w)$。若我们将短期的资本投入固定为 $\bar{k}$，厂商的短期反应就可以记为 $q^s(P, w, \bar{k})$ 和 $l^s(P, w, \bar{k})$。

a. 根据定义，$q^*(P, v, w)=q^s(P, w, k^*(P, v, w))$，利用这个等式，证明：

$$\frac{\partial q^*}{\partial P}=\frac{\partial q^s}{\partial P}+\frac{-\left(\frac{\partial k^*}{\partial P}\right)^2}{\frac{\partial k^*}{\partial v}}$$

证明过程分三步。首先，运用链式法则，等式两边对 P 求偏导。其次，再次运用链式法则，对 v 求导，用求得的结果替换之前的 $\partial q^s/\partial k$。最后，利用类似本章课后习题第 10 题中问题 c 的等式做替换，证出结果。

b. 利用问题 a 中的结果说明 $\frac{\partial q^*}{\partial P}\geqslant\frac{\partial q^s}{\partial P}$，此举建立了关于供给的勒夏特列原理：长期供给对价格的反应比受限的短期供给更灵敏。

c. 利用与问题 a、b 相似的方法，证明勒夏特列原理也适用于工资对劳动需求的影响。也就是从等式 $l^*(P, v, w)=l^s(P, w, k^*(P, v, w))$ 开始，证明 $\frac{\partial l^*}{\partial w}\leqslant\frac{\partial l^s}{\partial w}$，也就是工资上涨造成的长期劳动需求的下降大于短期劳动需求的下降(注意，此时偏导数为负)。

d. 请读者自行分析 w 变化对成本函数 $C(v, w, q)$ 的长期影响和短期影响的区别。

解：a. 由于 $q^*(P, v, w)=q^s(P, w, k^*(P, v, w))$，等式两边分别对 P，v 求一阶导数，并结合等式 $\frac{\partial q^*}{\partial v}=-\frac{\partial k^*}{\partial P}$ 得：

$$\begin{cases}\frac{\partial q^*}{\partial P}=\frac{\partial q^s}{\partial P}+\frac{\partial q^s}{\partial k^*}\cdot\frac{\partial k^*}{\partial P}\\ \frac{\partial q^*}{\partial v}=\frac{\partial q^s}{\partial k^*}\cdot\frac{\partial k^*}{\partial v}\\ \frac{\partial q^*}{\partial v}=-\frac{\partial k^*}{\partial P}\end{cases}$$

整理上述等式可得：

$$\frac{\partial q^*}{\partial P}=\frac{\partial q^s}{\partial P}+\frac{-\left(\frac{\partial k^*}{\partial P}\right)^2}{\frac{\partial k^*}{\partial v}}$$

b. 由于要素需求随着要素价格的增加而减少，即有：

$$\frac{\partial k}{\partial v}\leqslant 0$$

所以有：

$$\frac{-\left(\frac{\partial k^*}{\partial P}\right)^2}{\frac{\partial k^*}{\partial v}}\geqslant 0$$

结合问题 a 中的结论可知：

$$\frac{\partial q^*}{\partial P}\geqslant\frac{\partial q^s}{\partial P}$$

所以说，长期供给对价格的反应比受限的短期供给对价格的反应更灵敏。

c. 由于 $l^*(P, v, w)=l^s(P, w, k^*(P, v, w))$，等式两边分别对 w，v 求一阶导数，得：

$$\frac{\partial l^*}{\partial w}=\frac{\partial l^s}{\partial w}+\frac{\partial l^s}{\partial k^*}\cdot\frac{\partial k^*}{\partial w} \qquad ①$$

$$\frac{\partial l^*}{\partial v}=\frac{\partial l^s}{\partial k^*}\cdot\frac{\partial k^*}{\partial v} \qquad ②$$

又由 $\frac{\partial q^*}{\partial v}=-\frac{\partial k^*}{\partial P}$，$\frac{\partial q^*}{\partial w}=-\frac{\partial l^*}{\partial P}$ 可得：

$$\frac{\partial l^*}{\partial v}=\frac{\partial k^*}{\partial w} \qquad ③$$

由①②③式可得：

$$\frac{\partial l^*}{\partial w}=\frac{\partial l^s}{\partial w}+\frac{\left(\frac{\partial l^*}{\partial v}\right)^2}{\frac{\partial k^*}{\partial v}}$$

由于要素需求随着要素价格的增加而减少，即有：

$$\frac{\partial k}{\partial v}\leqslant 0$$

所以有：

$$\frac{\left(\frac{\partial l^*}{\partial v}\right)^2}{\frac{\partial k^*}{\partial v}}\leqslant 0$$

所以有：

$$\frac{\partial l^*}{\partial w}\leqslant\frac{\partial l^s}{\partial w}$$

因此，工资上涨造成的长期劳动需求的下降大于短期劳动需求的下降。

d. 假设市场上工资存在两种状态 w_1，w_2，有 $C(v, w_1, q)=SC(v, w_1, k^c(v, w_1, q))$，$C(v, w_2, q)=SC(v, w_2, k^c(v, w_2, q))$。对于 w_2 状态下的市场，由于 $k^*=k_2=k^c(v,w_2, q)$，故当 $k=k_1=k^c(v, w_1, q)$ 时，必有 $SC(v, w_2, q, k_1)\geqslant SC(v, w_2, q, k_2)$。

由 $C(v, w_2, q)-C(v, w_1, q)=SC(v, w_2, q, k_2)-SC(v, w_1, q, k_1)$，代入上述不等式可得 $C(v, w_2, q)-C(v, w_1, q)\leqslant SC(v, w_2, q, k_1)-SC(v, w_1, q, k_1)$。

因此，工资变动对于短期成本的影响要大于其对于长期成本的影响。直观上看，这是由于短期内生产者只能通过调节劳动量来调节最优生产数量，对于工资调整缺乏应变能力。而在长期还可以调节资本量，因此对于成本的控制将要更好。

12. 两种投入情况下的引致需求

对投入要素的需求最终都取决于对要素生产出来的商品的需求。这可以用整个行业对投入的引致需求加以证明。为达到这个目的，我们假设整个行业只生产一种同质性的商品 Q，规模报酬不变，并且只使用资本和劳动两种投入。根据规模报酬不变假设，$P=MC=AC$，令 $C(v, w, 1)$ 为厂商的单位成本函数。

a. 解释为何对资本和劳动的行业总需求由 $k=QC_v$ 和 $l=QC_w$ 给出。

b. 证明：

$$\frac{\partial k}{\partial v}=QC_{vv}+D'C_v^2 \text{ 和 } \frac{\partial l}{\partial w}=QC_{ww}+D'C_w^2$$

c. 证明：

$$C_{vv}=\frac{-w}{v}C_{vw} \text{ 和 } C_{ww}=\frac{-v}{w}C_{vw}$$

d. 利用问题 b、c 的结论和替代弹性的定义 $\sigma=CC_{vw}/C_vC_w$，证明：

$$\frac{\partial k}{\partial v}=-\frac{wl}{Q}\cdot\frac{\sigma k}{vC}+\frac{D'k^2}{Q^2} \text{ 和 } \frac{\partial l}{\partial w}=-\frac{vk}{Q}\cdot\frac{\sigma l}{wC}+\frac{D'l^2}{Q^2}$$

e. 将问题 d 的表达式用弹性表示，证明：

$$e_{k,v}=-s_l\sigma+s_k e_{Q,P} \text{ 和 } e_{l,w}=-s_k\sigma+s_l e_{Q,P}$$

式中，$e_{Q,P}$ 是对所生产商品的需求价格弹性。

f. 利用第 11 章中对替代效应和产出效应的表示方法，讨论问题 e 中结论的重要性。

注意：投入的引致需求弹性依赖于产出的需求价格弹性，这个观点最早是由阿尔弗雷德·马歇尔提出的。相关证明收录于 D. Hamermesh，*Labor Demand*（Princeton，NJ：Princeton University Press，1993）。

说明：结合问题 e，本书认为教材问题 d 有误，等号右边第一项应加上负号，做了更改，特此说明。

解：a. 由谢泼德引理知，偏导数 C_v 给出了厂商生产一单位产出对资本的需求量，C_w 给出了厂商生产一单位产出对劳动的需求量，乘以整个行业的产量则表明行业对劳动和资本的总需求。因此 $k=QC_v$，$l=QC_w$。

b. 根据规模报酬不变的假设，有 $P=MC=C(v, w, 1)$，则利润最大化处的产量 $Q=D(MC)=D(C(v, w, 1))$，将其代入问题 a 中表达式可得：

$$k=QC_v=D(C(v, w, 1))C_v$$

$$\partial k/\partial v=D'C_v^2+C_{vv}Q$$

$$l=QC_w=D(C(v, w, 1))C_w$$

$$\partial l/\partial w=D'C_w^2+C_{ww}Q$$

c. 因为成本函数关于 w、v 是一次齐次的，成本函数的一阶偏导关于 w、v 是零次齐次的，因此有 $\begin{cases}vC_{vv}+wC_{vw}=0\\ wC_{ww}+vC_{vw}=0\end{cases}$，从而 $\begin{cases}C_{vv}=(-w/v)C_{vw}\\ C_{ww}=(-v/w)C_{vw}\end{cases}$。

d. 由替代弹性的定义 $\sigma=CC_{vw}/(C_wC_v)$，可得 $C_{vw}=\sigma C_wC_v/C$，将其代入问题 c 中的表

达式，有 $C_{vv}=(-w/v)\sigma C_w C_v/C$，$C_{ww}=(-v/w)\sigma C_w C_v/C$。又 $C_v=k/Q$，$C_w=l/Q$，因此可得

$$\partial k/\partial v=-\sigma wkl/(QvC)+D'k^2/Q^2$$
$$\partial l/\partial w=-\sigma vkl/(QwC)+D'l^2/Q^2$$

e. 将问题 d 中的表达式用弹性可表示为

$$e_{k,v}=(\partial k/\partial v)(v/k)=-\sigma wl/(QC)+D'vkP/(Q^2P)=-s_l\sigma+s_k e_{Q,P}$$
$$e_{l,w}=(\partial l/\partial w)(w/l)=-\sigma vk/(QC)+D'wlP/(Q^2P)=-s_k\sigma+s_l e_{Q,P}$$

f. $-s_l\sigma$ 和 $-s_k\sigma$ 分别表示劳动和资本的替代效应，由于 σ、s_l 和 s_k 都是大于 0 的，因此替代效应是负的。当两种商品或投入要素的替代性越强，则替代效应的影响越大。$s_k e_{Q,P}$ 和 $s_l e_{Q,P}$ 分别表示劳动和资本的产出效应，若需求弹性是负的，产出效应将是负的，且要素投入的自身价格弹性也是负的。要素投入和产出的需求弹性越大，产出效应的影响越大。

13. 投入需求的交叉价格效应

在只有两种投入的情况下，运用本章课后习题第 12 题的步骤可以很容易地计算出投入需求的交叉价格效应。

a. 按照本章课后习题第 12 题中的步骤 b、d、e，证明：

$$\boldsymbol{e_{k,w}=s_l(\sigma+e_{Q,P})} \text{ 和 } \boldsymbol{e_{l,v}=s_k(\sigma+e_{Q,P})}$$

b. 请直观地解释为何投入份额在本章课后习题第 12 题问题 e 中出现的形式与本题 a 中的形式有些不同。

c. 问题 a 中得到的表达式可以很容易地推广到多种投入的情形。定义 $e_{x_i,w_j}=s_j(A_{ij}+e_{Q,P})$，$A_{ij}$ 为第 10 章课后习题第 12 题中定义的艾伦替代弹性。然而有一点必须提的是，根据第 10 章课后习题第 11 题和第 10 章课后习题第 12 题的描述，对于多种投入的情形，使用森岛的弹性定义更佳。对于 $i=j$ 的情况，表达式似乎表明 $e_{l,w}=s_l(A_{ll}+e_{Q,P})$，如果我们匆匆得出 $A_{ll}=\sigma$ 的结论，就会与本章课后习题第 12 题中的结论产生矛盾。而要解决这个矛盾，可运用第 10 章课后习题第 12 题中的定义，在两种投入的情况下，$A_{ll}=(-s_k/s_l)\cdot A_{kl}=(-s_k/s_l)\cdot\sigma$，由此矛盾得以解决。

解： a. 根据第 12 题问题 b 和问题 c，有：

$$k=QC_v=D(C(v,w,1))C_v$$
$$\partial k/\partial v=D'C_v^2+C_{vv}Q$$
$$l=QC_w=D(C(v,w,1))C_w$$
$$\partial l/\partial w=D'C_w^2+C_{ww}Q$$
$$\sigma=CC_{wv}/(C_wC_v),\quad C_{wv}=\sigma C_wC_v/C$$

由此可知

$$\begin{aligned}\partial k/\partial w&=D'C_vC_w+Q\sigma C_vC_w/C=D'(k/Q)(l/Q)+Q\sigma(k/Q)(l/Q)/C\\&=D'kl/Q^2+\sigma kl/(QC)\\e_{k,w}&=(\partial k/\partial w)(w/k)=D'wlP/Q^2P+\sigma wl/QC=(D'P/Q)s_l+\sigma s_l\\&=e_{Q,P}s_l+\sigma s_l=s_l(e_{Q,P}+\sigma)\\\partial l/\partial v&=D'C_vC_w+Q\sigma C_vC_w/C=D'(k/Q)(l/Q)+Q\sigma(k/Q)(l/Q)/C\\&=D'kl/Q^2+\sigma kl/(QC)\\e_{l,v}&=(\partial l/\partial v)(v/l)=D'vkP/Q^2P+\sigma vk/QC=(D'P/Q)s_k+\sigma s_k\\&=e_{Q,P}s_k+\sigma s_k=s_k(e_{Q,P}+\sigma)\end{aligned}$$

b. 在上面交叉价格弹性的式子中，不论是投入要素的替代弹性还是产出的需求价格弹性都与投入要素的份额大小有关。这是因为一种投入要素价格变化产生的影响依赖于另一种投入要素的重要程度。例如在 $e_{k,w}$ 中，当劳动所占份额较大时，资本能替代劳动的能力更强，同理，当劳动所占份额较大时，工资增加的产出效应更大。

c. 当将两种投入要素扩展到多种投入要素时，由欧拉定理有 $C_{ww}=-\frac{v}{w}C_{wv}$，则 $A_{ll}=\frac{C_{ww}C}{C_wC_w}=-\frac{vC_{wv}C}{wC_wC_w}$，两边同时乘以 C_v/C_v，同时运用谢泼德引理可得

$$A_{ll}=-\frac{vkC_{wv}C}{wlC_wC_v}=-\frac{vkC_{vw}C}{wlC_vC_w}=-\frac{s_k}{s_l}A_{kl}$$

显然，$A_{kl}=\sigma$，将 $A_{ll}=(-s_k/s_l)\cdot\sigma$ 代回表达式 $e_{l,w}=s_l(A_{ll}+e_{Q,P})$，可得与第 12 题相同结论，由此矛盾得以解决。

14. 利润函数和技术变化

假设一个厂商随着时间的推移发生技术改变，此时生产函数的形式变为 $q=f(k,l,t)$。在这个例子中，我们将技术变化率记为：

$$\frac{\partial \ln q}{\partial t}=\frac{f_t}{f}$$

（对比第 9 章中的处理）证明上述变化率也可用利润函数的形式表示为：

$$\frac{\partial \ln q}{\partial t}=\frac{\Pi(P,v,w,t)}{Pq}\cdot\frac{\partial \ln \Pi}{\partial t}$$

也就是说，不直接通过生产函数，技术变化可通过利润率（利润占总收入的比重）和利润随时间的增长率加以测度（价格均不发生变化）。这种测度技术变化的方法在实际投入水平的数据不存在时更受推崇。

解：厂商的利润为：

$$\Pi=Pq-wl-vk$$

从而：

$$\ln\Pi=\ln(Pq-wl-vk)$$

所以：

$$\frac{\partial \ln\Pi}{\partial t}=\frac{1}{\Pi}\frac{\partial(Pq-wl-vk)}{\partial t}=\frac{1}{\Pi}\frac{\partial(Pq)}{\partial t}=\frac{P}{\Pi}\frac{\partial q}{\partial t}$$

又有：

$$\frac{\partial \ln q}{\partial t}=\frac{1}{q}\frac{\partial q}{\partial t}$$

因此有：

$$\frac{\partial \ln q}{\partial t}=\frac{\Pi(P,v,w,t)}{Pq}\frac{\partial \ln\Pi}{\partial t}$$

15. 企业产权理论

这个问题需要你联系本章扩展部分一些具体的计算例子。回到 GM 收购费希博德的有关企业边界界定的理论问题上，究竟是仍把它们各自视为单独的企业，还是把收购后的整体视为一个（更大的）企业。令所有单位产生的生产者剩余总和为 $S(x_F,x_G)=x_F^{1/2}+ax_G^{1/2}$，$x_F$ 和 x_G 为双方谈判前各自的投资数量，并且一单位投资的成本是 1 美元。参数 a 度量 GM 的

投资的重要程度。证明根据本章扩展部分中的产权模型，当且仅当 GM 的投资足够重要，比如说，当 $a>\sqrt{3}$时，GM 对费希博德的收购才是有效的。

解：同拓展部分一样，假设在合并前两公司协议五五分账。当两个公司是独立时，费希博德面临的选择问题为：

$$\max_{x_F}\pi_F=\frac{1}{2}S(x_F,\ x_G)-x_F=\frac{1}{2}(x_F^{1/2}+ax_G^{1/2})-x_F$$

解得：$x_F=\frac{1}{16}$。

GM 面临的选择问题为：

$$\max_{x_G}\pi_G=\frac{1}{2}S(x_F,\ x_G)-x_G=\frac{1}{2}(x_F^{1/2}+ax_G^{1/2})-x_G$$

解得：$x_G=\frac{a^2}{16}$。

从而 $\pi=\pi_F+\pi_G=S\left(\frac{1}{16},\ \frac{a^2}{16}\right)-\frac{1}{16}-\frac{a^2}{16}=\frac{3(1+a^2)}{16}$。

当 GM 收购费希博德后，GM 面临的选择问题为：

$$\max_{x_G}\pi_G=S(0,\ x_G)-x_G=ax_G^{1/2}-x_G$$

解得：$x_G=\frac{a^2}{4}$，$\pi'=\pi_G=S\left(0,\ \frac{a^2}{4}\right)-\frac{a^2}{4}=\frac{a^2}{4}$。

当 GM 对费希博德的收购有效时，需满足：$\pi'>\pi$，即

$$\frac{a^2}{4}>\frac{3(1+a^2)}{16}$$

解得：$a>\sqrt{3}$。

第12章　局部均衡竞争模型

12.1　复习笔记

1. 市场需求

(1) 个人需求的加总

如果只考虑两种商品的情况，马歇尔需求函数可以写作：

$$对\ x\ 的需求量 = x(p_x,\ p_y,\ I)$$

通过把所有市场上的“个人”的需求加总，可得到市场上的总需求。市场上的总需求可定义为：

$$X\ 的市场需求量 = \sum_{i=1}^{n} x_i(p_x, p_y, I_i)$$

需求加总过程可分为以下步骤：

①价格接受假设：所有消费者都接受市场给定的统一价格；

②收入因素引入：将不同消费者的个体收入(I_i)纳入需求函数；

③总量表示：用大写字母 X 表示市场总需求量。

(2)市场需求曲线

如图12－1所示，当市场仅存在两个消费者时，市场需求曲线可通过以下方式构建：当价格为 p_x^* 时，消费者1的需求量为 x_1^*，消费者2的需求量为 x_2^*，则此时市场总需求量为 $X^* = x_1^* + x_2^*$。该点(p_x^*，X^*)即为市场需求曲线上的一个坐标点。市场需求曲线上的所有点，均通过将不同价格下个人需求量的水平方向(数量轴方向)数值相加获得。

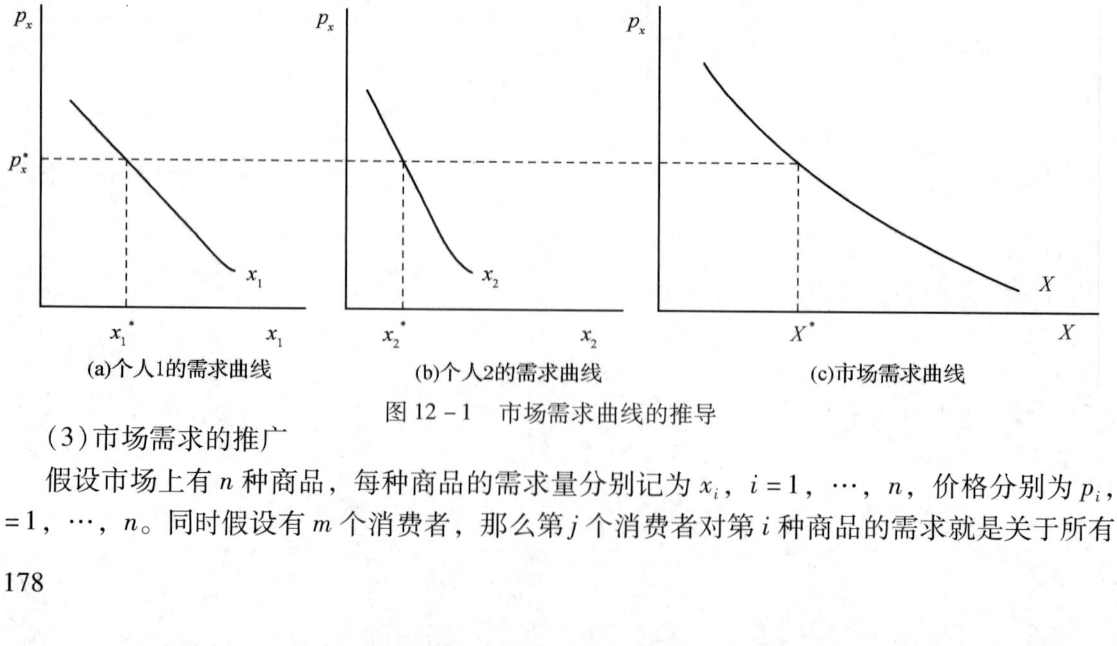

图12－1　市场需求曲线的推导

(3)市场需求的推广

假设市场上有 n 种商品，每种商品的需求量分别记为 x_i，$i=1$，…，n，价格分别为 p_i，$i=1$，…，n。同时假设有 m 个消费者，那么第 j 个消费者对第 i 种商品的需求就是关于所有商品的价格以及他的个人收入 I_j 的函数，即：

$$x_{i,j}=x_{x,j}(p_1, \cdots, p_n, I_j)$$

此时，市场需求就是对某种商品的所有消费者的需求之和，即有：

$$X_i = \sum_{j=1}^{m} x_{x,j}(p_1,\cdots,p_n,I_j)$$

市场需求曲线是指市场上全体消费者愿意购买某种商品的数量与其价格之间的关系。市场需求曲线可由行业内各个消费者的个人需求曲线横向相加求得。

(4) 市场需求弹性

①市场需求价格弹性：$e_{D,P}=\dfrac{\partial D(P, P', I)}{\partial P}\cdot\dfrac{P}{Q_D}$；

②市场需求交叉价格弹性：$e_{D,P'}=\dfrac{\partial D(P, P', I)}{\partial P'}\cdot\dfrac{P'}{Q_D}$（$P'$ 为其他商品的市场价格）；

③市场需求收入弹性：$e_{D,I}=\dfrac{\partial D(P, P', I)}{\partial I}\cdot\dfrac{I}{Q_D}$。

2. 极短期定价

在极短期内，供给数量是固定的，此时价格只是作为对需求进行配给的一种机制。虽然市场价格可以作为对生产者在未来时期的信号，但是由于当期产出量是固定的，当期价格不能发挥这种作用。如图 12－2 所示，在极短期内，供给曲线表现为一条垂直于横轴(数量轴)的直线，对应的供给量为 Q^*。如果市场需求曲线为 D，则市场均衡价格为 P_1；如果市场需求增加，市场需求曲线右移至 D' 时，市场均衡价格将会增至 P_2。

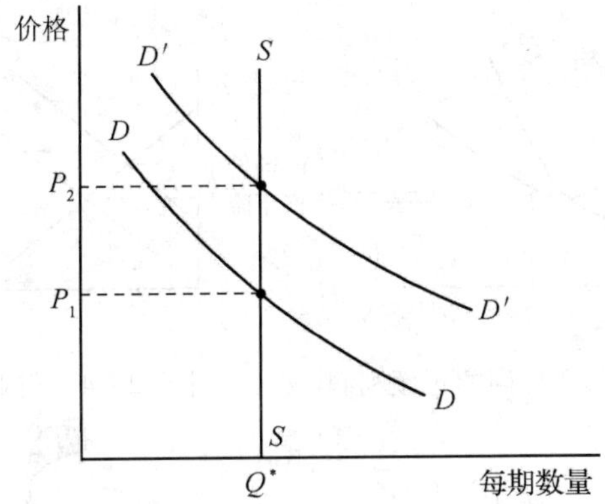

图 12－2　极短期市场均衡价格的决定

3. 短期的价格决定

(1) 完全竞争市场的假定

①该市场内有众多的厂商生产同质化商品；

②每个厂商的目标都是利润最大化；

③每个厂商都无法决定市场价格，只是价格的接受者；

④市场信息畅通准确，厂商充分了解各种情况；

⑤交易成本为零：买主与卖主在进行交易时都不会发生交易费用。

(2) 短期市场供给

假设市场上共有 n 个厂商，令 $S_i(p)$ 代表厂商 i 的供给曲线，那么，行业供给曲线或市场供给曲线就是：

$$S(p) = \sum_{i=1}^{n} S_i(p)$$

4. 市场均衡

(1)短期均衡

短期均衡是指在固定成本即生产规模不变的时期内，厂商不能对生产规模作出调整，只能通过增加或减少其可变投入的使用量来改变产量，以求利润最大或损失最小。当每个厂商都达到自己的利润最大化状态时，就都实现了短期均衡，从而整个行业也达到均衡状态。

(2)长期均衡

①长期竞争性均衡的实现条件

a. 行业中所有生存下来的厂商都实现利润最大化；

b. 所有厂商只能获得正常利润，经济利润为零；

c. 产品的价格是市场供需相等时的价格。

②长期竞争性均衡的实现途径及其动态分析

一方面，行业长期调整，表现为厂商进入或退出某行业。只要一个行业有利可图，新厂商便会进入，增加供给，使市场价格降低，直至长期利润为零；若行业中有亏损，一些厂商便会退出，减少供给，提高价格，直至行业亏损为零。

另一方面，厂商对生产规模的调整，表现为厂商对生产要素投入量的调整。在某一生产规模和产量水平上，如果市场价格高于厂商的长期平均成本，厂商便会增加产量，扩大规模；而当市场价格低于厂商的长期平均成本时，厂商便会减少产量，缩小规模。如图 12－3 到图 12－5 所示。

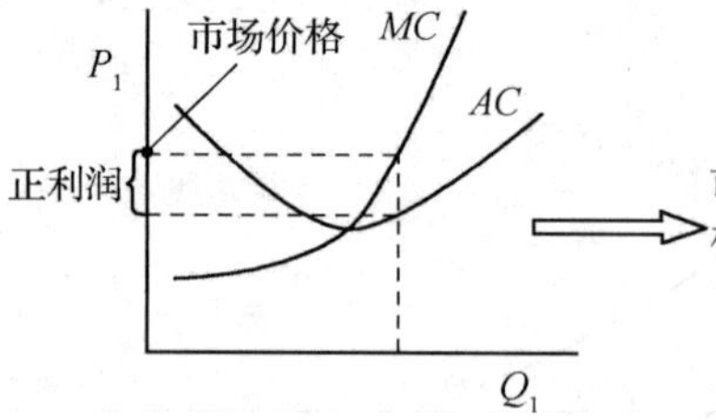

图 12－3　单个厂商的超额利润

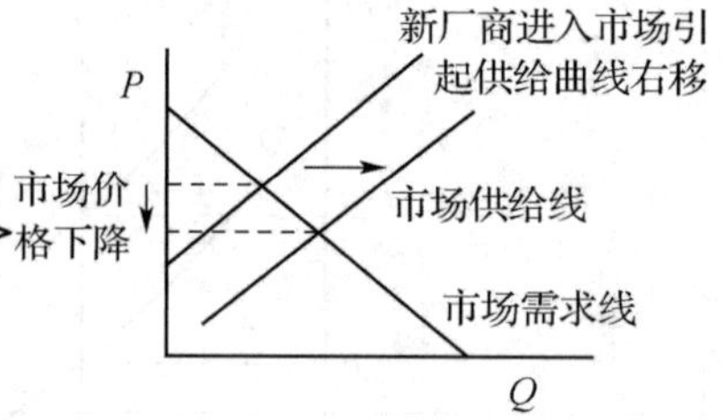

图 12－4　行业供给增加

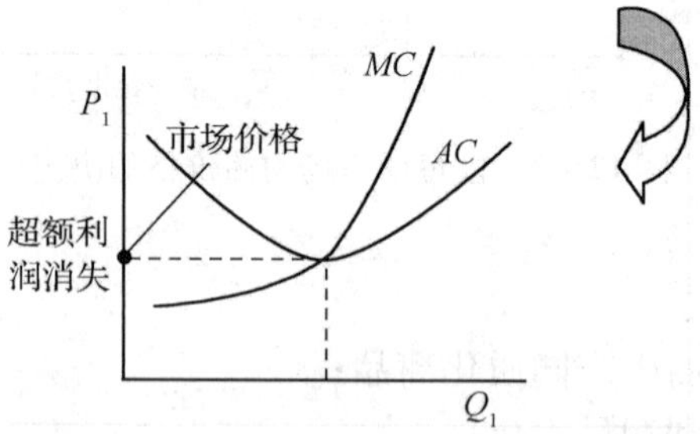

图 12－5　单个厂商的超额利润消失

5. 供给曲线与需求曲线的移动：图形分析

(1)均衡价格的决定

均衡价格就是需求量等于供给量时的价格。在这一价格下，需求者与供给者都没有激励去改变其经济决策。均衡价格 P^* 可以求解下列方程得到

$$Q_D(P^*,\ P',\ I) = Q_S(P^*,\ v,\ w)$$

（2）供给曲线与需求曲线的移动

①供给曲线的移动

如图 12－6（a）所示，当需求富有弹性时，供给曲线从 S 移动到 S'，对应的均衡价格从 P 上涨到 P'（轻微上涨），均衡数量从 Q 减少到 Q'（大幅下降）。当需求缺乏弹性时，情况则相反。

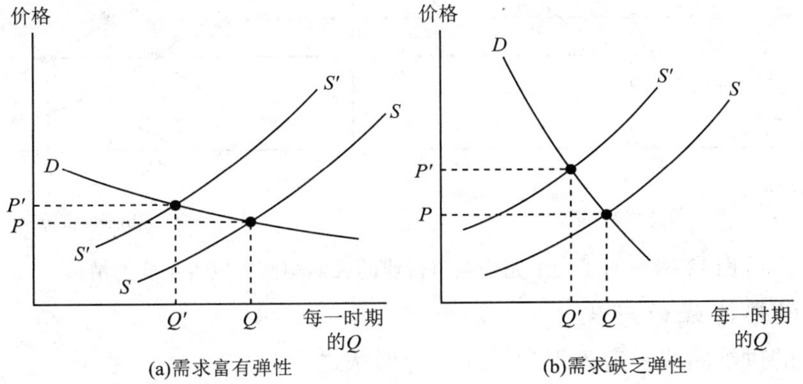

图 12－6　短期供给曲线移动的效应取决于需求曲线的形状

②需求曲线的移动

如图 12－7（a）所示，当供给缺乏弹性时，需求曲线从 D 移动到 D'，对应的均衡价格从 P 上涨到 P'（大幅上涨），均衡数量从 Q 增加到 Q'（轻微增加）。当供给富有弹性时，情况则相反。

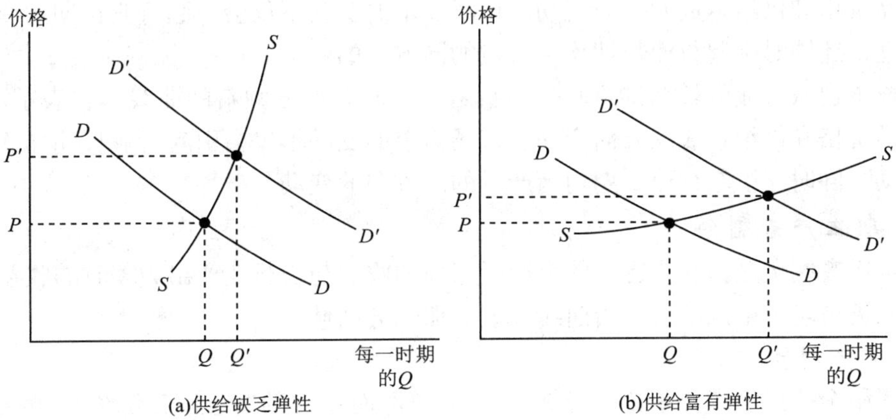

图 12－7　需求曲线的移动效应取决于短期供给曲线的形状

6. 长期均衡

（1）均衡条件

完全竞争的长期均衡条件为：$P = MC = AC$，此时没有任何厂商有激励进入或退出该行业。并且每个厂商都在其长期平均成本曲线的最低点上进行生产。

（2）一个例子——成本不变情况

图 12－8 所描述的市场既处于短期均衡，也处于长期均衡。由于厂商的利润最大化，因此，它们处于均衡之中；也由于经济利润为零，厂商的数量是稳定的。只要供给与需求的条件不变，这种均衡就会保持下去。

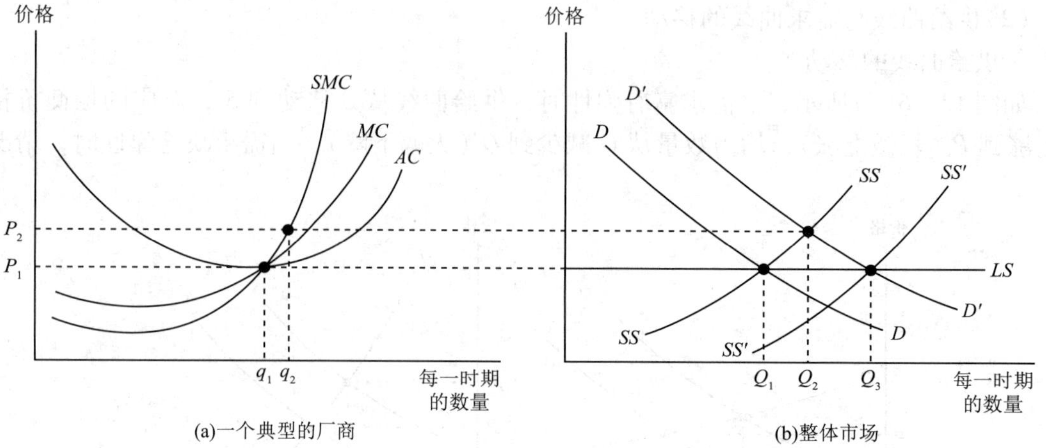

图 12－8　对于一个完全竞争行业的长期均衡：成本不变的情形

7. 长期供给曲线的形状

一个行业的供给曲线一定表现为下面三种形状之一：

（1）成本不变行业的长期供给曲线。它是一条水平线，其供给的价格弹性为无穷大。它表示：成本不变的行业是在不变的均衡价格水平提供产量，该均衡价格水平等于厂商的不变的长期平均成本的最低点。市场需求变化，会引起行业长期均衡产量的同方向的变化，但长期均衡价格不会发生变化。

（2）成本递增行业的长期供给曲线。它是一条向右上方倾斜的曲线。它表示：在长期，行业的产品价格和供给量成同方向变动。市场需求的变动不仅会引起行业长期均衡价格的同方向的变动，还同时引起行业长期均衡产量的同方向的变动。

（3）成本递减行业的长期供给曲线。它是一条向右下方倾斜的曲线。它表示：在长期，行业的产品价格和供给量成反方向变动。市场需求的变动不仅会引起行业长期均衡价格的反方向的变动，同时还引起行业长期均衡产量的同方向的变动。

8. 长期生产者剩余

长期生产者剩余是指一个行业的生产者当前的收益与当行业产出为零时的收益之差。在图形上表示为市场价格以下、供给曲线以上的那部分区域。

(1)李嘉图租金

李嘉图租金是指生产要素因完全缺乏供给弹性而取得的“超出正常水平”的部分报酬。李嘉图租金的获取仅仅是因为该生产要素垂直的供给曲线，它是纯粹的稀缺租金。

(2)租金的资本化

租金的资本化是指对租金所反映的未来利润的资本化。

(3)投入品供给与长期生产者剩余

李嘉图租金产生于低成本投入的稀缺性。产量增加不仅会导致厂商的成本上升，商品价格上升，还会产生投入品的要素租金。所有这些租金的总和在图形上表现为长期供给曲线以上、均衡价格以下的面积。长期生产者剩余的面积大小的变化反映了行业的投入所赚取的租金的变化。

9. 经济效率与福利分析

长期竞争均衡配置资源是有效率的。在竞争性市场的均衡点上，生产者剩余和消费者剩余的总和达到了最大。

(1)几何证明

当价格高于均衡价格时，边际收益大于边际成本，意味着只要扩大产量就可以增加总收益，就会增加社会福利；反之，减少产量会增加总收益。如图 12－9 所示，在均衡点 E 上，价格、边际收益与边际成本相等，实现净社会福利最大化。

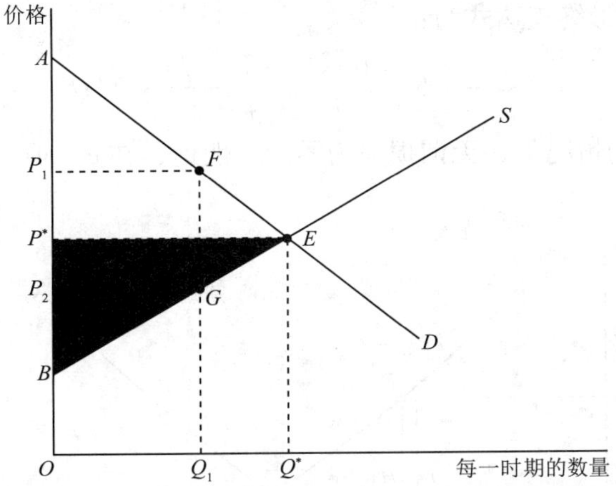

图 12－9　竞争性均衡与生产者剩余和消费者剩余

(2)数学证明

$$消费者剩余+生产者剩余=[U(Q)-PQ]+\left[PQ-\int_0^Q P(Q)\mathrm{d}Q\right]=U(Q)-\int_0^Q P(Q)\mathrm{d}Q,$$

其中 $U(Q)$ 表示代表性的消费者的效用函数，$P(Q)$ 表示长期供给关系。在长期均衡中，沿长期供给曲线，存在 $P(Q)=AC=MC$。对上式关于 Q 求导，得：$U'(Q)=P(Q)=AC=MC$，这就是竞争性的供求均衡。

10. 价格控制与短缺

如图 12－10 所示，在短期，当需求从 D 移到 D' 将使得价格由 P_1 上升到 P_2，这会产生正利润，激励厂商进入行业，直到总产量达到 Q_3，实现最后的均衡(P_3，Q_3)。假设政府将价格控制在 P_1，则需求超过供给，产生短缺，短缺量为 Q_4-Q_1。对比没有价格控制，价格控制使得剩余从生产者向消费者转移(区域 P_3CEP_1)，产生了两个区域 $AE'C$ 与 $CE'E$ 的无谓损失。

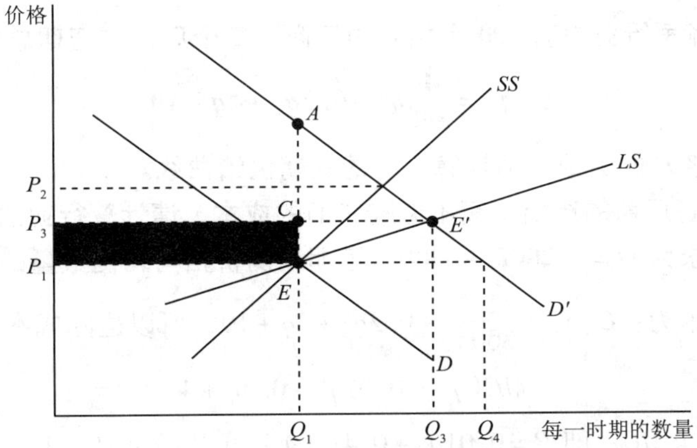

图 12－10　价格控制与短缺

11. 税收负担分析

税收负担分析是对不同经济主体最终所承受税负的分析。通常，对于价格变化缺乏弹性的主体会承担税负的主要部分。这种负担除了包括收税者所实际得到的税收收益外，还包括由“过度”负担构成的无谓损失。

非一次总付的税收都会改变经济当事人的行为，它会带来净值损失，损失的大小由供求弹性决定。无谓损失的最终表达式为：

$$DW = -0.5\left(\frac{t}{P^*}\right)^2 \cdot \frac{e_{D,P}e_{S,P}}{e_{S,P}-e_{D,P}} \cdot P^* Q^*$$

在 $e_{D,P}$或 $e_{S,P}$为零的情况下，无谓损失为零。一般地，在 $e_{D,P}$或 $e_{S,P}$不大的情况下，无谓损失也较小。

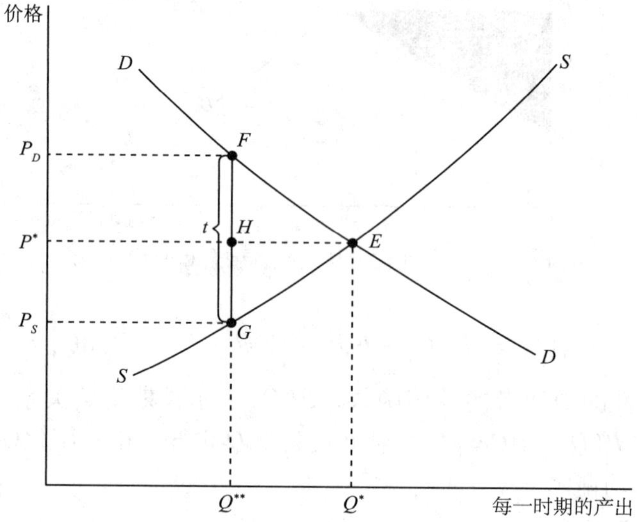

图 12－11　税收负担分析

如图 12－11 所示，当对每单位商品征收固定税额时，税收负担会在消费者实际支付的价格(P_D)与生产者实际获得的价格(P_S)之间分摊。消费者与生产者分担的比例由需求价格弹性和供给价格弹性决定。

12.2　课后习题详解

1. 假定在完全竞争行业中有 100 个相同的厂商。每个厂商的短期总成本曲线为：

$$C(q)=\frac{1}{300}q^3+0.2q^2+4q+10$$

a. q 是市场价格 P 的函数，请计算厂商的短期供给曲线。

b. 假定行业中各厂商的产出决策不影响它们的成本，请计算行业的短期供给曲线。

c. 假定市场需求为 $Q=-200P+8000$。短期均衡价格与均衡数量的组合是怎样的？

解：a. 因为成本为：$C(q)=\frac{1}{300}q^3+0.2q^2+4q+10$，所以边际成本为：

$$MC(q)=0.01q^2+0.4q+4$$

在短期内，由 $P=MC$，即 $P=0.01q^2+0.4q+4$，可得：$q+20=10\sqrt{P}$。

从而可知厂商的短期供给曲线为：$q=10\sqrt{P}-20$。

b. 若行业中各厂商的产出决策不影响它们的成本，则完全竞争行业的短期供给曲线为各厂商短期供给曲线的加总，故行业的短期供给曲线为：$Q=100q=1000\sqrt{P}-2000$。

c. 由市场均衡，即市场需求等于市场供给可得：

$$-200P+8000=1000\sqrt{P}-2000$$

从而可以解得市场均衡价格为：$P=25$；

因而市场均衡数量为：$Q=3000$。

此时，每个厂商的产量为 $q=30$，每个厂商的总成本为 $C=400$，所获利润为 $\pi=350$。

2. 假定有1000个相同的厂商生产钻石，每个厂商的总成本曲线为：$C(q,\ w)=q^2+wq$。其中，q 是厂商的产出水平，w 是钻石工人的工资率。

a. 如果 $w=10$，厂商的（短期）供给曲线会如何？行业的供给曲线呢？当一颗钻石的价格为20时，会生产多少钻石？在价格为21时，会多生产多少钻石？

b. 假定钻石工人的工资由钻石生产的总量决定，并且这种关系的形式为：$w=0.002Q$。这里，Q 为行业的总产出，它是典型厂商产出的1000倍。

在这种情况下，请说明厂商的边际成本（短期供给）曲线由 Q 决定。行业的供给曲线是哪一条？在价格为20时会生产多少？在价格为21时会生产多少？从短期供给曲线的形状上，你能得出什么结论？

解： a. 因为成本函数为：$C=q^2+wq$，$w=10$，所以边际成本为：$MC=2q+10$；

在短期内，由 $MC=2q+10=P$ 可以解得厂商的短期供给曲线为：$q=0.5P-5$；

行业的短期供给曲线为：$Q=\sum_{i=1}^{1000} q_i=500P-5000$。

当市场价格为 $P=20$ 时，行业的总供给为：$Q=5000$；

当市场价格为 $P=21$ 时，行业的总供给变为：$Q=5500$，因而多生产了500。

b. 当钻石切割工人的工资取决于所产钻石的数量时，厂商的边际成本为：

$$MC=2q+0.002Q$$

令 $P=MC$ 可得：$q=0.5P-0.001Q$；

从而有：$Q=\sum_{i=1}^{1000} q_i=500P-Q$；

此时行业的供给曲线为：$Q=250P$；

当价格为 $P=20$ 时，钻石总产量为：$Q=5000$；

当价格为 $P=21$ 时，钻石总产量为：$Q=5250$。

如果随着产出的增加，工资也增加，则供给曲线将变得更为陡峭。

3. 假设某商品的需求函数具有线性形式 $Q=D(P,\ I)=a+bP+cI$，供给函数也为线性形式 $Q=S(P)=d+gP$。

a. 计算均衡价格和数量，将其写为参数 a，b，c，d，g，I（收入）的函数。

b. 利用问题a的结果计算比较静态导数 dP^*/dI。

c. 用本章介绍的供求比较静态分析计算上述导数，你必须说明你得到的两个结果是相同的。

d. 为各个参数指定一些假定值并解释导数 dP^*/dI 为什么会是这样的形式。

解： a. 当供求相等时，市场达到均衡状态，满足条件：

$$\begin{cases} Q=a+bP+cI \\ Q=d+gP \end{cases}$$

解得均衡价格和数量为：

$$\begin{cases} P^* = \dfrac{a-d}{g-b} + \dfrac{c}{g-b} I \\ Q^* = d + \dfrac{(a-d)g}{g-b} + \dfrac{cg}{g-b} I \end{cases}$$

b. 由问题 a 中的结果求导得到：$dP^*/dI = c/(g-b) > 0$。

c. 由问题 a 中的结果求导得到：$dP^*/dI = c/(g-b) > 0$，$dQ^*/dI = cg/(g-b) > 0$。

供给和需求函数对 I 求导，得到：

$$\begin{cases} b\dfrac{dP}{dI} + c - \dfrac{dQ}{dI} = 0 \\ g\dfrac{dP}{dI} - \dfrac{dQ}{dI} = 0 \end{cases}$$

用矩阵形式表示为：

$$\begin{bmatrix} b & -1 \\ g & -1 \end{bmatrix} \cdot \begin{bmatrix} dP/dI \\ dQ/dI \end{bmatrix} = \begin{bmatrix} -c \\ 0 \end{bmatrix}$$

根据克莱姆法则得到：

$$\frac{dP^*}{dI} = \frac{\begin{vmatrix} -c & -1 \\ 0 & -1 \end{vmatrix}}{\begin{vmatrix} b & -1 \\ g & -1 \end{vmatrix}} = \frac{c}{g-b}$$

$$\frac{dQ^*}{dI} = \frac{\begin{vmatrix} b & -c \\ g & 0 \end{vmatrix}}{\begin{vmatrix} b & -1 \\ g & -1 \end{vmatrix}} = \frac{cg}{g-b}$$

因此，两种方法得到的两个结果是相同的。

d. 假设 $a = 10$，$b = -1$，$c = 0.1$，$d = -10$，$g = 1$，$I = 100$，则有 $P^* = 10 + 0.05 \times 100 = 15$，$Q^* = 5$。

如果价格不变，收入增加 10 会导致需求量增加 1，这将产生 1 的超额需求，而这个需求必须以 0.5 的价格上涨来弥补。由于供求函数的价格系数相等但方向相反，价格上升 0.5，导致供给数量也会增加 0.5，均衡数量也会增加 0.5。因此，在新的均衡下 $P^* = 15.5$，$Q^* = 5.5$，与问题 b 和问题 c 中的结果一致。

4. 某完全竞争行业有大量的潜在进入者。每个厂商都有相同的成本结构，当产出为 20 个单位($q_i = 20$)时，长期平均成本最小。最小的平均成本为每单位 10 美元。总市场需求为：$Q = D(P) = 1500 - 50P$。

a. 行业的长期供给如何？

b. 长期均衡价格(P^*)是多少？行业总产出(Q^*)是多少？每个厂商的产出(q^*)是多少？厂商的数目是多少？每个厂商的利润是多少？

c. 与每个厂商长期均衡产出相关的短期总成本曲线为：$C(q) = 0.5q^2 - 10q + 200$。请计算短期平均成本曲线与边际成本曲线。在什么产出水平上，短期平均成本达到最小值？

d. 请计算每个厂商的短期供给曲线与行业的短期供给曲线。

e. 现在，假定市场需求函数向外移动到 $Q = D(P) = 2000 - 50P$。请用这条新的需求曲

线在极短期厂商不能改变其产出的情况下回答问题 **b**。

f. 在短期，请用行业的短期供给曲线重新计算问题 b。

g. 对行业来说，新的长期均衡是什么？

解： a. 长期供给曲线是水平的，在长期，完全竞争行业的价格水平等于企业的最低平均成本，因此行业的长期供给为：$P^* = MC = AC = 10$。

b. 该行业的长期均衡价格为：$P = 10$，行业的总产量为：$Q = 1500 - 50 \times 10 = 1000$，企业数为：$N = 1000 \div 20 = 50$（因为长期均衡时，企业会在长期平均成本最低点生产），此时每个企业利润为零。（长期内，企业可以调整生产，选择进入或退出该行业）。

c. 短期平均成本曲线为：$AC = \dfrac{C(q)}{q} = 0.5q - 10 + 200/q$；

短期边际成本曲线为：$MC = \dfrac{\mathrm{d}C(q)}{\mathrm{d}q} = q - 10$；

当 $AC = MC$ 时，短期平均成本最小，即有：$0.5q = 200/q$，从而可以解得短期平均成本最小时的均衡产出为：$q = 20$。

d. 短期内，该行业中共有 50 家企业。每家企业按照 $P = MC$ 进行生产。根据成本函数可知 $MC = q - 10$，$AVC = 0.5q - 10$，显然 $P > AVC$，所以企业会选择生产。每家厂商的短期供给函数为：$q = P + 10$，行业的短期供给函数为 $Q = 50(P + 10)$。

e. 在极短期，$Q = 2000 - 50P$，如果 $Q = 1000$，则 $P = 20$，此时每家厂商生产 $q = 20$，利润为：$\pi = 20 \times (20 - 10) = 200$。

f. 当市场需求变化以后，由市场供给等于市场需求，就有 $50(P + 10) = 2000 - 50P$，解得 $P = 15$，$Q = 25 \times 50 = 1250$，因此，每个企业的短期利润为：$Pq - C(q) = 112.5$。

g. 新的长期均衡价格仍为 10，行业的童装总产量为 $2000 - 50 \times 10 = 1500$，企业数量为 $1500 \div 20 = 75$，每个企业的利润为零。

5. 假定对高跷的需求为：$Q = D(P) = 1500 - 50P$。并且，竞争性行业中每一个生产高跷的厂商在长期的运作成本为 $C(q) = 0.5q^2 - 10q$。生产高跷的创业人才是稀缺的。厂商的供给曲线为 $Q_S = 0.25w$，这里，w 为所付的年工资。

同样假定每一个生产高跷的厂商需要并且只需要一个企业家（因此，所雇用的企业家数量就等于厂商数目）。这样，每个厂商的长期总成本就为：$C(q, w) = 0.5q^2 - 10q + w$。

a. 生产高跷的长期均衡数量是多少？每个厂商生产多少高跷？高跷的长期均衡价格是多少？会有多少厂商？会雇用多少企业家，其工资是多少？

b. 假定高跷的需求向外移至：$Q = D(P) = 2428 - 50P$，请回答问题 a。

c. 由于生产高跷的企业家是长期供给曲线斜率为正的原因，因此他们将得到在行业产出扩张时所产生的全部租金。请计算在问题 a 与 b 之间租金的增加情况，并证明根据高跷供给曲线测度的长期生产者剩余的变化与前述的租金增加是相等的。

解： a. 假设有 n 个厂商，那么企业家市场上的均衡要求 $Q_S = 0.25w = Q_D = n$，从而有：$w = 4n$。

因而厂商成本为：$C(q, n) = 0.5q^2 - 10q + 4n$；

边际成本为：$MC = q - 10$；平均成本为：$AC = 0.5q - 10 + \dfrac{4n}{q}$；

在长期均衡时，有：$AC = MC$，从而有：

$$q - 10 = 0.5q - 10 + \frac{4n}{q}$$

解得：$q=\sqrt{8n}$。

行业的总产出为：

$$Q_S = nq = n\sqrt{8n} \quad ①$$

由 $P=MC=q-10$ 可得：$q=P+10$，因而行业的总供给为：

$$Q_S = nq = n(P+10) \quad ②$$

而行业总需求为：

$$Q_D = 1500-50P \quad ③$$

因而由①②③三式以及市场均衡条件 $Q_S=Q_D$ 可以解得：

$$n=50,\ Q_S=1000,\ P=10$$

从而有：$q=Q/n=20$，$w=4n=200$。

b. 当高跷的需求为：

$$Q=2428-50P \quad ④$$

同问题 a 一样，由①②④三式以及市场均衡条件 $Q_S=Q_D$ 可以解得：

$$n=72$$
$$Q=n\sqrt{8n}=1728$$
$$q=Q/n=24$$
$$P=q-10=14$$
$$w=4n=288$$

c. 长期供给曲线斜率为正是因为当新的厂商进入行业时，需要的企业家数量增多，成本曲线会向上移动，因为 $AC=0.5q-10+(4n/q)$ 会随着 n 的增加而变大。

租金增加额为：

$$\begin{aligned}\Delta\pi &= \int_0^{n'}\pi_i \mathrm{d}i-\int_0^{n}\pi_i \mathrm{d}i\\ &= \int_0^{n'}(P'-AC_i)q'\mathrm{d}i-\int_0^{n}(P-AC_i)q\mathrm{d}i\\ &= [P'Q'-\int_0^{n'}C(q',i)\mathrm{d}i]-[PQ-\int_0^{n}C(q,i)\mathrm{d}i]\\ &= [14\times1728-\int_0^{72}(0.5\times24^2-10\times24+4i)\mathrm{d}i]\\ &\quad -[10\times1000-\int_0^{50}(0.5\times20^2-10\times20+4i)\mathrm{d}i]\\ &= (24192-13824)-(10000-5000)=5368\end{aligned}$$

如图 12－12 所示，图中阴影部分为生产者剩余的增加部分，因为行业总产出 $Q_S=n\sqrt{8n}$，所以 $n=Q_S^{2/3}/2$，又 $Q_S=n(P+10)$，所以 $P=-10+Q_S/n=-10+2\times Q_S^{1/3}$，此即为行业的长期供给曲线。因此，阴影部分面积大小为：

$$4\times1000+\int_{1000}^{1728}(14-P)\mathrm{d}Q=4000+\int_{1000}^{1728}(24-2\times Q^{1/3})\mathrm{d}Q=5368$$

因此，根据高跷供给曲线测度的长期生产者剩余大小与租金增加大小相等。

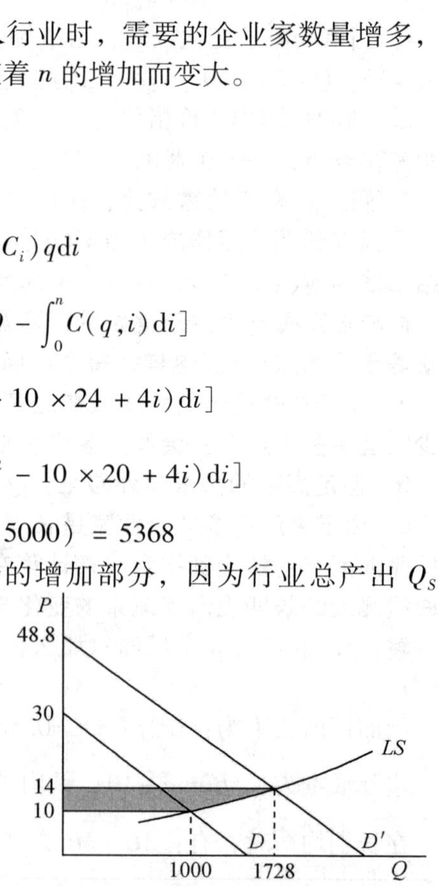

图 12－12　长期生产者剩余的变化与租金

6. 手制鼻烟盒行业由 **100** 家同样的厂商组成，每一个厂商的短期成本曲线为：

$$STC = 0.5q^2 + 10q + 5$$

并且短期边际成本为：$SMC = q + 10$，其中，q 是鼻烟盒的日产量。

a. 每个鼻烟盒生产者的短期供给曲线是什么？市场作为一个整体的短期供给曲线是什么？

b. 假定对于鼻烟盒的总需求是：$Q = D(P) = 1100 - 50P$，在此市场上，均衡点在哪里？每个厂商的总的短期利润是多少？

c. 请画出市场均衡曲线图，并计算短期总生产者剩余。

d. 请说明，你在问题 c 中计算的总生产者剩余等于总的行业利润加上行业在短期的固定成本。

e. 假设政府对每个鼻烟盒征收 **3** 美元的税收，那么市场均衡将如何变化？

f. 税收负担如何在消费者和供给者之间分配？

g. 计算税收带来的生产者剩余损失。证明该损失等于鼻烟盒行业的短期总利润的变化。为什么固定成本没有进入短期生产者剩余变化的计算？

解： a. 由 $P = SMC = q + 10$ 得，每个鼻烟盒生产者的短期供给曲线为：$q = P - 10$；

市场的短期供给曲线为：$Q = 100q = 100P - 1000$。

b. 市场均衡时，市场供给等于市场需求，即：$100P - 1000 = 1100 - 50P$，从而可以解得市场均衡价格为：$P = 14$，市场均衡产量为：$Q = 100P - 1000 = 400$。

因此，市场的短期均衡点为：$(P, Q) = (14, 400)$；

每个厂商的产量为：$q = 400 \div 100 = 4$，每家厂商的短期利润为：

$$\pi = Pq - STC = 14 \times 4 - (0.5 \times 4^2 + 40 + 5) = 3$$

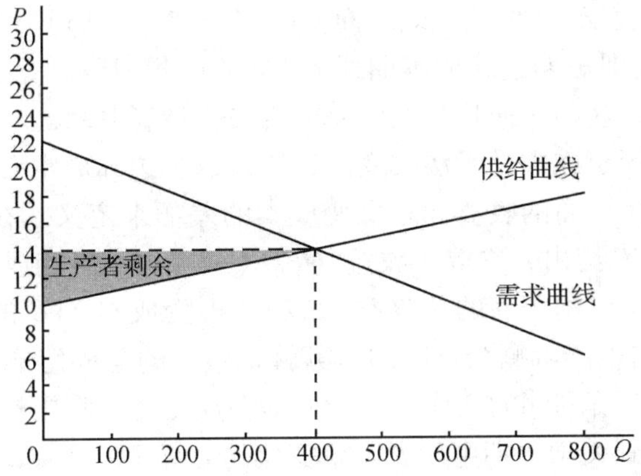

图 12－13　市场均衡

c. 市场均衡如图 12－13 所示，短期总生产者剩余如图中的阴影部分所示，为：

$$PS = 0.5 \times (14 - 10) \times 400 = 800$$

d. 由问题 b 可知，短期内，行业总利润为：$3 \times 100 = 300$；

行业在短期的总不变成本为：$5 \times 100 = 500$。

因此，短期利润与行业固定成本之和为：$300 + 500 = 800$，这与总生产者剩余相等。

e. 在征税的情况下，$P_D = P_S + 3$，因而市场均衡条件此时变为：

$$1100 - 50P_D = 100P_S - 1000 = 100(P_D - 3) - 1000$$

从而可以解得：$P_D = 16$，$P_S = 13$；

因而市场均衡的产量将变为：$Q = 300$，税收总额为：$3 \times 300 = 900$。

f. 消费者支付的税收为：$300\times(16-14)=600$；

生产者支付的税收为：$300\times(14-13)=300$。

g. 生产者剩余为：$PS=0.5\times300\times(13-10)=450$；

由问题 d 可知，生产者剩余的损失为：$800-450=350$；

短期利润为：$\pi=13\times300-100C=3900-100\times(0.5\times3^2+30+5)=-50$；

因为原来的总利润为 300，所以短期利润减少了 350。

不变成本(即固定成本)不会进入到有关短期生产者剩余变化的计算中，其原因是：经济利润与生产者剩余之间的差额就是生产的总固定成本 TFC。具体来讲：

①经济利润是指属于企业所有者的、超过生产过程中所运用的所有要素的机会成本的一种收益，它等于总收益 TR 与总成本 TC 之间的差额，即 $TR-TC$。

②生产者剩余是指厂商在提供一定数量的某种产品时实际接受的总支付和愿意接受的最小总支付之间的差额。它通常用市场价格线以下、厂商的供给曲线(即 SMC 曲线的相应的部分)以上的面积来表示，如图 12-14 中的阴影部分面积所示。其原因在于：在生产中，只要价格大于边际成本，厂商进行生产总是有利的。这时，厂商就可以得到生产者剩余。因此，在图中，在产量为零到最大产量 Q_0 之间的价格线以下和供给曲线(即短期边际成本曲线)以上的阴影部分面积表示生产者剩余。其中，价格线以下的矩形面积 OP_0EQ_0 表示总收益，即厂商实际接受的总支付，供给曲线(即短期边际成本曲线)以下的面积 $OHEQ_0$ 表示总边际成本，即厂商愿意接受的最小总支付，这两块面积之间的差额构成生产者剩余。

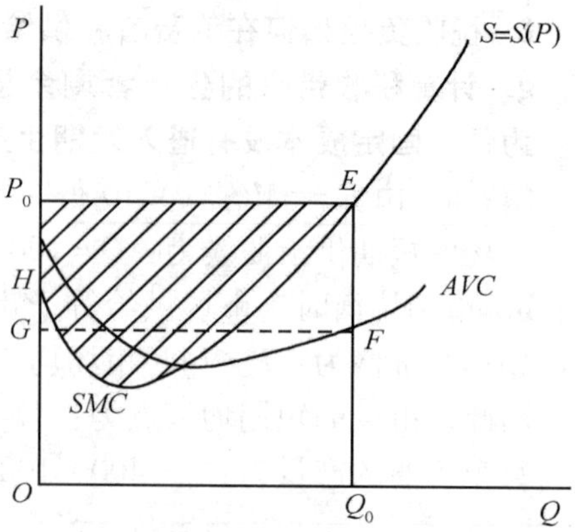

图 12-14 生产者剩余

③在短期内，由于固定成本是无法改变的，所以，总边际成本必然等于总可变成本。因此，生产者剩余也可以用厂商的收益和总可变成本的差额来定义。在图 12-14 中，生产者剩余也可以由矩形 GP_0EF 给出，它等于收益(OP_0EQ_0)减去总可变成本($OGFQ_0$)。

总之，生产者剩余可以用厂商的总收益 TR 和总可变成本 TVC 的差额来定义，即 $TR-TVC$。所以，经济利润与生产者剩余之间的差额就是生产的总固定成本 TFC。因而短期生产者剩余的变化等于短期经济利润的变化，固定成本在此变化过程中被抵消了，因而不变成本(即固定成本)不会进入到关于短期生产者剩余变化的计算中。

7. 完全竞争性的录像带复制行业由许多厂商构成，每个厂商每天会以每盘 10 美元的平均成本复制 5 盘。每个厂商也一定要向电影厂商付版税，并且每部电影的版税率(r)为行业总产出(Q)的增函数，有：$r=0.002Q$。需求为：$Q=D(P)=1050-50P$。

a. 假定行业处于长期均衡，那么复制录像带的均衡价格与均衡数量各是多少？会有多少录像带厂商？每部电影的版税率会是多少？

b. 假定对录像带的需求增加到：$Q=D(P)=1600-50P$，那么，复制录像带的长期均衡价格与均衡数量会是多少？会有多少录像带厂商？每部电影的版税率是多少？

c. 请画出在录像带市场上的这种长期均衡曲线图，计算从问题 a 到 b 的情况下生产者剩余的增加。

d. 请说明生产者剩余的增加恰好等于 Q 在问题 b 中的水平渐渐增加到问题 c 中的水平

所要付的版税的增加额。

e. 假定政府规定对电影复制行业每部电影征收 5.5 美元的税收，需求函数和问题 a 中一样。这个税收将如何影响市场均衡?

f. 上述税收负担如何在消费者和生产者之间分配? 消费者剩余和生产者剩余的损失是多少?

g. 证明上述税收造成的生产者剩余的损失最终由电影厂商全部承担。请直观地解释这个结果。

解：a. 行业处于长期均衡时，复制录像带的均衡价格为：$P=10+r=10+0.002Q$。

代入市场需求函数可得：$Q=1050-50\times(10+0.002Q)=550-0.1Q$；

从而可以解得复制录像带的长期均衡数量为：$Q=500$；

长期均衡价格为：$P=10+0.002Q=11$；

厂商数目为：$n=500\div5=100$(家)；

每部电影的版税率是：$r=1$。

b. 当录像带的需求发生变化时，将 $P=10+r=10+0.002Q$ 重新代入新的市场需求函数可得：$Q=1600-50\times(10+0.002Q)=1100-0.1Q$，从而解得复制录像带的长期均衡数量为：$Q=1000$；长期均衡价格为 $P=12$。

厂商数目为：$n=1000\div5=200$(家)。

每部电影的版税率是：$r=2$。

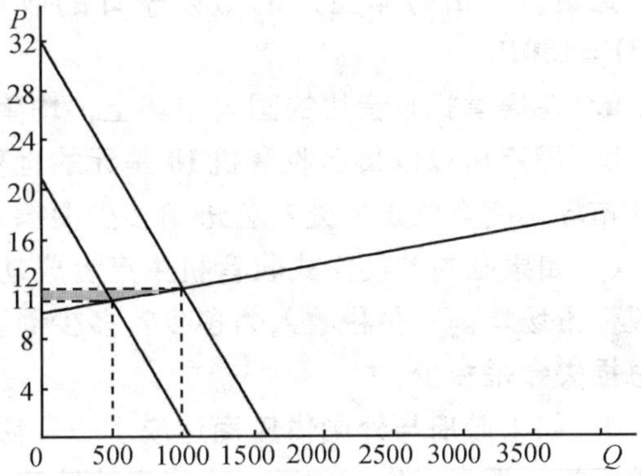

图 12－15　需求曲线的移动与生产者剩余的变化

c. 录像带市场的长期均衡如图 12－15 所示。

生产者剩余的变化如图中的阴影部分所示，即：

$$\Delta PS=1\times500+0.5\times1\times500=750$$

d. 版税的增加额为：$1\times500+0.5\times1\times500=750$，这与问题 c 中计算所得的生产者剩余的增加量恰好相等。

e. 如果政府规定对电影复制行业每部电影征收 5.5 美元的税收，需求函数和问题 a 中一样。此时的市场均衡满足：

$$\begin{cases}Q_d=1050-50P_d\\Q_s=500P_s-5000\\P_d=P_s+5.5\\Q_d=Q_s\end{cases}$$

解得：

$$\begin{cases}P_d=16\\P_s=10.5\\Q_d=Q_s=250\\r=0.5\end{cases}$$

f. 税收负担如何在消费者和生产者之间分配：

消费者担负的税收：$(16-11)\times250=1250$。

生产者担负的税收：$(11-10.5)\times250=125$。

税收负担造成的消费者剩余和生产者剩余的损失分别为：

$$\Delta CS_L = \frac{1}{2} \times (250 + 500) \times (16 - 11) = 1875$$

$$\Delta PS_L = \frac{1}{2} \times (250 + 500) \times (11 - 10.5) = 187.5$$

g. 电影制作厂的租金损失为：$0.5 \times 250 + 0.5 \times 250 \times 0.5 = 187.5$，这与生产者剩余的损失相等。其原因在于对完全竞争厂商而言长期利润恒为0，如在征税时会有部分厂商退出市场，降低版税率 r，直至每个厂商利润为0，因此生产者剩余的损失均会转移给电影制作厂。

8. 便携式收音机的国内需求为：$Q = D(P) = 5000 - 100P$，其中，价格(P)用美元来测度，数量(Q)由每年生产的数以千计的收音机来测度。收音机的国内供给曲线为：$Q = S(P) = 150P$。

a. 在便携式收音机的国内市场上，均衡点在何处？

b. 假定可以以每台收音机10美元的世界市场价格进口。如果贸易不会受到限制，那么新的市场均衡点位于何处？会进口多少便携式收音机？

c. 如果国内的便携式收音机生产者成功地要求政府征收5美元关税，那么，这将会怎样改变市场均衡？关税收入为多少？多少消费者剩余会转移到国内生产者手中？关税所带来的总损失会是多少？

d. 如果政府与外国供应商达成了一项协议，每年会把出口“自愿”限制在125万台便携式收音机，那么，你在问题c中得出的结论将会有什么变化？请解释这与关税的情况有什么不同。

解：a. 国内市场均衡条件为：$150P = 5000 - 100P$，从而可以解得国内的均衡价格为：$P = 20$；因而均衡产量为：$Q = 3000$。

b. 当价格降为10美元时，国内市场的需求量为：$Q_D = 4000$，国内厂商的供给量为 $150 \times 10 = 1500$，因而需要的进口量为：$4000 - 1500 = 2500$。

c. 在征收关税的情况下，市场价格将上升为15美元，因而国内市场的需求量为：$Q_D = 3500$，国内厂商的供给量为 $150 \times 15 = 2250$，因而需要的进口量为：$3500 - 2250 = 1250$；关税收入为：$5 \times 1250 = 6250$。

在未征税的情况下，消费者剩余为：$CS = 0.5 \times 4000 \times (50 - 10) = 80000$；

在征税的情况下，消费者剩余为：$CS = 0.5 \times 3500 \times (50 - 15) = 61250$；

因而消费者剩余的损失为：$80000 - 61250 = 18750$；

生产者所获得的转移收入为：$5 \times 1500 + 0.5 \times (2250 - 1500) \times (15 - 10) = 9375$；

$$\begin{aligned} \text{无谓损失} &= \text{消费者剩余总损失} - \text{关税} - \text{生产者所获转移收入} \\ &= 18750 - 6250 - 9375 = 3125 \end{aligned}$$

利用福利损失的三角形来检验可得：

$$\text{损失} = 0.5 \times (2250 - 1500) \times 5 + 0.5 \times (4000 - 3500) \times 5 = 1875 + 1250 = 3125$$

d. 在自愿配额的情况下，重新回答问题c可知，其他的结论没有变化，只有关税收入不复存在了，此时原来总额为6250的关税收入将被寻租者所获得，政府没有得到这部分收入。

9. 假设市场对某一商品的需求函数为 $Q_D = D(P) = A - BP$，典型厂商的成本函数为 $C(q) = k + aq + bq^2$。

a. 计算典型厂商在市场中的长期均衡产出和价格。

b. 计算长期均衡时厂商的数量，用题目中的参数表示。

c. 描述参数 A 和 B 的改变如何影响均衡厂商的数量。请直观地解释你的结果。

d. 描述典型厂商成本函数的参数如何影响长期均衡的厂商数量。请直观地解释你的结果。

解： a. 由典型生产者的成本函数 $C(q) = k + aq + bq^2$ 可知，在长期均衡时，厂商的长期平均成本函数满足 $AC(q) = MC(q)$，即有：

$$\frac{k}{q} + a + bq = a + 2bq$$

解得典型厂商在市场中的长期均衡的价格和产量分别为：

$$\begin{cases} P = a + 2\sqrt{bk} \\ q = \sqrt{\dfrac{k}{b}} \end{cases}$$

b. 利用问题 a 的计算可知，长期均衡时的市场需求量为：

$$Q_D = A - B(a + 2\sqrt{bk})$$

此时，厂商的数量为：

$$n = \frac{Q_D}{q} = \frac{A - B(a + 2\sqrt{bk})}{\sqrt{\dfrac{k}{b}}} = (A - aB)\sqrt{\frac{b}{k}} - 2Bb$$

c. 由问题 b 的计算可知：

$\dfrac{\partial n}{\partial A} = \sqrt{\dfrac{b}{k}} > 0$，即随着 A 的增大，均衡厂商的数量会增加。

$\dfrac{\partial n}{\partial B} = -a\sqrt{\dfrac{b}{k}} - 2b$，因为成本函数 $C(q) = k + aq + bq^2$，其中 k 代表固定成本，是大于 0 的，由于 k、b 同号，则必然有 b 大于 0，因此 B 对 n 的影响取决于 a。

当 $a > 0$ 时，必有 $\dfrac{\partial n}{\partial B} < 0$。当 $a < 0$ 时，由于 $C(q) = k + aq + bq^2 > 0$ 对一切 $q > 0$ 均成立，且在 $q = -\dfrac{a}{2b}$ 时成本函数达到最小值，故需要满足 $a^2 - 4kb < 0$，得 $-2\sqrt{kb} < a < 0$，从而 $\dfrac{\partial n}{\partial B} = -a\sqrt{\dfrac{b}{k}} - 2b < 2b - 2b = 0$。

综上，$\dfrac{\partial n}{\partial B} < 0$ 恒成立，因此随着 B 的增大，均衡厂商的数量会减少。

从直观上理解，A 增大意味着市场需求，即市场规模扩大，因此均衡厂商数量增加；B 增加意味着在相同的价格下，市场需求减少，从而均衡厂商数量减少。

d. $\dfrac{\partial n}{\partial k} = -\dfrac{(A - aB)\sqrt{b}}{2k^{3/2}} < 0$，即随着 k 的增大，均衡厂商的数量会减少。

$\dfrac{\partial n}{\partial a} = -B\sqrt{\dfrac{b}{k}} < 0$，即随着 a 的增大，均衡厂商的数量会减少。从直观上理解，a 增大

意味着厂商的成本增加，在市场需求量不变的条件下，均衡的厂商数量减少。

$$\frac{\partial n}{\partial b}=\frac{A-aB}{2\sqrt{bk}}-2B=\frac{A-aB-4B\sqrt{bk}}{2\sqrt{bk}}$$

因为：

$$Q_D=A-B(a+2\sqrt{bk})=A-aB-2B\sqrt{bk}\geqslant 0$$

则 $A-aB\geqslant 2B\sqrt{bk}$，此时$\frac{\partial n}{\partial b}=\frac{A-aB}{2\sqrt{bk}}-2B$ 的符号无法判断。

10. 从价税

本章我们分析了单位税——对每一单位在市场中交易的商品征收固定数额的税。同样的分析可应用于从价税，即根据交易的价值量征税(或者说对同样的商品，按价格征税)。假设供给者价格为 P，则购买者的价格为 $P(1+t)$，其中从价税税率为 t(例如 $t=0.05$，购买者支付的价格为 $1.05P$)，在这个问题中，供给函数为 $Q=S(P)$，需求函数为 $Q=D[(1+t)P]$。

a. 证明对于从价税，有：

$$\frac{\mathrm{d}\ln P}{\mathrm{d}t}=\frac{e_{D,P}}{e_{S,P}-e_{D,P}}$$

(提示：记住$\frac{\mathrm{d}\ln P}{\mathrm{d}t}=\frac{1}{P}\cdot\frac{\mathrm{d}P}{\mathrm{d}t}$，并且这里我们假定 t 约等于 0。)

b. 证明一个小额从价税的超额负担为：

$$\mathrm{DW}=-0.5\frac{e_{D,P}e_{S,P}}{e_{S,P}-e_{D,P}}t^2P^*Q^*$$

c. 将上述结果与本章单位税的结果进行比较。你能说明在不同的情境下哪种税更占优吗？

解： a. 从价税税率为 t 时，供给者价格为 P，则购买者价格为 $P_D=P(1+t)$，从而 $\ln P_D=\ln(1+t)+\ln P$，得到

$$\frac{\mathrm{d}\ln P_D}{\mathrm{d}t}=\frac{1}{1+t}+\frac{\mathrm{d}\ln P}{\mathrm{d}t}$$

因为 t 约等于 0，所以

$$\frac{1}{1+t}\approx 1$$

因此有：

$$\frac{\mathrm{d}\ln P_D}{\mathrm{d}t}=1+\frac{\mathrm{d}\ln P}{\mathrm{d}t} \qquad ①$$

因为均衡时有 $S(P)=D(P_D)$，所以 $\ln S(P)=\ln D(P_D)$，从而

$$\frac{\mathrm{d}\ln S(P)}{\mathrm{d}t}=\frac{\mathrm{d}\ln D(P_D)}{\mathrm{d}t}$$

即有

$$\frac{\mathrm{d}\ln S(P)}{\mathrm{d}\ln P}\cdot\frac{\mathrm{d}\ln P}{\mathrm{d}t}=\frac{\mathrm{d}\ln D(P_D)}{\mathrm{d}\ln P_D}\cdot\frac{\mathrm{d}P_D}{\mathrm{d}t}$$

所以：

$$e_{S,P}\frac{\mathrm{d}\ln P}{\mathrm{d}t}=e_{D,P}\frac{\mathrm{d}\ln P_D}{\mathrm{d}t} \qquad ②$$

联立①②两式，解得：

$$\frac{\mathrm{d}\ln P}{\mathrm{d}t}=\frac{e_{D,P}}{e_{S,P}-e_{D,P}}$$

b. 当征收从价税时，$P_D-P=tP=tP^*$，因此，此时无谓损失的线性估计为：

$$\mathrm{DW}=-0.5(tP^*)\frac{\mathrm{d}Q}{\mathrm{d}t}\cdot t=-0.5t^2P^*\frac{\mathrm{d}Q}{\mathrm{d}t}$$

又因为

$$e_{S,P}=\frac{\mathrm{d}\ln Q}{\mathrm{d}\ln P}=\frac{\mathrm{d}\ln Q/\mathrm{d}t}{\mathrm{d}\ln P/\mathrm{d}t}=\frac{1}{Q}\cdot\frac{\mathrm{d}Q/\mathrm{d}t}{\mathrm{d}\ln P/\mathrm{d}t}$$

所以

$$\frac{\mathrm{d}Q}{\mathrm{d}t}=e_{S,P}Q^*\frac{\mathrm{d}\ln P}{\mathrm{d}\ln t}=\frac{e_{D,P}e_{S,P}}{e_{S,P}-e_{D,P}}Q^*$$

因此

$$\mathrm{DW}=-0.5t^2P^*\frac{\mathrm{d}Q}{\mathrm{d}t}=-0.5\frac{e_{D,P}e_{S,P}}{e_{S,P}-e_{D,P}}t^2P^*Q^*$$

c. 教材中的单位税相当于从价税的价值。换句话说，由于从价税税率很小，$P_D-P=tP\approx t'$，从量税的单位税收近似等于从价税税率乘以 P，因此，运用从价税率计算的无谓损失和采用单位税计算的无谓损失是一致的。

11. 最优税收的拉姆齐法则

长期以来，最优税收政策的发展一直是公共财政的一个主要话题。其中最为著名的恐怕是英国经济学家弗兰克·拉姆齐(Frank Ramsey)的最优税制理论，他概念化了这样一个问题：如何建立一个税收系统，使得税收产生的无谓损失最小。具体地，假定有 n 种商品(商品 x_i 对应价格 p_i)，那么税收总额 $T=\sum_{i=1}^{n}t_ip_ix_i$。拉姆齐的问题是，如何在给定 T 的情况下选择税率 t_i，使得无谓损失 $\mathrm{DW}=\sum_{i=1}^{n}\mathrm{DW}(t_i)$ 最小。

a. 运用拉格朗日乘数法证明拉姆齐问题的解需满足 $t_i=\lambda(1/e_S-1/e_D)$，λ 为税收约束的拉格朗日乘数。

b. 直观地解释拉姆齐的结果。

c. 列举拉姆齐方法对于求解最优税制的一些缺点。

解：a. 根据题目可知这里征收的是从价税，由本章课后习题第10题，因为无谓损失为 $\mathrm{DW}(t_i)=\left|-0.5\cdot\frac{e_{S_i}e_{D_i}}{e_{S_i}-e_{D_i}}t_i^2p_ix_i\right|$。因此，拉姆齐的问题为：

$$\min_{t_i,i=1,\cdots,\infty}\mathrm{DW}=\sum_{i=1}^{n}\mathrm{DW}(t_i)=\sum_{i=1}^{n}\left(0.5\frac{e_{S_i}e_{D_i}}{e_{S_i}-e_{D_i}}t_i^2p_ix_i\right)=0.5\sum_{i=1}^{n}\left(\frac{e_{S_i}e_{D_i}}{e_{S_i}-e_{D_i}}t_i^2p_ix_i\right)$$

$$s.t.\ \sum_{i=1}^{n}t_ip_ix_i=T$$

建立拉格朗日函数：$L=0.5\sum_{i=1}^{n}\left(\frac{e_{S_i}e_{D_i}}{e_{S_i}-e_{D_i}}t_i^2p_ix_i\right)+\lambda\left(\sum_{i=1}^{n}t_ip_ix_i-T\right)$。

一阶条件为：$\frac{\partial L}{\partial t_i}=\frac{e_{S_i}e_{D_i}}{e_{S_i}-e_{D_i}}t_ip_ix_i+\lambda p_ix_i=0$；

解得：$t_i = -\lambda \dfrac{e_{S_i} - e_{D_i}}{e_{S_i} e_{D_i}} = \lambda\left(\dfrac{1}{e_{S_i}} - \dfrac{1}{e_{D_i}}\right)$。

b. 上式表明供给弹性和需求弹性越低的商品的税率应该更高($\lambda < 0$)，对某种商品征税抑制了该商品的生产和消费，但是对需求弹性和供给弹性较低的商品征税的税收扭曲较小，因而无谓损失较小。

c. 拉姆齐方法的缺点是其有非常严格的假设条件，首先，最优税制是在局部均衡的假设下得到的，即在进行福利分析时假定各个市场是互不影响的，因此其忽略了一般均衡中各个市场间的相互影响。其次，拉姆齐方法没有将收入效应和交叉价格弹性考虑在内。

12. 蛛网模型

在简单供求模型中，产生非均衡价格的一个方法是使生产者对供给的反应滞后。为考察这个方法的可能性，假定在时段 t 的需求量由该时段的价格决定($Q_t^D = a - bP_t$)，而供给量由前一时段的价格决定，比如农民参考之前的作物价格来决定种植数量($Q_t^S = c + dP_{t-1}$)。

a. 对于所有时段 t，模型的均衡价格($P^* = P_t = P_{t-1}$)是多少？

b. 若 P_0 表示供应商反应的初始价格，那么 P_1 是多少？

c. 通过反复替代，计算出任意 P_t 关于 P_0 和 t 的表达式。

d. 利用问题 a 的结果，重新计算 P_t 关于 P_0，P^* 和 t 的函数表达式。

e. 在什么条件下，当 $t \to \infty$ 时，P_t 收敛于 P^*。

f. 当 $a=4$，$b=2$，$c=1$，$d=1$，$P_0=0$ 时，画出你的结果。根据你画出的图形讨论"蛛网模型"这一术语的由来。

解：a. 需求量由该时段的价格决定 $Q_t^D = a - bP_t$，而供给量由前一时段的价格决定，比如农民参考之前的作物价格来决定种植数量 $Q_t^S = c + dP_{t-1}$。对于所有时段 t，模型的均衡价格满足：

$$\begin{cases} Q_t^D = a - bP_t \\ Q_t^S = c + dP_{t-1} \\ Q_t^D = Q_t^S \\ P^* = P_t = P_{t-1} \end{cases}$$

解得：

$$P^* = P_t = P_{t-1} = \frac{a-c}{b+d}$$

b. 若 P_0 表示供应商反应的初始价格，那么 P_1 满足：

$$a - bP_1 = c + dP_0$$

解得：

$$P_1 = \frac{a - c - dP_0}{b}$$

c. 由 $P_t = \dfrac{a - c - dP_{t-1}}{b}$，可知

$$
\begin{aligned}
P_t &= \frac{a-c-dP_{t-1}}{b} = \frac{a-c}{b}\left(-\frac{d}{b}\right)^0 + \left(-\frac{d}{b}\right)^1 P_{t-1} \\
&= \frac{a-c}{b}\left(-\frac{d}{b}\right)^0 + \left(-\frac{d}{b}\right)^1\left[\frac{a-c}{b}\left(-\frac{d}{b}\right)^0 + \left(-\frac{d}{b}\right)^1 P_{t-2}\right] \\
&= \frac{a-c}{b}\left[\left(-\frac{d}{b}\right)^0 + \left(-\frac{d}{b}\right)^1\right] + \left(-\frac{d}{b}\right)^2 P_{t-2} \\
&= \cdots \\
&= \frac{a-c}{b}\sum_{i=0}^{t-1}\left(-\frac{d}{b}\right)^i + \left(-\frac{d}{b}\right)^t P_0 \\
&= \frac{a-c}{b+d}\left[1-\left(-\frac{d}{b}\right)^t\right] + \left(-\frac{d}{b}\right)^t P_0
\end{aligned}
$$

d. 由问题 a 可知 $P^* = \frac{a-c}{b+d}$，因此有：

$$P_t = \left[1-\left(-\frac{d}{b}\right)^t\right]P^* + \left(-\frac{d}{b}\right)^t P_0$$

e. 当$\lim\limits_{t\to\infty}P_t = P^*$时，有：

$$\lim_{t\to\infty}P_t = \lim_{t\to\infty}\left[1-\left(-\frac{d}{b}\right)^t\right]P^* + \lim_{t\to\infty}\left(-\frac{d}{b}\right)^t P_0 = P^* + (P_0 - P^*)\lim_{t\to\infty}\left(-\frac{d}{b}\right)^t = P^*$$

因此，$\lim\limits_{t\to\infty}\left(-\frac{d}{b}\right)^t = 0$。

所以，当$\frac{d}{b}<1$，即 $d<b$ 时，$\lim\limits_{t\to\infty}P_t = P^*$。

f. 当 $a=4$，$b=2$，$c=1$，$d=1$，$P_0=0$ 时，需求曲线和供给曲线如图 12－16 所示。

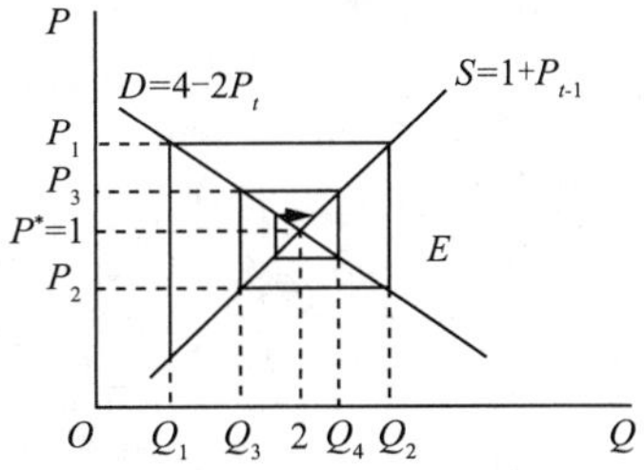

图 12－16　蛛网模型

图 12－16 表明在时间趋于无穷时，价格收敛于均衡价格的运动轨迹形似蛛网，因此这一理论也称为“蛛网模型”。

13. 供求比较静态的进一步探讨

本章介绍的供求模型可用于研究其他比较静态问题。这里我们将介绍三个这样的问题。在这三个问题中，需求量均为 $D(P, \alpha)$，供给量均为 $S(P, \beta)$。

a. 供给移动：本章我们通过研究需求移动的比较静态结果分析了 α 的变化如何影响均衡价格和均衡数量。在这个问题中需要你针对供给变化做类似计算，也就是，计算 $\mathrm{d}P^*/\mathrm{d}\beta$ 和 $\mathrm{d}Q^*/\mathrm{d}\beta$。注意将你的结果同时表示为导数和弹性的形式。同时用一些简单的图形描述你的结果为何和本章正文中展示的结果不同。

b. 一个数量“楔子”：在单位税的分析中我们说明了一个税收楔子会影响均衡价格和均衡数量。同样的分析也适用于数量楔子，也就是在均衡中供给量超过需求量的情况。这种情况发生在，比如产出有一定比例的缺陷，或者由政府购买鼓励生产。规范地说，令 $\overline{Q}$ 表示产品损失，这时市场均衡要求 $D(P)=Q$，$S(P)=Q+\overline{Q}$。运用比较静态模型计算 $\mathrm{d}P^*/\mathrm{d}\overline{Q}$ 和 $\mathrm{d}Q^*/\mathrm{d}Q$。[在多数情形下假设 $Q^*=\delta Q$(δ 是一个较小的小数)是合理的，在得出具体计算结果之前，你认为上述问题和你已经仔细分析过的问题有什么不同?]

c. 识别问题：竞争市场实证研究中的一个重要问题是判断观察到的价格－数量数据是否代表了需求曲线、供给曲线或者两者的某种结合。运用我们已经知道的比较静态结果解释下列结论：

(1)只有当需求参数 α 为可变值时，变化的均衡价格和均衡数量数据才能用以估计需求价格弹性。

(2)只有当供给参数 β 为可变值时，变化的均衡价格和均衡数量数据才能用以估计供给价格弹性(回答该问，你必须解决问题 a)。

(3)如果需求曲线和供给曲线移动受同一参数的影响[比如需求函数和供给函数分别为 $D(P, \alpha)$ 和 $S(P, \alpha)$]，那么没有哪个价格弹性可以被估计。

解：a. 令需求函数为 $D(P, \alpha)-Q=0$，供给函数为 $S(P, \beta)-Q=0$。分别对需求函数和供给函数两边求全微分得到：

$$\begin{cases} D_P\dfrac{\mathrm{d}P}{\mathrm{d}\beta}-\dfrac{\mathrm{d}Q}{\mathrm{d}\beta}=0 \\ S_P\dfrac{\mathrm{d}P}{\mathrm{d}\beta}+S_\beta-\dfrac{\mathrm{d}Q}{\mathrm{d}\beta}=0 \end{cases}$$

用矩阵形式表示：

$$\begin{bmatrix} D_P & -1 \\ S_P & -1 \end{bmatrix}\cdot\begin{bmatrix} \mathrm{d}P/\mathrm{d}\beta \\ \mathrm{d}Q/\mathrm{d}\beta \end{bmatrix}=\begin{bmatrix} 0 \\ -S_\beta \end{bmatrix}$$

根据克莱姆法则得到：

$$\frac{\mathrm{d}P^*}{\mathrm{d}\beta}=\frac{\begin{vmatrix} 0 & -1 \\ -S_\beta & -1 \end{vmatrix}}{\begin{vmatrix} D_P & -1 \\ S_P & -1 \end{vmatrix}}=\frac{-S_\beta}{S_P-D_P}$$

$$\frac{\mathrm{d}Q^*}{\mathrm{d}\beta}=\frac{\begin{vmatrix} D_P & 0 \\ S_P & -S_\beta \end{vmatrix}}{\begin{vmatrix} D_P & -1 \\ S_P & -1 \end{vmatrix}}=\frac{-D_PS_\beta}{S_P-D_P}$$

因此，如果 $S_\beta>0$，则 $\mathrm{d}P^*/\mathrm{d}\beta<0$，$\mathrm{d}Q^*/\mathrm{d}\beta>0$。

b. 令需求函数为 $D(P)-Q=0$，供给函数为 $S(P)-\overline{Q}-Q=0$。分别对需求函数和供给函数两边求全微分得到：

$$\begin{cases} D_P\dfrac{\mathrm{d}P}{\mathrm{d}\overline{Q}}-\dfrac{\mathrm{d}Q}{\mathrm{d}\overline{Q}}=0 \\ S_P\dfrac{\mathrm{d}P}{\mathrm{d}\overline{Q}}-1-\dfrac{\mathrm{d}Q}{\mathrm{d}\overline{Q}}=0 \end{cases}$$

用矩阵形式表示：

$$\begin{bmatrix} D_P & -1 \\ S_P & -1 \end{bmatrix}\cdot\begin{bmatrix} \mathrm{d}P/\mathrm{d}\overline{Q} \\ \mathrm{d}Q/\mathrm{d}\overline{Q} \end{bmatrix}=\begin{bmatrix} 0 \\ 1 \end{bmatrix}$$

根据克莱姆法则得到：

$$\frac{\mathrm{d}P}{\mathrm{d}\overline{Q}}=\frac{\begin{vmatrix} 0 & -1 \\ 1 & -1 \end{vmatrix}}{\begin{vmatrix} D_P & -1 \\ S_P & -1 \end{vmatrix}}=\frac{1}{S_P-D_P}>0$$

$$\frac{dQ}{dQ}=\frac{\begin{vmatrix}D_P & 0\\ S_P & 1\end{vmatrix}}{\begin{vmatrix}D_P & -1\\ S_P & -1\end{vmatrix}}=\frac{D_P}{S_P-D_P}<0$$

因此，一个正向的数量楔子提高均衡价格，降低用于满足需求的数量。

c. (1)本章分析表明，$\frac{dQ^*/d\alpha}{dP^*/d\alpha}=S_P$，用足够多的观测点度量不同的 α 值的影响，我们可以识别供给曲线的斜率。

(2)问题 a 中的结果显示，$\frac{dQ^*/d\beta}{dP^*/d\beta}=D_P$，用足够多的观测点度量不同的 β 值的影响，我们可以识别需求曲线的斜率。

(3)如果 α 值和 β 值同时变化，导致供给和需求这两条曲线同时移动，就不能识别任意一条曲线的斜率。

14. 勒夏特列原理

本章对供给反应的分析聚焦于企业，企业在长期的要素投入和行业进入上灵活性更大。因此，需求增加导致的价格上升程度在短期内更大，但在长期价格会回归到它的初始均衡价格。萨缪尔森注意到这个趋势和化学中的一个原理相似，说的是对平衡的打破在长期会被调和，他随即将这个原理(勒夏特列原理)引入经济学中。为研究这个原理，我们将供给函数记作 $S(P, t)$，t 代表时间，本章我们将证明 $S_{P,t}>0$——也就是说，价格上升对供给数量带来的影响随着时间的增加而增强。

a. 运用这个新的供给函数，令(12.24)式对 t 求导数。由该结果得到的二阶交叉导数为 $\frac{d^2P^*}{d\alpha dt}$ 和 $\frac{d^2Q^*}{d\alpha dt}$。这些导数表明随着时间的推移，均衡价格和均衡数量如何对需求移动作出反应。

b. 求解问题 a 中的两个二阶导数。证明 $\frac{d^2P^*}{d\alpha dt}$ 和 $\frac{dP^*}{d\alpha}$ 符号相反。这就是勒夏特列结果——均衡价格的短期变化被时间调和了。

c. 证明 $\frac{d^2Q^*}{d\alpha dt}$ 和 $\frac{dP^*}{d\alpha}$ 符号相同。这个结果说明勒夏特列"调和"结果并不反映在所有均衡值中。

d. 描述你的数理结果如何表现在本章的图形分析中。

解： a. (12.24)式为：

$$\begin{cases}D_P\frac{dP^*}{d\alpha}+D_\alpha-\frac{dQ^*}{d\alpha}=0\\ S_P\frac{dP^*}{d\alpha}-\frac{dQ^*}{d\alpha}=0\end{cases}$$

两边分别对 t 求导得到：

$$\begin{cases}D_P\frac{d^2P^*}{d\alpha dt}-\frac{d^2Q^*}{d\alpha dt}=0\\ S_P\frac{d^2P^*}{d\alpha dt}+S_{Pt}\frac{dP^*}{d\alpha}-\frac{d^2Q^*}{d\alpha dt}=0\end{cases}$$

b. 问题 a 中的结果可以用矩阵形式表示为：

$$\begin{bmatrix} D_P & -1 \\ S_P & -1 \end{bmatrix} \cdot \begin{bmatrix} \dfrac{d^2P^*}{d\alpha dt} \\ \dfrac{d^2Q^*}{d\alpha dt} \end{bmatrix} = \begin{bmatrix} 0 \\ -S_{Pt}\dfrac{dP^*}{d\alpha} \end{bmatrix}$$

根据克莱姆法则得到：

$$\frac{d^2P^*}{d\alpha dt} = \frac{\begin{vmatrix} 0 & -1 \\ -S_{Pt}\dfrac{dP^*}{d\alpha} & -1 \end{vmatrix}}{\begin{vmatrix} D_P & -1 \\ S_P & -1 \end{vmatrix}} = \frac{-S_{Pt}\dfrac{dP^*}{d\alpha}}{S_P - D_P}$$

因此，$\dfrac{d^2P^*}{d\alpha dt}$和$\dfrac{dP^*}{d\alpha}$符号相反。

c. 根据问题 b 中的矩阵形式，利用克莱姆法则可以得到：

$$\frac{d^2Q^*}{d\alpha dt} = \frac{\begin{vmatrix} D_P & 0 \\ S_P & -S_{Pt}\dfrac{dP^*}{d\alpha} \end{vmatrix}}{\begin{vmatrix} D_P & -1 \\ S_P & -1 \end{vmatrix}} = \frac{-D_P S_{Pt}\dfrac{dP^*}{d\alpha}}{S_P - D_P}$$

由于 $D_P<0$，$S_{Pt}>0$，所以$\dfrac{d^2Q^*}{d\alpha dt}$和$\dfrac{dP^*}{d\alpha}$符号相同。

d. 如图 12－17 所示。短期供给缺乏弹性，市场需求曲线向右移动会引起均衡价格的大幅增加(P_1-P_0)，均衡数量却只有轻微的增加(Q_1-Q_0)；长期供给富有弹性，市场需求曲线向右移动会引起均衡价格的轻微增加(P_2-P_1)，均衡数量却大幅增加(Q_2-Q_1)。

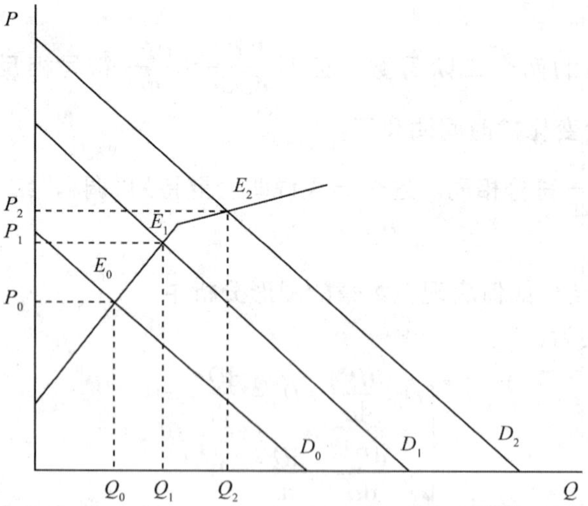

图 12－17　勒夏特列原理

第 13 章　一般均衡与福利

13.1　复习笔记

1. 完全竞争市场的价格特征

(1)一价定律

当市场满足以下两个条件：

①不存在交易成本；

②买卖双方信息完全对称。

此时，同一品质的商品在所有交易中价格完全统一(即 $P_1 = P_2 = \cdots = P_n$)，这种现象称为一价定律。

(2)完全竞争的行为假设

①市场上有大量的买者和卖者；

②买者和卖者都是价格的接受者(无法单独影响市场价格)。

2. 关于两种商品一般均衡的图示模型

(1)埃奇沃思盒状图

埃奇沃思盒状图是指方形的长和高分别代表两个消费者(或生产者)所拥有的两种商品(或生产要素)的总量，盒状图中各点表示两种商品(或要素)的总供给量在两个消费者(或生产者)之间的配置状态。埃奇沃思盒状图揭示了当所有消费的总量或经济活动中使用的投入品总量固定时，如何配置资源，考察生产的效率。

图 13－1 中的埃奇沃思盒状图直观展示了两种商品生产的资源分配情况：

①盒子长度代表经济体可用的总劳动时间，高度代表总资本量；

②左下角为商品 x 生产的原点，劳动和资本投入量向右、向上延伸；

③右上角为商品 y 生产的原点，劳动和资本投入量向左、向下延伸；

④盒状图内任意点的坐标都对应着劳动和资本在两种商品生产中的分配方案，且满足：

$$l_x + l_y = l_{总} 与 k_x + k_y = k_{总}$$

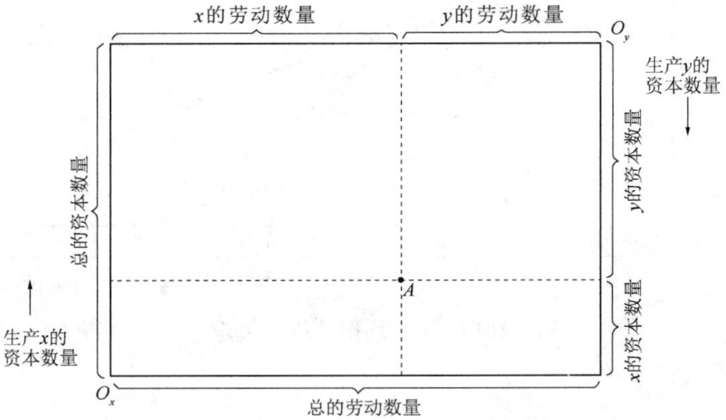

图 13－1　生产的埃奇沃思盒状图

(2)有效率的配置

埃奇沃思盒状图中并不是所有的点都是有效率的，有效率分配方式的条件为生产商品 x 的(l 对 k)RTS 与生产商品 y 的 RTS 相等。

如图 13－2 所示，P_1、P_2、P_3与 P_4等表示有效率的配置点，在这些点处，两种商品的等产量线相切。在图 13－2 的任何其他点上，两种商品的等产量线是相交的，这些点处的资源配置是无效率的，存在着改进的可能，如 A 点。

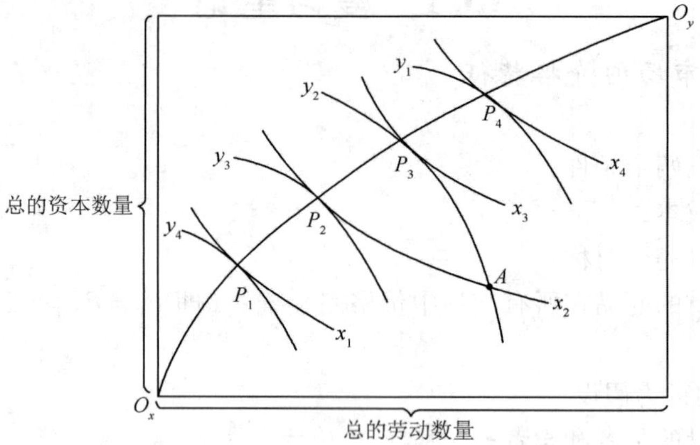

图 13－2　生产效率的埃奇沃思盒状图

(3)均衡价格的决定

在有两种商品(x 和 y)的经济中，根据需求与供给可以说明均衡价格的形成。如图 13－3 所示，在给定的价格比率 p_x/p_y 下，厂商会生产(x_1，y_1)，此时社会的预算约束由直线 C 表示。在这个预算约束下，个人对这两种商品的需求为(x_1'，y_1')，即存在着对商品 x 的过度需求 $x_1'-x_1$ 和对商品 y 的过度供给 y_1-y_1'。在市场机制的作用下，价格水平会逐渐移动到均衡水平 p_x^* 和 p_y^*，此时价格线更加陡峭，社会的预算约束变为直线 C^*，供给与需求达到均衡，均衡的商品组合点为(x^*，y^*)。

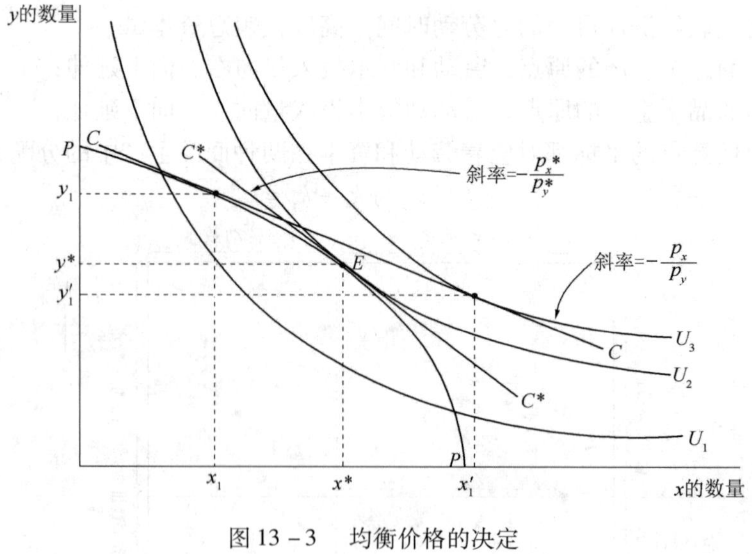

图 13－3　均衡价格的决定

3. 一般均衡建模及要素价格

(1)谷物法辩论

如图 13－4 所示，对谷物的关税壁垒的削减会引起生产从 E 点到 A 点的重新配置。消费的重新配置则是从 E 点到 B 点。如果谷物的生产是资本相对密集的，那么，作为这种重新配置的结果，资本的相对价格就会下降。

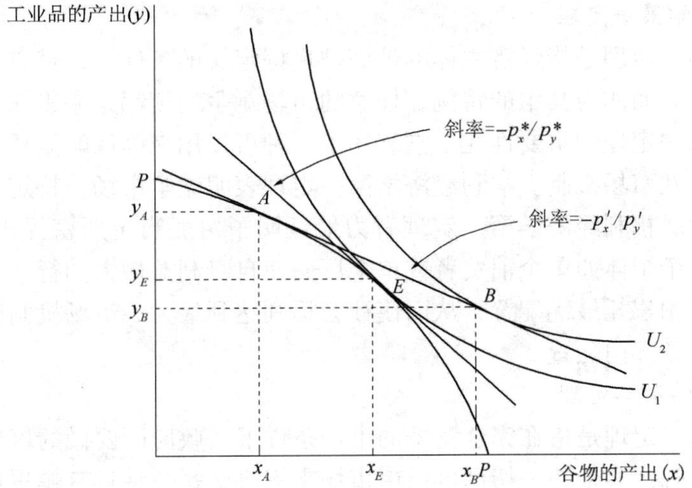

图 13－4　谷物法辩论的分析

(2)贸易与要素价格

图 13－4 中，E 点到 A 点的移动反映出 x 的产量下降，y 的产量上升，这种现象在图 13－2 中表示为 P_3点到 P_1点的移动。埃奇沃思盒状图(图 13－2)中也反映了由此导致的资本与劳动的重新配置。假定谷物的生产相对资本密集，则 P_3点到 P_1点的移动会使得两个行业中的 k 对 l 的比率上升，从而引起资本的相对价格下降(或劳动的相对价格上升)。因此，撤销谷物法会损害资本所有者(即地主)的利益，而给劳动者带来好处。

4. 瓦尔拉斯法则

瓦尔拉斯法则是指在完全竞争的纯交换经济中，社会对商品的超额需求总价值在任何价格水平下都等于零。瓦尔拉斯定律表明：如果已知除某一市场以外的其他市场都处于均衡状态，那么这一未知市场必然也处于均衡状态；同样，如果存在超额需求为正的市场，那么，必然同时存在超额需求为负的市场，即：

$$\sum_{i=1}^{n} P_i \cdot ED_i(P) = 0$$

其中，$ED_i(P) = D_i(P) - S_i$ 为第 i 种商品的超额需求；P_i 为第 i 种商品的价格。

5. 完全竞争的效率

(1)斯密“看不见的手”假说

亚当·斯密认为，竞争市场机制代表的是与混乱完全不同的一个体系。它将提供一只“看不见的手”以使各种资源能够找到它们最合理的去处，在那里，它们将最具价值、最能增加国民财富。在斯密看来，依靠谋求自身利益最大化的个人与厂商将使整个经济得到(甚至是非常良好的)发展与进步。

(2)帕累托最优

如果通过重新配置资源，已经不可能在不使其他人处境变坏的情况下改善任何一个人的处境，这种配置就被称为帕累托最优的。

帕累托最优的定义指出，如果尚存在毫无疑问的改良的潜在可能，资源的配置就是“无效率”的。根据这个定义，有效率与否与个人之间的偏好不同毫不相干。“改良”的定义就是至少某一些人的效用增加。

6. 福利经济学定理

(1)福利经济学第一定理

福利经济学第一定理是指经济主体的偏好被良好定义的条件下，带有再分配的价格均衡都是帕累托最优的。而作为其中的特例，任意的市场竞争均衡都是帕累托最优的。

福利经济学第一定理的重要性在于它表述了一种可以用来确保帕累托有效配置结果的普遍机制——即竞争性市场机制。福利经济学第一定理表明竞争市场的特定结构具有实现帕累托有效配置的特性。福利经济学第一定理有力地证明了由亚当·斯密提出的“看不见的手”原理，即市场中每个个体如单个消费者或单个厂商使自身利益最大的行为能够有力地促进资源在各部门间达到帕累托最优配置，从而使社会福利达到最大。市场机制就像一只看不见的手，引导着资源在各部门配置。

(2)福利经济学第二定理

福利经济学第二定理是指在完全竞争的市场条件下，政府所要做的事情是改变个人之间禀赋的初始分配状态，其余的一切都可以由市场来解决。每一种具有帕累托效率的资源配置都可以通过市场机制实现。

福利经济学第二定理的一个关键假设是消费者拥有严格凸的偏好。当消费者的偏好非凸时，福利经济学第二定理不会成立，如图 13－5 所示。显然，在图 13－5 中，X 点是帕累托有效分配点，但不存在形成市场均衡的价格，因为对于图 13－5 中给定的价格，A 的最优选择点是 Y，而非 X。

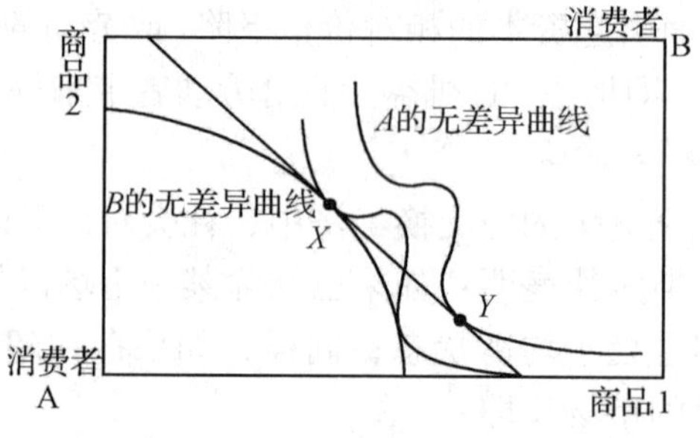

图 13－5　非均衡的帕累托有效配置

福利经济学第二定理认为在一定条件下，每一帕累托有效配置均能达到竞争均衡。其意义在于指出了分配与效率问题可分开来考虑。由于任何帕累托有效配置都能得到市场机制的支持。市场机制在分配上是中性的，不管商品或财富公平分配标准如何，都可利用竞争市场来获得这种市场机制。价格在这种市场体制中起着两种作用：一是配置作用，即表明商品的相对稀缺性；一是分配作用，即确定不同的交易者购买各种商品的数量。福利经济学第二定理认为这两种作用可以区别开来，即可以通过重新分配商品的初始禀赋来确定每人拥有多少财富，然后，再利用价格来表明商品的相对稀缺性。

(3)社会福利函数

社会福利函数把社会福利看作是个人福利的总和，所以社会福利是所有个人福利总和的函数。以效用水平表示个人的福利，则社会福利就是个人福利的函数。数学表达式为：社会

福利 $=SW[(U_1(x^1),\ U_2(x^2),\ \cdots,\ U_m(x^m))]$。

“社会规划者”的目标就是在 m 个个体中选择商品的分配方案，从而使 SW 最大化。常见的社会福利函数有：

①功利的福利函数。该函数不考虑效用(收入)在社会个体间的分配情况，认为社会福利等于个体效用(收入)的加总，函数形式为：$SW(U_1,\ U_2,\ \cdots,\ U_m)=U_1+U_2+\cdots+U_m$。

②最大化最小社会福利函数。该福利函数关注分配情况最糟的个体，并采取能使该个体效用最大化的分配方式，函数形式为：$SW(U_1,\ U_2,\ \cdots,\ U_m)=\min(U_1,\ U_2,\ \cdots,\ U_m)$。

13.2 课后习题详解

1. 假定枪(x)与黄油(y)的生产可能性边界为：$x^2+2y^2=900$。

a. 请画出这个边界。

b. 如果个人在消费时总会保持 $y=2x$ 的比例，那么会生产出多少 x 与 y？

c. 在问题 b 所描述的点上，RPT 为多大？在那一点上，是什么样的价格比率引致了生产？(通过研究 x 与 y 围绕最优点的微小变化应该可以大致算出这个斜率。)

d. 在问题 a 中的图上画出你的答案。

解： a. 该生产可能性边界如图 13－6 所示。

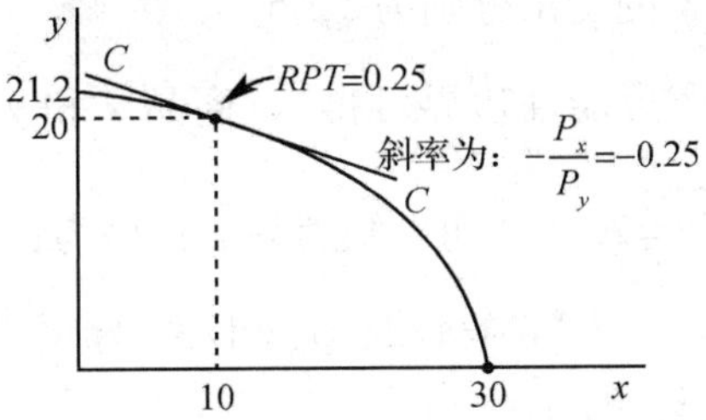

图 13－6 枪与黄油的生产可能性边界

b. 如果 $y=2x$，则将其代入生产可能性边界方程可得：$9x^2=900$，从而可以解得：

$$x=10,\ y=20$$

c. 由于生产可能性边界为 $x^2+2y^2=900$，对其全微分，得：$2x\mathrm{d}x+4y\mathrm{d}y=0$。所以，$RPT=-\frac{\mathrm{d}y}{\mathrm{d}x}=\frac{x}{2y}$。把 $x=10$，$y=20$ 代入上式，得 $RPT=\frac{10}{40}=0.25$。

该处的价格比率为：$\frac{P_x}{P_y}=-\frac{\Delta y}{\Delta x}=0.25$。

d. 以上结论如图 13－6 所示。

2. 假定有两个人(史密斯与琼斯)，每个人都有 10 个小时的劳动，可以生产冰激凌(x)或鸡汤(y)。史密斯的效用函数为：

$$U_S=x^{0.3}y^{0.7}$$

琼斯的效用函数为：

$$U_J=x^{0.5}y^{0.5}$$

个人并不在意他生产的是 x 还是 y，并且每一种商品的生产函数为：

$$x=2l \text{ 和 } y=3l$$

其中，l 是投入到每一种商品生产中的总劳动。请根据这些信息计算：

a. 价格比率 p_x/p_y 一定会是多少？

b. 在这个价格比率下，史密斯与琼斯会需要多少 x 和 y？提示：在此设工资等于 1。

c. 为了满足问题 b 中计算出来的需求，应怎样在 x 与 y 之间分配劳动？

解： a. 假设 l_{Sx}、l_{Jx} 分别为史密斯与琼斯用于生产商品 x 的时间，l_{Sy}、l_{Jy} 分别为两人用于生产商品 y 的时间。根据生产函数有：

$$x = 2(l_{Sx} + l_{Jx}) \quad ①$$

$$y = 3(l_{Sy} + l_{Jy}) \quad ②$$

同时由于每个人的劳动总时间为 10 小时，所以有：

$$l_{Sx} + l_{Sy} = 10 \quad ③$$

$$l_{Jx} + l_{Jy} = 10 \quad ④$$

因而由①②③④四式可得生产可能性边界为：

$$3x + 2y = 6(l_{Sx} + l_{Jx} + l_{Sy} + l_{Jy}) = 6 \times 20 = 120$$

生产可能性边界为一条直线，因而有：

$$p_x/p_y = RPT = -\frac{\mathrm{d}y}{\mathrm{d}x} = 3/2$$

b. 当工资率为 1 时，每个人的收入都是 10。

根据柯布－道格拉斯效用函数的特点可知，史密斯用于商品 x 的支出为 3，用于商品 y 的支出为 7；而琼斯用于 x 和 y 的支出分别为 5，5。

又因为 $\frac{x}{2} + \frac{y}{3} = 20$（从生产可能性边界可得），商品 x 和 y 的需求分别为：$x = \frac{8}{p_x}$，$y = \frac{12}{p_y}$，因而有 $\frac{8}{2p_x} + \frac{12}{3p_y} = \frac{8}{2p_x} + \frac{12}{2p_x} = 20$，从而可知商品的价格为：

$$p_x = 1/2,\ p_y = 1/3$$

因此，史密斯的需求为：$x = 6$，$y = 21$；

琼斯的需求为：$x = 10$，$y = 15$。

c. x 和 y 的总产出分别为：$x = 16$，$y = 36$；因而总共 20 小时将安排如下：8 小时用于生产 x，12 小时用于生产 y。

3. 考虑一个经济中仅有一种生产各商品的技术：

商品	食品	布匹
每单位产出中的劳动	1	1
每单位产出中的土地	2	1

a. 假设土地是无限的，但劳动等于 100，写下并画出生产可能性边界。

b. 假设劳动是无限的，但土地等于 150，写下并画出生产可能性边界。

c. 假设劳动等于 100 且土地等于 150，写下并画出生产可能性边界。提示：生产可能性边界的截距分别是多少？什么时候劳动会全部被用上？什么时候土地会全部被用上？什么时候两者均会被全部用上？

d. 解释为什么问题 c 中的生产可能性边界是凹的。

e. 画出问题 c 情况下食品的相对价格与产量的函数关系的图形。

f. 如果消费者坚持用 4 单位的食品去交换 5 单位的布匹，那么食品的相对价格是多少？为什么？

g. 解释为什么在价格比率 $p_F/p_C = 1.1$ 与 $p_F/p_C = 1.9$ 时产出是相同的。

h. 假设资本也是生产食品与布匹所需要的，而每单位食品与每单位布匹所需的资本分别为 0.8 和 0.9。这里共有 100 单位的资本。这时的生产可能性边界又会是什么样子的？在这种情况下回答 e 中的问题。

解： a. 食品记为 F，布匹记为 C。当劳动总量为 100 时，生产可能性边界为：$F+C=100$，如图 13－7 所示。

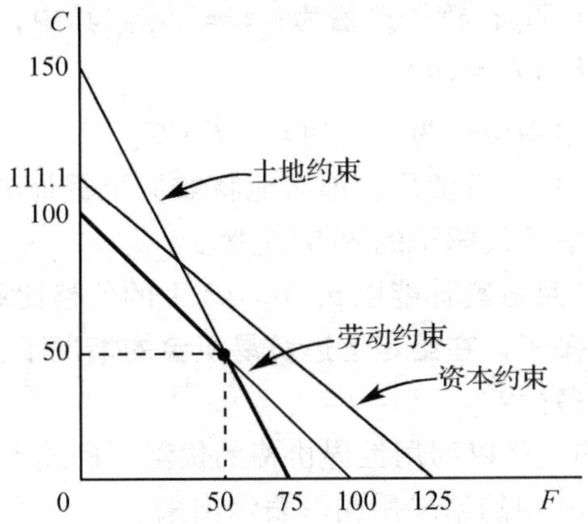

图 13－7　资源约束对生产可能性边界的影响

b. 当土地约束为 150 时，生产可能性边界为 $2F+C=150$，如图 13－7 所示。

c. 如果劳动总量约束为 $F+C=100$，土地总量约束为 $2F+C=150$，则位于图 13－7 中的粗线与两坐标轴之间的部分都同时满足约束条件，此时的生产可能性边界为图中的粗线，其方程为：

$$\begin{cases} F+C=100, & 0\leqslant F\leqslant 50 \\ 2F+C=150, & 50<F\leqslant 75 \end{cases}$$

当 $0\leqslant F\leqslant 50$ 时，劳动约束是束紧的（即 $F+C=100$），此时劳动被充分利用；当 $50\leqslant F\leqslant 75$ 时，土地约束是束紧的（即 $2F+C=150$），此时土地被充分利用。当 $F=50$ 时，土地和劳动约束都是束紧的（即 $F+C=100$ 与 $2F+C=150$ 同时成立），所以劳动和土地都被充分利用。

d. 问题 c 中的生产可能性边界是凹的，这是因为它同时满足两个约束条件，其中：对于劳动约束而言，$RPT=1$；对于土地约束而言，$RPT=2$，从而问题 c 中的生产可能性边界呈现出递增的 RPT，因而它是凹的。此外，也可以从图 13－7 中得出该结论。

e. 如图 13－7 所示，两条约束线相交于点（50，50）。

当 $0\leqslant F<50$ 时，$\frac{\mathrm{d}C}{\mathrm{d}F}=-1$，因而相对价格为：$\frac{p_F}{p_C}=1$；

当 $50<F\leqslant 75$ 时，$\frac{\mathrm{d}C}{\mathrm{d}F}=-2$，因而相对价格为：$\frac{p_F}{p_C}=2$。

f. 如果消费者坚持以 4 单位食品交换 5 单位布匹，则有：$\frac{\mathrm{d}C}{\mathrm{d}F}=-\frac{5}{4}$，从而相对价格为：$\frac{p_F}{p_C}=\frac{5}{4}$。

g. 如果 $p_F/p_C=1.9$ 或 $p_F/p_C=1.1$，则生产者仍将选择生产组合（$F=50$，$C=50$），因为该点为生产可能性曲线的折点，在该点处两条价格线都与生产可能性曲线相切。

h. 资本约束为：$0.8F+0.9C=100$，当 $C=0$ 时，$F=125$；当 $F=0$ 时，$C=111.1$，因而该资本约束线如图 13－7 所示。此时生产可能性边界 PPF 不变（问题 e 中的相对价格不变），因为资本约束不是束紧的。

4. 假设鲁宾孙·克鲁索生产与消费鱼（F）和椰子（C）。假设在某一个时期，他决定工作 200 小时，至于把这些时间用于捕鱼还是用于收椰子是无差别的。

鲁宾孙的鱼产量为：$F=\sqrt{l_F}$；椰子产量为：$C=\sqrt{l_C}$。其中，l_F 与 l_C 分别为花在捕鱼和收椰子上的时间，结果有：$l_F+l_C=200$。

鲁宾孙对于鱼与椰子的效用函数为：效用 $=\sqrt{F\cdot C}$。

a. 如果鲁宾孙无法与外界进行贸易，那么他将如何配置他的劳动？F 与 C 的最优水平是多少？他的效用是多少？鱼替代椰子的 RPT 是多少？

b. 假设贸易可以进行，且鲁宾孙能以 $p_F/p_C=2/1$ 的价格比率进行交易。如果他仍然按照问题 a 中的产量生产鱼与椰子，在给定上述贸易机会的情况下，他会作出什么样的消费选择？他的新的效用水平将是多少？

c. 如果鲁宾孙调整他的生产以利用世界价格的优势，问题 b 中的答案会有什么变化？

d. 把你的问题 a、b 与 c 中的结果用图形表示出来。

解：a. 生产可能性边界为：$F^2+C^2=200$，从而可得产品转换率为：$RPT=-\dfrac{\mathrm{d}C}{\mathrm{d}F}=\dfrac{F}{C}$。

而对于鲁宾孙而言，其效用的边际替代率为：$MRS=\dfrac{\partial U/\partial F}{\partial U/\partial C}=\dfrac{C}{F}$。

为了确保效率，因而有：$MRS=RPT$，即：$F/C=C/F$，从而有：$F=C$，代入生产可能性边界可以解得：$C=F=10$；

鲁宾孙此时获得的效用为：$U=\sqrt{F\cdot C}=10$；

产品转换率为：$RPT=1$。

b. 在贸易开放的情况下，$p_F/p_C=2/1=MRS=C/F$，所以有：$C=2F$ ①

此时预算约束为：

$$2F+C=30 \quad ②$$

因而从①②两式可得：$F=15/2$，$C=15$。

鲁宾孙的新效用水平为：$U=\sqrt{15\times15\div2}=\sqrt{112.5}$，需求效应导致了鲁宾孙的效用提高了。

c. 令 $RPT=2/1$，可得生产中鱼和椰子的产量之间的关系为：$F=2C$，代入生产可能性边界有：$5C^2=200$，从而可以解得：

$$C=\sqrt{40}\ ,\ F=\sqrt{160}$$

此时，鲁宾孙的预算约束为：$2\sqrt{160}+\sqrt{40}=5\sqrt{40}=10\sqrt{10}$。由效用函数 $U=\sqrt{F\cdot C}$，因而他用于 F 的支出为 $2.5\sqrt{10}$，用于 C 的支出为 $5\sqrt{10}$，可得鲁宾孙的消费量和效用分别为：

$$C=5\sqrt{10},\ F=\frac{5\sqrt{10}}{2},\ U=\sqrt{125}$$

生产专业化效应导致了鲁宾孙的效用进一步提高了。

d. 以上结果如图 13－8 所示。

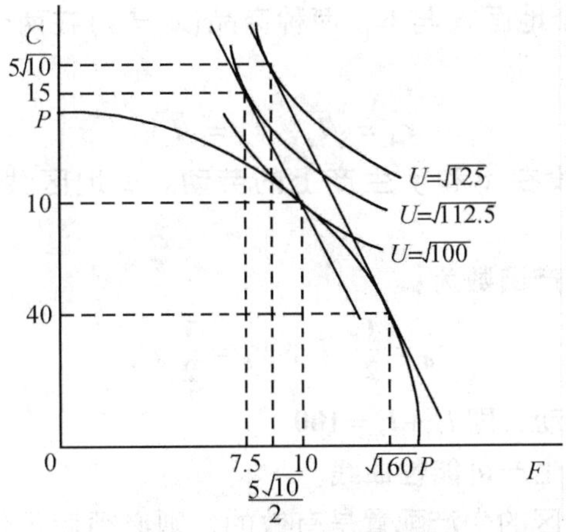

图 13－8　交换的经济效应

5. 史密斯与琼斯被困于一个荒岛，每人手中都有几片火腿(*H*)与奶酪(*C*)。史密斯对吃特别挑剔，永远只按 2 片奶酪与 1 片火腿的固定比例进食。他的效用函数为 $U_S=\min(H, C/2)$。

琼斯的饮食习惯则灵活得多，他的效用函数为 $U_J=4H+3C$。食物总量为 100 片火腿、200 片奶酪。

a. 用埃奇沃思盒状图表示在以上条件下可能发生的各种交易情况。满足任何均衡状况的唯一的交换比率是什么？

b. 假设史密斯最初有 40*H* 与 80*C*，均衡交换点是多少？

c. 假设史密斯最初有 60*H* 与 80*C*，均衡交换点是多少？

d. 假设史密斯(二人中明显的强者)决定不按规则行事，那么最后的均衡点将会是怎么样的？

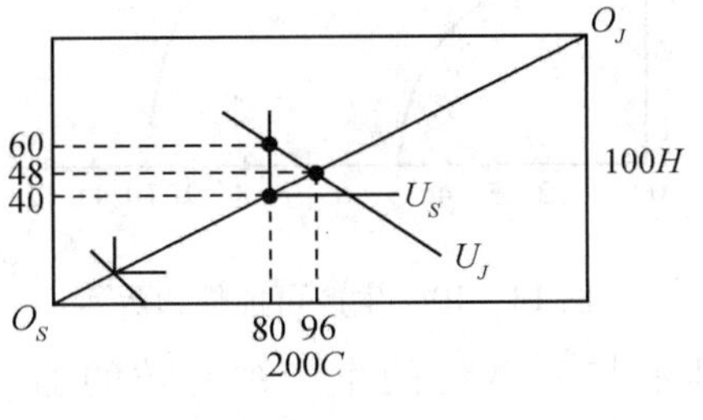

图 13－9　交换的埃奇沃思盒状图

解： a. 交换的埃奇沃思盒状图如图 13－9 所示。契约曲线 O_SO_J 为一条斜率为 0.5 的直线，即埃奇沃思盒状图的对角线。唯一的均衡价格比为：$p_C/p_H=3/4$。

b. 此时的均衡位置为契约线上的点(40*H*，80*C*)，琼斯将会有 60*H* 和 120*C*。

c. 因为(60*H*，80*C*)不在契约曲线上，所以均衡位置将位于点(40*H*，80*C*)(对史密斯而言)与点(48*H*，96*C*)(对琼斯而言)之间的契约曲线上，因为琼斯不会接受任何使其境况恶化的交换活动。因为琼斯的最初效用为：$U_J=4\times40+3\times120=520$，琼斯的效用曲线与契约曲线相交：$520=4H+3\times2H$，从而可以解得琼斯的最初的消费为：$H=52$，$C=104$。

d. 此时史密斯作为强者，他将获得所有的奶酪和火腿，因而均衡点为契约曲线的一个端点 O_J。

6. Ruritania 王国有两个地区 **A** 与 **B**，两种商品（x 与 y）在两个地区都有生产。**A** 地区的生产函数为：

$$x_A = \sqrt{l_x}, \ y_A = \sqrt{l_y}$$

其中，l_x 与 l_y 分别是投在 x 和 y 生产上的劳动。**A** 地区共有 **100** 单位劳动，即 $l_x + l_y = 100$。

B 地区有类似表达，生产函数为：

$$x_B = \frac{1}{2}\sqrt{l_x}, \ y_B = \frac{1}{2}\sqrt{l_y}$$

B 地区也有 **100** 单位劳动，即 $l_x + l_y = 100$。

a. 计算 **A** 与 **B** 地区的生产可能性曲线。

b. 如果该国 **A** 与 **B** 地区的生产配置是有效的，则必须满足什么条件（假设劳动不能从一地转移至另一地）？

c. 计算该国的生产可能性曲线（假设两个地区的劳动不具有流动性）。如果 x 的产出为 **12**，那么该国能生产多少 y？提示：在这里图形分析可能会很有帮助。

解：a. 由 A 地的生产函数可得：$x_A^2 = l_{x_A}$，$y_A^2 = l_{y_A}$，$x_A^2 + y_A^2 = l_{x_A} + l_{y_A} = 100$，因而 A 地的生产可能性边界为：$x_A^2 + y_A^2 = 100$，如图 13－10 所示。

同理可得 B 地的生产可能性边界为：$x_B^2 + y_B^2 = 25$，如图 13－10 所示。

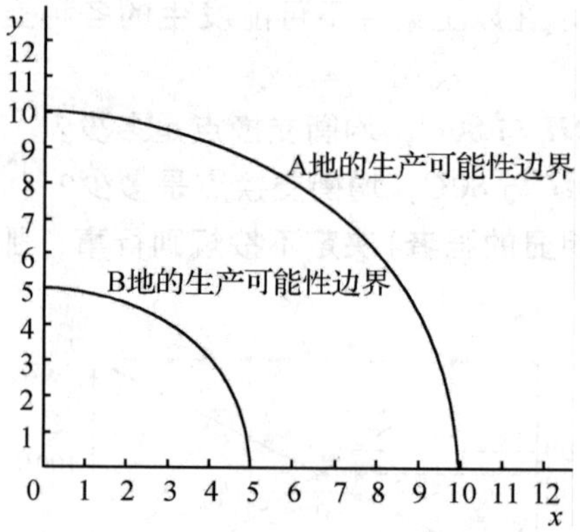

图 13－10　生产可能性边界

b. 如果在 Ruritania 王国 A 与 B 两地的生产被有效的加以配置，则两地的 RPT 必须相等。

c. 由问题 b 可得：$RPT_A = -\frac{\mathrm{d}y}{\mathrm{d}x} = \frac{x_A}{y_A} = RPT_B = -\frac{\mathrm{d}y}{\mathrm{d}x} = \frac{x_B}{y_B}$，所以有：

$$\frac{x_A}{y_A} = \frac{x_B}{y_B}$$

从而有：

$$y_A^2 = x_A^2\left(\frac{y_B^2}{x_B^2}\right) \qquad ①$$

由问题 a 可得：

$$x_A^2 + y_A^2 = 4(x_B^2 + y_B^2) \qquad ②$$

由①②两式可得：

$$x_A^2\left(1+\frac{y_B^2}{x_B^2}\right)=4x_B^2\left(1+\frac{y_B^2}{x_B^2}\right)$$

从而有：

$$x_A=2x_B,\ y_A=2y_B \tag{③}$$

令 $x_T=x_A+x_B=3x_B$，因而有：$x_T^2=9x_B^2$；再令 $y_T=y_A+y_B=3y_B$，因而有：$y_T^2=9y_B^2$。再由问题 a 中的生产可能性边界方程可得：

$$x_T^2+y_T^2=9(x_B^2+y_B^2)=9\times25=225$$

因此，如果 $x_T=12$，则 $y_T=\sqrt{225-144}=9$。

7. 运用本章脚注讨论的电脑模拟方法，计算下述变化对例 13.4 中模型的影响。对于每一个变化，描述模型最终达到的均衡结果并给出直观解释。

a. 家庭 1 的偏好发生改变，效用函数变为 $U_1=x_1^{0.6}y_1^{0.2}(\bar{l}_1-l_1)^{0.2}$。

b. 调换(13.58)式中的生产函数，使 x 成为资本密集型的商品。

c. 增加闲暇在每个家庭效用函数中的重要性。

解：a. 在新的效用函数下，相较于商品 y，家庭 1 对 x 的偏爱更为强烈。通过模型的模拟我们得到以下结果：

$$p_x=0.3744,\ p_y=0.2377,\ p_k=0.1239,\ p_l=0.2641$$

家庭 1 的效用最大化选择是：$x_1=18.10$，$y_1=9.10$，$\bar{l}_1-l_1=8.55$，$U_1=13.69$。

家庭 2 的效用最大化选择是：$x_2=8.1$，$y_2=12.75$，$\bar{l}_2-l_2=5.74$，$U_2=9.06$。

在新的效用函数下，家庭 1 对 x 的偏爱更为强烈，因此它需要相对更多的 x 和相对更少的 y。因为对 x 的需求增加，所以 x 的相对价格也会上升。又因为商品 y 更加不受喜爱，因此它的价格下降并且被两个家庭更多地消费。因为 y 的相对价格下降并且 y 是资本密集型商品，所以资本的相对价格也会下降(对资本的需求减少)。而由于 x 是劳动密集型商品，对 x 的需求的增加将导致劳动的相对价格上涨，这又会吸引家庭提供更多的劳动，减少闲暇时间。

b. 转变生产函数后我们得到了下列均衡价格：

$$p_x=0.2835,\ p_y=0.3375,\ p_k=0.1622,\ p_l=0.2169$$

家庭 1 的效用最大化选择是：$x_1=20.62$，$y_1=10.39$，$\bar{l}_1-l_1=10.78$，$U_1=14.75$。

家庭 2 的效用最大化选择是：$x_2=9.63$，$y_2=8.09$，$\bar{l}_2-l_2=6.30$，$U_2=8.25$。

商品 x 为家庭 1(富裕家庭)提供了更多效用，因此相比于商品 y，家庭 1 对 x 有更高需求。因此，与原来的例子相比，资本的相对价格将提高而劳动的相对价格将降低，因为现在商品 x 是资本密集型的。商品 x 的相对价格下降看起来与直觉相悖，造成这一结果的原因部分是在此次模拟中劳动总供给降低，并且现在 y 是劳动密集型商品。

c. 如果效用函数变为 $U_1=x_1^{0.4}y_1^{0.2}(\bar{l}_1-l_1)^{0.4}$ 和 $U_2=x_2^{0.3}y_2^{0.3}(\bar{l}_2-l_2)^{0.4}$，则可以得到以下均衡结果：

$$p_x=0.4040,\ p_y=0.1912,\ p_k=0.0904,\ p_l=0.3143$$

家庭 1 的效用最大化选择是：$x_1=12.27$，$y_1=6.48$，$\bar{l}_1-l_1=15.78$，$U_1=9.91$。

家庭 2 的效用最大化选择是：$x_2=6.27$，$y_2=13.25$，$\bar{l}_2-l_2=10.75$，$U_2=9.74$。

没有在劳动市场上出卖的时间可以带给家庭更大效用，这导致家庭减少劳动供给，从而引起劳动的相对价格上升而其他投入——资本——的相对价格降低。因此，劳动密集型商品

(x)的相对价格将会更高，而资本密集型商品(y)将变得相对便宜。

8. 税收等价定理

运用本章脚注中的电脑模拟方法，证明在保证税收收入不变的前提下，对两种产品征收相同税率的从价税(即对 x 的税率和对 y 的税率一样)和对两种投入征收相同税率的从价税达到的均衡相同。注意：来自公共财政理论的税收等价定理说明，在达到同样均衡的情况下，既可以在产出方征税，也可以在投入方征税。

解：两种征税方式带来的收益的提高量相等。对两种征税方式的模拟产生了相同结果：

$$p_x = 0.3989,\ p_y = 0.2667,\ p_k = 0.1131,\ p_l = 0.2213$$

家庭 1 的效用最大化选择是：$x_1 = 14.27$，$y_1 = 12.81$，$\bar{l}_1 - l_1 = 10.29$，$U_1 = 12.94$。

家庭 2 的效用最大化选择是：$x_2 = 8.01$，$y_2 = 11.99$，$\bar{l}_2 - l_2 = 7.22$，$U_2 = 9.22$。

9. 规模报酬和生产可能性边界

这个问题的目的是研究规模报酬、要素密集集与生产可能性边界的形状之间的关系。假定配置在商品 x 与商品 y 的生产上的资本和劳动的供给是一定的，x 和 y 的生产函数分别为：

$$x = k^{\alpha} l^{\beta},\ y = k^{\gamma} l^{\delta}$$

这里，参数 α，β，γ，δ 在整个问题中会取不同的值。

可以用直觉、计算机，或者正式的数学方法去推导在下面的各种情况下 x 与 y 的生产可能性边界。

a. $\alpha = \beta = \gamma = \delta = \frac{1}{2}$。

b. $\alpha = \beta = \frac{1}{2}$，$\gamma = \frac{1}{3}$，$\delta = \frac{2}{3}$。

c. $\alpha = \beta = \frac{1}{2}$，$\gamma = \delta = \frac{2}{3}$。

d. $\alpha = \beta = \gamma = \delta = \frac{2}{3}$。

e. $\alpha = \beta = 0.6$，$\gamma = 0.2$，$\delta = 1.0$。

f. $\alpha = \beta = 0.7$，$\gamma = 0.6$，$\delta = 0.8$。

规模报酬递增总会使生产可能性边界为凸吗？请解释。

解：已知 x 和 y 的函数，求生产可能性边界，即求在给定 x 约束下最大化 y 产量的问题。设初始总禀赋为 $\bar{l} = m$，$\bar{k} = n$，求解如下最大化问题：

$$\max\ y = (m - l)^{\delta}(n - k)^{\gamma}$$
$$s.t.\ \ k^{\alpha} l^{\beta} = x$$

构造拉格朗日函数 $\mathcal{L}(k,\ l,\ x) = (m - l)^{\delta}(n - k)^{\gamma} + \lambda(x - k^{\alpha} l^{\beta})$。

由一阶条件，有：

$$\frac{\partial \mathcal{L}}{\partial k} = -\gamma(m - l)^{\delta}(n - k)^{\gamma - 1} - \lambda \alpha k^{\alpha - 1} l^{\beta} = 0$$

$$\frac{\partial \mathcal{L}}{\partial l} = -\delta(m - l)^{\delta - 1}(n - k)^{\gamma} - \lambda \beta k^{\alpha} l^{\beta - 1} = 0$$

$$\frac{\partial \mathcal{L}}{\partial \lambda} = x - k^{\alpha} l^{\beta} = 0$$

解得由 x 表示的 l^*，k^*，代入 y 中，从而获得生产可能性边界函数。

假设资本(k)和劳动(l)的总量分别为 20 和 10，可以利用 Excel 描点画出生产可能性边界。

a. 当 $\alpha=\beta=\delta=\gamma=0.5$ 时，其生产可能性曲线如图 13－11 所示。

b. 当 $\alpha=\beta=0.5$，$\gamma=\frac{1}{3}$，$\delta=\frac{2}{3}$时，其生产可能性曲线如图 13－12 所示，注意此时生产可能性边界是一条近似于直线的凹向横轴的曲线。

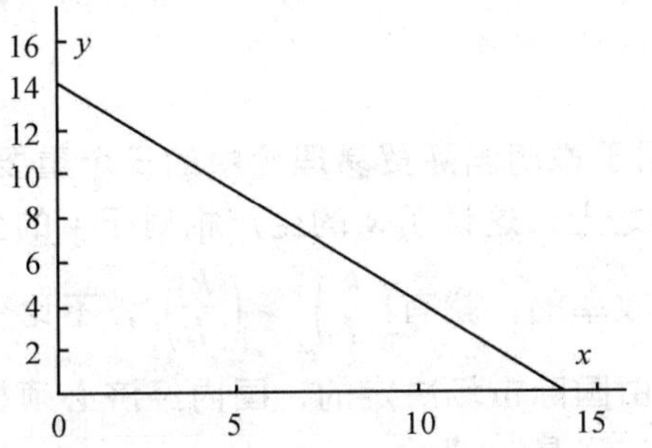

图 13－11　$\alpha=\beta=\delta=\gamma=0.5$ 时的某一生产可能性边界

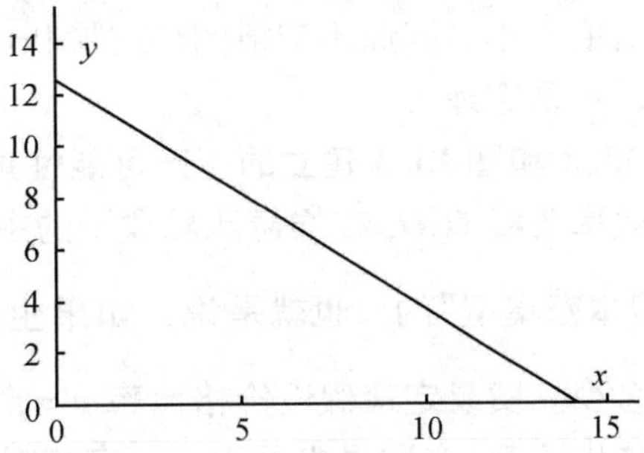

图 13－12　$\alpha=\beta=0.5$，$\gamma=\frac{1}{3}$，$\delta=\frac{2}{3}$时的某一生产可能性边界

c. 当 $\alpha=\beta=0.5$，$\gamma=\delta=\frac{2}{3}$时，其生产可能性曲线如图 13－13 所示。

d. $\alpha=\beta=\gamma=\delta=\frac{2}{3}$时，其生产可能性曲线如图 13－14 所示。

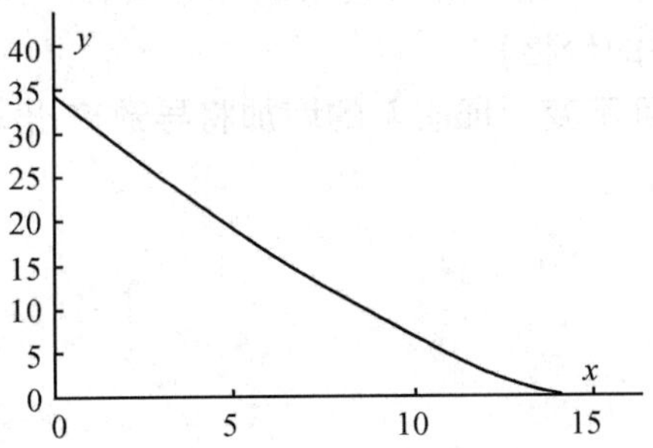

图 13－13　$\alpha=\beta=0.5$，$\gamma=\delta=\frac{2}{3}$ 时的某一生产可能性边界

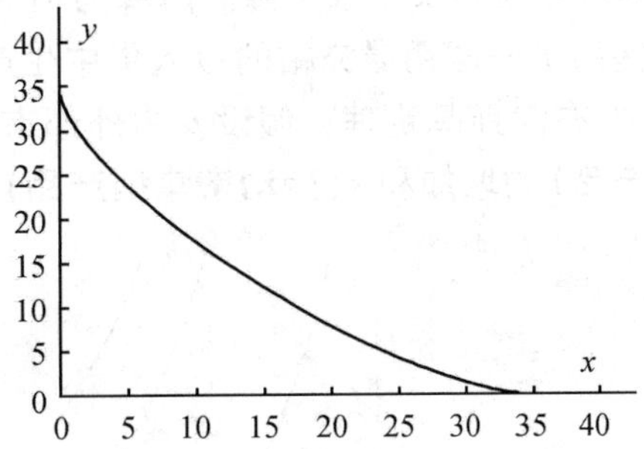

图 13－14　$\alpha=\beta=\gamma=\delta=\frac{2}{3}$ 时的某一生产可能性边界

e. 当 $\alpha=\beta=0.6$，$\gamma=0.2$，$\delta=1$ 时，其生产可能性曲线如图 13－15 所示。

f. 当 $\alpha=\beta=0.7$，$\gamma=0.6$，$\delta=0.8$ 时，其生产可能性曲线如图 13－16 所示。

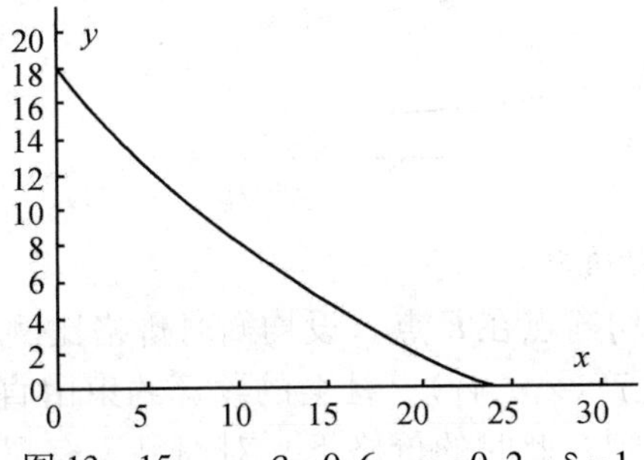

图 13－15　$\alpha=\beta=0.6$，$\gamma=0.2$，$\delta=1$ 时的某一生产可能性边界

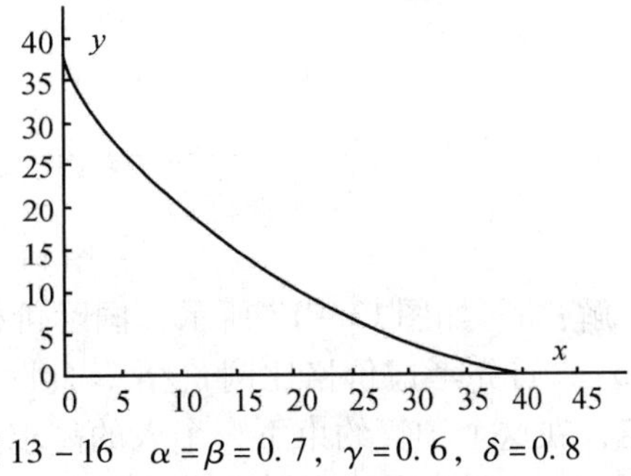

图 13－16　$\alpha=\beta=0.7$，$\gamma=0.6$，$\delta=0.8$ 时的某一生产可能性边界

规模报酬递增并不总会使生产可能性曲线凸向原点，即为凸函数。在以上几个图形中，当 x 产品与 y 产品的规模报酬均递增时，此时对任意产品，将要素投入其中均会扩大其产出的增加量，而对另一种产品，由于投入减少，其产出减少的量也会相应缩小，因此斜率绝对值会减小，形成内凸的图形。当只有一种产品规模报酬递增，另一种产品规模报酬不变时，由上述分析仍能得出图形内凸的结果。但是，当一种产品规模报酬递增，另一种产品规模报酬递减时，对于规模报酬递减的产品，减少其要素投入，其减少量会增大，此时无法判断斜率的绝对值大小，因此不知道图形的形状。

10. 贸易定理

图 13.2 和图 13.3 建立的生产可能性边界可用于说明国际贸易理论中的三个重要定理。注意到效率曲线 O_xO_y 在埃奇沃思盒子的主对角线之上，这说明 x 的生产相对于 y 的生产始终是“资本密集型”的。也就是说，如果生产是有效率的，就有 $\left(\frac{k}{l}\right)_x > \left(\frac{k}{l}\right)_y$，不论生产的数量是多少。贸易定理假设价格比率 $p = p_x/p_y$ 是由国际市场决定的，国内经济必须根据这个比率作出调整(在贸易术语中，国家相对于世界来说是“小”的)。

a. 要素价格均等化定理：用图 13.4 说明国际价格比率 p 如何决定在埃奇沃思盒子中国内生产发生的位置，并说明要素价格比率 w/v 是如何决定的。如果生产函数在全世界都一样，那么这对全世界的相对要素价格来说意味着什么？

b. 斯托尔珀－萨缪尔森定理：价格 p 的上升将导致生产沿生产可能性边界向顺时针方向移动，从而使 x 的生产增加，y 的生产减少。运用埃奇沃思盒状图说明，这样的一个移动将使得两种产品的 k/l 都下降。解释为何 w/v 会下降。这对贸易关系的开放有什么意义(这通常是提高了一国用最充裕的投入集中生产的商品的价格)？

c. 罗布津斯基定理：假设 p 由外部市场决定且不变。证明 k 的增加将导致产出 x(资本密集型产品)的增加和 y(劳动密集型产品)的减少。

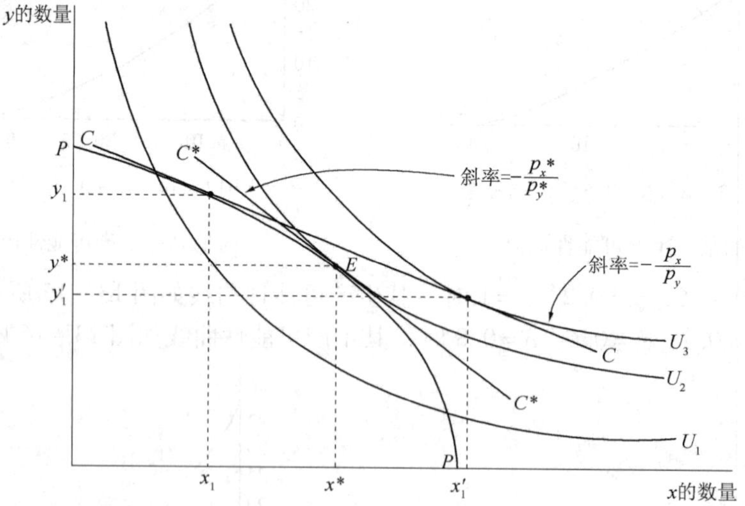

图 13－17　均衡价格的决定

解：a. 如图 13－17 所示，国际价格比率 p 决定均衡点在 E 点，设均衡时价格比例 $p^* = p_x^*/p_y^*$，首先考虑价格比例 p_x/p_y，此时厂商会选择生产 (x_1, y_1)，社会的预算约束由直线 C 给定，在这个预算约束下，个人的需求是 (x_1', y_1')，则在此时的价格下，对商品 x 有超额需求 $x_1' - x_1$，对商品 y 有过度供给 $y_1' - y_1$，这样，市场的作用会使 p_x 上升，p_y 下降。价格比

率 p_x/p_y 就会上升，社会预算约束斜率绝对值也将增加，厂商会增加商品 x 的生产，减少 y 的生产，直到到达均衡点（x^*，y^*），均衡的价格比率为 p_x^*/p_y^*，此时，厂商会生产（x^*，y^*），以使其利润最大化。

由于劳动与资本的替代率 $= -\frac{\mathrm{d}k}{\mathrm{d}l} = \frac{w}{v}$，所以生产要素价格比率 w/v 由资本与劳动的替代率所决定，如果生产函数在全世界都一样，那么全世界的相对要素价格也是一样的。

b. 如图 13 – 18 所示，在埃奇沃思盒状图中，x 的生产增加，y 的生产减少意味着资本和劳动的有效率配置点从点 P_2 移动到点 P_3。因为 $\left(\frac{k}{l}\right)_x > \left(\frac{k}{l}\right)_y$，所以有效率配置点的连线是一条位于主对角线之上的上凸曲线，因此，随着有效率配置点沿着效率轨迹向上移动，有效率点与 O_y 的连线的斜率，即 $\left(\frac{k}{l}\right)_x$ 下降。同样的分析可知 $\left(\frac{k}{l}\right)_y$ 也将下降。

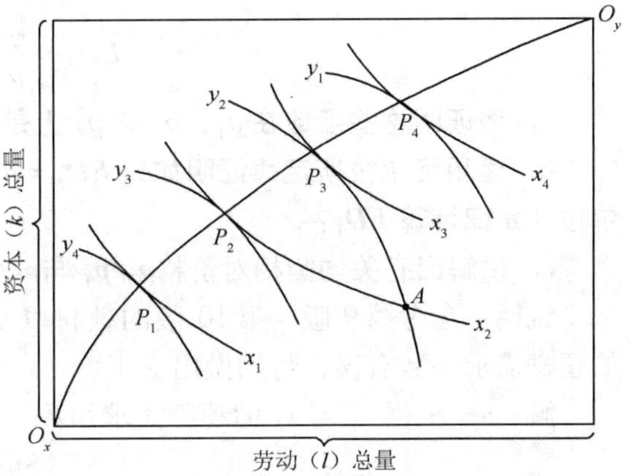

图 13 – 18　资本和劳动投入量的埃奇沃思盒状图

由于 $\frac{w}{v} = \frac{\mathrm{d}k}{\mathrm{d}l}$（$\frac{\mathrm{d}k}{\mathrm{d}l}$ 即为效率轨迹上任一点的切线的斜率），且效率曲线是上凸的曲线，所以当有效率配置点沿着效率轨迹向上移动时，斜率绝对值单调递减，$\frac{\mathrm{d}k}{\mathrm{d}l}$ 下降，从而 $\frac{w}{v}$ 下降。

斯托尔珀 – 萨缪尔森定理意味着，在开放经济中，可以根据国际价格的变化来调整国内的生产，而在封闭经济中国内的均衡则由技术和偏好决定，无法改变，因此，通过贸易关系的开放，使得对经济活动的调节更具灵活性。

c. 当国际价格比率 p 不变时，意味着成本线的斜率不变。当 k 增加时，在 x 的产量为 0 时，y 的产量增加，在 y 的产量为 0 时，x 的产量增加。由于 x 是资本密集型产品，因此资本的增加更有利于 x 的生产，所以 x 的产量的增加超过 y 的产量的增加，生产可能性曲线由 PP 移动到 $P'P'$，如图 13 – 19 所示。

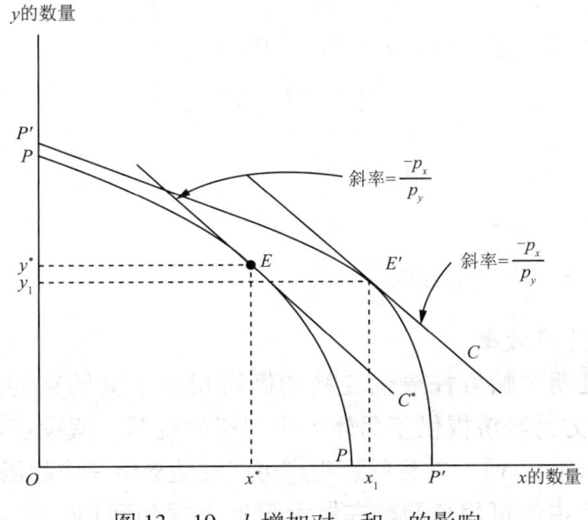

图 13 – 19　k 增加对 x 和 y 的影响

由于成本线的斜率不变，因此新的生产均衡点为 E'，对比原来的均衡点和新的均衡点可知，k 的增加导致产出 x 的增加和产出 y 的减少。

11. 瓦尔拉斯定律的一个例子

假定在一个经济中只有三种商品(x_1，x_2，x_3)，对于 x_2 与 x_3 的超额需求函数为：

$$ED_2 = -\frac{3p_2}{p_1} + \frac{2p_3}{p_1} - 1$$

$$ED_3 = \frac{4p_2}{p_1} - \frac{2p_3}{p_1} - 2$$

a. 请证明这些函数在 p_1，p_2 与 p_3 上是零次齐次的。

b. 运用瓦尔拉斯定律证明如果 $ED_2 = ED_3 = 0$，那么 ED_1 也一定为 0。你能否同样用瓦尔拉斯定律计算 ED_1？

c. 请解出有关均衡相对价格 p_2/p_1 与 p_3/p_1 的方程组。p_3/p_2 的均衡值是多少？

说明：参考第9版、第10版的教材以及第12版教材附录的答案，本书认为题干中 x_3 的超额需求函数有误，特别做出更正。

解：a. 根据 x_2 与 x_3 的超额需求函数，任意 $t>0$，有：

$$ED_2(tp_1,\ tp_2,\ tp_3) = -\frac{3tp_2}{tp_1} + \frac{2tp_3}{tp_1} - 1 = ED_2(p_1,\ p_2,\ p_3)$$

$$ED_3(tp_1,\ tp_2,\ tp_3) = \frac{4tp_2}{tp_1} - \frac{2tp_3}{tp_1} - 2 = ED_3(p_1,\ p_2,\ p_3)$$

即 x_2 与 x_3 的超额需求函数在 p_1，p_2 与 p_3 上是零次齐次的。

b. 设 x_1 的超额需求函数为 ED_1，由瓦尔拉斯定律可得：

$$p_1ED_1 + p_2ED_2 + p_3ED_3 = 0$$

如果 $ED_2 = ED_3 = 0$，则有：$p_1ED_1 = 0$。即此时，ED_1 也一定为零。

由 $p_1ED_1 + p_2ED_2 + p_3ED_3 = 0$，可得：

$$p_1ED_1 = -p_2ED_2 - p_3ED_3 \qquad ①$$

将 ED_2 和 ED_3 的表达式代入①式中，可得：

$$ED_1 = \frac{3p_2^2 - 6p_2p_3 + 2p_3^2}{p_1^2} + \frac{p_2 + 2p_3}{p_1}$$

c. 当市场达到均衡时，必有由 $ED_2 = ED_3 = 0$，即：

$$-\frac{3p_2}{p_1} + \frac{2p_3}{p_1} - 1 = 0$$

$$\frac{4p_2}{p_1} - \frac{2p_3}{p_1} - 2 = 0$$

解得：$\frac{p_2}{p_1} = 3$，$\frac{p_3}{p_1} = 5$，所以均衡时$\frac{p_3}{p_2} = \frac{5}{3}$。

12. 用微积分求解生产效率

在例 13.3 中我们证明了帕累托最优交换均衡可用一个受约束的最大化问题加以描述。这里，我们为包含生产方的经济提供了另外一个相似的说明。假设在两种商品经济中只有一个人，他的效用函数是 $U(x,\ y)$。并且假设生产可能性边界能写成隐函数的形式 $T(x,\ y) = 0$。

a. 如果仍希望经济中的可用资源能在最大限度上得到利用，那么要解决的受约束的最

优化问题是什么？

b. 在这个情形中，最大化的一阶条件是什么？

c. 完全竞争系统，即个人最大化效用，以及厂商在生产可能性边界内最大化利润，是如何实现问题 b 中描述的最优情形的？

d. 在什么情形下，问题 b 中的一阶条件实现不了效用最大化？

解： a. 为了使资源得到最大限度的利用，此人的最优化问题是

$$\max U(x, y)$$
$$s.t.\ T(x, y)=0$$

b. 在这个最优化问题中，最大化的一阶条件是产品转换率与产品边际替代率相等，用公式表示为

$$RPT_{x,y}=T'_x/T'_y=MU_x/MU_y$$

c. 产品转换率 $RPT=\frac{T'_x}{T'_y}=\frac{MC_x}{MC_y}$，在完全竞争市场中，厂商在 $p=MC$ 处生产，故有

$$RPT=\frac{T'_x}{T'_y}=\frac{MC_x}{MC_y}=\frac{p_x}{p_y}$$

产品边际替代率 $MRS=\frac{MU_x}{MU_y}$，在效用最大化的情况下有 MRS 等于预算线的斜率，即 $\frac{MU_x}{MU_y}=\frac{p_x}{p_y}$。由此可得出 $\frac{T'_x}{T'_y}=\frac{p_x}{p_y}=\frac{MU_x}{MU_y}$。

d. 当效用函数不满足良好性状的假设时，或者当生产可能性边界不是凹状时，满足问题 b 中的一阶条件的组合可能不唯一，此时尽管一阶条件成立，但仍有可能不满足效用最大化。

13. 初始禀赋、均衡价格和福利经济学第一定理

在例 13.3 中，我们计算了可提供商品的一个最优配置，并找到了与这个最优配置相对应的价格比率。接着，我们找到了能达到这个均衡的初始禀赋。通过这种方法，例 13.3 阐述了福利经济学第二定理。我们也可以用同样的方法阐述福利经济学第一定理。假设个体 A 和 B 的效用函数与例 13.3 中的一样。

a. 证明每个人对于 x 和 y 的需求取决于这两种商品的相对价格和他们自己的初始禀赋。出于简化的目的，令 $p_y=1$，p 为 x（相对于 y）的价格。于是，A 的初始禀赋的价值就可以写为 $p\bar{x}_A+\bar{y}_A$。

b. 运用均衡条件，即商品 x 和 y 的总需求等于总供给（假设 x 和 y 的供给量都为 1000），求解均衡价格比率，这个比率是每个人拥有的初始商品数的函数（记住每个人拥有的每种商品的初始禀赋之和也为 1000）。

c. 对于 $\bar{x}_A=\bar{y}_A=500$ 的情形，计算市场均衡结果并证明这个均衡是帕累托最优的。

d. 简要描述在这个模型中，初始禀赋的变化如何影响均衡价格。用几个数学实例说明你的结论。

解： a. 对消费者 A 来说，其最大化问题可转化为

$$\max U_A(x_A, y_A)=x_A^{\frac{2}{3}}y_A^{\frac{1}{3}}$$
$$s.t.\ px_A+y_A=p\bar{x}_A+\bar{y}_A$$

其最大化的条件为

$$\frac{MU_{x_A}}{MU_{y_A}}=\frac{\frac{2}{3}x_A^{-\frac{1}{3}}y_A^{\frac{1}{3}}}{\frac{1}{3}x_A^{\frac{2}{3}}y_A^{-\frac{2}{3}}}=\frac{p}{1}\Rightarrow\frac{2y_A}{x_A}=p$$

将上式代入约束条件可得

$$\begin{cases}x_A=\dfrac{2}{3p}(p\bar{x}_A+\bar{y}_A)\\ y_A=\dfrac{1}{3}(p\bar{x}_A+\bar{y}_A)\end{cases}$$

同理，可求消费者 B 的需求为

$$\begin{cases}x_B=\dfrac{1}{3p}(p\bar{x}_B+\bar{y}_B)\\ y_B=\dfrac{2}{3}(p\bar{x}_B+\bar{y}_B)\end{cases}$$

即消费者对 x、y 的需求只取决于这两种商品的相对价格和他们自己的初始禀赋。

b. 由题意知

$$\begin{cases}x_A+x_B=1000\\ y_A+y_B=1000\end{cases},\quad\begin{cases}\bar{x}_A+\bar{x}_B=1000\\ \bar{y}_A+\bar{y}_B=1000\end{cases}$$

由问题 a 可得

$$x_A+x_B=\frac{2}{3p}(p\bar{x}_A+\bar{y}_A)+\frac{1}{3p}(p\bar{x}_B+\bar{y}_B)=1000$$

$$p=\frac{1000+\bar{y}_A}{2000-\bar{x}_A}$$

因此均衡价格比率 p 是每个人拥有的初始商品数的函数。

c. 此时，B 的禀赋为：$\bar{x}_B=500$，$\bar{y}_B=500$，因此，均衡价格为：

$$p=\frac{1000+\bar{y}_A}{2000-\bar{x}_A}=1$$

代入各自的需求方程，解得：

$$\begin{cases}x_A=\dfrac{2}{3p}(p\bar{x}_A+\bar{y}_A)=\dfrac{2000}{3}\\ y_A=\dfrac{1}{3}(p\bar{x}_A+\bar{y}_A)=\dfrac{1000}{3}\end{cases},\quad\begin{cases}x_B=\dfrac{1}{3p}(p\bar{x}_B+\bar{y}_B)=\dfrac{1000}{3}\\ y_B=\dfrac{2}{3}(p\bar{x}_B+\bar{y}_B)=\dfrac{2000}{3}\end{cases}$$

当为帕累托最优配置时，满足如下条件：

$$\max_{x_A,y_A} U_A(x_A,\ y_A)=x_A^{2/3}y_A^{1/3}$$

$$s.t.\ \ U_B(x_B,\ y_B)=(1000-x_A)^{1/3}(1000-y_A)^{2/3}=\overline{U}$$

解得：

$$\frac{x_A}{1000-x_A}=\frac{4y_A}{1000-y_A}$$

当均衡时，有：

$$\frac{x_A}{1000-x_A}=\frac{2000/3}{1000-2000/3}=2,\quad\frac{4y_A}{1000-y_A}=\frac{4\times1000/3}{1000-1000/3}=2$$

满足帕累托有效率条件，因此这个均衡是帕累托最优的。

d. 由 $p=\frac{1000+\bar{y}_A}{2000-\bar{x}_A}$可知，$\frac{\partial p}{\partial \bar{x}_A}=\frac{1000+\bar{y}_A}{(2000-\bar{x}_A)^2}>0$，$\frac{\partial p}{\partial \bar{y}_A}=\frac{1}{2000-\bar{x}_A}>0$，因此 A 对 x 和对 y 的初始禀赋增加时，均衡价格增加，B 对 x 和对 y 的初始禀赋增加时，均衡价格下降。例如，当 $\bar{x}_A=500$，$\bar{y}_A=500$，$\bar{x}_B=500$，$\bar{y}_B=500$ 时，$p=1$；当 $\bar{x}_A=600$，$\bar{y}_A=500$，$\bar{x}_B=400$，$\bar{y}_B=500$ 时，$p=\frac{15}{14}>1$；当 $\bar{x}_A=500$，$\bar{y}_A=600$，$\bar{x}_B=500$，$\bar{y}_B=400$ 时，$p=\frac{16}{15}>1$。

14. 社会福利函数和所得税

社会福利函数和最优税收负担分配的关系是福利经济学中的一个复杂问题。这里，我们将关注这个问题的几个小点。假设经济中有 m 个个体，每个个体的技术水平为 a_i，代表其赚钱的能力。为不失一般性，假设个体按照能力大小排序。税前收入由技术水平和努力程度 c_i 决定，c_i 对税收可能敏感，也可能不敏感。收入 $I_i=I(a_i, c_i)$。再假设努力的效用成本为 $\psi(c)$，$\psi'>0$，$\psi''<0$，$\psi(0)=0$。政府希望选择一套所得税和转移支付制度 $T(I)$，使得在有政府预算约束的情况下社会福利最大化。政府的预算约束满足 $\sum_{i=1}^{m} T(I_i)=R$（R 为提供必需的公共品所需要的资金）。

a. 假设每个人的收入与努力程度无关，且每个人的效用函数为 $u_i=u_i[I_i-T(I_i)-\psi(c)]$。证明对于 CES 社会福利函数，社会福利最大化需要收入的绝对公平，而不论函数的具体形式如何。［提示：对于某些个体，$T(I_i)$可能是负的。］

b. 现在假设个人收入受努力程度的影响。证明如果政府征税是基于 a_i 而非 I_i，问题 a 中的结论依然成立。

c. 从大体上证明，如果所得税基于可观察收入，那么个人的努力程度就会受到影响。

d. 当收入受努力程度影响时，最优税制结构的特征就会很复杂并且有悖于常理。戴蒙德证明最优税制的边际税率应当呈 U 形，即对低收入和高收入的人征最高的税率。他表示，最优税制的最高边际税率应由下式决定：

$$T'(I_{\max})=\frac{(1+e_{L,W})(1-k_i)}{2e_{L,W}+(1+e_{L,W})(1-k_i)}$$

其中，$k_i(0\leqslant k_i\leqslant 1)$是社会福利函数中收入最高的人的相对权重，$e_{L,W}$是劳动供给对税后工资率的弹性。试对这两个参数模拟几个可能值，并描述最高边际税率应当为多少。对这些结果做直观的讨论。

解： a. CES 社会福利函数为：$SW=\sum_{i=1}^{m} U(x_i)=\sum_{i=1}^{m}\frac{x_i^{\delta}}{\delta}$。欲求社会福利最大化，即：

$$\max SW=\sum_{i=1}^{m} U[I_i-T(I_i)-\psi(c)]=\sum_{i=1}^{m}\frac{[I_i-T(I_i)-\psi(c)]^{\delta}}{\delta}$$

$$s.t.\ \sum_{i=1}^{m} T(I_i)=R$$

对于政府而言，每个人的税前收入是固定的，这时只能通过调节 T 对 I_i的反应从而调节社会福利。构造拉格朗日函数，有

$$L(T(I_i),\lambda)=\sum_{i=1}^{m}\frac{[I_i-T(I_i)-\psi(c)]^{\delta}}{\delta}+\lambda\left(R-\sum_{i=1}^{m}T(I_i)\right)$$

一阶条件为：

$$\frac{\partial L}{\partial T(I_i)} = -[I_i - T(I_i) - \psi(c)]^{\delta-1} - \lambda = 0$$

$$\frac{\partial L}{\partial I_i} = \left[1 - \frac{\partial T(I_i)}{\partial I_i}\right][I_i - T(I_i) - \psi(c)]^{\delta-1} - \lambda \frac{\partial T(I_i)}{\partial I_i} = 0$$

$$\frac{\partial L}{\partial \lambda} = R - \sum_{i=1}^{m} T(I_i) = 0$$

由于此时努力与否对收入没有影响，而努力成本会使效用降低，因此 $\psi(c)=0$，由一阶条件，对所有人，$[I_1 - T(I_1)]^{\delta-1} = [I_2 - T(I_2)]^{\delta-1} = \cdots = [I_m - T(I_m)]^{\delta-1} = -\lambda$，这个时候转移支付后的收入要相等。因此对于政府来说，不论 δ 是多少，要使社会福利最大化，必须调整 $T(I_i)$，使 $I_i - T(I_i)$，即转移支付后的收入绝对相等。

b. 此时欲求社会福利最大化，即：

$$\max SW = \sum_{i=1}^{m} U[I(a_i, c_i) - T(a_i) - \psi(c_i)] = \sum_{i=1}^{m} \frac{[I(a_i, c_i) - T(a_i) - \psi(c_i)]^{\delta}}{\delta}$$

$$s.t. \sum_{i=1}^{m} T(a_i) = R$$

和问题 a 类似，对于政府而言，每个人的税前收入是固定的，这时只能通过调节 T 对 a_i 的反应从而调节社会福利。构造拉格朗日函数，有

$$L(T(a_i), \lambda) = \sum_{i=1}^{m} \frac{[I(a_i, c_i) - T(a_i) - \psi(c_i)]^{\delta}}{\delta} + \lambda \left(R - \sum_{i=1}^{m} T(a_i)\right)$$

一阶条件为：

$$\frac{\partial L}{\partial T(a_i)} = -[I(a_i, c_i) - T(a_i) - \psi(c_i)]^{\delta-1} - \lambda = 0$$

同理可知，对于政府来说，不论 δ 是多少，要使社会福利最大化，必须使转移支付后的收入绝对相等。

c. 对于个体而言，其效用函数 $u_i = u_i[I(a_i, c_i) - T[I(a_i, c_i)] - \psi(c_i)]$，要最大化其效用，则

$$\frac{\partial u_i}{\partial c_i} = u_i'[I(a_i, c_i) - T[I(a_i, c_i)] - \psi(c_i)] \cdot \left(I'_{c_i} - \frac{\partial T}{\partial I} I'_{c_i} - \psi'(c_i)\right) = 0$$

得 $I'_{c_i} = \frac{\partial T}{\partial I} I'_{c_i} + \psi'(c_i)$，即 $\frac{\partial T}{\partial I} = \frac{I'_{c_i} - \psi'(c_i)}{I'_{c_i}}$。由于 $\frac{\partial T}{\partial I}$ 由政府决定，因此 c_i 也会受到 $\frac{\partial T}{\partial I}$ 的影响。

d. $k_i = 0.5$，$e_{L,W} = 1$ 时，最高边际税率约为 0.33；$k_i = 0.2$，$e_{L,W} = 1$ 时，最高边际税率约为 0.44；$k_i = 0.5$，$e_{L,W} = 9$ 时，最高边际税率约为 0.217。则社会上有钱人相对越多，即 k_i 越大时，最高边际税率应越小；劳动供给对税后工资率的弹性越大时，最高边际税率也应该越小，即 k_i 和 $e_{L,W}$ 均与最高边际税率呈负相关关系。

第14章　垄　断

14.1　复习笔记

1. 进入壁垒

(1)进入的技术壁垒

垄断形成的重要技术壁垒在于：当生产规模扩大到一定水平后，边际成本呈现递减规律。这使得大规模生产者凭借成本优势，可以通过降低产品价格将中小竞争者逐出市场。

维持垄断地位的条件还包括：

①技术独占性：掌握专有的低成本生产技术并保持其独占性；

②资源控制：对关键生产要素或特殊资源的排他性占有；

③管理优势：具备独特的组织管理能力与运营效率优势。

(2)进入的法律壁垒

法律手段是形成垄断的重要途径之一，主要体现在两个方面：

①专利保护制度：通过授予企业技术专利，赋予其生产技术的排他性权利。这种制度使得特定企业对其核心技术享有法律保护的独占权，从而获得市场垄断地位。

②特许经营授权：政府向特定行业(如能源供应、通信服务、邮政系统、广播电视等公共事业领域)授予独家经营权。这类授权通常基于行业特性(自然垄断属性)或公共利益考量，限制市场竞争以保障服务稳定性。

2. 利润最大化与产出选择

最优化原则：一个垄断者将选择边际收益等于边际成本时的产量。因为垄断者面对着一个向下倾斜的需求曲线，所以，市场价格将超出该产出水平的边际收益与边际成本。

(1)逆弹性规则

利润最大化假设意味着，一个厂商的产出价格和其边际成本之间的缺口与厂商的需求曲线的价格弹性有一反向关系。应用于垄断条件下，有：

$$\frac{P-MC}{P}=-\frac{1}{e_{D,P}}$$

垄断定价的两个一般性结论：

①垄断者将仅选择市场需求有弹性($e_{D,P}<-1$)的领域进行生产；

②高过边际成本的“标值”(由价格对边际成本的比例来测度)反向取决于市场需求弹性。

(2)垄断利润

垄断厂商在长期利润可以为正，也可以为零，这取决于需求曲线与平均成本曲线之间的关系。如图14-1所示，如果两个垄断产生的市场价格与边际成本间的差相等，此时两个垄断是同样“强”的。然而，由于需求曲线以及平均成本的位置不同，而呈现出(a)图中的垄断获得高的利润，(b)图中的垄断却没有获得利润。可见，利润规模不能作为一个指标衡量垄断的程度。

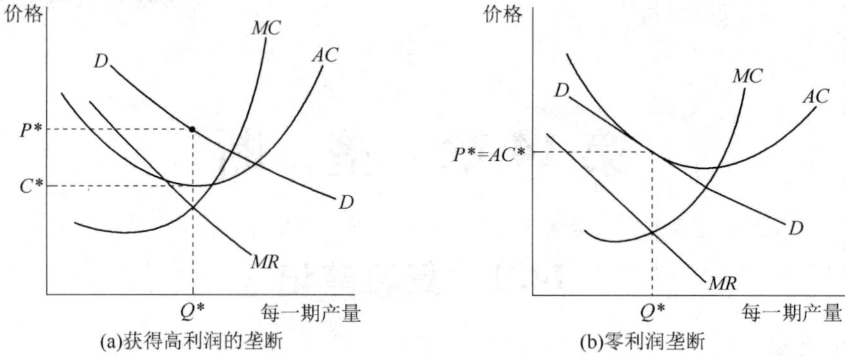

图 14－1　垄断利润取决于需求曲线与平均成本曲线之间的关系

(3)不存在垄断供给曲线

供给曲线表示在每一个价格水平下，生产者愿意而且能够提供的产品数量，它表现产量与价格之间一一对应的关系。只要存在市场势力，就不存在规律性的供给曲线。

垄断厂商是通过对产量和价格的同时调整来实现利润最大化原则的，而且，P 总是大于 MR 的。随着厂商所面临的向右下方倾斜的需求曲线的位置移动，厂商的价格和产量之间不再必然存在如同完全竞争条件下的那种一一对应的关系，而是有可能出现一个价格水平对应几个不同的产量水平，或一个产量水平对应几个不同的价格水平的情形。所以，垄断条件不存在供给曲线。

3. 垄断与资源配置

与完全竞争相比，垄断往往使生产效率不能最大限度发挥，资源不能得到充分利用，社会福利遭受损失。如图 14－2 所示，垄断的存在将导致产出从完全竞争条件下 Q_c 减少到 Q_m。价值为 FEQ_cQ_m 的消费者支出与生产性投入被重新配置到其他商品的生产上，共有 P_mBCP_c 的消费者剩余转为垄断利润，无谓损失为 BEF。

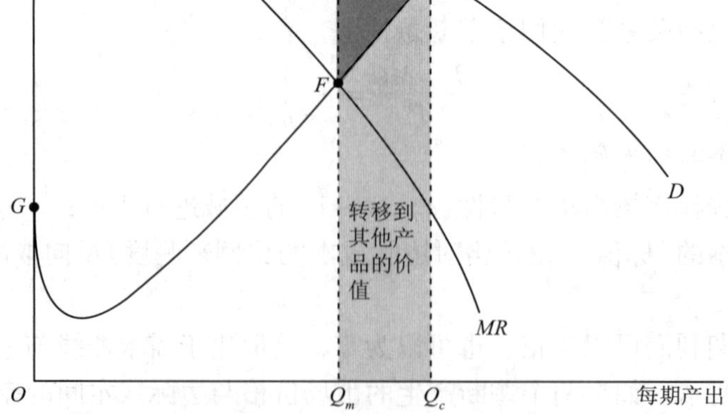

图 14－2　垄断的配置与分配效应

4. 价格歧视

价格歧视是指商品或服务的提供者在向不同的接受者提供相同等级、相同质量的商品或服务时，在接受者之间实行不同的销售价格或收费标准。垄断厂商实行价格歧视的条件：

①市场的消费者具有不同的偏好，且这些不同的偏好可以被区分开；

②不同的消费者群体或不同的销售市场是相互隔离的。

(1)一级价格歧视(完全价格歧视)

如果厂商对每一单位产品都按消费者所愿意支付的最高价格出售，这就是一级价格歧视。一级价格歧视也被称作完全价格歧视。在完全价格歧视下，垄断厂商剥夺了全部消费者剩余，不存在无谓损失，资源配置是有效的。

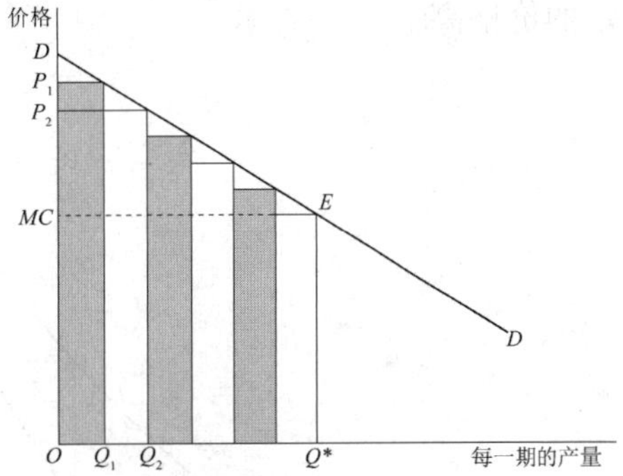

图 14－3　完全价格歧视

如图 14－3 所示，在完全价格歧视下，垄断厂商对每个买主索取的价格都不相同。在价格水平 P_1 上出售 Q_1 单位商品，在价格水平 P_2 上出售 Q_2-Q_1 单位商品，依次类推，直到边际买主不会再支付商品的边际成本时为止。最终垄断厂商的生产量等于 Q^*，总收益等于面积 DEQ^*O，可见此时并不存在无谓损失。

(2)二级价格歧视

一级价格歧视要求垄断者对每一单位的产品都制定一个价格，而二级价格歧视只要求对不同的消费数量段规定不同的价格。

两部分价目表以数学形式来表示，这个消费表可以由需求者为购买 q 必须支付的价目表来代表：

$$T(q)=a+pq$$

其中 a 是固定费用，p 是需付的边际价格。垄断者的目标就是在产品需求给定的情况下选择 a 与 p 的值使利润最大化。需求者所需付的平均价格为：

$$\bar{p}=\frac{T}{q}=\frac{a}{q}+p$$

这种价目表只有在平均价格低的消费者(q 大)不能将商品再次销售给平均价格高(q 小)的需求者时才是可行的。

(3)三级价格歧视

三级价格歧视，指垄断者对同一商品在不同的市场上收取不同的价格，或者对不同的人收取不同的价格，但使得每一市场上出售产品的边际收益相等。三级价格歧视产生的原因为市场分隔。

垄断者在每一个市场根据逆弹性规则定价。假设在所有市场边际成本相同，就有如下定价政策：

$$P_i\left(1+\frac{1}{e_i}\right)=P_j\left(1+\frac{1}{e_j}\right)$$

或者：

$$\frac{P_i}{P_j}=\frac{1+\frac{1}{e_j}}{1+\frac{1}{e_i}}$$

其中市场 i 与 j 的价格为 P_i 与 P_j，价格弹性为 e_i 与 e_j。三级价格歧视要求垄断厂商在需求弹性小的市场制定较高的产品价格，在需求弹性大的市场制定较低的市场价格。

厂商实行三级价格歧视利润最大化的条件为各分隔市场的边际收益相等且等于边际成本。如图 14－4 所示，两个市场是分隔的，垄断者可在两市场以不同的价格销售商品以使利润最大化。在每个市场必须选择 $MC=MR$ 的产出。此图表明在需求弹性小的市场价格歧视者定的价格高。

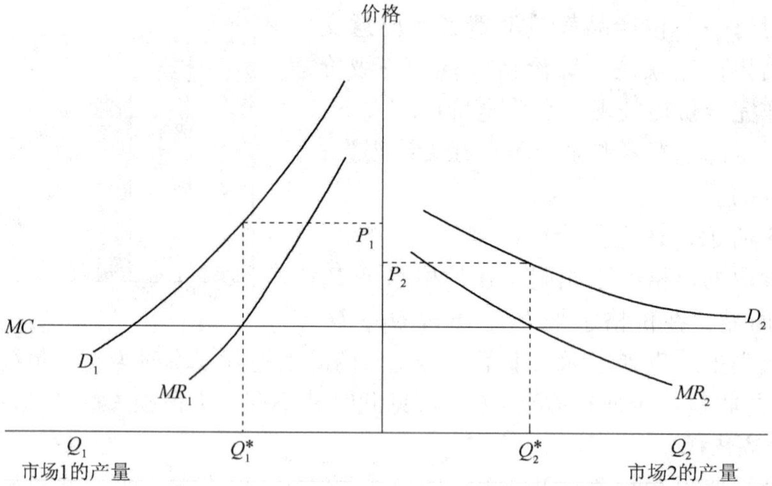

图 14－4　市场分隔增加了三级价格歧视的可能性

5. 垄断管制

(1)边际成本定价与自然垄断困境

对垄断厂商实施边际成本定价(即价格等于边际成本)可以有效减少市场效率损失，但会导致自然垄断企业陷入亏损。如图 14－5 所示，在无管制情况下，垄断厂商产量为 Q_A，产品价格为 P_A，利润等于矩形 P_AABC 的面积。当管制机构将垄断价格定为 P_R时，需求量为 Q_R，生产的边际成本也为 P_R，从而实现了边际成本定价。但由于价格 P_R(＝边际成本)低于平均成本，会造成垄断者损失 $GFEP_R$。

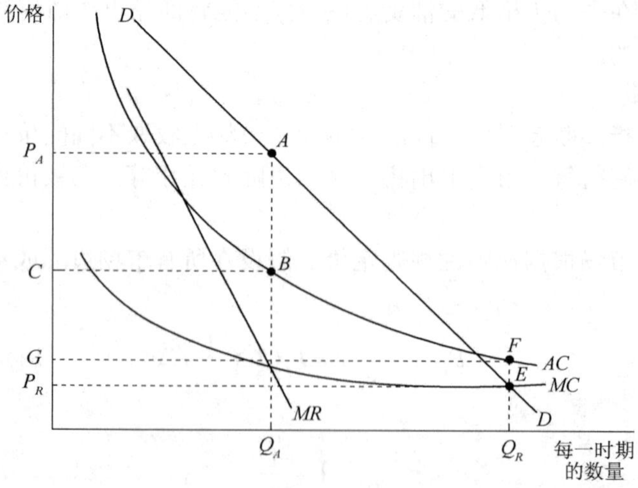

图 14－5　成本递减性垄断的价格管制

(2)解决方案：双重定价系统

为缓解边际成本定价导致的亏损问题，可引入差别定价机制。具体操作中，垄断企业通过分层定价策略实现收支平衡：对价格不敏感的核心用户收取较高价格(P_1)，对价格敏感的边缘用户采用边际成本定价($P_2=MC$)。如图 14－6 所示，该机制下，高价位需求者给生产商带来的利润(矩形 P_1DBA)补偿了生产商低价销售造成的损失(矩形 $BFEC$)。

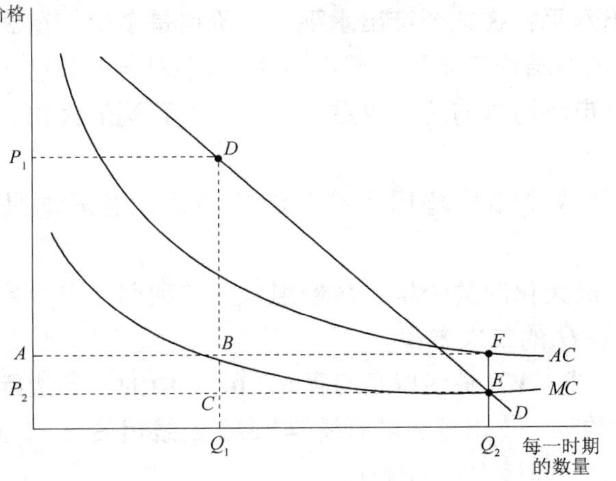

图 14－6　双重定价计划

(3)解决方案：收益率的管制

另一种解决边际成本定价困境的方法是允许垄断者以高于边际成本的价格出售产品，使其获得合理的投资收益率。

14.2　课后习题详解

1. 垄断者的平均成本与边际成本是常数 $AC=MC=5$。厂商面对的市场需求曲线为 $Q=53-P$。

a. 计算垄断者利润最大化的价格－数量组合与垄断者的利润。

b. 在完全竞争(价格＝边际成本)情况下，这个行业的产出水平是多少？

c. 计算在问题 b 中消费者获得的消费者剩余，证明它超过垄断者利润与问题 a 中的消费者剩余的和。垄断的“无谓损失”是多少？

解： a. 垄断企业的利润最大化问题为：

$$\max_{Q} \pi = PQ - C(Q)$$

即 $\max_{Q} \pi=(53-Q)Q-5Q=48Q-Q^2$；

利润最大化一阶条件为：$\frac{d\pi}{dQ}=48-2Q=0$；

解得 $Q=24$，于是 $P=53-Q=29$，利润为 576。

b. 由 $MC=P=5$ 可得，完全竞争下的市场价格为 $P=5$，因而完全竞争行业的产出水平为：$Q=53-P=48$。

c. 如图 14－7 所示，完全竞争下的消费者剩余为：$0.5\times48^2=1152$；

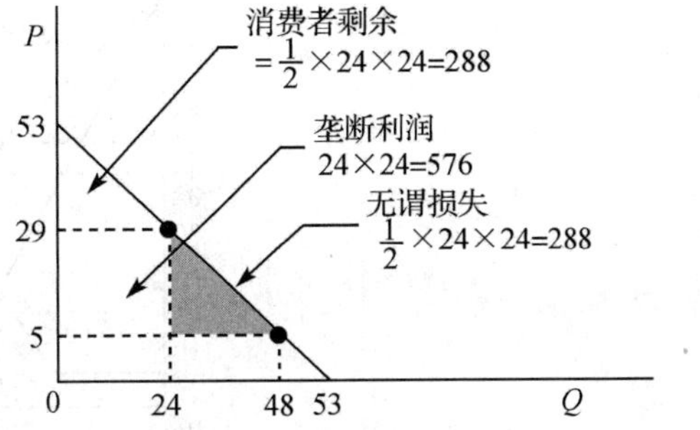

图 14－7　垄断的福利损失

垄断下的消费者剩余为：$0.5 \times 24^2 = 288$，垄断利润为：$24 \times 24 = 576$；

因而完全竞争下的消费者剩余超过了垄断下的消费者剩余与垄断利润之和，其超过的部分构成了垄断的无谓损失（$=0.5 \times 24^2 = 288$）。

2. 垄断者面对的市场需求曲线为：$Q = 70 - p$。

a. 如果垄断者以不变的平均成本与边际成本生产，$AC = MC = 6$，为了使利润最大化，垄断者会选择什么产出水平？在这个产出水平上，价格是多少？垄断者的利润是多少？

b. 假设垄断者的成本结构变化了，总成本为：$C(Q) = 0.25Q^2 - 5Q + 300$。

垄断者面对相同的市场需求与边际收益，为了追求利润最大化，现在要选择什么价格-数量组合？利润是多少？

c. 现在假设第三种成本结构解释了垄断者的地位，总成本是：$C(Q) = 0.0133Q^3 - 5Q + 250$。

仍计算垄断者利润最大化时的价格-数量组合。其利润是多少？提示：通常设定 $MC = MR$，并且用二次式求解 Q 的二次方程。

d. 画出市场需求曲线、MR 曲线以及问题 a、b、c 中的三条边际成本曲线。注意，垄断者获利能力受以下条件约束：①市场需求曲线（与 MR 曲线相关）；②上述生产的成本结构。

解：a. 垄断厂商的利润最大化问题为：

$$\max_{Q} \pi = pQ - C(Q)$$

即

$$\max_{Q} \pi = (70 - Q)Q - 6Q = -Q^2 + 64Q$$

利润最大化一阶条件为：$\frac{d\pi}{dQ} = -2Q + 64 = 0$；

解得 $Q = 32$，于是 $p = 70 - 32 = 38$，利润为 $\pi = (p - AC)Q = (38 - 6) \times 32 = 1024$。

b. 当成本发生变化时，$MC = 0.5Q - 5$，因而由利润最大化的一阶条件 $MC = MR$ 可得：$0.5Q - 5 = 70 - 2Q$，从而可以解得：$Q = 30$，从而市场价格为：$p = 40$，厂商此时所获利润为：$\pi = TR - TC = 30 \times 40 - (0.25 \times 30^2 - 5 \times 30 + 300) = 825$。

c. 当成本函数再次发生变化时，$MC \approx 0.04Q^2 - 5$，令 $MR = MC$ 可得：

$$0.04Q^2 - 5 = 70 - 2Q$$

从而可以解得：$Q = 25$，因而 $p = 45$，此时厂商的利润为：$\pi = 792.2$。

d. 需求曲线 D、MR 曲线和边际成本曲线 MC 如图 14-8 所示。

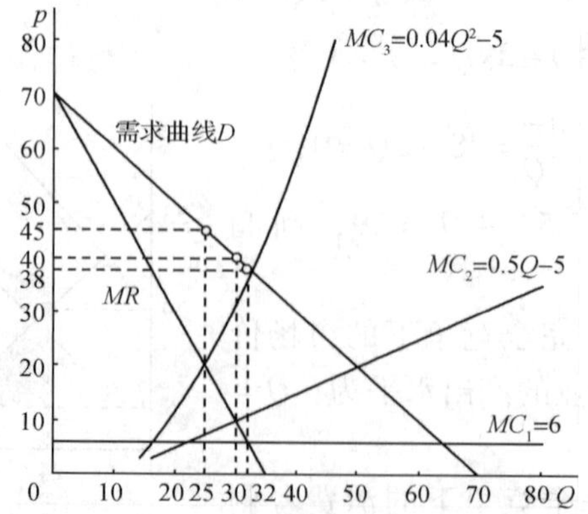

图 14-8 需求曲线、边际收益与边际成本曲线

3. 单一厂商垄断整个装饰物与容器市场，有不变的平均成本与边际成本：$AC=MC=10$。最初，厂商面对的市场需求曲线为：$Q=60-P$。

a. 计算厂商利润最大化时的价格－数量组合。厂商的利润是多少？

b. 假设市场需求曲线向外移动（变得较陡），有：$Q=45-0.5P$。现在厂商利润最大化时的价格－数量组合是怎样的？厂商的利润是多少？

c. 改变问题 b 中的假设，假设市场需求曲线向外移动（变得较平），有：$Q=100-2P$。现在厂商利润最大化时的价格－数量组合是怎样的？厂商的利润是多少？

d. 画出问题 a、b、c 三种不同情况下的图形。利用你得出的结果，解释为什么垄断者没有实际的供给曲线。

解： a. 由 $Q=60-P$ 可得：$P=60-Q$，从而可得厂商的利润函数为：

$$\pi=PQ-C=(60-Q)Q-10Q=-Q^2+50Q$$

利润最大化的一阶条件为：$\frac{d\pi}{dQ}=-2Q+50=0$，解得 $Q=25$。

此时市场价格为 $P=60-Q=35$；

厂商的利润为：$\pi=-Q^2+50Q=-25^2+50\times25=625$。

b. 当市场需求变为 $Q=45-0.5P$ 时，$P=90-2Q$，此时厂商的利润函数为：

$$\pi=PQ-C=(90-2Q)Q-10Q=-2Q^2+80Q$$

利润最大化的一阶条件为：$\frac{d\pi}{dQ}=-4Q+80=0$，解得利润最大化时的产量为 $Q=20$。

此时市场价格为 $P=90-2Q=50$；

厂商的利润为：$\pi=-2Q^2+80Q=-2\times20^2+80\times20=800$。

c. 当市场需求再变为 $Q=100-2P$ 时，$P=50-0.5Q$，此时厂商的利润函数为：

$$\pi=PQ-C=(50-0.5Q)Q-10Q=-0.5Q^2+40Q$$

利润最大化的一阶条件为：$\frac{d\pi}{dQ}=-Q+40=0$，解得利润最大化时的产量为 $Q=40$。

此时市场价格为 $P=50-0.5Q=30$；

厂商的利润为：$\pi=-0.5Q^2+40Q=-0.5\times40^2+40\times40=800$。

d. 问题 a 中的情形如图 14－9(a)所示；问题 b 中的情形如图 14－9(b)所示；问题 c 中的情形如图 14－9(c)所示。

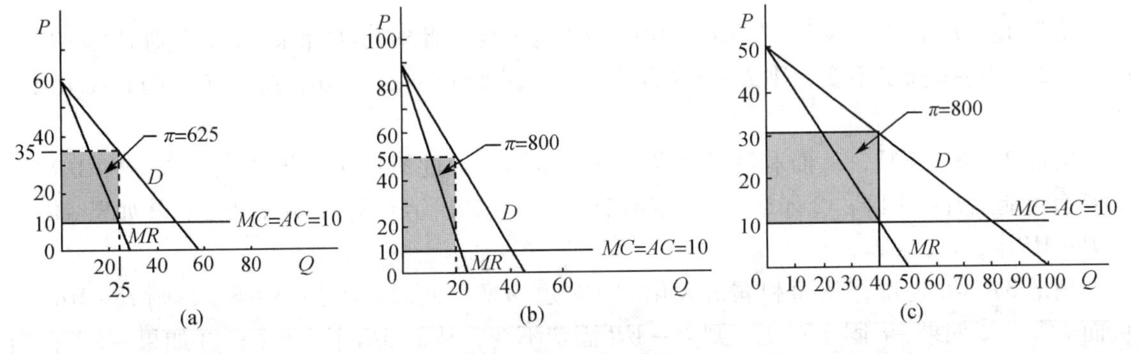

图 14－9　垄断厂商利润最大化：$MR=MC$

垄断者的供给曲线只是一个单点，也就是说，垄断的供给仅仅是满足 $MC=MR$ 条件的数量－价格组合。任何试图在市场需求曲线图中连接这些均衡点的作法都是无意义的，其中一个原因是随着需求曲线的移动，它的弹性(进而它相应的 MR 曲线)的变化会导致数量和产量的大幅变化，从而无法形成一条具有一定规律性的供给曲线。

4. 假设呼啦圈市场是由单个厂商垄断的。

a. 画出这一市场的最初均衡。

b. 假设呼啦圈的需求曲线稍向外移动。证明在一般情况下(与竞争情况下相比)，不可能预测需求的这一移动对呼啦圈市场价格的影响。

c. 当需求曲线移动时，价格弹性可能发生改变。考虑三种可能的方式：递增、递减、不变。当 $MR=MC$ 时，还要考虑垄断的边际成本在一定范围内可能上升、下降与不变。结果，需求曲线移动与边际成本斜率图形有 9 种不同组合。逐一分析每一种组合，看看哪种情况有可能明确预测需求曲线移动对呼啦圈价格的影响。

解：a. 呼啦圈市场的最初均衡如图 14－10 所示，最初均衡点为(P，Q)。

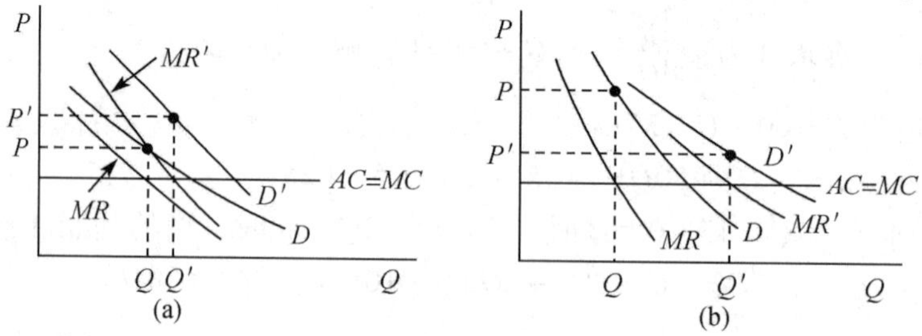

图 14－10　呼啦圈市场的均衡

b. 因为对于垄断厂商而言，它没有实际的供给曲线，因而只能通过考察 $MR=MC$ 条件来判断其产出决策。需求曲线的移动导致 MR 曲线也发生移动，从而 MR 曲线与 MC 曲线的交点也会发生变化，最终市场价格的变化是不定的。如图 14－10(a)所示，需求曲线外移最终导致市场价格从 P 提高至 P'；如图 14－10(b)所示，需求曲线外移最终导致市场价格从 P 降至 P'。

c. 可以利用逆弹性法则来加以考察，即：

$$-e=\frac{P}{P-MC}=\frac{P}{P-MR}$$

随着 $-e$ 降为 1，$P-MR$ 将增加。具体而言，又分为以下三大类情况，每个大类又分三小类情况：

情形 1：MC 不变，从而利润最大化的 MR 也不变。此时：①如果 $-e\downarrow$，则 $P-MR\uparrow$，$P\uparrow$；②如果 $-e$ 固定不变，则 $P-MR$ 固定不变，从而 P 不变；③如果 $-e\uparrow$，则 $P-MR\downarrow$，$P\downarrow$。

情形 2：MC 递减，从而利润最大化的 MR 也递减。此时：①如果 $-e\downarrow$，则 $P-MR\uparrow$，则 P 有可能上升或下降；②如果 $-e$ 固定不变，则 $P-MR$ 固定不变，从而 $P\downarrow$；③如果 $-e\uparrow$，则 $P-MR\downarrow$，$P\downarrow$。

情形 3：MC 递增，从而利润最大化的 MR 也递增。此时：①如果 $-e\downarrow$，则 $P-MR\uparrow$，从而 $P\uparrow$；②如果 $-e$ 固定不变，则 $P-MR$ 固定不变，从而 $MR\uparrow$，$P\uparrow$；③如果 $-e\uparrow$，则 $P-MR\downarrow$，从而 P 有可能上升或下降。

5. 假设垄断市场有需求函数，其中需求数量不仅取决于市场价格(P)，而且取决于厂商所做的广告量(A，以美元为计量单位)。这个函数的具体形式为：

$$Q=(20-P)(1+0.1A-0.01A^2)$$

垄断厂商的成本函数为：$C=10Q+15+A$。

a. 假设没有广告($A=0$)。在此情况下，利润最大化的厂商选择的产出是多少？市场价格是多少？垄断利润是多少？

b. 现在假设厂商选择了最佳广告支出水平。在此情况下，产出水平是多少？价格是多少？广告支出水平是多少？此时厂商的利润是多少？提示：假设垄断者选择利润最大化时的价格而不是数量，则 b 中的问题很容易计算。

解： a. 当 $A=0$ 时，垄断厂商的需求为：$Q=20-P$，从而有：$P=20-Q$，垄断厂商的利润函数为：

$$\pi=PQ-C=(20-Q)Q-10Q-15=-Q^2+10Q-15$$

利润最大化的一阶条件为：$\frac{d\pi}{dQ}=-2Q+10=0$，解得 $Q=5$。即利润最大化的厂商选择的产出为5。

此时市场价格为：$P=20-Q=15$。

垄断利润为：$\pi=-Q^2+10Q-15=10$。

b. 垄断厂商的利润为：

$$\pi=PQ-C=PQ-10Q-15-A=(P-10)(20-P)(1+0.1A-0.01A^2)-15-A$$

利润最大化的一阶条件为：

$$\begin{cases}\dfrac{\partial\pi}{\partial P}=(1+0.1A-0.01A^2)(30-2P)=0\\[2ex]\dfrac{\partial\pi}{\partial A}=(P-10)(20-P)(0.1-0.02A)-1=0\end{cases}$$

从而可以解得：$P=15$，$A=3$；从而 $Q=6.05$；

因而此时的垄断利润为：$\pi=PQ-C=PQ-10Q-15-A=12.25$。

6. 假设厂商能够以不变的边际(与平均)成本，即每单位 5 美元达到它希望的任何产出水平。假设垄断厂商在有一些距离分隔的两个不同市场上出售商品。第一个市场的需求曲线是：

$$Q_1=55-P_1$$

第二个市场的需求曲线是：

$$Q_2=70-2P_2$$

a. 如果垄断者能够保持两个市场之间的分隔，那么每一市场的产出水平应该是多少？每一市场的价格是多少？这种情形的总利润是多少？

b. 如果在两个市场之间运输商品仅仅花费需求者 5 美元，你的答案会有何改变？在这种情况下垄断者新的利润水平是多少？

c. 如果运输成本是零并且厂商必须遵循一价政策，则答案会有何改变？

d. 现在假设市场 1 和 2 是两个单独的消费者。厂商可以采用线性两部分价目表，在这种情况下，两个市场的边际价格必须相等，但是一次付款的入场费可能不同，此时厂商应该遵循什么定价政策？

解： a. 若两个市场能够分隔，由已知可得两个市场的反需求曲线分别为：$P_1=55-Q_1$，$P_2=35-0.5Q_2$。垄断厂商的总利润函数为：

$$\pi = P_1Q_1 + P_2Q_2 - C = (55 - Q_1)Q_1 + (35 - 0.5Q_2)Q_2 - 5(Q_1 + Q_2) = -Q_1^2 + 50Q_1 - 0.5Q_2^2 + 30Q_2$$

厂商总利润最大化的一阶条件为：

$$\frac{\partial \pi}{\partial Q_1} = -2Q_1 + 50 = 0$$

$$\frac{\partial \pi}{\partial Q_2} = -Q_2 + 30 = 0$$

解得 $Q_1 = 25$，$Q_2 = 30$。即第一个市场的产出为 25，第二个市场的产出为 30。

第一个市场的价格为 $P_1 = 55 - Q_1 = 30$，第二个市场的价格为 $P_2 = 35 - 0.5Q_2 = 20$。

总利润为：$\pi = -Q_1^2 + 50Q_1 - 0.5Q_2^2 + 30Q_2 = 1075$。

b. 构造利润函数为：

$$\pi = (P_1Q_1 - C_1) + (P_2Q_2 - C_2)$$

用数学模型可表示为：

$$\max_{P_1, P_2} -P_1^2 + 60P_1 - 2P_2^2 + 80P_2 - 625$$

$$s.t.\ \ P_1 - P_2 \leqslant 5$$

构造拉格朗日辅助函数：

$$L(P_1,\ P_2,\ \lambda) = -P_1^2 + 60P_1 - 2P_2^2 + 80P_2 - 625 - \lambda(P_1 - P_2 - 5)$$

利润最大化的一阶条件为：

$$\frac{\partial L(P_1,\ P_2,\ \lambda)}{\partial P_1} = -2P_1 + 60 - \lambda = 0 \qquad ①$$

$$\frac{\partial L(P_1,\ P_2,\ \lambda)}{\partial P_2} = -4P_2 + 80 + \lambda = 0 \qquad ②$$

$$\lambda(P_1 - P_2 - 5) = 0$$

若 $\lambda = 0$，则上述方程组退化为：

$$\begin{cases} -2P_1 + 60 = 0 \\ -4P_2 + 80 = 0 \end{cases}$$

解得：$P_1 = 30$，$P_2 = 20$。显然，不合题意。

若 $\lambda \neq 0$，则由 $\lambda(P_1 - P_2 - 5) = 0$ 可得 $P_1 - P_2 = 5$，即 $P_1 = 5 + P_2$。代入①②两式可解得：$P_1 = \frac{80}{3}$，$P_2 = \frac{65}{3}$。

利润 $\pi = -P_1^2 + 60P_1 - 2P_2^2 + 80P_2 - 625 = \frac{3175}{3}$。

c. 若两个市场只能卖同一价格，即 $P_1 = P_2$，则：

$$Q = Q_1 + Q_2 = 55 - P + 70 - 2P = 125 - 3P$$

由需求函数可得出反需求函数为：$P = \frac{125}{3} - \frac{Q}{3}$。

利润函数为：

$$\pi = \left(\frac{125}{3} - \frac{Q}{3}\right)Q - 5Q$$

利润最大化的一阶条件为：

$$\frac{d\pi}{dQ} = -\frac{2}{3}Q + \frac{110}{3} = 0$$

解得：$Q=55$。

将销售量代入反需求函数，可得：$P=\frac{70}{3}$。

厂商利润 $\pi=PQ-C=\frac{70}{3}\times55-5\times55=\frac{3025}{3}$。

d. 假设垄断厂商的线性两部分价目表为：$T(Q_i)=\alpha_i+mQ_i$，令：

$$m=MC=5$$

$\alpha_1=0.5\times(55-5)\times50=1250$，为第一个市场的消费者剩余。

$\alpha_2=0.5\times(35-5)\times60=900$，为第二个市场的消费者剩余。

可以获得最大利润为：$\pi=2150$。

7. 假设完全竞争行业能够以不变的边际成本——每单位 10 美元生产装饰物。因为每单位必须支付 2 美元给游说者，以保证装饰物生产者的有利地位，所以垄断的边际成本上升为每单位 12 美元。假定装饰物的市场需求是：$Q_D=1000-50P$。

a. 分别计算完全竞争和垄断下的产量与价格。

b. 计算装饰物生产垄断化导致消费者剩余的总损失。

c. 画出这一结果的图形并解释它与通常的分析有什么不同?

解： a. 对于完全竞争而言，$MC=10$；对于垄断而言，$MC=10+2=12$。

在完全竞争下，市场价格为：$P=MC=10$，从而产量为：$Q=500$。

在完全垄断下，由 $Q_D=1000-50P$ 可得：$MR=20-\frac{1}{25}Q$，从而由 $MR=MC$ 可得：

$$20-\frac{1}{25}Q=12$$

因而完全垄断下的产量为：$Q=200$，垄断价格为：$P=16$。

b. 如图 14－11 所示，消费者剩余的损失＝完全竞争下的消费者剩余－垄断下的消费者剩余＝2500－400＝2100。

c. 以上结果如图 14－11 所示。消费者剩余的总损失 2100 中，转移成为垄断者利润的数额是 800，由垄断厂商成本增加所导致的损失为 400，剩余的 900 为纯粹的无谓损失。

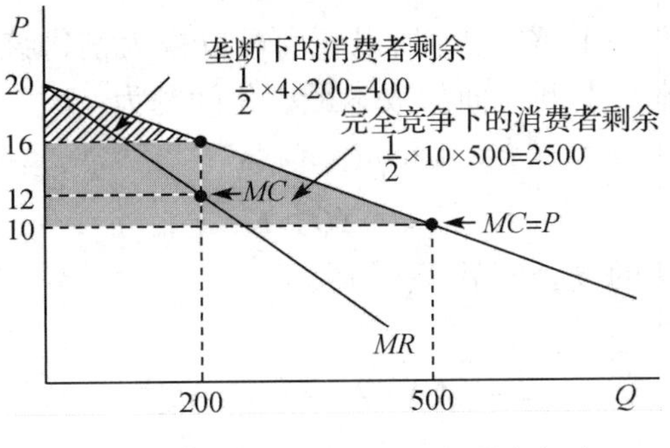

图 14－11　垄断导致消费者剩余损失

8. 假设政府希望以补贴的方式改变垄断配置的不利影响。

a. 为什么一次总付补贴达不到政府的目的?

b. 利用图形证明按每单位产出补贴可能达到政府的目的。

c. 假设政府希望通过补贴使消费者的商品总价值与商品总成本的差额最大化。证明为了达到这个目的，必须有：

$$\frac{t}{P} = -\frac{1}{e_{D,P}}$$

其中，t 是每单位产出补贴，P 是竞争性价格。直观地解释你的结论。

解： a. 政府希望垄断者将产出扩张至 $P=MC$ 处，但是一次总付补贴对垄断厂商的利润最大化选择没有影响（利润最大化的一阶条件不变），从而一次总付补贴无法实现此目的。

b. 如图 14－12 所示，政府对每单位产出进行补贴可以有效地使 MC 曲线下移，从而使产出达到完全竞争水平。

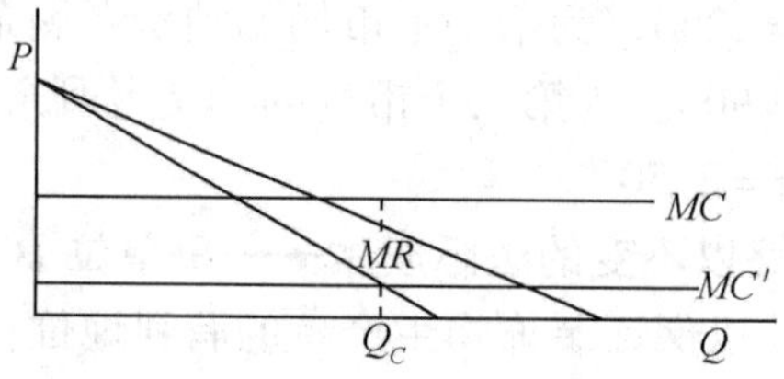

图 14－12　从量补贴导致完全竞争产出

c. 假设政府补贴为 t，在补贴下，垄断厂商利润最大化条件变为：

$$MR = MC - t = P\left(1 + \frac{1}{e}\right) \quad ①$$

而社会最优产出水平要求：$P = MC$ ②

综合①②两式可得：$\frac{t}{P} = -\frac{1}{e}$。

直观上而言，垄断厂商在价格与边际成本之间制造了一个差额，而最优的补贴政策要弥补与价格成比例的这个差额。

9. 假设垄断者生产可能有不同使用寿命（X）的碱性电瓶，并假设消费者的（反）需求取决于购买的电瓶寿命与数量（Q）。函数为：$P(Q, X) = g(X \cdot Q)$。其中 $g' < 0$，即消费者仅仅关心数量和寿命的乘积，他们对大量短期电瓶和少量长期电瓶的支付意愿是相同的。还假设电瓶成本为：$C(Q, X) = C(X)Q$，其中 $C'(X) > 0$。证明在此情况下，垄断厂商将选择与竞争性行业相同水平的 X，即便产出水平与价格不同。请解释你得出的结果。提示：把 XQ 当成一个复合商品。

证明： 因为消费者仅仅关心 $X \cdot Q$，所以厂商可以视为销售该复合商品的厂商。厂商力图最小化生产 $X \cdot Q$ 的成本。垄断厂商的成本最小化问题为：

$$\min_{X,Q} C(X)Q$$
$$s.t.\ XQ \geqslant K$$

其中，K 代表某一给定的复合商品 XQ 的数量。

设拉格朗日函数为：

$$L = C(X)Q + \lambda(K - XQ)$$

一阶条件为：

$$\frac{\partial L}{\partial X} = C'(X)Q - \lambda Q = 0 \quad ①$$

$$\frac{\partial L}{\partial Q} = C(X) - \lambda X = 0 \quad ②$$

$$\frac{\partial L}{\partial \lambda} = K - XQ = 0 \quad ③$$

由①②两式可得：$C(X)-C'(X)X=0$，即：$X=\dfrac{C(X)}{C'(X)}$。

因而 X 的选择独立于 Q(以及市场结构)。此处的需求函数与成本函数的性质允许关于电瓶寿命的决策与产出－价格决策分开。

10. 对垄断商品征税

对垄断商品征税有时会产生与完全竞争市场不同的结果。本题就讨论一些这方面的例子。这些问题中的绝大多数可以通过使用逆弹性法则来求解[(14.1)式]。

a. 首先考虑对一种垄断商品征收从价税。这个税使得垄断者得到的净价格从 P 下降为 $P(1-t)$，t 是税率。证明在线性需求函数和不变边际成本的条件下，征收此税将使得价格的上升幅度小于税收。

b. 假设问题 a 中的曲线是一条弹性不变的曲线。证明价格将会以与税收同样的幅度增长。解释这两个例子的区别。

c. 描述一种情况：对某种垄断商品征收从价税后，价格的上涨大于税收。

d. 有一种特定的税是对每单位商品征收固定数额税收。如果税率是每单位 τ，那么总的税收是 τQ。证明在总的税收收入不变的情况下，征收这种税将会比征收从价税减少更多的产量(更大幅度地提高价格)。

证明：根据逆弹性法则，有$\dfrac{P-MC}{P}=-\dfrac{1}{e}\Rightarrow P=\dfrac{MC}{1+\dfrac{1}{e}}$，在垄断情况下 $e<-1$，当对垄断者征收从价税时，价格从 P 变为 $P(1-t)$，因此，征税后的价格为 $P=\dfrac{MC}{1-t}\cdot\dfrac{1}{1+\dfrac{1}{e}}$。

a. 在线性需求函数条件下，征税后 e 将变得更有弹性，即 $e_{aftertax}<e_{pretax}$，若征税前后边际成本是不变的，则有

$$P_{aftertax}=\frac{MC}{(1-t)}\cdot\frac{1}{1+\dfrac{1}{e_{aftertax}}}<\frac{MC}{(1-t)}\cdot\frac{1}{1+\dfrac{1}{e_{pretax}}}=\frac{P_{pretax}}{(1-t)}$$

b. 若问题 a 中的曲线是一条不变弹性的曲线，即 $e_{aftertax}=e_{pretax}$，征税前价格为

$$P_{pretax}=\frac{MC}{1+\dfrac{1}{e_{pretax}}}$$

征税后价格为

$$P_{aftertax}=\frac{MC}{(1-t)}\cdot\frac{1}{1+\dfrac{1}{e_{aftertax}}}$$

由 $e_{aftertax}=e_{pretax}$，可知 $P_{aftertax}=P_{pretax}/(1-t)$。这个结论与问题 a 中的结论不同是因为两者函数形式不同，在问题 a 中的线性函数下，征税后 e 会发生变化，变得更有弹性；而在不变弹性需求函数下，征税后 e 不会发生变化。

c. 在不变弹性需求函数下，若垄断厂商在边际成本曲线斜率为负的部分进行生产，则有价格上涨大于税收，即：

$$P_{aftertax}=\frac{MC_{aftertax}}{(1-t)}\cdot\frac{1}{1+\dfrac{1}{e}}>\frac{MC_{pretax}}{(1-t)}\cdot\frac{1}{1+\dfrac{1}{e}}=\frac{P_{pretax}}{(1-t)}$$

d. 在总的税收收入不变时，有征收从价税获得的税收收入 tP_aQ_a 等于征收特定税所获得的收入 τQ_s，即 $tP_aQ_a=\tau Q_s$。假定在一个给定产出水平 Q 下，垄断厂商选择不同的税率使得税收收入相等。此时有 $\tau=tP_a$，在垄断情况下，有 $P_a>MR_a$，因此 $\tau>tMR_a$。当征收从价税时，垄断厂商的边际收益为 $MR_a=(1-t)MR=MR-tMR$，当征收特定税时，垄断厂商的边际收益为 $MR_s=MR-\tau$。要使两种征税方法下获得的税收收入相等，则征收特定税时的边际收益要比征收从价税时的边际收益下降得多。由于 MC 曲线是向上倾斜的，因此征收特定税时的产量更少，价格更高。在完全竞争市场上，这两种征税方法产生的效果一样。

11. 灵活函数形式

在最近的一篇重要论文中，M. Fabinger 和 E. G. Weyl 定义了易处理的垄断问题。一个"易处理"的问题要满足三个条件。第一，它一定可以在直接需求和反向需求的显性表达式之间灵活转换(可逆性)。第二，反向需求——也可解释为平均收入——必须和边际收入有相同的函数形式，平均成本和边际成本必须有相同的函数形式(形式保留性)。第三，垄断者的一阶条件必须是线性函数(线性)，如果求导后不能立刻得出，至少在适当的替换后可以得到。作者指出，易处理问题中反向需求和平均成本最广泛的可能形式为：

$$P(Q)=a_0+a_1Q^{-s}$$

$$AC(Q)=c_0+c_1Q^{-s}$$

其中，a_0，a_1，c_0，c_1 和 s 为非负常数。

a. 根据以上函数形式，求解垄断均衡产量和价格。你需要用怎样的替代转换 $x=f(Q)$ 使 x 中的一阶条件为线性函数？

b. 在平均成本和边际成本均为常数的特殊情形下求解。

c. 如果我们放松"易处理"假设，允许垄断者的一阶条件为二次函数(至少在适当替换后)，作者表明，易处理问题的最广泛形式具有如下函数形式：

$$P(Q)=a_0+a_1Q^{-s}+a_2Q^{s}$$

$$AC(Q)=c_0+c_1Q^{-s}+c_2Q^{s}$$

求解垄断的均衡产量和价格。你需要用怎样的替代转换 $x=f(Q)$ 使 x 中的一阶条件为二次函数？

d. 虽然有一点复杂，但问题 c 中的函数形式有一个优点，即它足够灵活，除了包含平均成本不变、递增、递减的情况，还能包含图 14.2 中的 U 形情况。请选择合适的 c_0，c_1，c_2，画图说明不同情形下的平均成本曲线。

问题 c 中的灵活函数形式还可以包含现实中的需求形状，比如，其中一个形式非常适合美国的收入分配(这里的隐含假设是用收入代替消费者的购买意愿)。在统计中应用这些需求形状可以说明重要的政策问题。比如，本章之前提到，理论上垄断价格歧视的福利效果是不明确的，既有可能更高也有可能更低。问题 c 中需求曲线的计算结果可以说明价格歧视下的福利一定更高。

解：a. 垄断者的利润函数为 $\pi(Q)=[P(Q)-AC(Q)]Q$，运用反向需求和平均成本的函数形式进行替换得到：

$$\pi(Q)=[(a_0-c_0)+(a_1-c_1)Q^{-s}]Q$$

利润最大化的一阶条件为：

$$(a_0-c_0)+(1-s)(a_1-c_1)Q^{-s}=0$$

解得垄断均衡产量为：

$$Q_m=\left[\frac{(s-1)(a_1-c_1)}{a_0-c_0}\right]^{1/s}$$

垄断均衡价格为：

$$P_m=a_0+\frac{(a_0-c_0)a_1}{(s-1)(a_1-c_1)}$$

假设 $x=Q^s$，$d_i=a_i-c_i(i=0, 1)$，则利润最大化的一阶条件可以写为：

$$d_0+(1-s)d_1\cdot\frac{1}{x}=0$$

求解得到：$x_m=(s-1)d_1/d_0$。均衡价格和均衡产量变为：

$$P_m=a_0+\frac{a_1d_0}{(s-1)d_1}$$

$$Q_m=\left[\frac{(s-1)d_1}{d_0}\right]^{1/s}$$

b. 若平均成本和边际成本均为常数，则 $c_1=0$，问题 a 中的均衡价格和均衡产量分别为：

$$P_m=\frac{a_0s-c_0}{s-1}$$

$$Q_m=\left[\frac{(s-1)a_1}{a_0-c_0}\right]^{1/s}$$

c. 令 $x=Q^s$，$d_i=a_i-c_i(i=0, 1, 2)$，更加灵活形式下的垄断者的利润函数为：

$$\begin{aligned}\pi(Q)&=[(a_0-c_0)+(a_1-c_1)Q^{-s}+(a_2-c_2)Q^s]Q\\&=(d_0+d_1Q^{-s}+d_2Q^s)Q\end{aligned}$$

利润最大化的一阶条件为：

$$d_0+(1-s)d_1\cdot\frac{1}{x}+(1+s)d_2x=0$$

两边同乘以 x，使一阶条件变成二次方程：

$$(1+s)d_2x^2+d_0x+(1-s)d_1=0$$

求解得到：

$$x_m=\frac{\sqrt{d_0^2+4d_1d_2(s^2-1)}-d_0}{2(1+s)d_2}$$

由于 $x=Q^s$，则均衡产量为：

$$Q_m=\left[\frac{\sqrt{d_0^2+4d_1d_2(s^2-1)}-d_0}{2(1+s)d_2}\right]^{1/s}$$

均衡价格为：

$$P_m=a_0+\frac{2(1+s)a_1d_2}{\sqrt{d_0^2+4d_1d_2(s^2-1)}-d_0}+a_2\frac{\sqrt{d_0^2+4d_1d_2(s^2-1)}-d_0}{2(1+s)d_2}$$

d. 如图 14－13 所示。

当 $c_0=2.5$，$c_1=c_2=0$ 时，$AC=2.5$，平均成本不变。

当 $c_0=1$，$c_1=0$，$c_2=1$ 时，$AC=1+Q^s$，平均成本递增。

当 $c_0=1$，$c_1=1$，$c_2=0$ 时，$AC=1+Q^{-s}$，平均成本递减。

当 $c_0=c_1=c_2=1$ 时，$AC=1+Q^{-s}+Q^{s}$，平均成本曲线是一条先递减后递增的 U 形曲线。

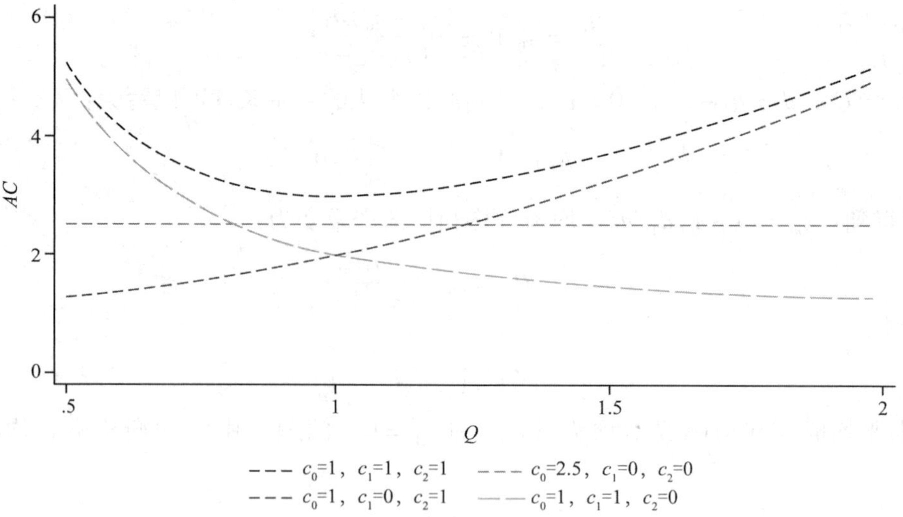

图 14－13　平均成本曲线的实例

12. 不同市场分隔的福利可能性

本章提到，D. Bergemann，B. Brooks 和 S. Morris 的论文强调了价格歧视的福利效果的模糊性。这个问题可以引导你构建可以实现极端福利收益和损失的市场分隔（相对于一价政策）。这里我们关注市场中包含两个消费者类型的简单情形，结论对于任何类型数量基本上都成立，特别是对于任意连续的类型分布。

考虑市场上有一个垄断者，消费者 $\bar{q}$ 对产品的评价为 $\bar{v}$（最大支付意愿），消费者 $\underline{q}$ 对产品的评价为 $\underline{v}$，$\bar{v}>\underline{v}>0$。生产没有成本。

a. 为了对比，首先求解完全竞争情况下的产出和福利。

b. 找到一个方法将消费者分隔为两个市场，允许垄断者通过完全价格歧视恢复利润，计算此时的利润、消费者剩余、社会福利。

c. 接下来的分析分为两个具体情形。首先假设 $\bar{q}\,\bar{v}>(\bar{q}+\underline{q})\underline{v}$。

i. 求出垄断者在市场分隔前实行一价政策时的垄断价格、产量、利润、消费者剩余、福利。

ii. 通过移动低价值消费者将单一市场分隔为两个市场，比例为 b 的高价值消费者进入市场 B，剩下的消费者组成市场 A，假设垄断者在两个市场中实行价格歧视。证明 0 到 1 区间内存在 b^* 使得垄断者在市场 B 中定高价还是定低价是无差异的。考虑均衡时垄断者在一个市场中定低价（此时无差异）。求解垄断者在各个市场的歧视性价格；求解两个市场合计的利润、消费者剩余、福利。比较这个结果和一价政策的结果，说明消费者剩余和福利被创造了。和完全竞争下的结果比较又如何呢？

iii. 在一张图上画出 i 和 ii 的结果，其中消费者剩余在横轴上，垄断利润在纵轴上。再画出问题 b 中完全价格歧视的结果，将这些点连接起来构成一个三角形。为攫取更多消费者剩余，沿三角形各边和内部，思考更多市场分隔的方法。

d. 现在假设 $\bar{q}\,\bar{v}<(\bar{q}+\underline{q})\underline{v}$。

i. 求出垄断者在市场分隔前实行一价政策时的垄断价格、产量、利润、消费者剩余、福利。

ii. 通过移动低价值消费者将单一市场分隔为两个市场，比例为 a 的低价值消费者进入市场 A，剩下的消费者组成市场 B，假设垄断者在两个市场中实行价格歧视。证明 0 到 1 区间内存在 a^* 使得垄断者在市场 A 中定高价还是定低价是无差异的。考虑均衡时垄断者在一个市场中定高价（此时无差异）。求解垄断者在各个市场的歧视性价格；求解两个市场合计的利润、消费者剩余、福利。比较这个结果和一价政策的结果，说明消费者剩余和福利被破坏了。和完全竞争下的结果比较又如何呢？

iii. 说明多价格策略时消费者剩余和垄断利润的图示与问题 c 中的三角形相似。

当边际成本 c 为正而不是 0 时，分析是相似的。我们只需要在有 c 时重新解释消费者价值。

解： a. 在完全竞争市场中，按照边际成本定价，则 $p_c=0$。两个消费者均会购买，$q_c=\bar{q}+\underline{q}$，因此社会福利为：$W_c=\bar{q}\,\bar{v}+\underline{q}\underline{v}$。

b. 将消费者分隔为两个市场，允许垄断者实施完全价格歧视，则在低价格市场收取$\underline{v}$，高价格市场收取 $\bar{v}$，此时利润为 $\overline{qv}+\underline{q}\underline{v}$，消费者剩余为 0，社会福利为：$W_c=\bar{q}\,\bar{v}+\underline{q}\underline{v}$。

c. i. 垄断者实行一价政策，若收取高价格 $\bar{v}$，厂商只服务高支付意愿消费者，获得利润 $\overline{qv}$；若收取低价格$\underline{v}$，要么服务所有消费者，获得利润$(\bar{q}+\underline{q})\underline{v}$。由于 $\bar{q}\,\bar{v}>(\bar{q}+\underline{q})\underline{v}$，则意味着高价策略更有利可图。此时，垄断价格为$\bar{v}$，产量为$\bar{q}$，利润为$\overline{qv}$，消费者剩余为0，社会福利为$(\bar{q}+\underline{q})\underline{v}$。

ii. 厂商只服务高支付意愿消费者，收取价格 $\bar{v}$，获得利润 $b\,\overline{qv}$。若服务所有消费者，收取价格为$\underline{v}$，获得利润为$(b\,\bar{q}+\underline{q})\underline{v}$。当两种利润相等时，即 $b\,\overline{qv}=(b\,\bar{q}+\underline{q})\underline{v}$，求解得到 $b^*=\underline{q}\underline{v}/[\bar{q}(\bar{v}-\underline{v})]$。

由于 $\bar{v}>\underline{v}$，因此 0 到 1 区间内存在 b^*，使得垄断者在市场 B 中定高价还是定低价是无差异的。

在市场 A 收取价格 $\bar{v}$，在市场 B 收取价格$\underline{v}$，垄断利润为：

$$(1-b^*)\overline{qv}+(b^*\bar{q}+\underline{q})\underline{v}=(1-b^*)\overline{qv}+b^*\overline{qv}=\overline{qv}$$

此时，消费者剩余只存在于市场 B 的高价值消费者手中，总消费者剩余为：$b^*\bar{q}(\bar{v}-\underline{v})=\underline{q}\underline{v}$，总福利为 $\bar{q}\,\bar{v}+\underline{q}\underline{v}$。

与一价政策的结果相比，消费者剩余增加，利润不变，社会福利增加；与完全竞争结果相比，消费者剩余减少，利润增加，社会福利不变。

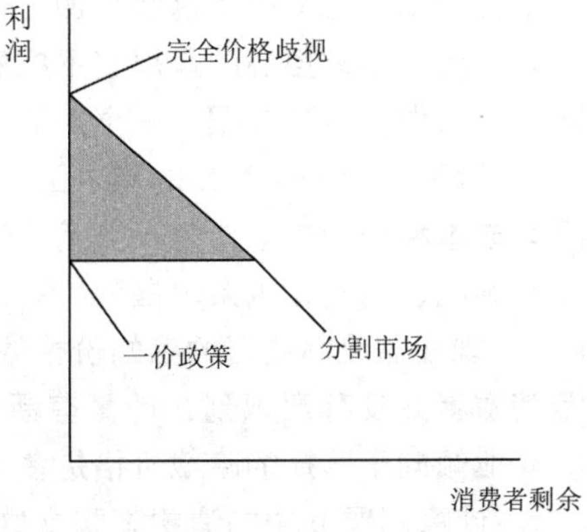

图 14－14　市场分割的福利分析

iii. 如图 14－14 所示，要达到三角形底部上方的某个点，想象从现有市场 B 中取一部分低价消费，实现完全价格歧视；在 B 市场的剩下部分，垄断者仍然对收取高价格和低价格是无差异的，从而提高垄断者的利润。

d. 现在假设 $\bar{q}\,\bar{v}<(\bar{q}+\underline{q})\underline{v}$。

i. 垄断者实行一价政策，若收取高价格 $\bar{v}$，厂商只服务高支付意愿消费者，获得利润 $\overline{qv}$。若收取低价格$\underline{v}$，要么服务所有消费者，获得利润$(\bar{q}+q)\underline{v}$。由于$\bar{q}\,\bar{v}<(\bar{q}+q)\underline{v}$，则意味着低价策略更有利可图。此时，垄断价格为$\underline{v}$，产量为$\bar{q}+q$，利润为$(\bar{q}+q)\underline{v}$，消费者剩余为$\bar{q}(\bar{v}-\underline{v})$，社会总福利为$\bar{q}\,\bar{v}+q\underline{v}$。

ii. 在市场A，厂商只服务高支付意愿消费者，收取价格$\bar{v}$，获得利润$\overline{qv}$。若服务所有消费者，收取价格为$\underline{v}$，获得利润为$(\bar{q}+aq)\underline{v}$。当两种利润相等时，即$\bar{q}\,\bar{v}=(\bar{q}+aq)\underline{v}$，求解得到$a^*=\bar{q}(\bar{v}-\underline{v})/(q\underline{v})$。

此时，垄断利润为：

$$\overline{qv}+(1-a^*)q\,\underline{v}=(\bar{q}+a^*q)\underline{v}+(1-a^*)q\,\underline{v}=(\bar{q}+q)\underline{v}$$

消费者剩余为0，社会福利等于利润。与一价政策相比，消费者福利减少，利润不变，社会福利减少。

iii. 如图14－15所示，多价格策略时消费者剩余和垄断利润的图示与问题c中的三角形相似，但市场分割减少了消费者剩余，利润保持不变，社会福利减少。

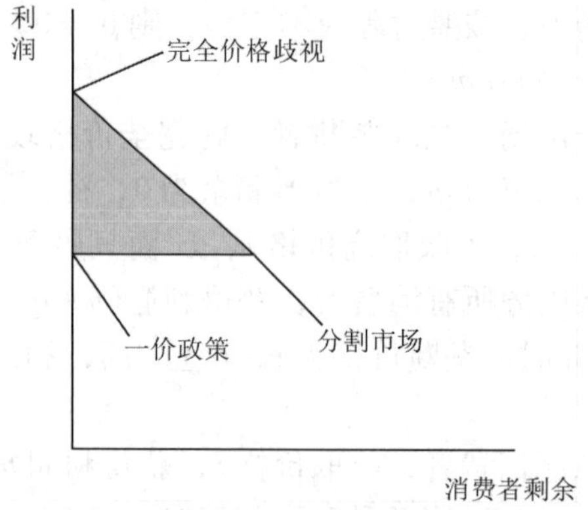

图14－15 市场分割的福利分析

13. 隐藏价格(shrouded prices)

一些厂商采取的市场策略是，先定一个较低的价格，然后再收取一些隐藏费用或者较高的附加费用，合起来的价格和过去的价格相比是一个极高的价格。一个电视广告声称一把永久锋利的刀卖价20美元，然而它肯定不会说还有额外的10美元操作费用——或者更糟的情况是，20美元只针对三个设备中的一个——只是一小部分价格。一个打印彩色照片的激光打印机看起来是价格为300美元的商品，实际上5个墨盒每年更换的费用是每个100美元。如果消费者知道且考虑了这些附加费用，我们就回到了新古典模型，运用标准方法就可以分析。行为经济学家担心的是那些不成熟的消费者会低估甚至遗忘这些隐藏价格，毕竟厂商也会努力这么做。本题介绍了一个隐藏价格问题，现在我们来分析经济效果。

a. 消费者对一件商品的需求函数为$Q=10-P$，P为消费者感知价格。垄断者生产产品的平均成本和边际成本均为6美元。假设消费者感知价格和实际价格相同，计算垄断价格、产量、利润、消费者剩余、福利(消费者剩余和利润之和)，此时没有隐藏价格。

b. 现在假设消费者的感知价格依然为P，垄断者实际收取的价格为$P+s$，s是隐藏价格且消费者并没有意识到，计算垄断价格、产量、利润。假设需求函数和成本与问题a相同，企业倾向于选择的隐藏价格是多大？

c. 计算问题b中的消费者剩余(CS)。这里需要仔细一点，因为消费者实际花费的比他们预期的要多。令P_s和Q_s表示垄断厂商征收隐藏价格时的均衡价格和均衡产量，

$$CS = \int_0^{Q_s} P(Q)\,\mathrm{d}Q - P_s Q_s$$

等于总消费者剩余(反需求曲线以下售出产量的区域)。

d. 计算福利，找到福利最大化时的隐藏价格水平，解释这个值为什么是正的而不是0。

e. 回到问题a中没有隐藏价格的情形，现在假设政府提供补贴s。说明福利最大化补贴等于问题d中福利最大化时的隐藏价格。两种情况下的分配结果相同吗(剩余在消费者、厂商、政府间的分配)？运用隐藏价格和补贴的关系，规范地说明在完全竞争市场中任何数量的隐藏价格都是无效率的。

解：a. 垄断者利润为$\pi=(P-AC)Q=(10-P)(P-6)$。

利润最大化的一阶条件为：$16-2P=0$。

则均衡价格为$P=8$，均衡产量为$Q=10-8=2$，利润为$\pi=(10-8)\times(8-6)=4$。

消费者剩余为：$(1/2)\times(10-8)\times 2=2$，福利为$4+2=6$。

b. 存在隐藏价格时，垄断者利润为$\pi=(10-P)(P+s-6)$。

利润最大化的一阶条件为：$16-2P-s=0$。

则均衡价格为$P=8-s/2$，均衡产量为$Q=2+s/2$，利润为$\pi=(2+s/2)^2$。

为了使垄断利润最大化，垄断者希望隐藏价格越高越好，因为需求不会随着隐藏价格的增加而下降。

c. 问题b中的消费者总支出为：$(2+s/2)(8+s/2)$。

则消费者剩余为：

$$\begin{aligned} CS &= \int_0^{Q_s} P(Q)\,\mathrm{d}Q - P_s Q_s \\ &= \frac{1}{2}\left(18-\frac{s}{2}\right)\left(2+\frac{s}{2}\right)-\left(8+\frac{s}{2}\right)\left(2+\frac{s}{2}\right) \\ &= \frac{1}{8}(4-3s)(4+s) \end{aligned}$$

d. 总福利为：

$$\begin{aligned} W &= CS+\pi \\ &= \frac{1}{8}(4-3s)(4+s)+\left(2+\frac{s}{2}\right)^2 \\ &= \frac{1}{8}(12-s)(4+s) \end{aligned}$$

总福利最大化的一阶条件为：$1-s/4=0$，解得$s=4$。

隐藏价格扭曲了消费者的购买决策，但这种扭曲在一定程度上抵消了垄断定价带来的效率损失，因此，正的隐藏价格有利于提升垄断市场的福利，促使垄断者将感知价格P降低到边际成本。

e. 假设P_c为消费者实际支付价格，s为补贴，则垄断者利润为$\pi=(10-P_c)(P_c+s-6)$。

利润最大化的一阶条件为：$16-2P_c-s=0$。

则均衡价格为$P_c=8-s/2$，均衡产量为$Q=2+s/2$，利润为$\pi=(2+s/2)^2$，政府补贴为$(2+s/2)s$。

消费者剩余为：

$$CS = \int_0^{Q_s} P(Q)\mathrm{d}Q - P_s Q_s$$
$$= \frac{1}{2}\left(18 - \frac{s}{2}\right)\left(2 + \frac{s}{2}\right) - \left(8 - \frac{s}{2}\right)\left(2 + \frac{s}{2}\right)$$
$$= \frac{1}{8}(4 + s)^2$$

总福利为：

$$W = CS + \pi - TS$$
$$= \frac{1}{8}(4 + s)^2 + \left(2 + \frac{s}{2}\right)^2 - s\left(2 + \frac{s}{2}\right)$$
$$= \frac{1}{8}(12 - s)(4 + s)$$

总福利最大化的一阶条件为：$1 - s/4 = 0$，解得 $s = 4$。

因此，福利最大化补贴等于问题 d 中福利最大化时的隐藏价格。两种情况下的分配结果相似，不同的是补贴费用来自政府，而隐藏价格来自信息错误的消费者，但最终政府会以税收的形式获得补贴，税收最终来自消费者。完全竞争下隐藏价格无效率，因为隐藏价格导致价格偏离边际成本，降低效率。

第15章　不完全竞争

15.1　复习笔记

1. 伯特兰德模型

(1)伯特兰德博弈的纳什均衡

该模型是一个只涉及两个同质厂商(记为1和2)的博弈。两个厂商生产同质产品(完全替代品)的边际成本均为c，在竞争阶段同时选择价格p_1和p_2，定价较低的厂商会获得所有销售额。当$p_1=p_2$时，两个厂商会平分销售额。伯特兰德博弈的唯一纯策略纳什均衡是：$p_1^*=p_2^*=c$。当价格高于边际成本时，其中一个厂商就可以通过收取比对方更低的价格来获得整个市场需求，此时就不是均衡状态。

(2)伯特兰德悖论

伯特兰德模型的纳什均衡与完全竞争情形下的纳什均衡完全相同，此时价格等于边际成本，厂商经济利润为零。可以发现，在少到只有两个厂商的情况下，竞争还很激烈，这被称为伯特兰德悖论。对于任何边际成本c和向下倾斜的需求曲线来说，该悖论都成立，但是可以通过改变模型的假设来解决悖论。

2. 古诺模型

(1)古诺博弈的纳什均衡

古诺模型假定每一个厂商的产量只会影响市场价格，而不会影响其他厂商的产出决策，即：$\partial P/\partial q_i\neq 0$，但$\partial q_j/\partial q_i=0$。因而古诺模型利润最大化的一阶条件为：

$$\frac{\partial \pi}{\partial q_i}=P+q_i\frac{\partial P}{\partial q_i}-MC_i(q_i)=0$$

(2)古诺厂商的数量变化

古诺模型对政策分析是格外有用的，因为通过改变参与厂商的数量n，从$n=\infty$到$n=1$，它可以表示从完全竞争到完美卡特尔/垄断之间的所有产出情形。

3. 产品差异化

产品差异化是指同一种产品在质量、包装、牌号或销售条件等方面的差别。产品差异化既会产生垄断，又会引起竞争，从而形成一种垄断竞争的状态。有差异的产品往往是由不同的厂商生产的。

差异化产品的伯特兰德竞争：现在我们假设n个厂商同时对他们的差异化产品选择价格$p_i(i=1,\ \cdots,\ n)$。产品i有它自己的特有属性a_i，不同的属性产生了差异化的产品。厂商i的需求是：

$$q_i(p_i,\ P_{-i},\ a_i,\ A_{-i})$$

其中P_{-i}是除厂商i外所有厂商的价格列表，A_{-i}是除厂商i外所有厂商的属性列表。厂商i的总成本为：

$$C_i(q_i,\ a_i)$$

所以，厂商i的利润为：

$$\pi_i = p_i q_i - C_i(q_i, a_i)$$

采用古诺模型中的方法求解上述函数。将利润函数对价格 p_i 求偏导得到每个厂商的一阶条件，从而得到最优反应函数：

$$\frac{\partial \pi_i}{\partial p_i} = \underbrace{q_i + p_i \frac{\partial q_i}{\partial p_i}}_{A} - \underbrace{\frac{\partial C_i}{\partial q_i} \cdot \frac{\partial q_i}{\partial p_i}}_{B} = 0$$

其中，A 项是某种边际收益，即价格提高一单位所带来的收入增加；B 项是价格提高导致销量下降所节约的成本。对利润函数的 n 个（$i = 1, \cdots, n$）一阶条件联立求解，就可以得到该模型的纳什均衡。当属性 a_i 是选择变量（不是外生禀赋）时，还需要额外考虑另外一组一阶条件。对于厂商 i，对 a_i 求偏导得到一阶条件：

$$\frac{\partial \pi_i}{\partial a_i} = p_i \frac{\partial q_i}{\partial a_i} - \frac{\partial C_i}{\partial a_i} - \frac{\partial C_i}{\partial q_i} \cdot \frac{\partial q_i}{\partial a_i} = 0$$

4. 长期决策：投资、进入和退出

（1）沉没成本

沉没成本是指以往发生的，但与当前决策无关的费用。从决策的角度看，以往发生的费用只是造成当前状态的某个因素，当前决策所要考虑的是未来可能发生的费用及所带来的收益，而不考虑以往发生的费用。

（2）斯塔克伯格模型中的先动优势

该模型中的厂商行动有先后顺序，假设领先者（厂商 1）先决定产量，跟随者（厂商 2）在观察到领先者的产量后做出自己的产量决策。

跟随者的产出决定：在厂商 1 产量给定的情况下，厂商 2 选择利润最大化的产量 q_2。结果与古诺模型中厂商 2 的最优反应函数相同，最优反应函数 $BR_2(q_1)$ 的形式为：

$$\frac{\partial \pi_i}{\partial q_i} = \underbrace{P(Q) + P'(Q) q_i}_{MR} - \underbrace{C_i'(q_i)}_{MC} = 0$$

将此最优反应函数记为 $BR_2(q_1)$。

领先者的产出决定：将 $BR_2(q_1)$ 代入厂商 1 的利润函数 $\pi_1 = P(Q)q_1 - C_1(q_1)$，得到：

$$\pi_1 = P[q_1 + BR_2(q_1)]q_1 - C_1(q_1)$$

对 q_1 求导得到的一阶条件是：

$$\frac{\partial \pi_1}{\partial q_1} = P(Q) + P'(Q) q_1 + \underbrace{P'(Q) BR_2'(q_1) q_1}_{S} - C_1'(q_1) = 0$$

其中，S 项用于说明厂商 1 的产出对厂商 2 选择的策略影响。策略影响 S 导致厂商 1 生产出比古诺模型中更多的产出。厂商 1 的过量生产导致厂商 2 的产量 q_2 下降 $BR_2'(q_1)$；厂商 2 的产出下降使市场价格上升，从而增加厂商 1 在已有销售额下的收入。

斯塔克伯格模型的图形表示，如图 15－1 所示。

在图 15－1 中，利用最优反应函数说明了斯塔克伯格均衡。厂商 1 的等利润线与厂商 2 的最优反应函数在 S 点相切，此时厂商 1 的利润水平最高，达到斯塔克伯格均衡。与古诺均衡 C 点相比，斯塔克伯格均衡下厂商 1 的产出更多，利润更高。

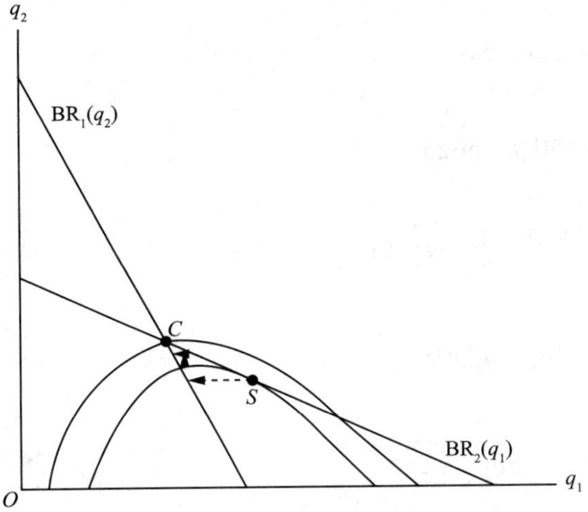

图 15－1　斯塔克伯格博弈

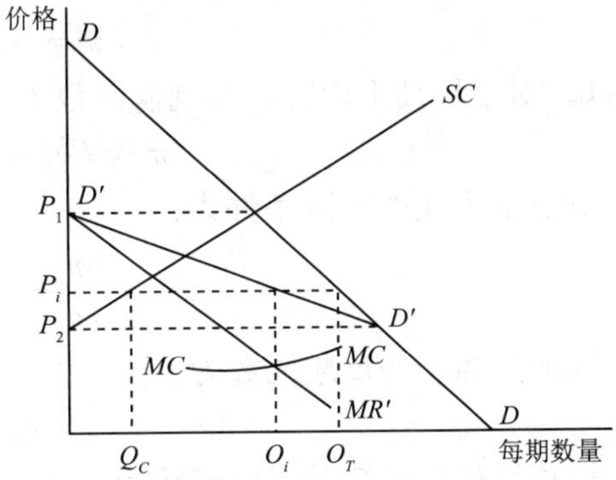

图 15－2　价格领导模型

(3)对比价格领先

价格领导是寡头行业中很普遍的一种价格操纵方式。它是由于卡特尔的非法性，促使寡头垄断厂商寻求的一种更不正规的勾结方式而形成的。价格领导是指某行业中有一家厂商作为价格领袖，决定商品价格，其他厂商均随之变动。价格领导的厂商一般是根据其地位和实力或市场行情来确定或变动价格，其他厂商则随之采取同样的行动。之所以如此，并不是因为他们之间存在合谋，而是出于各自追求最大利润的需要。

如图 15－2 所示，需求曲线 DD 表示行业产品的总需求曲线，供给曲线 SC 表示竞争厂商中 $n-1$ 家厂商的总供给，这是它们短期边际成本曲线的垂直加总，因而行业领导者所面对的需求曲线为 $D'D'$。在给定的 $D'D'$下，行业领导者的边际收益曲线为 MR'，它的边际成本曲线 MC 与 MR'相交，从而决定了领导者制定的价格为 P_i，领导者的供给量为 Q_i，其他 $n-1$ 家厂商的总供给量为 Q_C，市场总供给为 Q_T。

15.2　课后习题详解

1．为简单起见，假设垄断者没有生产成本且它所面临的需求曲线由下式给定：

$$Q=150-P$$

a．计算这一垄断者利润最大化时的价格－产量组合，并计算该厂商的垄断利润。

b．假设市场中存在两个厂商，它们生产同质的产品，需求和成本条件不变。厂商在古诺模型中同时选择产量。计算纳什均衡下的厂商产出、市场总产出、价格和厂商利润。

c．假设两个厂商在伯特兰德模型中同时选择价格。计算纳什均衡时的价格、厂商产出、利润以及市场总产出。

d．画出需求曲线，并在曲线上标出问题 a—c 的市场价格－产量组合。

解：a．因为 $Q=150-P$，所以反需求曲线为 $P=150-Q$，则该垄断者的利润函数为：

$$\pi=PQ-C=(150-Q)Q=-Q^2+150Q$$

利润最大化的一阶条件为：

$$\frac{d\pi}{dQ}=-2Q+150=0$$

解得：$Q=75$。

此时，利润最大化时的价格为：

$$P=150-Q=75$$

该厂商的垄断利润为：

$$\pi=-Q^2+150Q=5625$$

b. 对于厂商 1 而言，其利润函数为：

$$\pi_1=Pq_1-C=(150-q_1-q_2)q_1$$

利润最大化的一阶条件为：

$$\frac{\partial\pi_1}{\partial q_1}=150-2q_1-q_2=0$$

因而厂商 1 的反应函数为：

$$q_1=75-0.5q_2 \quad ①$$

同理可得厂商 2 的反应函数为：

$$q_2=75-0.5q_1 \quad ②$$

在古诺竞争均衡时，有①②两式同时成立，因而可以解得古诺竞争均衡中两厂商的产量分别为：

$$q_1=q_2=50$$

市场总产量为：

$$q=q_1+q_2=100$$

从而，市场价格为：

$$P=150-q_1-q_2=50$$

厂商 1 和 2 的利润分别为：

$$\pi_1=\pi_2=50\times50-0=2500$$

因而，总利润为：

$$\pi_1+\pi_2=2\times2500=5000$$

c. 两个厂商在伯特兰德模型中同时选择价格且两家厂商都没有生产成本，这种情况类似于完全竞争市场，即有 $P=MC=0$，因而完全竞争产量为 $Q=150$；由于价格 $P=0$，所以完全竞争下，厂商利润为 $\pi=0$。

d. 需求曲线、边际收益曲线以及相应的价格－数量组合如图 15－3 所示。

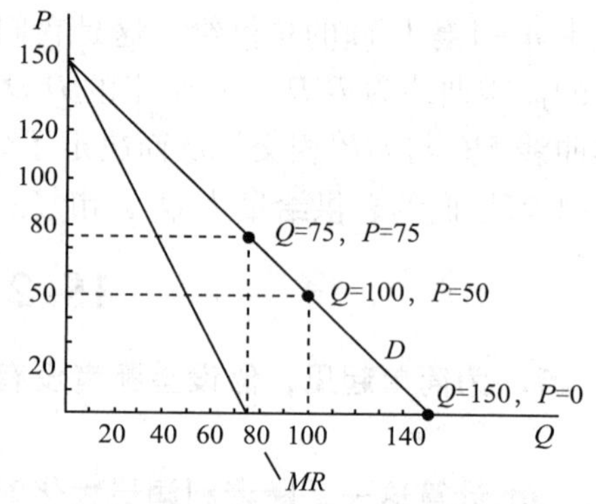

图 15－3　需求曲线、边际收益曲线以及价格－数量组合

2. 假设厂商的边际成本和平均成本为常数 c，反需求函数为 $P=a-bQ$，其中 a，$b>0$。

a. 计算一个垄断厂商利润最大化时的价格－产量组合，并计算厂商获得的利润。

b. 假设市场中存在古诺双寡头厂商，它们为同质产品同时选择产量。计算纳什均衡下的厂商产量、市场产出、市场价格、厂商利润和行业总利润。

c. 假设市场中存在伯特兰德双寡头，它们为同质产品同时选择价格。计算纳什均衡下的市场价格、厂商产出及市场总产出、厂商利润和行业总利润。

d. 假设现在有 n 个同质厂商存在于一个古诺模型中。计算 n 个方程的纳什均衡产量，同时计算出均衡时的市场总产出、价格、厂商利润和行业总利润。

e. 证明问题 a 中的垄断结果可由将问题 d 中的 n 设定为 $n=1$ 得到，问题 b 中的古诺双

寡头均衡结果可由 $n=2$ 得到，令 n 趋于无穷，可以得到与问题 c 相同的市场价格、总产出和行业总利润。

解： a. 由题意得，厂商的边际成本和平均成本 $MC=AC=c$，反需求函数为 $P=a-bQ$，则厂商的利润函数为：

$$\pi(Q)=PQ-TC=(a-bQ)\cdot Q-cQ=-bQ^2+(a-c)Q$$

一阶条件：

$$\frac{\mathrm{d}\pi(Q)}{\mathrm{d}Q}=-2bQ+(a-c)=0$$

解得：

$$Q=\frac{a-c}{2b}$$

产品价格为：

$$P=a-b\times\frac{a-c}{2b}=\frac{a+c}{2}$$

厂商获得的利润为：

$$\pi\left(\frac{a-c}{2b}\right)=-b\times\left(\frac{a-c}{2b}\right)^2+(a-c)\times\frac{a-c}{2b}=\frac{(a-c)^2}{4b}$$

b. 若市场中存在古诺双寡头厂商，它们为同质产品同时选择产量。令两家厂商的产量分别为 q_1、q_2，且 $Q=q_1+q_2$，两厂商的边际成本和平均成本为 $MC_1=MC_2=AC_1=AC_2=c$。对于厂商 1 来说，利润函数为：

$$\pi_1(q_1)=Pq_1-TC(q_1)=[a-b(q_1+q_2)]\cdot q_1-cq_1$$

利润最大化的一阶条件为：

$$\frac{\mathrm{d}\pi(q_1)}{\mathrm{d}q_1}=(a-c)-2bq_1-bq_2=0$$

解得，厂商 1 的最优反应曲线为：

$$q_1=\frac{a-c-bq_2}{2b}$$

同理可解得，厂商 2 的最优反应曲线为：

$$q_2=\frac{a-c-bq_1}{2b}$$

古诺均衡的解满足：

$$\begin{cases}q_1=\dfrac{a-c-bq_2}{2b}\\ q_2=\dfrac{a-c-bq_1}{2b}\end{cases}$$

解得：

$$q_1=q_2=\frac{a-c}{3b}$$

市场产出为：

$$Q=\frac{2(a-c)}{3b}$$

产品价格为：

$$P=a-b\times 2\times\frac{a-c}{3b}=\frac{a+2c}{3}$$

厂商1和厂商2的利润为：

$$\pi_1\left(\frac{a-c}{3b}\right)=\pi_2\left(\frac{a-c}{3b}\right)=\frac{(a-c)^2}{9b}$$

行业总利润：

$$\pi=2\pi_1\left(\frac{a-c}{3b}\right)=\frac{2\ (a-c)^2}{9b}$$

c. 若市场中存在伯特兰德双寡头，它们为同质产品同时选择价格。纳什均衡下的市场价格：

$$P=MC_1=MC_2=c$$

市场总产出满足：

$$c=a-bQ$$

解得：

$$Q=\frac{a-c}{b}$$

若两厂商平分市场，单个厂商的产出：

$$q_1=q_2=\frac{a-c}{2b}$$

厂商利润：

$$\pi_1\left(\frac{a-c}{2b}\right)=\pi_2\left(\frac{a-c}{2b}\right)=0$$

行业总利润：$\pi=2\pi_1\left(\frac{a-c}{2b}\right)=0$。

d. 假设现在有 n 个同质厂商存在于一个古诺模型中。当市场达到均衡时一阶条件：

$$\begin{cases}\dfrac{\mathrm{d}\pi(q_1)}{\mathrm{d}q_1}=(a-c)-bq_1-\sum\limits_{i=1}^{n}bq_i=0\\ \dfrac{\mathrm{d}\pi(q_2)}{\mathrm{d}q_2}=(a-c)-bq_2-\sum\limits_{i=1}^{n}bq_i=0\\ \cdots\cdots\cdots\cdots\cdots\cdots\\ \dfrac{\mathrm{d}\pi(q_n)}{\mathrm{d}q_n}=(a-c)-bq_n-\sum\limits_{i=1}^{n}bq_i=0\end{cases}$$

解得，纳什均衡的产量：

$$q_1=q_2=\cdots=q_n=\frac{a-c}{b(n+1)}$$

市场总产出：

$$Q=\frac{(a-c)n}{b(n+1)}$$

产品价格：

$$P=\frac{a+cn}{n+1}$$

厂商利润：

$$\pi_1 = \pi_2 = \cdots = \pi_n = \frac{(a-c)^2}{b(n+1)^2}$$

行业总利润：

$$\pi = n \times \frac{(a-c)^2}{b(n+1)^2} = \frac{n(a-c)^2}{b(n+1)^2}$$

e. 由问题 d 中的结果可知，$n=1$ 时，产量：

$$Q = \frac{(a-c) \times 1}{b(1+1)} = \frac{a-c}{2b}$$

价格：

$$P = \frac{a + c \times 1}{1+1} = \frac{a+c}{2}$$

厂商利润：

$$\pi_1 = \pi_2 = \frac{(a-c)^2}{b(1+1)^2} = \frac{(a-c)^2}{4b}$$

同理，当 $n=2$ 时，可以得到问题 b 中的结果。

令 n 趋于无穷，可以得到与问题 c 相同的市场价格、总产出和行业总利润，即：

$$P = \lim_{n\to\infty} \frac{a+cn}{n+1} = c$$

$$Q = \lim_{n\to\infty} \frac{(a-c)n}{b(n+1)} = \frac{a-c}{b}$$

$$\pi = \lim_{n\to\infty} \frac{n(a-c)^2}{b(n+1)^2} = 0$$

3. 令 c_i 为厂商 i 的不变边际成本和平均成本（因此厂商有不同的边际成本）。假设需求由 $P=1-Q$ 给出。

a. 假设一个古诺市场中有两个厂商，计算厂商的纳什均衡产量、市场总产出、市场价格、厂商利润、行业利润、消费者剩余和社会总福利。

b. 在一张最优反应曲线图上标出纳什均衡。说明厂商 1 的成本下降会如何影响均衡。为厂商 1 画出一条代表性的等利润线。

解： a. 假设两厂商分别为厂商 1 和厂商 2，$Q = q_1 + q_2$。对于厂商 1 其利润函数为：

$$\pi_1(q_1) = Pq_1 - TC(q_1) = [1 - (q_1 + q_2)] \cdot q_1 - c_1 q_1$$

一阶条件：

$$\frac{d\pi_1(q_1)}{dq_1} = 1 - c_1 - 2q_1 - q_2 = 0$$

解得厂商 1 的反应函数：

$$1 - c_1 = 2q_1 + q_2$$

同理可解得厂商 2 的反应函数：

$$1 - c_2 = 2q_2 + q_1$$

当市场达到古诺均衡时，联立两反应函数：

$$\begin{cases} 1 - c_1 = 2q_1 + q_2 \\ 1 - c_2 = 2q_2 + q_1 \end{cases}$$

解得纳什均衡的产量：

$$\begin{cases} q_1 = \dfrac{1-2c_1+c_2}{3} \\ q_2 = \dfrac{1-2c_2+c_1}{3} \end{cases}$$

市场总产量和市场价格分别为：

$$\begin{cases} Q = q_1 + q_2 = \dfrac{2-c_1-c_2}{3} \\ P = 1 - \dfrac{2-c_1-c_2}{3} = \dfrac{1+c_1+c_2}{3} \end{cases}$$

两家厂商的利润和行业利润分别为：

$$\begin{cases} \pi_1 = \dfrac{(1-2c_1+c_2)^2}{9} \\ \pi_2 = \dfrac{(1-2c_2+c_1)^2}{9} \\ \pi = \pi_1 + \pi_2 = \dfrac{(1-2c_1+c_2)^2 + (1-2c_2+c_1)^2}{9} \end{cases}$$

此时两厂商的消费者剩余分别为：

$$\begin{cases} CS_1 = \dfrac{(2-c_1-c_2)(1-2c_1+c_2)}{18} \\ CS_2 = \dfrac{(2-c_1-c_2)(1-2c_2+c_1)}{18} \end{cases}$$

社会总福利为：

$$TW = \pi_1 + \pi_2 + CS_1 + CS_2$$
$$= \frac{2[(1-2c_1+c_2)^2 + (1-2c_2+c_1)^2] + (2-c_1-c_2)(1-2c_1+c_2) + (2-c_1-c_2)(1-2c_2+c_1)}{18}$$

b. 满足纳什均衡的最优反应如图 15－4 所示。其中，E'点表示初始纳什均衡点，当厂商 1 的成本下降时，厂商 1 的最优反应曲线向右平移到 $BR_1'(q_2)$，此时纳什均衡点为 E''。曲线 π_1 为厂商 1 的一条等利润线。

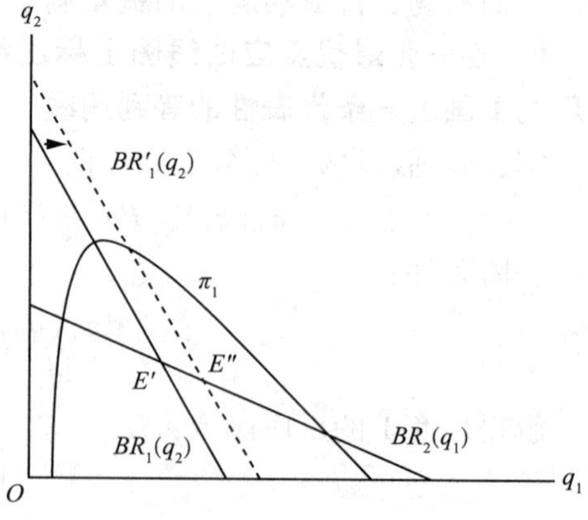

图 15－4　满足纳什均衡的最优反应

4. 假设厂商 1 和厂商 2 的平均成本、边际成本都为常数，厂商 1 的边际成本为 10，厂商 2 的边际成本为 8，市场需求为 $Q=500-20P$。

a. 假设厂商采用伯特兰德竞争，即为同质产品同时制定价格。计算纳什均衡价格（为避免技术问题，假设如果市场制定同样的价格，低成本厂商会获得所有市场份额）。

b. 计算厂商产出、利润以及市场总产出。

c. 总福利在纳什均衡时最大化了吗？如果没有，给出一个最大化总福利的结果，并计算纳什均衡结果与此结果相比的无谓损失。

解：a. 由题意知，厂商1和厂商2的产量分别为q_1、q_2，边际成本$MC_1=10$，$MC_2=8$，市场反需求函数为$P=25-0.05Q$，且$Q=q_1+q_2$。

如果两家厂商采用伯特兰德竞争，此时纳什均衡价格为$p_1^*=p_2^*=10$。对于厂商1而言，当厂商2将价格制定为10时，若厂商1制定的价格小于10，则厂商1获得负利润；若厂商1制定的价格大于10，则厂商2获得全部的市场份额，厂商1获得利润为0；若厂商1制定的价格等于10，厂商1获得的利润为0。因此，当厂商2将价格制定为10时，厂商1制定价格为10是其弱占优策略。同样，当厂商1制定价格为10时，若厂商2制定的价格小于10，则厂商2总可以将价格提高以获得更多的利润，直至价格为10；若厂商2制定的价格大于10，则厂商2获得的利润为0。因此，厂商2制定价格为10是其占优策略。因此，纳什均衡价格为$p_1^*=p_2^*=10$。

b. 利用问题a的计算可知，此时厂商1和厂商2的产出分别为：

$$\begin{cases}q_1=0\\q_2=300\end{cases}$$

市场总产出为：

$$Q=q_1+q_2=300$$

厂商利润：

$$\begin{cases}\pi_1=0\\\pi_2=pQ-c_2q_2=600\end{cases}$$

c. 社会总福利没有最大化。当均衡价格为10时，消费者剩余为：$\frac{1}{2}\times(25-10)\times300=2250$，因此社会总福利为：$W_1=600+2250=2850$。

设当价格为p时，社会总福利最大化。消费者剩余为：

$$\frac{1}{2}\times(25-p)(500-20p)$$

$$\pi_1=\begin{cases}pq_1-10q_1 & p>10\\0 & p\leqslant10\end{cases}$$

$$\pi_2=\begin{cases}p(500-20p-q_1)-8\times(500-20p-q_1) & p>10\\p(500-20p)-8\times(500-20p) & p\leqslant10\end{cases}$$

因此，社会总福利最大化时，有：

$$\max_p\begin{cases}\frac{1}{2}\times(25-p)(500-20p)+pq_1-10q_1+p(500-20p-q_1)-8(500-20p-q_1) & p>10\\\frac{1}{2}\times(25-p)(500-20p)+p(500-20p)-8(500-20p) & 8\leqslant p\leqslant10\end{cases}$$

即：

$$\max_p\begin{cases}\frac{1}{2}\times(25-p)(500-20p)+p(500-20p)-8\times(500-20p)-2q_1 & p>10\\\frac{1}{2}\times(25-p)(500-20p)+p(500-20p)-8\times(500-20p) & 8\leqslant p\leqslant10\end{cases}$$

解得$p=8$，因此，最大社会总福利为：

$$W_2=\frac{1}{2}\times(25-8)\times(500-20\times8)+8\times(500-20\times8)-8\times(500-20\times8)=2890$$

无谓损失为：

$$\Delta W = W_2 - W_1 = 2890 - 2850 = 40$$

5. 考虑下述两个厂商生产差异化产品的伯特兰德博弈。厂商无生产成本，厂商 1 的需求函数是：

$$\boldsymbol{q_1 = 1 - p_1 + bp_2}$$

其中，$b>0$，厂商 2 的需求函数与之对称。

a. 该博弈中，两个厂商同时作出价格决策，求解纳什均衡。

b. 计算厂商的产出和利润。

c. 在一张最优反应曲线图上标出均衡点。说明 b 的增加如何改变均衡。为厂商 1 画出一条代表性的等利润线。

解：a. 两个厂商生产差异化产品的伯特兰德博弈。厂商无生产成本，厂商 1 和厂商 2 的需求函数分别为 $q_1 = 1 - p_1 + bp_2$，$q_2 = 1 - p_2 + bp_1$，两厂商的成本为 $TC_1 = TC_2 = 0$。

厂商 1 的利润函数为：

$$\pi(p_1) = p_1 q_1 - TC_1 = p_1(1 - p_1 + bp_2)$$

利润最大化的一阶条件为：

$$\frac{\mathrm{d}\pi(p_1)}{\mathrm{d}p_1} = 1 - 2p_1 + bp_2 = 0$$

解得厂商 1 的最优反应函数：

$$p_1 = \frac{1 + bp_2}{2}$$

同理解得厂商 2 的最优反应函数：

$$p_2 = \frac{1 + bp_1}{2}$$

该博弈中两个厂商同时做出价格决策的纳什均衡解为：

$$p_1 = p_2 = \frac{1}{2 - b}$$

b. 利用问题 a 的计算可知，厂商 1 和厂商 2 的产出为：

$$q_1 = q_2 = \frac{1}{2 - b}$$

两厂商的利润为：

$$\pi_1 = \pi_2 = \frac{1}{(2 - b)^2}$$

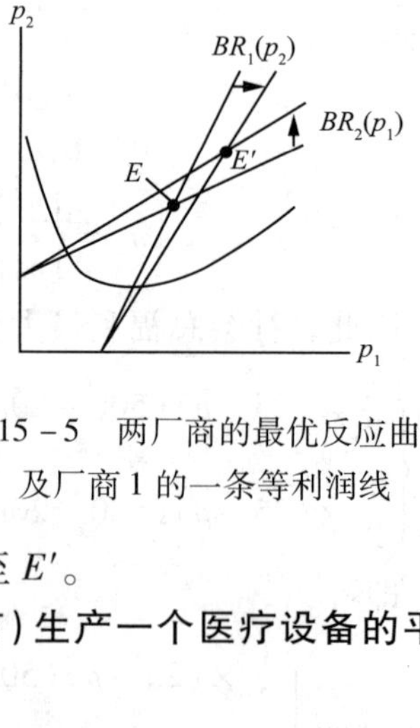

图 15－5　两厂商的最优反应曲线及厂商 1 的一条等利润线

c. 两厂商的最优反应曲线以及厂商 1 的一条代表性的等利润线如图 15－5 所示。如果 b 增加到 b'，则均衡点由 E 移至 E'。

6. 回忆例 15.6 中关于暗中合谋的例子。假设（如例中所言）生产一个医疗设备的平均成本和边际成本为 10 美元，并且设备的需求由下式给出：

$$\boldsymbol{Q = 5000 - 100P}$$

市场会经历无数阶段，上述需求函数只针对一个阶段。折现因子为 δ。

a. 假设 n 个厂商在每一阶段都采用伯特兰德竞争。假设厂商会花两个阶段发现背离，因为它们要花两个阶段观察对手的价格。计算在一个运用冷酷策略的子博弈完美均衡中，维持合谋所需的折现因子 δ。

b. 现在恢复例15.7中的假设，背离仅在第一阶段后就被发现了。接下来，假设 n 不是给定的，而是由初始阶段进入市场的厂商数量决定的，厂商在进入市场时必须一次性支付沉没成本 K。找出 n 的上限。提示：涉及两个条件。

解： a. 因为合谋所获得的利润流的折现值为：

$$V^c=(\Pi^m/n)[1/(1-\delta)]$$

背离合谋，在前两个阶段由于没有被发现而获得垄断利润，到第三个阶段及以后将因为受到惩罚而不能获得利润，因此背离合谋的利润流的折现值为：

$$V^d=\Pi^m+\delta\Pi^m$$

要想使合谋得以维持，则有 $V^c\geqslant V^d$，从而可解得折现因子 $\delta\geqslant\sqrt{1-1/n}$。

b. 若背离仅在第一阶段后就被发现了，则只有第一阶段能获得垄断利润 Π^m，在第二阶段及以后都将没有利润，故 $V^d=\Pi^m$，因此合谋得以维持的条件为：

$$V^c=(\Pi^m/n)[1/(1-\delta)]\geqslant V^d=\Pi^m$$

解得：$n\leqslant 1/(1-\delta)$。

合谋要想得以维持，其所获得的利润流的折现值还应大于进入市场时必须一次性支付的沉没成本 K，即：

$$(\Pi^m/n)[1/(1-\delta)]\geqslant K$$

从而有：$n\leqslant\Pi^m/[K(1-\delta)]$。

因此，n 的上限涉及两个条件，分别是 $n\leqslant 1/(1-\delta)$ 和 $n\leqslant\Pi^m/[K(1-\delta)]$。

7. 和本章课后习题第1题中的假设一样，厂商无生产成本，需求 $Q=150-P$，厂商分别选择产量 q_1 和 q_2。

a. 如果博弈为斯塔克伯格博弈，厂商1选择产量后厂商2再做选择，计算子博弈完美均衡。

b. 现在在厂商1选择 q_1 后增加一个进入阶段，在这个阶段，厂商2选择是否进入。如果进入，则必须支付成本 K_2，之后才能选择产量 q_2。计算厂商1偏好选择阻止厂商2进入的 K_2 的阈值。

c. 在最优反应曲线图中表示出古诺、斯塔克伯格和进入阻止的结果。

解： a. 由题意得，两家厂商的产量分别为 q_1、q_2，且 $Q=q_1+q_2$。市场需求函数为 $P=150-Q$。如果两厂商的博弈为斯塔克伯格博弈，厂商1选择产量后厂商2再做选择。此时厂商2的利润函数为：

$$\pi_2(q_2)=pq_2-TC_2=[150-(q_1+q_2)]q_2$$

一阶条件为：

$$\frac{\mathrm{d}\pi_2(q_2)}{\mathrm{d}q_2}=150-q_1-2q_2=0$$

解得厂商2的反应函数为：

$$q_2=75-0.5q_1 \qquad ①$$

再考虑厂商1的利润最大化问题：

$$\max\ \pi_1(q_1)=pq_1-TC_1=[150-(q_1+q_2)]\cdot q_1$$

$$s.t.\ \ q_2=75-0.5q_1$$

将①式代入厂商1的利润函数得：

$$\pi_1(q_1)=75q_1-0.5q_1^2$$

利润最大化的一阶条件为：

$$\frac{\mathrm{d}\pi_1(q_1)}{\mathrm{d}q_1}=75-q_1=0$$

解得厂商 1 的产量：

$$q_1=75$$

则厂商 2 的产量为：

$$q_2=75-0.5\times75=37.5$$

b. 如果厂商 1 允许厂商 2 的进入，则情况如问题 a 中一样，此时厂商 1 所获得的利润 $\pi_1(q_1)=pq_1=75\times37.5=2812.5$，若厂商 1 要想阻止厂商 2 的进入，则应该选一个足够高的产量，假设为 $\overline{q_1}$，使得厂商 2 的进入所获利润接近 0 或是等于 0，因为 $q_2=Q-\overline{q_1}$，$p=150-\overline{q_1}-q_2$，厂商 2 的利润为：

$$\pi_2(q_2)=pq_2-K_2=[150-(\overline{q_1}+q_2)]q_2-K_2$$

利润最大化的一阶条件为：

$$\frac{\mathrm{d}\pi_2(q_2)}{\mathrm{d}q_2}=150-\overline{q_1}-2q_2=0$$

解得：$q_2=\dfrac{150-\overline{q_1}}{2}$，$p=\dfrac{150-\overline{q_1}}{2}$。

由此可得 $\pi_2(q_2)=pq_2-K_2=\dfrac{(150-\overline{q_1})^2}{4}-K_2=0$，从而 $\overline{q_1}=150-2\sqrt{K_2}$。

此时厂商 1 的利润 $\pi_1(q_1)=p\,\overline{q_1}=(150-\overline{q_1})\times\overline{q_1}=2\sqrt{K_2}(150-2\sqrt{K_2})$，该利润应该不小于厂商 1 在问题 a 中获得的利润，即：

$$2\sqrt{K_2}(150-2\sqrt{K_2})\geqslant2812.5$$

解得进入成本 $K_2\geqslant120.6$，即为厂商 1 阻止厂商 2 进入的阈值。

c. 如图 15－6 所示，G 点为厂商 1、2 最优反应曲线交点，即古诺均衡，此时两厂商利润均为 2500，S 点为厂商 1 作为领导厂商的斯塔克伯格均衡点，此时厂商 2 的反应曲线与厂商 1 的等利润曲线相切，即在厂商 2 的反应函数约束下求解厂商 1 的最大利润。此时厂商 1

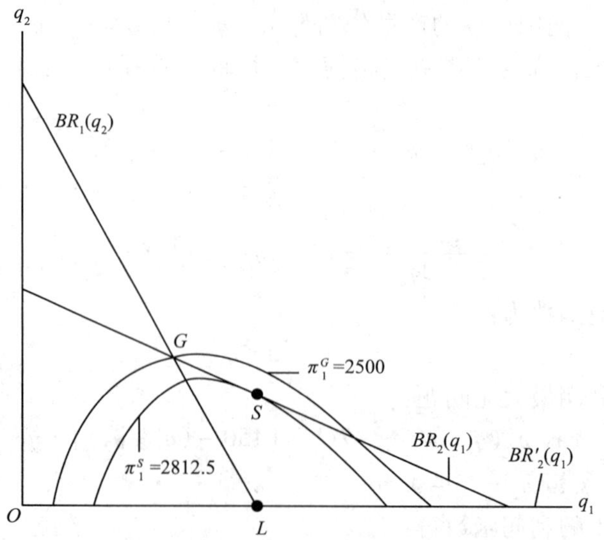

图 15－6　古诺、斯塔克伯格、进入阻止模型下最优反应曲线

的利润为2812.5。点 L 为进入阻止模型下，当 K_2 超出阈值时的均衡点。此时在厂商 1 的产量下，厂商 2 最大利润也小于 0，退出市场，其反应函数为 $q_2=0$，与横坐标轴重合，厂商 1 成为垄断者。若未达到阈值，则反应函数和均衡点与斯塔克伯格均衡一致。

8. 回忆例 15.5 中两个商贩在一条海滩上竞争的霍特林模型。简单假设冰淇凌摊位只能位于海滩两端（禁止在海滩中间开发商业活动）。请你分析一个包含产品扩散的进入阻止策略。

a. 考虑这样的子博弈，小贩 A 有两个摊位，海滩两端各一个，B 的摊位挨着 A 的右端点，这个子博弈的纳什均衡是什么？提示：伯特兰德竞争可以保证是在右端点。

b. 如果 B 进入必须支付成本 K_B，假定 A 还在海滩两端，并且不会因为 B 的进入而改变位置，那么 B 会选择进入吗？

c. A 的产品扩散策略可信吗？或者说 A 会在 B 进入后退出海滩右边的市场吗？为回答这些问题，比较 A 有两个摊位（一端为 A，另一端为 A 和 B）和有一个摊位（一端为 A，另一端为 B）时的利润（此时，B 的进入把 A 从右边市场驱逐出去）。

解： a. 在海滩的右端点，伯特兰德竞争均衡中两个商贩生产无差异的产品，因此冰淇凌价格等于边际成本，在这儿是 0，即 $p_B=0$。在海滩的左端点，小贩 A 是垄断性厂商。

设海滩长度为 L，位于 x 的消费者在两个摊位购买冰淇凌是无差异的，则

$$p_A+tx_A^2=0+t\,(L-x_A)^2$$

从而：$x_A=\dfrac{L}{2}-\dfrac{p_A}{2tL}$。

商贩 A 的利润为：

$$\pi_A=p_Ax_A=\left(\frac{L}{2}-\frac{p_A}{2tL}\right)p_A$$

利润最大化的一阶条件为：

$$\frac{\partial\pi_A}{\partial p_A}=\frac{L}{2}-\frac{p_A}{tL}=0$$

解得 $p_A=\dfrac{tL^2}{2}$，$\pi_A=p_Ax_A=\dfrac{tL^3}{8}$。

b. 商贩 B 不会选择进入，因为在海滩右端点两个小贩进行伯特兰德竞争，均衡时两个商贩的利润均为 0，若 B 进入要支付成本 K_B，此时，厂商处于亏本状态，他不会选择进入。

c. 当 A 有两个摊位时，由问题 a 可知 A 的利润为 $\pi_{A1}=\dfrac{tL^3}{8}$。当 A 只有一个摊位时，位于 x 的消费者在两个摊位购买冰淇凌是无差异的，则

$$p_A+tx_A^2=p_B+t\,(L-x_A)^2$$

从而：$x_A=\dfrac{L}{2}+\dfrac{p_B-p_A}{2tL}$。

因此，厂商 A 和 B 面临的问题为：

$$\begin{cases}\max\limits_{p_A}\pi_A=p_Ax_A=\left(\dfrac{L}{2}+\dfrac{p_B-p_A}{2tL}\right)p_A\\[2ex]\max\limits_{p_B}\pi_B=p_B(L-x_A)=\left(\dfrac{L}{2}-\dfrac{p_B-p_A}{2tL}\right)p_B\end{cases}$$

解得：$p_A = p_B = tL^2$，$\pi_{A2} = p_A x_A = \frac{tL^3}{2}$。

因为 $\pi_{A2} > \pi_{A1}$，所以 A 的扩散策略不可信，A 会在 B 进入后退出海滩的右边市场。

9. 市场集中度的赫芬达尔指数

衡量市场集中度的一种方法是使用赫芬达尔指数，定义如下：

$$H = \sum_{i=1}^{n} s_i^2$$

其中，$s_i = q_i/Q$ 是厂商 i 的市场份额。H 越大，行业越集中。直观上来说，市场越集中，竞争强度越低，因为集中性市场中的主导厂商面临的竞争压力很小。我们将用几个模型评估上述直观猜想的有效性。

a. 通过计算 n 个厂商古诺博弈的纳什均衡回答本章课后习题第 2 题问题 d，并且计算市场产出、市场价格、消费者剩余、行业利润、社会总福利，最后计算这个均衡的赫芬达尔指数。

b. 假设 n 个厂商中的两个合并了，市场中的厂商数量变为 $n-1$。重新计算纳什均衡及问题 a 中的各项指标。这个合并是如何影响价格、产出、利润、消费者剩余、总福利和赫芬达尔指数的？

c. 将问题 a 和 b 中的模型搁置一旁，我们来看一个不同的模型：本章课后习题第 3 题中，古诺寡头面临不同的边际成本。运用你对本章课后习题第 3 题问题 a 的回答和边际成本的具体值 $c_1 = c_2 = 1/4$，计算均衡时的厂商产出、市场产出、价格、消费者剩余、行业利润和总福利，并计算赫芬达尔指数。

d. 假设厂商 1 的边际成本 c_1 降为 0，厂商 2 的边际成本仍为 1/4，重新计算问题 c 中的各项指标。厂商 1 的成本变化是如何影响这些指标的？

e. 根据问题 a—d 的结果，我们能得到任何关于市场集中度和价格、利润或是总福利的关系的一般性结论吗？

解：a. 由本章课后习题第 2 题问题 d 的计算可知，n 个同质厂商存在于一个古诺模型中。当市场达到均衡时的纳什均衡的产量为：

$$q_1 = q_2 = \cdots = q_n = \frac{a-c}{b(n+1)}$$

市场总产出为：

$$Q = \frac{(a-c)n}{b(n+1)}$$

产品市场价格为：

$$P = \frac{a+cn}{n+1}$$

厂商利润为：

$$\pi_1 = \pi_2 = \cdots = \pi_n = \frac{(a-c)^2}{b(n+1)^2}$$

行业总利润为：

$$\pi = n \times \frac{(a-c)^2}{b(n+1)^2} = \frac{n(a-c)^2}{b(n+1)^2}$$

行业消费者剩余为：

$$CS=\frac{(a-c)^2}{2b}\cdot\left(\frac{n}{n+1}\right)^2$$

社会总福利为：

$$W=\pi+CS=\frac{n(a-c)^2}{b(n+1)^2}+\frac{n^2(a-c)^2}{2b(n+1)^2}=\frac{(a-c)^2\cdot(2n+n^2)}{2b(n+1)^2}$$

此时的赫芬达尔指数为：

$$H=\sum_{i=1}^{n}s_i^2=\sum_{i=1}^{n}\left(\frac{1}{n}\right)^2=\frac{1}{n}$$

b. 假设 n 个厂商中厂商 1、2 合并了，产量为 $q_{12}=q_1+q_2$。此时 $n-1$ 个厂商达到古诺均衡时有：

$$\begin{cases}\dfrac{\mathrm{d}\pi(q_{12})}{\mathrm{d}q_{12}}=(a-c)-2bq_{12}-\sum\limits_{i=3}^{n}bq_i=0\\ \dfrac{\mathrm{d}\pi(q_3)}{\mathrm{d}q_3}=(a-c)-bq_3-bq_{12}-\sum\limits_{i=3}^{n}bq_i=0\\ \cdots\cdots\cdots\cdots\cdots\cdots\\ \dfrac{\mathrm{d}\pi(q_n)}{\mathrm{d}q_n}=(a-c)-bq_n-bq_{12}-\sum\limits_{i=3}^{n}bq_i=0\end{cases}$$

当市场达到均衡时的纳什均衡的产量为：

$$q_1=q_2=\frac{a-c}{2bn},\ q_{12}=q_3=\cdots=q_n=\frac{a-c}{bn}$$

市场总产出为：

$$Q=\frac{(a-c)\cdot(n-1)}{bn}$$

产品市场价格为：

$$P=c+\frac{a-c}{n}$$

厂商利润为：

$$\pi_1=\pi_2=\frac{(a-c)^2}{2bn^2},\ \pi_3=\cdots=\pi_n=\frac{(a-c)^2}{bn^2}$$

行业总利润为：

$$\pi=\frac{(n-1)(a-c)^2}{bn^2}$$

行业消费者剩余为：

$$CS=\frac{(a-c)^2}{2b}\cdot\left(\frac{n-1}{n}\right)^2$$

社会总福利为：

$$W=\pi+CS=\frac{(n-1)\cdot(a-c)^2}{bn^2}+\frac{(a-c)^2}{2b}\cdot\left(\frac{n-1}{n}\right)^2=\frac{(n^2-1)\cdot(a-c)^2}{2bn^2}$$

此时的赫芬达尔指数为：

$$H=\sum_{i=1}^{n}s_i^2=2\times\left[\frac{1}{2(n-1)}\right]^2+\sum_{i=3}^{n}\left(\frac{1}{n-1}\right)^2=\frac{2n-3}{2(n-1)^2}$$

c. 如果两厂商的边际成本为 $c_1 = c_2 = \frac{1}{4}$，由本章课后习题第 3 题的计算可知，达到古诺均衡时两厂商的纳什均衡的产量：

$$q_1 = q_2 = \frac{1}{4}$$

市场总产量和市场价格分别为：

$$\begin{cases} Q = q_1 + q_2 = \frac{1}{2} \\ P = 1 - \frac{1}{2} = \frac{1}{2} \end{cases}$$

两家厂商的利润和行业利润分别为：

$$\begin{cases} \pi_1 = \pi_2 = \frac{1}{16} \\ \pi = \pi_1 + \pi_2 = \frac{1}{8} \end{cases}$$

此时消费者剩余为：

$$CS = \frac{1}{2} \times \left(1 - \frac{1}{2}\right) \times \frac{1}{2} = \frac{1}{8}$$

社会总福利为：

$$W = \pi + CS = \frac{1}{4}$$

此时的赫芬达尔指数为：

$$H = \sum_{i=1}^{2} s_i^2 = \left(\frac{1}{2}\right)^2 + \left(\frac{1}{2}\right)^2 = \frac{1}{2}$$

d. 如果厂商 1、2 的边际成本分别为 $c_1 = 0$，$c_2 = \frac{1}{4}$，纳什均衡时的产量为：

$$\begin{cases} q_1 = \frac{5}{12} \\ q_2 = \frac{1}{6} \end{cases}$$

市场总产量和市场价格分别为：

$$\begin{cases} Q = q_1 + q_2 = \frac{7}{12} \\ P = 1 - \frac{7}{12} = \frac{5}{12} \end{cases}$$

两家厂商的利润和行业利润分别为：

$$\begin{cases} \pi_1 = \frac{25}{144} \\ \pi_2 = \frac{1}{36} \\ \pi = \pi_1 + \pi_2 = \frac{29}{144} \end{cases}$$

此时消费者剩余为：

$$CS=\left(1-\frac{5}{12}\right)\times\frac{7}{12}\times\frac{1}{2}=\frac{49}{288}$$

社会总福利为：

$$W=\pi+CS=\frac{29}{144}+\frac{49}{288}=\frac{107}{288}$$

此时的赫芬达尔指数为：

$$H=\sum_{i=1}^{2}s_i^2=\left(\frac{5}{7}\right)^2+\left(\frac{2}{7}\right)^2=\frac{29}{49}$$

e. 从问题 a—d 的计算不难发现，H 越大，行业越集中，竞争强度越低，这也是因为集中性市场中的主导厂商面临的竞争压力很小。

10. 逆弹性法则

运用一阶条件求解古诺厂商均衡[(15.2)式]可以证明，第 11 章的普通逆弹性法则在古诺竞争下仍然成立(古诺竞争中弹性与单个厂商的剩余需求有关，即竞争对手能满足的需求之外的需求)。为得到和逆弹性法则相同的表达形式，将(15.2)式改写成另一种形式：

$$\boldsymbol{\frac{P-MC}{P}=-\frac{s_i}{e_{Q,P}}}$$

其中，$s_i=q_i/Q$ 是厂商 i 的市场份额，$e_{Q,P}$ 是市场需求弹性。比较此种形式的逆弹性法则和之前对于一个垄断厂商的逆弹性法则。

解：(15.2)式为：$\frac{\partial\pi_i}{\partial q_i}=\underbrace{P(Q)+P'(Q)q_i}_{MR}-\underbrace{C_i'(q_i)}_{MC}=0$。

普通逆弹性法则表达式为 $\frac{P-MC}{P}=-\frac{1}{e_{q_i,P}}=\frac{1}{|e_{q_i,P}|}$，根据(15.2)式，有 $P-C'=-P'q_i$，因此，在古诺竞争中 $\frac{P-C'}{P}=\frac{-P'q_i}{P}=\frac{-\mathrm{d}P/\mathrm{d}q_i\cdot q_i}{P}=\frac{1}{|e_{q_i,P}|}$，即普通逆弹性法则在古诺竞争下仍然成立。由于 $P'=\mathrm{d}P/\mathrm{d}Q=\mathrm{d}P/\mathrm{d}q_i$，将之代入上式，可得逆弹性法则的另一种表达形式：

$$\frac{P-C'}{P}=\frac{-P'q_i}{P}=\frac{-\mathrm{d}P/\mathrm{d}Q\cdot q_i}{P}=\frac{-\mathrm{d}P/\mathrm{d}Q\cdot Q}{P}\cdot\frac{q_i}{Q}=\frac{s_i}{|e_{Q,P}|}$$

11. 一个圆上的竞争

线性海滩上的霍特林竞争模型被广泛应用于许多情形，但是一个难以用模型研究的应用是自由进入。自由进入在对称性厂商的模型中最容易研究，但是只要一条线上的厂商数量大于 2，厂商就不是对称的，因为最接近端点的厂商有一个邻近对手，然而靠中间一点的厂商就会有两个邻近对手。

为避免这个问题，史蒂文·萨洛普(Steven Salop)提出在一个圆上的竞争。和霍特林模型一样，需求者均匀分布在每个点上，并且每个需求者对产品的需求量是一个单位。消费者剩余等于 v(消费产品带来的价值)减去为产品支付的价格和不得不花费的出行成本。令出行成本为 td，t 是衡量出行难易程度的参数，d 是路程长度(注意，此处我们假设的出行成本函数是线性的，而非例 15.5 中的二次型)。

起初，我们假设市场中的厂商数量 n 是给定的，每个厂商具有相同形式的成本函数 $C_i=K+cq_i$，其中 K 是进入市场所需的沉没成本(这会在本题的问题 e 用到，届时我们会考虑自由进入的问题)，c 是生产的常数边际成本。为简单起见，假设圆的周长等于 1，n 个厂

商均匀地分布在圆上，中间间隔是 $1/n$。n 个厂商同时选择价格 p_i。

a. 厂商 i 可以自由选择价格 p_i，但受两边最近的厂商所选价格的限制。令 p^* 为这些厂商在对称均衡中设定的价格。解释为何任意厂商在两边的市场范围(x)由以下等式决定：$p+tx=p^*+t[(1/n)-x]$。

b. 假定厂商的定价决策如问题 a 中的分析所示，厂商 i 售出 $q_i=2x$，因为它在两边都有市场。计算厂商利润最大化时的价格，将其表示成 p^*，c，t 和 n 的函数。

c. 注意到在对称均衡中，所有厂商的价格都等于 p^*，证明 $p_i=p^*=c+t/n$。请从直观上解释这个结果。

d. 证明均衡时单个厂商的利润等于 t/n^2-K。

e. 如果厂商可以自由选择进入市场，那么长期均衡时厂商数量 n^* 是多少？

f. 计算该模型中差异化的社会最优水平，其被定义为生产成本和需求者出行成本之和最小化的厂商数量(及产品数量)。证明这个数量恰好等于问题 e 中计算出的数量的一半。由此，该模型说明了过度差异化的可能性。

解：a. 假设消费者与厂商 i 的距离为 x，则与厂商 i 相邻的离消费者最近的替代厂商与消费者的距离为 $(1/n)-x$，因此，厂商 i 的市场范围端点应使消费者在厂商 i 处购买商品的成本(成本等于商品价格加上消费者的出行成本)等于在其最近替代厂商处购买商品的成本(商品价格加上消费者的出行成本)，即

$$p+tx=p^*+t[(1/n)-x]$$

b. 由等式 $p+tx=p^*+t[(1/n)-x]$，解得 $x=\frac{1}{2n}+\frac{p^*-p}{2t}$，厂商 i 的利润为：

$$\pi_i=(p-c)q_i=2x(p-c)=\left(\frac{1}{n}+\frac{p^*-p}{t}\right)(p-c)$$

利润最大化的一阶条件为：

$$\frac{\partial\pi_i}{\partial p}=\frac{1}{n}+\frac{p^*-p}{t}-\frac{1}{t}(p-c)=0$$

解得：$p=\dfrac{p^*+c+\frac{t}{n}}{2}$。

c. 在对称均衡中，所有厂商的价格都等于 p^*，即 $p_i=p^*$，将此式代入问题 b 的结果中，可得 $p^*=\dfrac{p^*+c+\frac{t}{n}}{2}$，从而 $p^*=p_i=c+\dfrac{t}{n}$。

故当边际成本 c 增加、消费者出行难度大、厂商数量较少时，都有可能使均衡价格提高。

d. 均衡时，$p_i=p^*$，则 $q_i=2x=\dfrac{1}{n}$，厂商利润为：

$$\pi_i=p^*q_i-C_i=\left(c+\frac{t}{n}\right)q_i-cq_i-K=\frac{t}{n^2}-K$$

e. 如果厂商可以自由的进入市场，则在长期内每个厂商的利润均为0，即

$$\frac{t}{n^2}-K=0$$

解得：$n^{*}=\sqrt{\dfrac{t}{k}}$。

f. 当有 n 个厂商时，由问题 c 可知均衡价格为 $p^{*}=c+\dfrac{t}{n}$，$x=\dfrac{1}{2n}$。对厂商 i，有 $q_i=2x=\dfrac{1}{n}$，因此社会总生产成本为 $n\left(K+c\dfrac{1}{n}\right)=nK+c$，需求者出行成本之和为：$n\cdot 2\cdot\int_0^{\frac{1}{2n}} tx\mathrm{d}x=\dfrac{t}{4n}$，因此社会面临的问题为最小化前两者之和：

$$\min_{n} nK+c+\frac{t}{4n}$$

解得：$n^{**}=\dfrac{1}{2}\sqrt{\dfrac{t}{K}}$，这恰好是问题 e 中所得结果的一半。

12. 进入容纳信号

这个问题将探究进入阻止不可能时的信号，也就是说，厂商容纳对手进入的信号。假设阻止是不可能的，因为两个厂商都没有为进入市场或令自己留在市场上支付沉没成本。模型步骤遵循例 15.4，之前的计算可以帮助解决这个问题。特别地，厂商 i 的需求函数为：

$$q_i=a_i-p_i+\frac{p_j}{2}$$

其中，a_i是产品 i 的属性(比如质量)。生产无成本。厂商 1 的属性可能为两个值：$a_1=1$，此时我们说厂商 1 为低成本类型；或者 $a_1=2$，此时我们说厂商 1 为高成本类型。为简单起见，不考虑跨期折现。

a. 计算完全信息博弈的纳什均衡，即厂商 1 是高成本类型，并且厂商 2 知道厂商 1 是高成本类型。

b. 如果厂商 1 是低成本类型，并且厂商 2 知道厂商 1 是低成本类型，计算此时完全信息博弈的纳什均衡。

c. 若厂商 1 以 50%的概率为低成本类型，50%的概率为高成本类型。厂商 1 知道自己的类型，但厂商 2 只知道概率分布，求解此不完全信息博弈的贝叶斯 - 纳什均衡。本章并没有花时间在贝叶斯均衡上，可能你得回顾一下第 8 章(特别是例 8.6)的有关内容。

d. 何种类型的厂商 1 会从不完全信息中获利？何种类型的厂商 1 更偏好完全信息(如果可能，会有动力发出有关自身类型的信号)？厂商 2 在完全信息或非完全信息的条件下会赚得更多的平均利润吗？

e. 考虑一个两阶段的信号变化模型。第一阶段，厂商 1 和厂商 2 选择价格，厂商 2 有关于厂商 1 类型的不完全信息。厂商 2 在第一阶段观察厂商 1 的价格并运用观察到的信息更新自己关于厂商 1 的成本类型判断。接下来厂商进入第二阶段价格竞争。证明分离均衡存在，此时不同类型的厂商 1 收取相同价格，正如问题 d 的计算结果。你可以假设，如果厂商 1 在第一阶段选择一个均衡价格之外的价格，那么厂商 2 相信厂商 1 为低成本类型的概率就为 1。提示：为证明分离均衡的存在，先证明第一阶段低成本类型的厂商 2 试图混同的损失大于第二阶段令厂商 2 确信自己是高成本类型的收益。在可能的情况下运用问题 a—d 中的结果帮助求解。

解： a. 若厂商 1 是高成本类型，即 $a_1=2$，此时 $q_1=2-p_1+\dfrac{p_2}{2}$，厂商 1 的利润为

$$\pi_1 = p_1 q_1 = p_1\left(2 - p_1 + \frac{p_2}{2}\right)$$

利润最大化的一阶条件为：

$$\frac{\partial \pi_1}{\partial p_1} = 2 - 2p_1 + \frac{p_2}{2} = 0$$

解得：$p_1^H = 1 + \frac{p_2}{4}$。

同理可得厂商 2 的最优反应曲线 $p_2 = \frac{1}{2} + \frac{p_1^H}{4}$。

由此可解得：

$$p_1^{H*} = \frac{6}{5},\ p_2^* = \frac{4}{5}$$

$$q_1^* = \frac{6}{5},\ q_2^* = \frac{4}{5}$$

$$\pi_1^{H*} = \left(\frac{6}{5}\right)^2 = 1.44,\ \pi_2^* = \left(\frac{4}{5}\right)^2 = 0.64$$

b. 若厂商 1 是低成本类型，即 $a_1 = 1$，计算方法与问题 a 中一样，可得

$$p_1^{L*} = p_2^* = 2/3$$

$$\pi_1^{L*} = \pi_2^* = (2/3)^2 \approx 0.444$$

c. 由问题 a 和问题 b 可知 $p_1^H = 1 + p_2/4$，$p_1^L = (1/2) + (p_2/4)$，若厂商 1 以 50% 的概率为低成本类型，50% 的概率为高成本类型，则对于厂商 2 预期利润为

$$\frac{1}{2}p_2\left(1 - p_2 + \frac{p_1^L}{2}\right) + \frac{1}{2}p_2\left(1 - p_2 + \frac{p_1^H}{2}\right) = p_2\left(1 - p_2 + \frac{\bar{p}_1}{2}\right)$$

其中 $\bar{p}_1 = (p_1^L + p_1^H)/2$，由此可解得

$$p_1^{L*} = 41/60 \approx 0.683$$

$$p_1^{H*} = 71/60 \approx 1.183$$

$$p_2^* = 44/60 \approx 0.733$$

d. 高成本的厂商 1 会从不完全信息中获利，低成本的厂商 1 更偏好完全信息。在完全信息下，厂商 2 的预期利润等于 0.542，在非完全信息下厂商 2 的预期利润为 0.537，所以厂商 2 在完全信息下获得更多的平均利润。

e. 假设厂商 1 是低成本的，则在第一阶段厂商会选择其获得的均衡利润等于其在高成本定价时所获得的利润，以使厂商 2 在第二阶段相信厂商 1 是高成本的。在第一阶段，低成本厂商 1 定低价时获得的利润是 0.4669，定高价时获得的利润是 0.2169。在第二阶段，均衡时，低成本厂商 1 获得的利润为 0.444，如果厂商 2 相信厂商 1 是高成本的，厂商 1 获得的利润为 0.49，则在第一阶段，低成本厂商的损失为 0.4669 − 0.2169 = 0.25，超过了其在第二阶段获得的利润 0.49 − 0.444 = 0.046，因此，低成本厂商没有激励背离原有的均衡。

13. 竞争会暴露价格吗？

在这个问题中，我们回到第 6 章课后习题第 14 题和第 14 章课后习题第 13 题中隐藏产品属性和价格的问题。这里我们要探讨的问题是，市场力量是否可以扭转消费者行为偏差，特别是，竞争和广告能否用来暴露隐藏价格。

我们将使用 Xavier Gabaix 和 David Laibsor 一篇有影响力的论文中的模型。一群消费

者（标准化数量为1）对于一个同质商品的总剩余为 v，市场中存在两个寡头厂商 $i(i=1, 2)$，边际成本和平均成本为常数 c，它们同时公布价格 p_i。在 p_i 之外，每个厂商还可以增加一个隐藏价格 s_i，这个被一些消费者预期到了，但另一些消费者没有预期到。例如，飞机旅游时对托运行李的收费，或者没有还清信用卡每月最低还款的收费。比例为 α 的消费者知道均衡价格并且预期到了均衡隐藏费用，他们愿意花费一个小额成本 e 去避免隐藏费用（比如只带随身行李，保证每月还清最低还款额）。剩下的 $1-\alpha$ 比例的消费者则没这么精明，他们没有预期到隐藏费用，做购买决策时只考虑厂家公布的价格。他们避免隐藏费用的方法只有不进行交易（总费用节约 p_i+s_i，但失去了消费者剩余 v）。假设和伯特兰德模型一样，厂商同时选择 p_i。

a. 说明均衡时 $p_i^*+s_i^*=v$（至少在 e 足够小，厂商放弃引诱这部分消费者时成立）。计算纳什均衡公布价格 p_i^*。（提示：正如标准伯特兰德博弈，零利润条件对于决定 p_i^* 非常重要，这里也是。）公布价格如何与成本比较？保证为正吗？消费者剩余如何在不同的消费者之间进行分配？

b. 你能举出和问题 a 中价格描述相同的现实世界中的实例吗？

c. 假设其中一个厂商，比如厂商 2，可以采取一个广告策略来背离。广告有几个效果。第一，它把不精明的消费者变得精明（因此消费者可以理性地预期到隐藏费用并通过花费 e 来避免）。第二，它允许厂商 2 对所有类型的消费者公开 p_2 和 s_2。证明当 $e<[(1-\alpha)/\alpha](v-c)$ 时，背离是无利可图的。

d. 由此我们证明了即便是没有成本的广告也不一定导致价格暴露。解释哪些因素会导致广告是一个无利可图的背离。

e. 回到问题 a 中没有广告的情形，现在假设厂商不能公布负的价格（一个原因是精明的消费者为赚取负价格而交易未知数量的产品会带来巨额损失，这里是一个简单处理）。计算纳什均衡。如何和问题 a 中的结果比较？厂商可以获得正利润吗？

解： a. 均衡时，厂商的利润为零（伯特兰德竞争结果），且满足以下条件：

精明消费者（比例为 α）：会支付成本 e 来避免隐藏费用，实际支付为 p_i+e。

不精明消费者（比例为 $1-\alpha$）：仅关注 p_i，实际支付为 p_i+s_i，若 $p_i^*+s_i^*>v$，则消费者会放弃购买。

如果 e 足够小，企业会放弃引诱精明消费者，转而提高不精明消费者支付的价格，但价格 $p_i+s_i\leqslant v$，因此，均衡时 $p_i^*+s_i^*=v$。

纳什均衡时，每个厂商的利润为 0，即 $\alpha(p_i-c)+(1-\alpha)(p_i+s_i-c)=0$，且 $p_i+s_i=v$。

化简得到：均衡公布价格 $p_i^*=[c-(1-\alpha)v]/\alpha$，则 $s_i^*=(v-c)/\alpha$。

因此，精明消费者的消费者剩余为 $v-(p_i^*+e)=(v-c)/\alpha-e$，不精明消费者的消费者剩余为 $v-(p_i^*+s_i^*)=0$。

从零利润条件可以看出，均衡的公布价格 $p_i^*<c$，若 $c=(1-\alpha)v$，则公布价格 $p_i^*=0$；若 $c>(1-\alpha)v$，公布价格 p_i^* 为负数。

b. 信用卡业务：银行宣传低利率（p_i低），但对未全额还款收取高额费用（s_i高）。

电信套餐：套餐便宜，如果使用流量超过限额，收取额外费用。

c. 如果厂商 1 做广告，那么消费者从厂商 2 中获得的净剩余是：

$$v-e-p_2^*=v-e-\left[c-\frac{1-\alpha}{\alpha}(v-c)\right]=\frac{1}{\alpha}(v-c)-e$$

由于厂商1公开其隐藏价格，假设其为0，厂商1只收取一个公开价格。令厂商1收取的最高公布价格为p_1^d，要保证消费者至少能够获得和上式相同的剩余，即

$$v-p_1^d=\frac{1}{\alpha}(v-c)-e \Rightarrow p_1^d=v-\frac{1}{\alpha}(v-c)+e$$

此时，利润为：

$$p_1^d-c=e-\left(\frac{1-\alpha}{\alpha}\right)(v-c)$$

当$e<[(1-\alpha)/\alpha](v-c)$时，厂商1的利润为负，背离是无利可图的。

d. 通过"去偏"短视的消费者，广告告诉不精明消费者如何在对手厂商的公开价格处购买，对于广告厂商而言，既要压制对手又要盈亏平衡是很困难的。

广告无利可图的因素包括：①隐藏费用避免成本e。e较低，消费者易规避隐藏费用，厂商无法通过广告提高实际收益；②精明消费者比例α。α较高，广告对市场结构的边际影响有限；③总剩余v。v越接近成本c，利润空间越小，广告难以创造额外收益。

e. 问题a中的均衡公布价格$p_i^*=[c-(1-\alpha)v]/\alpha$，若$p_i^*\geqslant 0$，则问题a中的均衡不发生变化，厂商利润为0。如果问题a中的均衡价格是负的，此时$c<(1-\alpha)v$，则均衡的公布价格为$p_i^*=0$，厂商期望利润为：$(1-\alpha)(v-c)+\alpha(0-c)=(1-\alpha)v-c>0$。因此，厂商在每个消费者身上可赚取正利润。

第 16 章　劳动力市场

16.1　复习笔记

1. 时间的配置

(1)简单的两商品模型

在简单的时间配置模型中，每天(24 小时)工人将合理地安排消费(c)和闲暇(h)，从而实现其效用最大化，同时他必须面临一定的约束，他的全部收入来自工资[$w(24-h)$]：

$$\max U=U(c, h)$$
$$s.t.\ c=w(24-h)$$

(2)效用最大化

构造拉格朗日函数为：

$$\varphi=U(c, h)+\lambda(24w-c-wh)$$

其中，λ 为拉格朗日乘子。

最大化的一阶条件为：

$$\begin{cases}\partial\varphi/\partial c=\partial U/\partial c-\lambda=0\\ \partial\varphi/\partial h=\partial U/\partial h-w\lambda=0\end{cases}$$

从而可得：

$$(\partial U/\partial h)/(\partial U/\partial c)=w=(h\text{ 对 }c\text{ 的})MRS$$

从上式可知效用最大化的劳动供给原则为：在给定的实际工资率 w 下，为实现效用最大化，个人所选择的最优工作时间满足闲暇对消费的边际替代率等于 w。

(3)w 变动时的收入效应与替代效应

w 变动时，收入效应为正：闲暇是正常品，w 提高带来更高的收入将增加对于闲暇的需求；w 变动时，替代效应为负：w 提高意味着闲暇变得更加昂贵，所以会减少对它的消费。

个人作为劳动的供给者，实际工资率(w)提高的收入效应与替代效应在相反的方向上影响闲暇的需求量(或工作的小时数)。在图 16－1(a)中，替代效应超过了收入效应，工资提高导致闲暇的小时数减少到 h_1，从而工作的小时数增加；在图 16－1(b)中，收入效应大于替代效应，h 增加到 h_1，这时工作的小时数减少。

最优化原理：面对提高的实际工资率，对于追求效用最大化的劳动供给者个人来说，其对劳动的供给量可能增加也可能减少。一方面，由于工资提高，闲暇相对昂贵，替代效应使得个人倾向于增加劳动供给，个人愿意用工作来替代闲暇。另一方面，个人因为购买力已经增加，会增加对闲暇的需求，因此收入效应使个人倾向于减少工作时间。

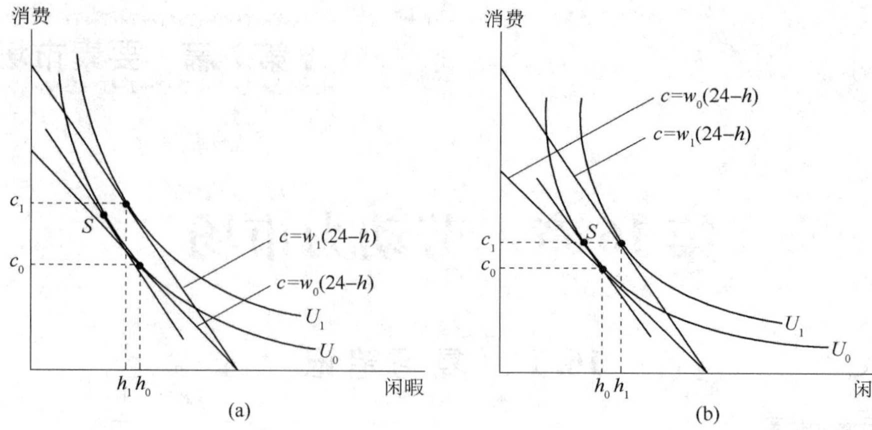

图 16－1　实际工资率 w 变化的收入效应与替代效应

2. 劳动供给的数学分析

将个人的预算约束稍作修正，以允许非劳动收入存在。可写为：

$$c = wl + n$$

式中，n 表示实际的非劳动收入。实际上，n 也可以表示个人一次支付的税收，此时 n 为负数。

(1) 劳动供给问题的对偶表达

个人在预算约束下求效用最大化问题的对偶问题，就是在既定效用水平下求支出最小化问题。依照当前情况来说，这一问题是指对消费(c)与闲暇时间($h = 24 - l$)的值作出最优选择，以实现既定效用水平下额外支出最小化的目标，即：

$$\min\ n = c - wl = c - w(24 - h)$$

$$s.t.\ \ U(c,\ h) = \overline{U}$$

(2) 劳动供给的斯拉茨基方程

上式的对偶问题中被最小化的支出就相当于在基本的效用最大化问题中的非劳动收入。因此，由定义，在最优点有：

$$l^c(w,\ U) = l[w,\ n(w,\ U)] = l(w,\ n)$$

方程两边对 w 求偏导，有：

$$\frac{\partial l^c}{\partial w} = \frac{\partial l}{\partial w} + \frac{\partial l}{\partial n} \cdot \frac{\partial n}{\partial w}$$

运用方程的包络关系，有：

$$\frac{\partial l^c}{\partial w} = \frac{\partial l}{\partial w} - l^c \frac{\partial l}{\partial n}$$

推导出一个稍微不同的补偿性劳动供给函数的表达式：

$$\frac{\partial l^c}{\partial w} = \left.\frac{\partial l}{\partial w}\right|_{U = U_0}$$

重新整理得到最终的劳动供给斯拉茨基方程：

$$\frac{\partial l}{\partial w} = \left.\frac{\partial l}{\partial w}\right|_{U = U_0} + l^c \frac{\partial l}{\partial n}$$

上述过程可用文字表述为，实际工资变动所导致的劳动供给的变动可以分解为两部分：一部分是效用保持不变条件下的替代效应，另一部分是相当于非劳动收入相应变动的收入效应。由于替代效应是正的(在效用保持不变的前提下，工资提高使得工作时间增加)，而 $\partial l/\partial n$这一项为负，因此替代效应与收入效应在相反的方向上起作用。

3. 市场的劳动供给曲线

市场的劳动供给曲线是指在每一实际工资率水平下，对个人的劳动供给曲线进行水平加总所得到的曲线。

4. 劳动力市场均衡

劳动力市场均衡是指在某一市场工资率下，劳动力需求正好等于劳动力供给的一种状况。此时的工资率即为均衡工资率或市场出清工资率，在这一工资率下通过市场实现的就业量即为均衡就业量。如图 16－2 所示。

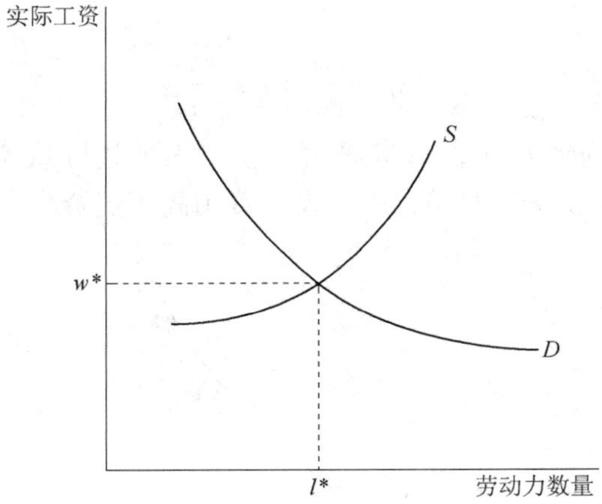

图 16－2　劳动市场的均衡

5. 工资差异的原因

(1)人力资本

工资差异的一个关键原因，在于人们的劳动质量存在着巨大的差别。这种差别可以追溯到人们先天的智力和体力，教养、所受的教育和培训，以及经验等方面的差异。

尽管劳动质量的很多差异是由非经济因素所决定，但积累人力资本的决策还是可以用经济标准来加以衡量。人力资本这一概念指的是，人们在其接受教育和培训过程中积累起来的有用的和有价值的技术和知识。医生、律师和工程师等专业人员的高工资中的一部分可以被认为是对其人力资本投资的一种回报，即对使这些受过高度训练的工作者成为特殊类型劳工的教育的回报。对收入和教育的经济学研究表明，人力资本一般说来是一项好的投资。

(2)补偿性工资差异

日常生活中看到的工资之间的巨大差别，有一些是由工种本身的性质差别所引起的。各种工种的吸引力不同，因此必须提高工资诱导人们进入那些吸引力较小的工种。由补偿相对吸引力或非货币因素的差别而导致的各工种之间的工资差别，称为补偿性工资差异。

(3)工作搜寻的不确定性

工资差异也可以来自工人寻找好的工作匹配的成功程度。工作搜寻过程中最主要的困难是不确定性。搜寻成本高的人会以低工资结束搜寻过程，搜寻成本低的人将选择高的保留价格。

(4)分割的市场和非竞争性群体

市场被分割成许多非竞争性群体的主要原因是，对于专业性的和技术性的行业来说，需要花费大量金钱和时间才能成为熟练劳动者。当人们专门从事某一特定职业时，他们就成为一个特定劳工市场的一部分，其工资的升降依赖于本行业和本职业的经济状况。由于这种市场分割，一种职业的工资会与其他职业的工资相差很大。

非竞争性群体理论揭示了劳工市场的一个重要方面，但是，在长期内，劳动在各个市场之间的进入和退出会降低工资差异。

6. 劳动力市场的买方垄断

当劳动力市场存在单一买方垄断时，厂商就不再是它们所购买的投入要素价格的接受者。此时，厂商所面临的劳动的供给曲线是整个市场的劳动供给曲线。这种情况下，每多增加一单位的雇用劳动，厂商只能选择供给曲线上位置较高的点，也就是说，雇用额外劳动的边际花费（ME_l）大于其工资率。劳动的总成本为 wl。因此，每多雇用一个工人的边际投入费用为：

$$ME_l = \frac{\partial wl}{\partial l} = w + l\frac{\partial w}{\partial l}$$

在完全竞争市场上，$\partial w/\partial l = 0$，每多雇用一个工人的边际成本只是工资率本身，即为 w。但在买方垄断的市场上，$\partial w/\partial l > 0$，边际投入费用高于工资率。

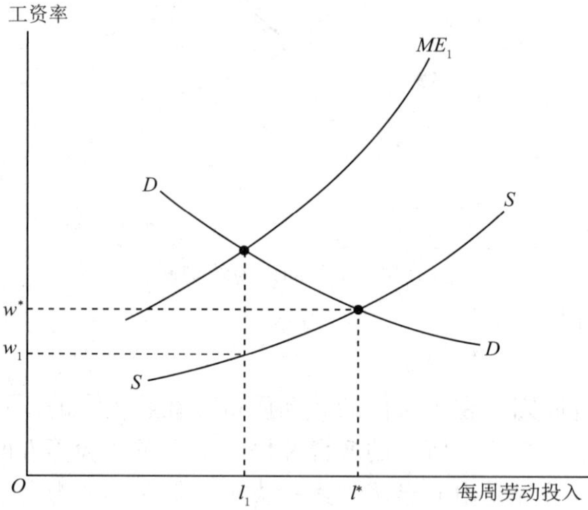

图 16－3　买方垄断的劳动力市场的定价

图 16－3 表示买方在其垄断的劳动力市场上对价格的选择。买方垄断者利润最大化时的劳动投入为 l_1，此时市场工资率为 w_1。但是该点处的劳动需求量小于完全竞争劳动力市场上所雇用的劳动（l^*），因为厂商在市场上处于垄断地位，其对劳动力投入的需求较小。买方独家垄断者对劳动力的“需求曲线”就由 l_1、w_1 确定的点组成。

如果厂商面临的是一条斜率为正的劳动供给曲线（S），则厂商将依据边际投入费用（ME_l）作出决策。由于 S 的斜率为正，ME_l 曲线位于 S 曲线之上，S 曲线可称作“劳动平均成本曲线”，而 ME_l 曲线则为劳动边际费用曲线。l_1 满足均衡条件 $ME_l = MRP_l$，并且这 l_1 单位劳动的市场工资率为 w_1。但是买方垄断市场上所雇用的劳动数量少于完全竞争劳动力市场上所雇用的劳动数量（l^*）。

7. 工会

工会的目标：

（1）假定工会的目标充分代表其成员目标，工会领导者是成员愿望的代言人；

（2）成员所获总经济租金最大化；

(3)成员就业率最大化。

16.2 课后习题详解

1. 假设一年有8000个小时(实际上有8760个小时)，并且某人有一潜在的市场工资率为每小时5美元。

a. 这个人的最高收入是多少？如果他将这一收入的75%用来享受闲暇，则他将工作多少小时？

b. 假设这个人一位富有的叔叔去世了，留给他每年4000美元的年金。如果他继续将其最高收入的75%用来享受闲暇，则他将工作多少小时？

c. 如果市场工资由每小时5美元变为每小时10美元，则问题b的答案有何变化？

d. 画图说明问题b与问题c所隐含的这个人的劳动供给曲线。

解： a. 此人的全部收入为：$8000\times5=40000$(美元/年)。

其中，用于休闲的支出为：$0.75\times40000=30000$(美元/年)。

因而此人每年用于闲暇的时间为：$\frac{30000}{5}=6000$（小时）。

用于工作的时间为：$8000-6000=2000$(小时)。

b. 在此人得到遗产后，他的全部收入为：$40000+4000=44000$(美元/年)。

其中，用于休闲的支出为：$0.75\times44000=33000$(美元/年)。

因而此人每年用于闲暇的时间为：$\frac{33000}{5}=6600$（小时）。

用于工作的时间为：$8000-6600=1400$(小时)。

c. 如果市场工资提高后，他的全部收入为：$8000\times10+4000=84000$(美元/年)。

其中，用于休闲的支出为：$0.75\times84000=63000$(美元/年)。

因而此人每年用于闲暇的时间为：$\frac{63000}{10}=6300$（小时）。

用于工作的时间为：$8000-6300=1700$(小时)。

d. 此人的劳动供给曲线如图16-4所示，当w上升时，劳动供给趋近于2000小时。

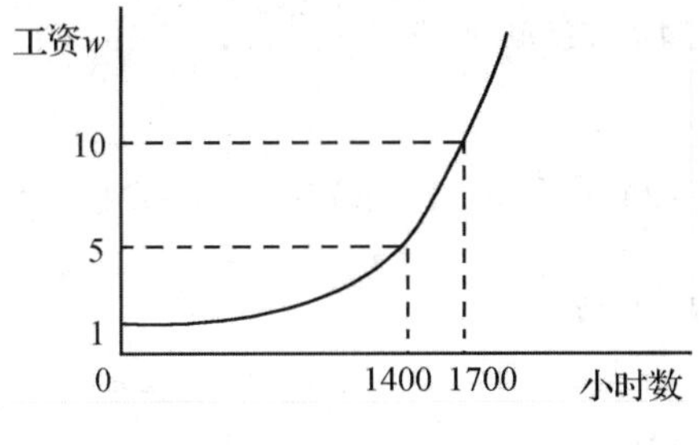

图16-4 个人劳动供给曲线

2. 正如我们在本章所看到的，劳动供给的理论也可以由支出最小化方法得出。假设一个人对于消费和休闲的效用函数为柯布-道格拉斯形式 $U(c, h)=c^{\alpha}h^{1-\alpha}$。支出最小化问题转化为：

$$\text{最小化 } c-w(24-h)$$

$$\text{满足 } U(c, h)=c^{\alpha}h^{1-\alpha}=\overline{U}$$

a. 使用该式导出这个问题的支出函数。

b. 使用包络定理导出对于消费和闲暇的补偿性需求函数。

c. 导出补偿性劳动供给函数，证明$\dfrac{\partial l^c}{\partial w}>0$。

d. 比较问题 c 中的补偿性劳动供给函数和例 16.2 中的非补偿性劳动供给函数($n=0$)。使用斯拉茨基方程说明为什么实际工资变化的收入效应和替代效应在非补偿性的柯布－道格拉斯劳动供给函数中正好抵消了。

解：a. 设拉格朗日函数为：

$$L=c+wh-24w+\lambda(\bar{U}-c^{\alpha}h^{1-\alpha})$$

一阶条件为：

$$\begin{cases}\dfrac{\partial L}{\partial c}=1-\lambda\alpha c^{\alpha-1}h^{1-\alpha}=0 & ①\\ \dfrac{\partial L}{\partial h}=w-\lambda(1-\alpha)c^{\alpha}h^{-\alpha}=0 & ②\\ \dfrac{\partial L}{\partial \lambda}=\bar{U}-c^{\alpha}h^{1-\alpha}=0 & ③\end{cases}$$

由①②两式可得：

$$\frac{1}{w}=\frac{\alpha h}{(1-\alpha)c}$$

从而可以解得：

$$c=\frac{\alpha wh}{1-\alpha} \quad ④$$

将④式代入③式可得：

$$h=\bar{U}k^{-\alpha}w^{-\alpha}(\text{其中，}k=\frac{\alpha}{1-\alpha}) \quad ⑤$$

由④⑤两式可得：

$$c=\bar{U}k^{1-\alpha}w^{1-\alpha} \quad ⑥$$

由⑤⑥两式可得支出函数为：

$$E=c+wh-24w=\bar{U}w^{1-\alpha}(k^{-\alpha}+k^{1-\alpha})-24w=\bar{U}w^{1-\alpha}K-24w \quad ⑦$$

其中$K=k^{-\alpha}+k^{1-\alpha}$。

b. 由包络定理可得：$h^c-24=\dfrac{\partial E}{\partial w}=(1-\alpha)\bar{U}w^{-\alpha}K-24$，从而$h^c=(1-\alpha)\bar{U}w^{-\alpha}K$。

由④可得：$c^c=kwh^c=\alpha\bar{U}w^{1-\alpha}K$。

c. 由问题 b 可得：

$$l^c=24-h^c=24-(1-\alpha)\bar{U}w^{-\alpha}K$$

从而有：

$$\frac{\partial l^c}{\partial w}=\alpha(1-\alpha)\bar{U}Kw^{-\alpha-1}>0$$

d. 假定$\alpha=0.5$，$K=2$，同时假定$l+h=1$，而不是 24。在以上假定下，补偿性劳动供给函数和非补偿性劳动供给函数分别为：

$$l^c=1-\bar{U}w^{-0.5}，\ l=0.5-0.5nw^{-1}$$

因而有：

$$\frac{\partial l^c}{\partial w}=0.5\bar{U}w^{-1.5} \tag{⑧}$$

现令 $n=E$，再由⑦式可得：

$$\bar{U}=0.5w^{0.5}+0.5nw^{-0.5} \tag{⑨}$$

当 $n=0$ 时，由⑧⑨两式可得：$\frac{\partial l^c}{\partial w}=0.25w^{-1}$。

对于非补偿性劳动供给函数而言，当 $n=0$ 时，有：

$$l\cdot\frac{\partial l}{\partial n}=(0.5-0.5nw^{-1})(-0.5w^{-1})=-0.25w^{-1}$$

从而替代效应与收入效应相互抵消了。

3. 一项针对低收入人群的福利计划给每个家庭提供一笔基本的补助金（每年 6000 美元）。家庭每得到 1 美元的其他收入，这笔补助金将减少 0.75 美元。

a. 如果没有其他收入，家庭将得到多少福利补助金？如果家庭的主人每年赚到 2000 美元呢？赚到 4000 美元呢？

b. 当赚多少钱时，福利补助金变成 0？

c. 假定这一家的主人每小时能赚 4 美元，家庭没有其他收入。如果这一家庭没有参与福利计划，则它的年度预算约束是多少？也就是说，消费（c）如何与闲暇时间（h）相联系？

d. 如果这一家庭参与福利计划，则它的预算约束是多少（记住，福利补助金只能是正的）？

e. 将由问题 c 与问题 d 得到的结果用图表示出来。

f. 假定政府改变福利计划的规则，允许家庭留下所赚收入的 50%（不减少补助金）。这一变革将引起问题 d 与问题 e 的答案如何变化？

g. 运用从问题 f 得到的结果，你预测这一家的主人在问题 f 描述的新规则下是会增加还是会减少工作时间？

解： a. 低收入家庭可以获得的补助为：$G=6000-0.75I$。

如果 $I=0$，则补助为：$G=6000$；

如果 $I=2000$，则补助为：$G=4500$；

如果 $I=4000$，则补助为：$G=3000$。

b. 当 $G=0$ 时，有：$6000-0.75I=0$，因而 $I=8000$。

c. 假定每年的可工作的时间为 8000 小时，因而全部收入为：$4\times8000=32000$（美元），此时家庭面临的预算约束为：$c+4h=32000$。

d. 当家庭加入福利项目时，它的全部收入为：

$$32000+G=32000+6000-0.75\times4(8000-h)=38000-24000+3h=c+4h$$

家庭此时的预算约束为：

$$\begin{cases}c+h=14000 & (h\geqslant6000,\ I\leqslant8000)\\ c+4h=32000 & (h<6000,\ I>8000)\end{cases}$$

从而可知预算约束在闲暇为 6000 小时处有一个折点。

e. 问题 c 和问题 d 中的预算线如图 16－5 所示。

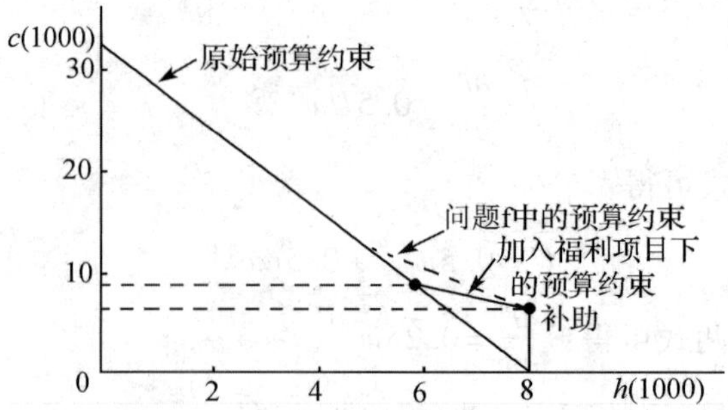

图 16－5　预算约束线

f. 新的预算约束为：

$$\begin{cases} c+2h=23000 & (h \geqslant 5000) \\ c+4h=32000 & (h<6000,\ I>8000) \end{cases}$$

g. 收入效应和替代效应作用的方向是相反的：替代效应倾向于促使人们工作更多时间，而收入效应倾向于促使人们工作更少时间。

4. 假如劳动需求方程是：$l=-50w+450$，供给方程是：$l=100w$。其中，l 表示雇用劳动量，w 表示每小时的实际工资。

a. 在这一市场上，w 与 l 各为多少时才能达到均衡？

b. 假设政府希望通过给雇主提供补助的方式，使均衡时的工资为每小时 4 美元，这份补助应该是多少？就业的均衡水平又是多少？补助的总额是多大？

c. 假如政府宣布最低工资率为每小时 4 美元，在这一价格下需要多少劳动？有多少人失业？

d. 用图形表示计算结果。

解：a. 劳动市场的均衡条件为：

$$\begin{cases} l_D=l_S \\ l_D=-50w+450 \\ l_S=100w \end{cases}$$

从而可以解得劳动市场均衡工资率和劳动数量为：

$$w=3,\ l=300$$

b. 假设政府对雇主的补贴为每个工人补贴 s，则此时劳动的需求为：

$$l_D=-50(w-s)+450$$

当均衡工资升为 4 美元/小时，劳动市场均衡条件为：

$$l_D=-50(w-s)+450=l_S=100w=400$$

因而可以解得补贴为 $s=3$，雇用劳动量为 400，总补贴额为 1200。

c. 在最低工资率为 4 美元/小时的情况下，劳动需求为：$l_D=-50\times4+450=250$；劳动供给为：$l_S=100w=400$，因而失业为：$400-250=150$。

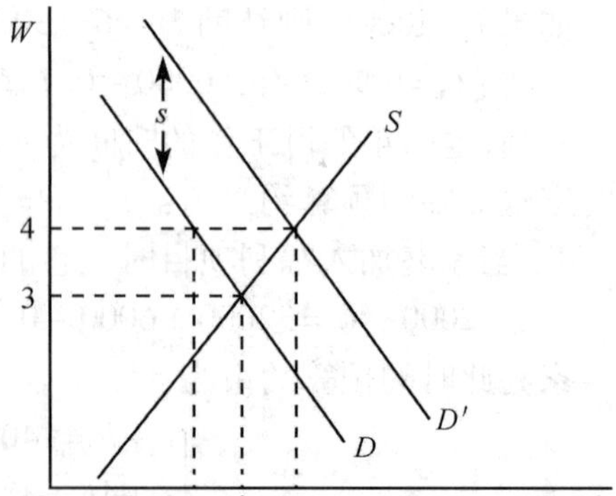

图 16－6　最低工资与劳动市场均衡

d. 以上结论如图 16－6 所示。

5. 卡尔在一个孤岛上拥有一个大服装厂，对大多数岛上居民来说，卡尔的工厂是唯一的就业途径，因此卡尔如同买方独家垄断者。制衣工人的供给方程是：

$$l=80w$$

其中，l 是劳动数量，w 是每小时的工资，假定卡尔的劳动需求方程是（MRP_l 是劳动边际收益）：

$$l=400-40MRP_l$$

a. 为使利润最大化，卡尔会雇用多少工人，付多少工资？

b. 假如政府实行最低工资制。当最低工资定在每小时4美元时，卡尔会雇用多少工人？又有多少人会失业？

c. 用图形表示你的结果。

d. 在买方独家垄断的情况下实行最低工资制与在完全竞争情况下实行最低工资制，结果有什么不同（假设最低工资高于市场决定的工资）？

解： a. 从供给曲线得到雇用劳动的总成本为 $wl=\frac{l^2}{80}$，进而得到劳动的边际成本为 $MC_l=\frac{l}{40}$，令 $MRP_l=MC_l$，解得 $l=200$，从而 $w=\frac{l}{80}=2.5$，即卡尔会雇用200名工人，工资率为2.5。

b. 假如政府实行最低工资制。使得最低工资为每小时4美元，那么对于给定的工资，厂商会使得雇用的劳动力数量满足 $MRP_l=w=4$，从而 $l_D=400-40MRP_l=240$，但是在这个工资率下，劳动力的供给为 $l_S=80w=320$，因此失业人数为 $320-240=80$。

c. 如图16－7所示，其中 w_M、w_G、w_C 分别是垄断、政府管制和竞争条件下的劳动力工资。

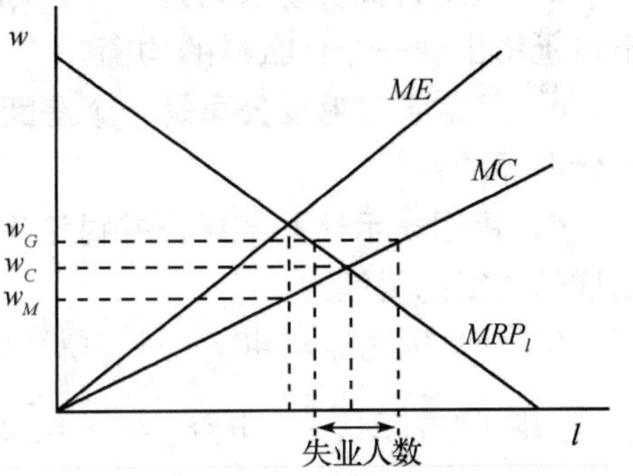

图16－7　最低工资引起的失业

d. 对于完全竞争的劳动力市场，供需平衡时就有 $80w=400-40w$。解得 $w=\frac{10}{3}$，$l_D=\frac{800}{3}$。就本题而言，在买方独家垄断的情况下实行最低工资制与在完全竞争的情况下实行最低工资制的区别在于：在买方独家垄断的情况下实行最低工资制提高了就业量，但同时会引起失业；在完全竞争的情况下实行最低工资制降低了就业量，并且也会引起失业。

6. 阿杰克斯煤炭公司是某地区劳动力的唯一雇主。它可以按意愿雇用任意数量的男工与女工，女工的供给曲线是：$l_f=100w_f$，男工的供给曲线是：$l_m=9w_m^2$。

其中，w_f 和 w_m 分别表示付给女工与男工每小时的工资。假设阿杰克斯公司在完全竞争市场上以每吨5美元的价格出售煤炭，如果男工与女工每小时都能开采2吨煤，为求利润最大化，它将雇用多少男工和多少女工？其工资分别是多少？阿杰克斯公司每小时赚取的利润中有多少是由挖煤机赚取的？如果阿杰克斯公司被迫（如迫于市场压力）基于所有工人的边际产出付给他们同样的工资，结果又会怎样？

解： 由 $l_m=9w_m^2$ 可得：$w_m^2=\frac{l_m}{9}$，$w_m l_m=\frac{l_m^{3/2}}{3}$。

从而有：$ME_l=\frac{l_m^{0.5}}{2}=MRP_l=10$，因而可以解得：$l_m=400$，$w_m=\frac{20}{3}$；

同理，由 $l_f = 100w_f$ 可得：$w_f = \frac{l_f}{100}$，$w_f l_f = \frac{l_f^2}{100}$。

从而有：$ME_l = \frac{l_f}{50} = 10$，因而可以解得：$l_f = 500$，$w_f = 5$；

总的工人数为：$l_T = l_m + l_f = 900$；

每小时赚得的利润为：$9000 - 5 \times 500 - 6.66 \times 400 = 3833$；

如果男员工与女员工支付相同的工资 $w = MRP_l = 10$，则 $l = 1000 + 900 = 1900$，此时每小时获得利润为：$1900 \times 10 - 10 \times 1000 - 10 \times 900 = 0$。

7. 宇宙毛皮公司位于巴芬岛，它在全世界以每根5美元的价格出售高品质毛皮琴弓带。这种琴弓带(q)的生产函数为：$q = 240x - 2x^2$。

其中，x 为每周使用的毛皮数量。毛皮由丹氏贸易公司独家提供，该公司以每天10美元的工资雇用爱斯基摩捕猎人来获取毛皮。公司每周毛皮的生产函数为：$x = \sqrt{l}$，其中，l 代表每周爱斯基摩猎人工作的天数。

a. 在一种准竞争的情况下，宇宙毛皮公司与丹氏贸易公司都是毛皮的价格接受者，这时均衡价格(p_x)与毛皮的交易量各是多少？

b. 假定丹氏贸易公司是一个垄断者，而宇宙毛皮公司仍然是一个价格接受者，在毛皮市场上将出现一个什么样的均衡？

c. 假定宇宙毛皮公司是一个垄断者，而丹氏贸易公司仍然是一个价格接受者，均衡将是什么样的？

d. 用图表示这些结果，并讨论宇宙毛皮公司与丹氏贸易公司进行双边垄断谈判时可能出现的均衡的类型。

解： a. 因为 $q = 240x - 2x^2$，所以宇宙毛皮公司的总收益为：$R = 5q = 1200x - 10x^2$。

边际收益产品为：$MRP_x = \frac{\partial R}{\partial x} = 1200 - 20x$。

因为毛皮的生产函数为：$x = \sqrt{l}$，所以丹氏贸易公司的成本为：$C = wl = 10x^2$，边际成本为：$MC = 20x$。

在市场均衡时，有：$p_x = MC = 20x$，$MRP_x = p_x$。

从而可以解得均衡的价格和交易量分别为：

$$p_x = 600，x = 30$$

b. 当丹氏贸易公司充当垄断者，而宇宙毛皮公司为价格接受者时，对于丹氏贸易公司而言，有：

$$p_x = MRP_x = 1200 - 20x$$

因而总收益为：$R = p_x \cdot x = 1200x - 20x^2$，边际收益为：$MR = \frac{dR}{dx} = 1200 - 40x$。

令 $MR = MC = 20x$，从而可以解得：$x = 20$，$p_x = 800$。

c. 当宇宙毛皮公司充当垄断者，而丹氏贸易公司作为价格接受者时，毛皮的供给满足：

$$MC = 20x = p_x$$

从而宇宙毛皮公司的总成本为：$p_x x = 20x^2$。

利润最大化要求：$ME_x = 40x = MRP_x = 1200 - 20x$。

从而可以解得：$x = 20$，$p_x = 400$。

d. 如图 16 - 8 所示，在双边垄断竞价中，宇宙毛皮公司和丹氏贸易公司都愿意将毛皮的产量定为 $x=20$，但是两者关于应该支付的价格存在着很大的分歧，最终的市场价格取决于双方讨价还价的能力。

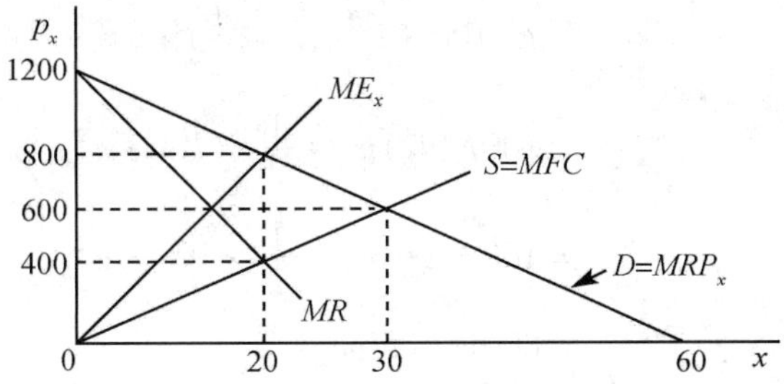

图 16 - 8　双边垄断下价格和产量的决定

8. 下面继续例 16.6 中劳动力市场博弈的分析，假设公司的总收入函数如下：$R=10l-l^2$，并且工会的效用就是总工资的函数：$U(w, l)=wl$。

a. 在例 16.6 中所描述的两阶段博弈的纳什均衡工资合同是怎样的？

b. 证明另一个工资合同 $w'=l'=4$ 帕累托优于问题 a 中的合同。

c. 在什么条件下问题 b 中所说的合同可持续成为一个子博弈完美均衡？

解： a. 本题的求解和教材例 16.6 一样，采用反向归纳法。

在博弈的第二阶段，雇主将选择 l 来最大化其收益，雇主的利润函数为：$\pi=10l-l^2-wl$。

利润最大化的一阶条件为：$\frac{\partial \pi}{\partial l}=10-2l-w=0$，从而有：$l=5-w/2$。

再回到第一阶段，工会将选择 w 来最大化工资收入：$wl=5w-0.5w^2$。

又最大化一阶条件为：$5-w=0$，从而可以解得：$w^*=5$，$l^*=2.5$。

因而有：$U^*=12.5$，$\pi^*=6.25$。

b. 当 $w'=l'=4$ 时，$U'=16$，$\pi'=8$，帕累托优于问题 a 中的工资合同。

c. 为了考察可持续性，必须集中考察如果工会选择了 $w'=4$（此时利润最大化的 l 是 3，而不是 4），那么该工资是否会激励欺骗，即考察厂商欺骗与不欺骗的长期收益大小。

因为 $\pi(l=3)=9$，因而可持续条件为：

$$8/(1-\delta) > 9+6.25\delta/(1-\delta)$$

即不欺骗的长期收益大于欺骗的长期收益，从而有：$\delta > 1/2.75=4/11$。

9. 对于风险的补偿性工资差异

一个人由每天的收入（y）得到的效用为：

$$U(y)=100y-(1/2)y^2$$

收入的唯一来源是劳动所得。因此，$y=wl$，其中，w 是每小时工资，l 是每天工作的小时数。这个人知道有一个职位，每天固定工作 8 小时，每小时工资 5 美元。对于另一个职位，每天的工作时间是随机的，平均值为 8 小时，标准差为 6 小时，那么必须提供多高的工资才能使这个人接受这份更“冒险”的工作？

解： 第一个职位的效用为：

$$U(y_1)=100\times 8\times 5-\frac{1}{2}\times(8\times 5)^2=3200$$

对于第二个职位，由于 $E(l_2)=8$，$\mathrm{Var}(l_2)=36$，所以 $E(l_2^2)=\mathrm{Var}(l_2)+E^2(l_2)=100$，

于是：

$$EU(y_2)=E(100y_2-\frac{1}{2}y_2^2)$$
$$=E(100\cdot l_2\cdot w_2-\frac{1}{2}l_2^2w_2^2)$$
$$=100E(l_2)w_2-\frac{1}{2}E(l_2^2)\cdot w_2^2$$
$$=100\times 8\cdot w_2-\frac{1}{2}\times 100\cdot w_2^2$$
$$=800w_2-50w_2^2$$

要想使此人接受更“冒险”的工作，必须有：

$$800w_2-50w_2^2\geqslant 3200$$

解得 $w_2^*\geqslant 8$，即最低提供每小时 8 美元的工资，才能使这个人接受这份更“冒险”的工作。

10. 家庭劳动供给

一个有两个成年人的家庭试图将如下形式的效用函数最大化：

$$U(c,\ h_1,\ h_2)$$

其中，c 是家庭消费，h_1 与 h_2 是每个家庭成员享受的闲暇时间。选择的约束条件为：

$$c=w_1(24-h_1)+w_2(24-h_2)+n$$

其中，w_1 与 w_2 是每一家庭成员的工资率，而 n 是非劳动收入。

a. 不做数学推导，只运用替代效应与收入效应的概念讨论交叉替代效应 $\partial h_1/\partial w_2$ 与 $\partial h_2/\partial w_1$ 可能的符号。

b. 假定有一个家庭成员（比如个人 1）可以在家里劳动，从而可按如下函数将闲暇时间转换为消费：

$$c_1=f(h_1)$$

其中，$f'>0$，$f''<0$。这一额外选择方式会如何影响工作在家庭成员之间的最优分配？

解： a. 此家庭的效用最大化问题为：

$$\max U(c,\ h_1,\ h_2)$$
$$s.t.\ \ c+w_1h_1+w_2h_2=24w_1+24w_2+n$$

当 w_2 上升时，一方面，由于 h_1 相对于 h_2 变得更便宜，所以 h_1 的需求会上升；另一方面，w_2 的上升使得消费者的实际收入减少，所以这又会引起 h_1 的需求下降；最后，从预算约束等式的右边可知，w_2 的上升又会使得禀赋价值增加，也会引起 h_1 的需求上升。综合上述分析，可知 $\partial h_1/\partial w_2$ 的符号取决于替代效应、普通的收入效应以及禀赋收入效应这三者的总和，如果替代效应和禀赋收入效应之和大于普通的收入效应，那么 $\partial h_1/\partial w_2$ 的符号为正；反之，$\partial h_1/\partial w_2$ 的符号为负。类似的结果对 $\partial h_2/\partial w_1$ 也成立。

b. 如果家庭成员 1 可以选择在家里劳动，那么此家庭也可以选择在预算约束 $c_1=f(h_1)$ 和 $c_2=w_2(24-h_2)+n$ 下最大化自己的效用 $U(c_2+c_1,\ h_1,\ h_2)$。此家庭将比较成员 1 在家里劳动的最大效用值与在外劳动的最大效用值，并由此来决定工作方式。

如果 1 可以选择在家里劳动一段时间，又在外劳动一段时间（更实际的情况），那么可以预见的是，1 将在 $f'(h_1)\geqslant w_1$ 的时间内选择在家劳动，然后剩下的时间出去工作，因为这样 1 和 2 的休息量仍可以保持在原有水平上，而消费额却大于只在家劳动的最优消费额。

11. 需求理论的几个结果

本章运用的理论将劳动供给作为对闲暇需求的镜像，因此本书第 2 篇的所有需求理论都变得和劳动供给的研究有关。以下是三个例子。

a. 罗伊恒等式。在第 5 章扩展部分我们证明，运用罗伊恒等式，需求函数可以从间接效用函数中推导出来。用相同的方法证明与(16.20)式描述的效用最大化问题有关的劳动供给函数可以从间接效用函数中得出：

$$l(w,\ n)=\frac{\partial V(w,\ n)/\partial w}{\partial V(w,\ n)/\partial n}$$

解释在例 16.1 中描述的柯布－道格拉斯情形下的该结果。

b. 替代品和互补品。实际工资率的变化不仅影响劳动供给，还会影响消费偏好束中对特定商品的需求。建立 w 变化对一特定消费品的交叉价格效应的斯拉茨基方程，并用该方程讨论闲暇和这个特定商品是(净或总)替代品还是互补品。为这两种关系各举一例。

c. 劳动供给和边际支出。运用与给定需求曲线计算边际收益的方法相同的求导方法，证明：

$$ME_l=w\left(1+\frac{1}{e_{l,w}}\right)$$

解： a. 在教材(16.20)式中有

$$L=U(c,\ h)+\lambda(w+n-wh-c)=c^{\alpha}h^{\beta}+\lambda(w+n-wh-c)$$

效用最大化的一阶条件为

$$\frac{\partial L}{\partial c}=\alpha c^{-\beta}h^{\beta}-\lambda=0$$

$$\frac{\partial L}{\partial h}=\beta c^{\alpha}h^{-\alpha}-\lambda w=0$$

$$\frac{\partial L}{\partial \lambda}=w+n-wh-c=0$$

由此解得

$$c=\alpha(w+n),\ h=\frac{\beta(w+n)}{w}$$

代入效用函数中，得 $V(w,\ n)=[\alpha(w+n)]^{\alpha}[\beta(w+n)/w]^{\beta}=(w+n)\alpha^{\alpha}\beta^{\beta}/w^{\beta}$。

由罗伊恒等式得 $l(w,\ n)=\dfrac{\partial V(w,\ n)/\partial w}{\partial V(w,\ n)/\partial n}=\dfrac{\alpha^{\alpha}\beta^{\beta}\cdot\dfrac{\alpha w-\beta n}{w^{\beta+1}}}{\alpha^{\alpha}\beta^{\beta}\cdot\dfrac{1}{w^{\beta}}}=\dfrac{\alpha w-\beta n}{w}$，与教材例 16.1 中所求结果相同。

因此，可以将工资看作是闲暇的价格，而非劳动收入 n 则表示初始的预算收入。

b. 对商品 i，由斯拉茨基方程分解式可得

$$\frac{\partial x_i}{\partial w}=\text{替代效应}+\text{收入效应}=\frac{\partial x_i}{\partial w}\Big|_{\overline{U}}+h\,\frac{\partial x_i}{\partial I}$$

对于任意正常商品 i，其收入效应是正的，若商品 i 与劳动是互补品，或说与闲暇是替代品，则这种正的效应会加强；其替代效应是负的，若商品 i 与劳动是替代品，或说与闲暇是互补品，则负的效应会加强。

c. $\frac{\partial wl}{\partial l} = w + l\frac{\partial w}{\partial l} = w\left(1 + \frac{l}{w}\frac{\partial w}{\partial l}\right) = w(1 + 1/e_{l,w})$，一般来说，$e_{l,w}$是大于 0 的，因此有 $ME_l > w$，若 $e_{l,w} = \infty$，则 $ME_l = w$。

12. 跨期劳动供给

将本章中单阶段的劳动供给模型扩展成多阶段是相对容易的。这里我们来看一个简单的例子。假设个人在两个阶段作出其劳动供给决策和消费决策。假设这个人在第一阶段开始时拥有财富 W_0，他在每一期都有一单位的时间用于工作或闲暇。因此，两阶段的预算约束为：

$$W_0 = c_1 + c_2 - w_1(1 - h_1) - w_2(1 - h_2)$$

各个 w 代表该阶段的实际工资率。在此我们将 w_2 视为不确定的，因此第二阶段的效用也随之不确定。如果我们假定两阶段的效用可以相加，则有 $E[U(c_1, h_1, c_2, h_2)] = U(c_1, h_1) + E[U(c_2, h_2)]$。

a. 证明第一阶段效用最大化的一阶条件和正文中求得的一阶条件一样；特别地，证明 $MRS(c_1$对$h_1) = w_1$。解释 W_0的变化如何影响 c_1和 h_1的选择。

b. 解释为何第二阶段的间接效用函数可以写成 $V(w_2, W^*)$，其中 $W^* = W_0 + w_1(1 - h_1) - c_1$（注意，$w_2$是一个随机变量，所以 V 也是随机的）。

c. 运用包络定理证明最优选择 W^* 要求两阶段预算约束的拉格朗日乘数满足条件 $\lambda_1 = E(\lambda_2)$（此处 λ_1是初始问题的拉格朗日乘数，λ_2是第二阶段效用最大化问题的隐含拉格朗日乘数）。也就是说，两阶段财富的期望边际收益应当相等。请直观地解释这个结果。

d. 尽管这个模型的比较静态取决于效用函数的具体形式，但还是请大致讨论一下，如果政府推行政策将每阶段工资都提高 k 美元，会如何影响各阶段的选择。

解：a. 第一阶段效用最大化问题为：

$$\max U(c_1, h_1)$$
$$s.t.\ W_0 + w_1(1 - h_1) + w_2(1 - h_2) = c_1 + c_2$$

构造拉格朗日函数：

$$L = U(c_1, h_1) + E[U(c_2, h_2)] + \lambda[W_0 + w_1(1 - h_1) + w_2(1 - h_2) - c_1 - c_2]$$

效用最大化的一阶条件为：

$$\frac{\partial L}{\partial c_1} = \frac{\partial U}{\partial c_1} - \lambda = 0$$

$$\frac{\partial L}{\partial h_1} = \frac{\partial U}{\partial h_1} - \lambda w_1 = 0$$

$$\frac{\partial L}{\partial c_2} = E\left(\frac{\partial U}{\partial c_2}\right) - \lambda = 0$$

$$\frac{\partial L}{\partial h_2} = E\left(\frac{\partial U}{\partial h_2}\right) - \lambda E(w_2) = 0$$

$$\frac{\partial L}{\partial \lambda} = W_0 + w_1(1 - h_1) + E(w_2)(1 - h_2) - c_1 - c_2 = 0$$

由前两个一阶条件可得：$\frac{\partial U/\partial h_1}{\partial U/\partial c_1} = w_1 = MRS$。

由该式可以发现 h_1是 c_1的一个隐函数，记为 $h_1(c_1)$。对$\frac{\partial U}{\partial h_1} = w_1\frac{\partial U}{\partial c_1}$两边求导可得，

$\frac{\partial^2 U}{\partial h_1^2} \cdot h_1'(c_1) = w_1 \frac{\partial^2 U}{\partial c_1^2}$，由于边际效用递减，所以效用函数的二阶偏导数均为负值，从而可得 $h_1'(c_1) > 0$。

等式 $W_0 + w_1(1 - h_1) - c_1 + w_2(1 - h_2) - c_2 = 0$ 两边对 W_0 求导，可得

$$1 = w_1 \cdot h_1'(c_1) \cdot \frac{dc_1}{dW_0} + \frac{dc_1}{dW_0}$$

由于 $h_1'(c_1) > 0$，所以 $\frac{dc_1}{dW_0} > 0$，进而 $\frac{dh_1}{dW_0} = h_1'(c_1) \frac{dc_1}{dW_0} > 0$。所以 h_1 和 c_1 都是 W_0 的增函数。

b. $W^* = W_0 + w_1(1 - h_1) - c_1$，表示 W^* 是第二期开始时的财富，而第二期的间接效用是第二期的工资和第二期的财富的函数。因此，间接效用函数可以写为 $V(w_2, W^*)$。

c. 消费者在第二阶段的决策问题为

$$\max E[U(c_2, h_2)]$$

$$s.t. \ c_2 + E(w_2)h_2 = W^*$$

构建拉格朗日函数并求导，得到

$$\frac{\partial L}{\partial c_2} = E\left(\frac{\partial U}{\partial c_2}\right) - E(\lambda_2) = 0 \Rightarrow E\left(\frac{\partial U}{\partial c_2}\right) = E(\lambda_2)$$

$$\frac{\partial L}{\partial h_2} = E\left(\frac{\partial U}{\partial h_2}\right) - E(\lambda_2 w_2) = 0$$

从而有

$$\lambda_1 = \frac{\partial U/\partial c_1}{1} = \frac{\partial U/\partial h_1}{w_1}$$

$$E(\lambda_2) = E\left(\frac{\partial U/\partial c_2}{1}\right) = E\left(\frac{\partial U/\partial h_2}{w_2}\right)$$

为实现总效用最大化，必须满足 $\lambda_1 = E(\lambda_2)$，代表两期的财富的边际效用必须相等，否则消费者就会将财富在不同时期进行转移以实现效用最大化。

d. 每阶段工资的提高相当于初始财富的增加。由问题 a 可知第一期的消费和闲暇都将增加，但对第二期的影响是不确定的，因为替代效应倾向于使消费增加，闲暇减少，而收入效应则有相反的作用。

第17章 资本和时间

17.1 复习笔记

1. 资本与回报率

回报率是指当期收入中未被用于消费而被保留的那部分收益。

一项投资的单期回报率是指在时期1所放弃的消费在时期2所能提供的额外消费量，即 $r_1=\frac{x-s}{s}=\frac{x}{s}-1$，其中 r_1 表示单期回报率，s 表示当前所放弃的消费部分，x 表示下一期增加的额外消费部分。

持久回报率是指最初所放弃的消费量与未来持久增加的那部分消费量的比率，即 $r_\infty=y/s$，其中 r_∞ 表示持久回报率，s 表示当前所放弃的消费部分，y 表示今后持久增加的那部分消费量。

2. 回报率的决定因素

未来商品的相对价格(p_1)是为增加一单位未来消费而必须放弃的当前商品的数量。即：

$$p_1=\frac{\Delta c_0}{\Delta c_1}=\frac{1}{1+r}$$

因此，由未来商品价格的供求分析，可以得出回报率 r 的决定理论。

(1)未来商品的需求

个人在跨期预算约束 $W=c_0+p_1c_1$ 下，将通过选择最佳的消费组合，即当前消费和未来消费组合(c_0^*，c_1^*)来最大化其效用。p_1 下降会导致 c_1 上升，但是 c_0 的变动方向是不确定的。因为替代效应与收入效应在相反方向上起作用(假定 c_0 与 c_1 都是正常商品)，但替代效应和收入效应的相对大小未知。

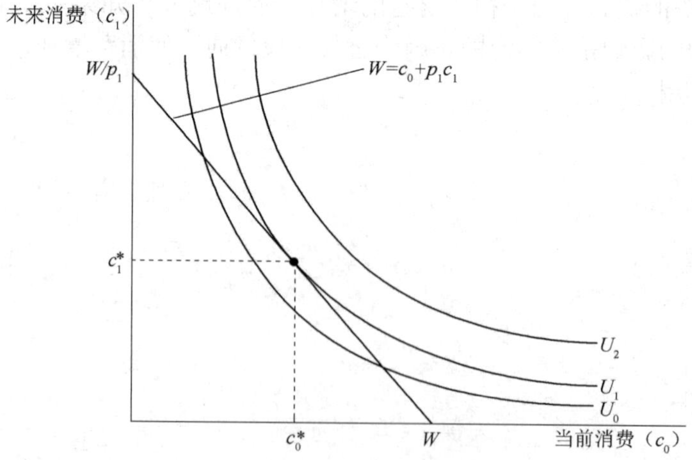

图17－1　个人跨期的效用最大化

(2)未来商品的供给

未来商品相对价格增加，则生产更多的未来商品能够带来更多的收益，因此企业生产增加，表明未来商品的价格与供给正向变动关系，未来商品的供给曲线为向右上方倾斜的曲线。这一供给曲线反映了当企业试图通过资本积累而将现在商品转化为未来商品时所经历的边际成本递增（或收益递减）的过程。

(3)未来商品的均衡价格和均衡回报率

如图17－2所示，市场在点(p_1^*，c_1^*)处达到均衡。在该均衡点处，个人对未来商品的供求相等。而且一定数量的当期商品将被转化为资本积累，以便在未来生产c_1^*。

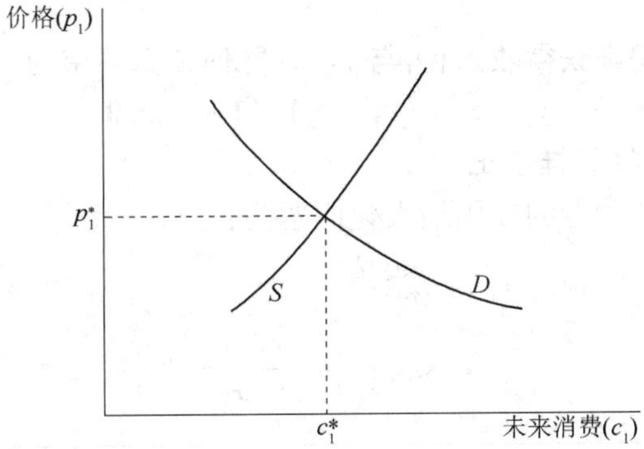

图17－2　未来商品的均衡价格的决定

下式定义回报率(r)与未来商品价格的关系：

$$p_1^* = \frac{1}{1+r}$$

回报率与p_1是衡量将当前商品转化为未来商品的等价方式。

3. 厂商投资决策

厂商在考虑任何一项投资时，不只是考虑这项投资所生产的产品现在获得的收益，还要考虑可能在将来发生价格变化的预期收益，并将该预期收益根据现行利率折合为现值。

折现值也称贴现值，是将未来的一笔投资按照某种利率折合为现值。用PDV来表示折现值，其计算公式如下：

$$PDV = \frac{R}{(1+r)^t}$$

厂商从事一笔投资后，并不是在某一年取得一次性收入，而是在以后若干年中每一年都获得一笔收入。如果该投资收益延续n年，投资决策的多期净收益现值PDV为：

$$PDV = R_0 + \frac{R_1}{1+r} + \frac{R_2}{(1+r)^2} + \cdots\cdots + \frac{R_n}{(1+r)^n}$$

厂商投资决策的目标往往是使投资回报的净现值最大化。

特别地，当投资收益每期都相同且持续期为无限时，有$PDV = \frac{R}{r}$，其中R为每期的相同收益，r为贴现率。

17.2　课后习题详解

1. 一个人拥有固定财富(W)，并将W在两个时期内分配，两期消费分别为c_1和c_2，个人的效用函数由下式给出：

$$U(c_1, c_2)$$

预算约束为：

$$W = c_1 + c_2/(1 + r)$$

其中，r 是单期利率。

a. 证明如果个人在此预算约束下要最大化其效用，则他应当选择 $MRS(c_1$ 对 $c_2) = 1 + r$ 时的 c_1 与 c_2 的组合。

b. 证明 $\partial c_2/\partial r \geq 0$，但是 $\partial c_1/\partial r$ 的符号不确定。如果 $\partial c_1/\partial r$ 为负，你认为 c_2 的需求价格弹性是怎样的？

c. 如果个人在每一期都获得收入(y_1与 y_2)，并使预算约束为

$$y_1 - c_1 + (y_2 - c_2)/(1 + r) = 0$$

则你对问题 b 的结论将怎样修正？

解：a. 跨期决策的消费者的效用最大化问题为：

$$\max_{c_1,c_2} U(c_1, c_2)$$

$$s.t.\ c_1 + \frac{c_2}{1 + r} = W$$

设拉格朗日函数：

$$\psi(c_1,\ c_2,\ \lambda) = U(c_1,\ c_2) + \lambda(W - c_1 - \frac{c_2}{1 + r})$$

一阶条件为：

$$\frac{\partial\psi}{\partial c_1} = \frac{\partial U}{\partial c_1} - \lambda = 0 \quad ①$$

$$\frac{\partial\psi}{\partial c_2} = \frac{\partial U}{\partial c_2} - \frac{\lambda}{1 + r} = 0 \quad ②$$

$$\frac{\partial\psi}{\partial\lambda} = W - c_1 - \frac{c_2}{1 + \lambda} = 0 \quad ③$$

从而解得：

$$\frac{U'_{c_1}}{U'_{c_2}} = 1 + r = MRS_{c_1,c_2}$$

b. 如果令 $p = \frac{1}{1 + r}$，那么跨期决策的消费者效用最大化问题就是：

$$\max_{c_1,c_2} U(c_1,\ c_2)$$

$$s.t.\ c_1 + pc_2 = W$$

这是一个普通的消费者效用最大化问题，则第二期消费 c_2 可以表示为 p、W 的函数，记为 $c_2(p,\ W)$，利用斯拉茨基方程，可知：

$$\frac{\partial c_2}{\partial p} = \frac{\partial h_2}{\partial p} - \frac{\partial c_2}{\partial W}c_2$$

其中，h 代表希克斯需求。假设$\frac{\partial c_2}{\partial W} > 0$，即第二期的消费会随着总收入的提高而增加，那么由于替代效应为负，即$\frac{\partial h_2}{\partial p} < 0$，可知$\frac{\partial c_2}{\partial p} < 0$，从而$\frac{\partial c_2}{\partial r} = \frac{\partial c_2}{\partial p}(-1)\frac{1}{(1 + r)^2} > 0$。

同理$\frac{\partial c_1}{\partial r} = \frac{\partial c_1}{\partial p}(-1)\frac{1}{(1 + r)^2}$，对$\frac{\partial c_1}{\partial p}$利用斯拉茨基方程有$\frac{\partial c_1}{\partial p} = \frac{\partial h_1}{\partial p} - \frac{\partial c_1}{\partial W}c_1$，由于交叉替代

效应$\frac{\partial h_1}{\partial p}$的符号不能确定，所以即使假设收入效应为正，也不能确定$\frac{\partial c_1}{\partial p}$的符号，所以$\frac{\partial c_1}{\partial r}$的符号也不能确定。

因此，c_2是一个正常品，其价格为$\frac{1}{1+r}$。如果$\frac{\partial c_1}{\partial r}<0$，则$c_2$价格的下降将导致用于$c_2$的总支出的增加，因而$c_2$的需求是富有弹性的。

c. 在新的预算约束下，预算约束的斜率没有发生变化，该预算约束必经$c_1 = y_1$，$c_2 = y_2$。如果在最优消费处有：$c_1^* > y_1$，则消费者将在时期 1 借款，在时期 2 还款。如果$c_1^* < y_1$，则消费者将在时期 1 存款，在时期 2 动用储蓄。

2. 假定一个人希望工作 40 年后退休，并再活 20 年。再假定个人收入每年以 3%增加，利率也是 3%(总体价格水平不变)，则他应当在每个工作年份里储蓄多少(占收入多少比重)才能够保证退休后收入为退休前的 60%？

解：为了简便，此处采用连续时间来计算利息，因而 t 时刻的收入为：$y_t = y_0 e^{0.03t}$，从而 t 时刻的储蓄为：$s_t = sy_t = sy_0 e^{0.03t}$。

则 40 年的总储蓄为：

$$S = \int_0^{40} s_t e^{0.03(40-t)} \mathrm{d}t = sy_0 \int_0^{40} e^{0.03t} e^{0.03(40-t)} \mathrm{d}t = sy_0 \int_0^{40} e^{1.2} \mathrm{d}t = 40 s y_0 e^{1.2}$$

退休时支出的现值为：

$$T = \int_0^{20} 0.6 y_{40} e^{-0.03t} \mathrm{d}t = 0.6 y_0 e^{1.2} \int_0^{20} e^{-0.03t} \mathrm{d}t = -0.6 y_0 e^{1.2} \left. \frac{e^{-0.03t}}{0.03} \right|_0^{20} = 20 y_0 e^{1.2} (1 - e^{-0.6})$$

由 $S=T$ 可得，储蓄率为：$s = \frac{20 y_0 e^{1.2}(1 - e^{-0.6})}{40 y_0 e^{1.2}} = 0.5(1 - e^{-0.6}) = 0.225$。

3. 苏格兰威士忌随时间推移而逐步增值。0 年时的 1 美元威士忌在 t 年值 $V(t) = e^{2\sqrt{t} - 0.15t}$。如果利率为 5%，则经过多少年后，苏格兰威士忌的拥有者才能卖出酒以使其 PDV 最大化？

解：由已知可得：$PDV = V(t)e^{-rt} = e^{2\sqrt{t} - 0.15t} \times e^{-0.05t} = e^{2\sqrt{t} - 0.2t}$。

PDV 最大化的一阶条件为：$\frac{\mathrm{d}PDV}{\mathrm{d}t} = e^{2\sqrt{t} - 0.2t} \times \left(\frac{1}{\sqrt{t}} - 0.2\right) = 0$，解得 $t = 25$。

此时有：$PDV = e^{2\sqrt{t} - 0.2t} = e^5$。

故过 25 年后，苏格兰威士忌的拥有者才能卖出酒以使其 PDV 最大化。

4. 在例 17.3 中，假设在 0 期时用 1 单位劳动就可以植树。一棵树的木材价值在 t 期为 $f(t)$，如果市场工资率为 w，即期利率为 r，则该生产过程的 PDV 是多少？应当如何选择 t 以使 PDV 最大化？

a. 如果最优的 t 值为 t^*，试证明没有纯利润的完全竞争的条件要求

$$w = e^{-rt} f(t^*)$$

你能解释这一表达式的含义吗？

b. t^* 期以前出售的树木不会立即被伐掉。相反，对于这些树的新的所有者来说，让树林继续生长到 t^* 期是有价值的。证明树龄为 u 年的树木的价格是 we^{ru}，它将超过对应每一个 u 值的树的木头价值 $[f(u)]$，除了 $u = t^*$ 时(这时二者将相等)。

c. 假定土地所有者拥有一片“平衡”的树木，即他从 0 期到 t^* 期每期拥有一棵树。这片

树林的价值是多少？提示：它是所有树木价值之和。

d. 如果树林价值为 V，V 的即期利息(即 rV)等于所有者在每期所获得的“利润”，其中“利润”是指出售一棵完全成熟的树所得的收益[$f(t^*)$]减去种植一棵新树的成本(w)。这一结果表明借款以购买一片树林时绝对不会有纯利润存在，因为每一期支付的利息必须恰好等于砍伐一棵树所得的收益。

解：a. 现值为：$PDV = e^{-rt}f(t)$；

从而有：$\frac{\mathrm{d}PDV}{\mathrm{d}t} = e^{-rt}f'(t) - f(t)(re^{-rt}) = 0$；

因而可以解得：$f'(t) - rf(t) = 0$。

从而在 t^* 处，有：$r = f'(t)/f(t)$。

因为 w 是当前支付的，利润 $\pi = 0$ 要求 $w = e^{-rt}f(t^*)$。

b. 一棵 u 年的树的价值为：$e^{-r(t-u)}f(t^*) = we^{ru}$。

we^{ru} 的增长率为 r，在 $u < t^*$ 处时，树的增长率高于 r。we^{ru} 开始时大于 $f(t)$，$f(t)$ 在 t^* 处赶上 we^{ru}。

c&d. 这片树林的价值为：

$$V = \int_0^{t^*} we^{ru}\mathrm{d}u = w\int_0^{t^*} e^{ru}\mathrm{d}u = w\left.\frac{e^{ru}}{r}\right|_0^{t^*} = (we^{rt^*} - w)\frac{1}{r}$$

因而有：$rV = f(t^*) - w$。所以，借款购买树林不存在纯利润。

5. 本题关注对公司利润征税和投资决策的相互作用。

a. 假定(事实并非如此)被征税的利润是我们所称的纯经济利润。那么，对利润征税会如何影响投资决策？

b. 实际上，考虑税收目的的企业利润为：

$$\boldsymbol{\pi' = pq - wl - \text{折旧}}$$

其中，折旧由政府和行业规定的在机器的使用年限内摊销成本的准则决定。如果折旧恰好等于实际的物理损耗，并且厂商处于长期竞争性均衡，那么对 π' 征税会对厂商的资本投入选择有什么影响？

c. 给定问题 b 中的条件，说明采用“加速折旧”政策会怎样影响资本使用，在这种政策下，在机器使用初期，折旧率超过物理损耗，而在后期，折旧率会大大降低。

d. 在问题 c 的条件下，公司利润税的降低会如何影响资本使用？

解：a. 这种利润被征税对投资决策将没有什么影响，因为在长期内不存在任何纯经济利润。

b. 在长期均衡时，$v = P_K(r + d)$，政府对资本的机会成本征税，这会提高 v，从而使得厂商有激励去用劳动替代资本。

c. 在问题 b 的条件下，这样做会增加资本的使用，因为资本投入的前期将享受税收优惠，尽管支付的税收总额是相同的，但是支付的时间价值是不同的，因而加速折旧下的税负现值比直线折旧下税负现值小。

d. 如果公司利润税下降，采用“加速折旧”政策所得的税收支付方面的收益将减少，从而有可能减少投资。

6. 一个人寿保险推销员说：“在你这个年纪花 100000 美元购买一张终身寿险保单比一张定期保单要好得多。持有终身寿险保单，你只需要在前四年里每年支付 2000 美元。一张

定期保单需要你每年支付 400 美元，永远如此。如果你再活上 35 年，你只需对终身保单支付 8000 美元，但对定期保单则要支付 14000 美元(=400 ×35)。所以，终身保单无疑是笔更好的交易。"

假定推销员的寿命预期是正确的，你将如何评价他的论断？更确切地说，假定利率为 10%，请计算两张保单的保费成本的贴现值。

解：(1)推销员的评论不正确，因为他没有考虑保单成本的现值。

(2)设按照推销员所说，投保人再活 35 年，采用每年利率 10% 的年计复利法计算两种保单成本的现值：

对于终身寿险保单而言，其成本现值为：

$$PDV_{whole\ life} = 2000 \times (1 + 1.1^{-1} + 1.1^{-2} + 1.1^{-3}) = \sum_{i=0}^{4} \frac{2000}{1.1^{i}} = 6973.704(\text{美元})$$

对于定期保单而言，其成本现值为：

$$PDV_{term} = 400 \times (1 + 1.1^{-1} + \cdots + 1.1^{-34}) = \sum_{i=0}^{34} \frac{400}{1.1^{i}} = 4243.43(\text{美元})$$

从净现值的角度看，定期保单的成本现值低于终身寿险保单的现值，所以定期保单对消费者来说是更好的选择，故推销员的评论不正确。

7. 假设原油的一种完全替代品将在未来 15 年内被发现，并且这种替代品的价格将等于每桶 125 美元的原油价格。假设现在原油的边际开采成本是每桶 7 美元。再假设实际利率为 5%，实际开采成本每年下降 2%。如果原油价格遵循(17.71)式所描述的路径，那么原油的当前价格应当是多少？你的答案揭示了原油市场的实际价格吗？

解：由(17.71)式 $p(t) = (p_0 - c_0)e^{rt} + c_0 e^{\gamma t}$，可得当 $t = 15$ 时，有

$$p(15) = e^{0.05 \times 15}(p_0 - c_0) + c_0 e^{-0.02 \times 15}$$

$$p(15) = e^{0.75} p_0 - e^{0.75} c_0 + c_0 e^{-0.3}$$

$$125 = e^{0.75} p_0 - 7e^{0.75} + 7e^{-0.3}$$

$$p_0 = 63.6$$

即原油的当前价格为 63.6。

8. 资本利得税

假定一个人拥有 W 美元分配于本期消费(c_0)与下期消费(c_1)，利率为 r。

a. 用图显示个人的最初均衡并且表明当期储蓄的总值($W - c_0$)。

b. 假定个人在作出他的储蓄决策之后(通过购买单期债券)，利率降至 r'。这会改变个人的预算约束吗？请指出新的效用最大化位置。讨论个人的改进状态如何能被解释为是他最初购买的债券的"资本所得"的结果。

c. 假定税收当局决定根据资本所得的量征税。如果所有这种所得都以 c_0 测度，请指出如何测算这些所得，将此值称为 G_1。

d. 假定用"实现了的"东西测度资本所得，即资本所得被定义为只包括那些转换成现金以购买额外 c_0 的债券。请说明这些实现了的所得应如何测算，将此值称为 G_2。

e. 开发一种测算由于 r 下降，效用真实增加的方法，用 c_0 来测算，将这一真实的资本所得称为 G_3。证明 $G_3 < G_2 < G_1$。如果现行政策只对实现了的资本所得征税，那么你会得出什么结论？

注：这一问题选自 J. Whalley, "Capital Gains Taxation and Interest Rate Changes,"

National Tax Journal（March 1979）：87－91。

解：a. 个人的当前均衡（c_0^*，c_1^*）和当期储蓄值（$I-c_0^*=W-c_0^*$）如图 17－3 所示。

b. 利率下降会改变个人的预算线，如图 17－3 所示，个人预算线会从 I 旋转到 I'，从而使个人效用水平从 U_0 提高至 U_1，最终效用最大化的点为 B。个人效用的提高代表了一种资本所得的结果，个人可以更为合理地配置其资源，从而获得更大的效用。

c. 应计资本利得可以用本期消费 c_0 的总的增加来测量（这是海格－西蒙对收入的定义），具体用 II' 来测量。

d. 实现了的资本所得用 $c_0^*c_B$ 来测度，即售出后可使消费者达到新的效用最大化选择 c_B 的单期债券的现值。

e. 真实的资本所得可以用以 c_0 表示的效用所得的值来测量，即用 II'' 来测量。该值小于问题 c 和问题 d 中的任何一个测量值。从图 17－3 可以看出：$II''<c_0^*c_B<II'$，即 $G_3<G_2<G_1$。

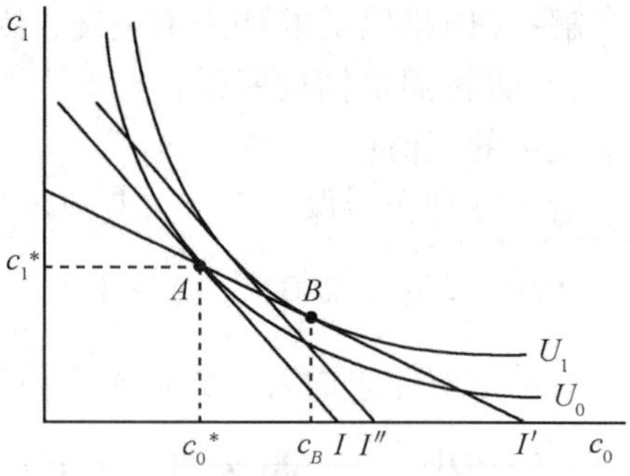

图 17－3　个人消费和储蓄决策

因而，对实现了的资本所得征税的政策尽管比对所有应计所得全部征税更为合理，但是仍存在一定程度的过度征税问题，因为它忽视了对下期消费 c_1 的影响。

9. 预防性储蓄和谨慎

例 17.2 的"请回答"中问，未来的不确定性如何影响一个人的储蓄决策。这里，我们更全面地探讨这个问题。我们所有的分析都以例 17.1 中的两阶段模型为基础。

a. 为简单起见，假设（17.15）式中 $r=\delta$。如果消费是确定的，则意味着 $u'(c_0)=u'(c_1)$，或者 $c_0=c_1$。但是，阶段 1 的消费受到了一个均值为 0 的随机事件的冲击，因此 $c_1=c_1^p+x$，其中 c_1^p 是阶段 1 的计划消费，x 是一个均值为 0 的随机变量。请描述，为何在这种情形下，效用最大化的要求是 $u'(c_0)=E[u'(c_1)]$。

b. 利用詹森不等式（参见第 2 章和第 7 章）证明，当且仅当 u' 为凸，即当且仅当 $u'''>0$ 时，消费者的选择是 $c_1^p>c_0$。

c. Kimball 提出用"谨慎"一词来描述个人的效用函数具有 $u'''>0$ 的特征。解释为何问题 b 的结果正好可以说明 Kimball 的定义和每天的消耗量是一致的。

d. 在例 17.2 中，我们看到了美国的实际利率低到难以协调实际的消费增长率，我们以个人愿意经历消费波动的程度为起点，证明了这个结论。如果消费增长率是不确定的，那么悖论会得到解决吗？还是反而被加剧了？

解：a. 个人在整个时期的效用等于其在当期消费的效用和未来消费的效用之和，即：

$$u(c_0,\ c_1)=u(c_0)+\frac{1}{1+\delta}u(c_1)$$

由于此时未来消费具有随机性，因此最大化问题变为最大化期望效用，由 $r=\delta$，有：

$$\max E[u(c_0,\ c_1)]=u(c_0)+\frac{1}{1+r}E[u(c_1)]$$

$$s.t.\ W=c_0+\frac{c_1}{1+r}$$

令拉格朗日表达式为：

$$L=E[u(c_0,\ c_1)]+\lambda\left(W-c_0-\frac{c_1}{1+r}\right)$$

一阶条件为：

$$\frac{\partial L}{\partial c_0}=u'(c_0)-\lambda=0$$

$$\frac{\partial L}{\partial c_1}=\frac{1}{1+r}E[u'(c_1)]-\frac{\lambda}{1+r}=0$$

$$\frac{\partial L}{\partial \lambda}=W-c_0-\frac{c_1}{1+r}=0$$

由此解得效用最大化的条件是当期消费所获得的边际收益等于下期消费的预期边际收益，即 $u'(c_0)=E[u'(c_1)]$。

b. 若 u'为凸的，根据詹森不等式，有：

$$E[u'(c_1)]>u'[E(c_1)]\Rightarrow E[u'(c_1)]>u'(c_1^p)$$

由问题 a 中证明可得，在效用最大化条件下，有 $u'(c_0)=E[u'(c_1)]$，将之代入上式，可得

$$u'(c_0)>u'(c_1^p)$$

由教材例 17.1，$u'(x)$单调递减，所以 $c_0<c_1^p$。

相反，若个人最优选择条件满足 $c_0<c_1^p$，则 $u'(c_0)>u'(c_1^p)$，在效用最大化条件下有 $u'(c_0)=E[u'(c_1)]$，因此 $E[u'(c_1)]>u'[E(c_1)]$，根据詹森不等式可知 u'为凸性的。

c. 当个人效用具有 u'是凸性的特征，则这个人更多的是选择在下期消费。换句话说，个人愿意减少当期的消费，更多的用于储蓄以预防不确定性事件对下期消费的影响，因此说这个人是谨慎的。

d. 从上面的分析可以看到，在不确定情况中高消费增长率是更优的选择，因此，较低的实际利率与现实生活中观察到的高消费增长率是一致的，这也在一定程度上解释了现实生活中较低实际利率和较高消费增长率的矛盾。

10. 垄断及自然资源价格

假设某厂商是某种自然资源存量的唯一所有者。

a. 为考虑上述情况，厂商通过卖资源得到的最大化折现利润[(17.63)式]的分析该如何修改？

b. 假设该题中对资源的需求有不变弹性形式，$q(t)=a[p(t)]^b$，这会如何改变(17.67)式中表示的价格动态？

c. 如果所有的原油供给都由一个厂商占有，那么本章课后习题第 7 题的答案会有何改变？

解： a. 厂商是某种自然资源存量的唯一所有者，则厂商可以控制自然资源的市场价格，因此(17.63)式中资源的价格应该是资源存量的函数，即 $p=p[q(t)]$。

b. 当 $q(t)=a[p(t)]^b$ 时，即 $p(t)=\left(\frac{q}{a}\right)^{\frac{1}{b}}$，将之代入哈密尔顿表达式，得：

$$H=e^{-rt}\left[\frac{1}{a^{1/b}}q(t)^{1/b}q(t)-c(t)q(t)\right]+\lambda(-q(t))+x(t)\frac{\mathrm{d}\lambda}{\mathrm{d}t}$$

最优化的一阶条件为：

$$H_q=\left(1+\frac{1}{b}\right)\frac{1}{a^{1/b}}q(t)^{1/b}e^{-rt}-c(t)e^{-rt}-\lambda=0$$

$$H_x=\frac{\mathrm{d}\lambda}{\mathrm{d}t}=0$$

由此可得$[MR(t)-c(t)]e^{-rt}=\lambda$，两边对时间 t 求导有：

$$\frac{\mathrm{d}\lambda(t)}{\mathrm{d}t}=\dot{\lambda}=-r[MR(t)-c(t)]e^{-rt}+[\dot{MR}(t)-\dot{c}(t)]e^{-rt}=0$$

由 $MR=p(1+1/b)$，$\dot{MR}=\dot{p}(1+1/b)$，可得：

$$\dot{p}=rp+\frac{\dot{c}-cr}{1+1/b}(b\neq-1\text{ 且 }b<0)$$

c. 由于原油供给由一个厂商占有，此时价格将会受到产量的影响，产量越高，定价会越低。随着时间推移，产量会逐渐下降，因此期末的定价相较于不受产量影响的非独占资源会更高，这代表期末 125 美元对应的石油要更少一些，因此期初 $P_0<63.6$ 元。

11. 可再生木材经济学

本章课后习题第 4 题的计算基于这样的假设，即经营一片林场就是决定什么时候去砍树，但是经营一片林场也包括重新种植，这是可以用模型表示的。为了实现这个目的，假设一个林场主正在考虑用成本 w 种植一棵树，在 t^* 的时候砍掉这棵树，再种植另外一棵，依次进行下去。这项活动的折现利润是：

$$V=-w+e^{-rt}[f(t)-w]+e^{-r2t}[f(t)-w]+\cdots+e^{-rnt}[f(t)-w]+\cdots$$

a. 证明这项有计划的种植活动的总价值由下式给出：

$$V=\frac{f(t)-w}{e^{rt}-1}-w$$

b. 找到使 V 最大化的 t 值，证明这个值是方程 $f'(t^*)=rf(t^*)+rV(t^*)$ 的解。

c. 解释问题 b 的结果，它们如何反映对于"投入"时间的最佳使用？为什么问题 b 中 t^* 的值与例 17.2 中的不同？

d. 假设树的生长(用美元衡量)服从逻辑函数 $f(t)=50/(1+e^{10-0.1t})$，那么从这棵树中得到的木材的最大价值是多少？

e. 如果树的生长依照问题 d 中所给的等式，并且 $r=0.05$，$w=0$，则最佳的种植周期是多长时间？这个周期下的树是否长到了它的最大价值？

f. 如果 r 跌到 0.04，则最优种植周期会如何变化？

注：问题 b 中得出的方程在林业经济学中被称作福斯特曼公式(Faustmann's equation)。

解：a. 对于无穷级数而言，有：

$$\frac{1}{1-x}=1+x+x^2+\cdots(|x|<1)$$

从而有：

$$\frac{x}{1-x}=x+x^2+\cdots(|x|<1)$$

因此，根据该公式可得：

$$V=-w+[f(t)-w](e^{-rt}+e^{-2rt}+e^{-3rt}+\cdots)$$

$$= -w + [f(t) - w]\left(\frac{e^{-rt}}{1-e^{-rt}}\right)$$

$$= -w + [f(t) - w]/(e^{rt} - 1)$$

b. 令 V 的一阶导数为 0，可得：

$$dV/dt = \frac{(e^{rt}-1)f'(t) - [f(t)-w]re^{rt}}{(e^{rt}-1)^2} = 0$$

从上式可以解出最优的时间 t^*。

从而可以解得：

$$0 = \frac{f'(t)}{e^{rt}-1} - \frac{[f(t)-w]re^{rt}}{(e^{rt}-1)^2}$$

化简可得：

$$f'(t) = \frac{[f(t)-w]re^{rt}}{e^{rt}-1}$$

$$= \frac{[f(t)-w]re^{rt}}{e^{rt}-1} + \frac{r[f(t)-w] - r[f(t)-w]}{e^{rt}-1}$$

$$= \frac{rf(t)(e^{rt}-1)}{(e^{rt}-1)} + \frac{r(f(t)-w)}{(e^{rt}-1)} - \frac{rw(e^{rt}-1)}{e^{rt}-1}$$

$$= rf(t) + rV(t)$$

c. 在问题 b 中所求得的条件意味着，在最优的 t^* 处，从延迟时间 t 砍伐树木可带来的收益 $f'(t)$ 必须与以下两种成本相平衡：①延迟砍伐树木当期的成本 $rf(t)$；②延迟砍伐树木对未来时期树木生长和砍伐所造成的机会成本 $rV(t)$。此处 t^* 比教材例 17.2 中解出的要小。直观上看，是因为让树继续生长需要占据额外的机会成本“树坑”，树坑是能带来持续收益的，即“V 的价值”，所以只有生长速率更快的小树才有保留的价值。

d. 如果 $f(t) = 50/(1+e^{10-0.1t})$，则有：

$$\lim_{t\to\infty} f(t) = \lim_{t\to\infty} 50/(1+e^{10-0.1t}) = 50$$

因而从这棵树上可得的最大木材量为 50。

e. 当 $r=0.05$，$w=0$ 时，由问题 b 和问题 c 可得：

$$f'(t) = \frac{5e^{10-0.1t}}{(1+e^{10-0.1t})^2}$$

从而有：

$$\frac{5e^{10-0.1t}}{(1+e^{10-0.1t})^2} \cdot (e^{0.05t} - 1) - \frac{2.5e^{0.05t}}{(1+e^{10-0.1t})} = 0$$

因而可以解得最优时间为：$t^* = 100$，该结果不是最大导致木材最优产量的时间，因为树木总是在不断生长。

f. 如果 $r=0.04$，则有：

$$\frac{5e^{10-0.1t}}{(1+e^{10-0.1t})^2} \cdot (e^{0.04t} - 1) - \frac{2.5e^{0.04t}}{(1+e^{10-0.1t})} = 0$$

因而可以解得最优时间为：$t^* = 104.1$，较低的 r 推迟了最优时间。

12. 更多关于风险资产回报率的讨论

金融理论中的许多结果建立在风险资产的期望总回报率 $E(R_i) = E(x_i)/p_i$ 上。这个问题会引导你得出更多结果。

a. 用(17.37)式证明 $E(R_i)-R_f=-R_f\mathrm{Cov}(m,R_i)$。

b. 在数理统计中，柯西－施瓦茨不等式说明对于任意两个随机变量 x 和 y，$|\mathrm{Cov}(x,y)|\leqslant\sigma_x\sigma_y$。运用这个结果说明 $|E(R_i)-R_f|\leqslant R_f\sigma_m\sigma_{R_i}$。

c. 夏普比率边界。在金融学中，"夏普比率"被定义为超过无风险利率的期望收益率与风险资产的标准差的比值，即夏普比率 $=\frac{E(R_i)-R_f}{\sigma_{R_i}}$。运用问题 b 中的结论证明夏普比率的上限是 $\sigma_m/E(m)$。（注意：一个随机变量的标准差与均值的比例被称作"变化系数"或者 CV。这一问题说明了夏普比率的上限由随机折现率的 CV 给定。）

d. 近似计算 m 的 CV。折现因子 m 是随机的，因为消费增长是随机的。有时假设消费增长服从"指数正态分布"是很方便的——也就是消费的对数服从正态分布。令消费增长对数的标准差为 $\sigma_{\ln\Delta c}$。有了这些假设，就可以证明 $CV(m)=\sqrt{e^{\gamma^2\sigma^2_{\ln\Delta c}}-1}$。利用这个结果证明这个表达式的逼近值可以表示为 $CV(m)\approx\gamma\sigma_{\ln\Delta c}$。

e. 股权溢价之谜。搜索过去 50 年各个股票市场中平均夏普比率的历史数据。运用这些数据和大致估算出的 $\sigma_{\ln\Delta c}\approx0.01$ 来说明，本题中的问题 c 和 d 意味着一个很高的个人相对风险厌恶系数 γ。也就是说，只有人们更加厌恶风险时（相对于通常认为的情况），相对较高的夏普比率的历史数据才能得到合理解释。这就是所谓的"股权溢价之谜"。你怎么看？

解：a. (17.37)式为：

$$p_i=E(m\cdot x_i)=E(m)\cdot E(x_i)+\mathrm{Cov}(m,x_i)=\frac{E(x_i)}{R_f}+\mathrm{Cov}(m,x_i)$$

两边同乘以 R_f/p_i 得到：

$$R_f=\frac{R_f}{p_i}\mathrm{Cov}(m,x_i)+\frac{E(x_i)}{p_i}$$

将 $E(R_i)=E(x_i)/p_i$ 代入上式得到：

$$E(R_i)-R_f=-\frac{R_f}{p_i}\mathrm{Cov}(m,x_i)=-R_f\mathrm{Cov}(m,R_i)$$

b. 运用柯西－施瓦茨不等式 $|\mathrm{Cov}(x,y)|\leqslant\sigma_x\sigma_y$，则问题 a 中表达式满足：$|\mathrm{Cov}(m,R_i)|\leqslant\sigma_m\sigma_{R_i}$。由于 $E(R_i)-R_f=-R_f\mathrm{Cov}(m,R_i)$，则 $|E(R_i)-R_f|\leqslant R_f\sigma_m\sigma_{R_i}$。

c. 由问题 b 可知：$|E(R_i)-R_f|\leqslant R_f\sigma_m\sigma_{R_i}$。

等式两边同除以 σ_{R_i} 得到：

$$\left|\frac{E(R_i)-R_f}{\sigma_{R_i}}\right|\leqslant R_f\sigma_m=\frac{\sigma_m}{E(m)}$$

因此，问题 b 中的结论证明夏普比率的上限是 $\sigma_m/E(m)$。

d. 消费增长服从正态分布，即 $\ln\Delta c\sim N(\mu,\sigma^2_{\ln\Delta c})$。

折现因子 $m=\beta(\Delta c)^{-\gamma}$，取对数得到 $\ln m=\ln\beta-\gamma\ln\Delta c$，因此 $\ln m\sim N(\ln\beta-\gamma\mu,\gamma^2\sigma^2_{\ln\Delta c})$。

所以，对数正态分布的均值和方差分别为：

$$E(m)=\beta e^{-\gamma\mu+\frac{\gamma^2\sigma^2_{\ln\Delta c}}{2}}$$

$$\sigma_m=E(m)\sqrt{e^{\gamma^2\sigma^2_{\ln\Delta c}}-1}$$

因此，$CV(m)=\sqrt{e^{\gamma^2\sigma^2_{\ln\Delta c}}-1}$。

当 x 很小时，$e^x \approx 1+x$，因此，$CV(m)=\sqrt{e^{\gamma^2\sigma^2_{\ln\Delta c}}-1}\approx\sqrt{\gamma^2\sigma^2_{\ln\Delta c}}=\gamma\sigma_{\ln\Delta c}$。

e. 标准普尔500指数的夏普比率约为0.5，$\sigma_{\ln\Delta c}\approx 0.01$ 意味着 γ 值约为50，远远高于通常认为的典型人对风险态度的值。

13. 双曲线贴现

人会"短视"这个概念在 David Laibson 的论文"Golden Eggs and Hyperbolic Discounting"(*Quarterly Journal of Economics*, May 1997, pp. 443–477)中被标准化了。作者在文中假设消费者最大化如下形式的跨期效用：

$$效用=U(c_t)+\beta\sum_{\tau=1}^{\tau=T}\delta^{\tau}U(c_{t+\tau})$$

其中，$0<\beta<1$，$0<\delta<1$。这些折现因子在不同时间的具体形式导致了短视的可能。

a. Laibson 建议，假设 $\beta=0.6$，$\delta=0.99$，证明对于这两个值，未来消费的折现因子会沿着一般的双曲线模式变化。也就是说，在 $t+1$ 期显著减小，在后期稳定地呈几何递减。

b. 直观上描述为什么这种形式的折现率会导致短视行为。

c. 更规范地，计算在时间点 t 上 c_{t+1} 和 c_{t+2} 的 *MRS*，将这个 *MRS* 和时间点 $t+1$ 上 c_{t+1} 和 c_{t+2} 的 *MRS* 相比。解释实际利率不变的情况下，为何上述比较结果意味着"动态不一致"的跨期选择？特别地，最优的 c_{t+1} 和 c_{t+2} 与上述两组值有何不同？

d. Laibson 解释了问题 c 描述的模式会导致"早期的自己"寻找方法以约束"未来的自己"，以此收获完整的效用最大化。解释为什么这些约束是必要的。

e. 请找出几个在现实世界中人们用于约束自己未来选择的方法。

解：a. 在题中给定效用函数形式下，折现因子为 $\{1, \beta\delta, \beta\delta^2, \beta\delta^3, \beta\delta^4, \cdots\}$。

当 $\beta=0.6$，$\delta=0.99$ 时，折现因子有如下一组值：

$$\{1,\ 0.594,\ 0.594\times 0.99,\ 0.594\times(0.99)^2,\ 0.594\times(0.99)^3,\ \cdots\}$$

因此，折现因子在 $t+1$ 期显著减小(从1减小到0.594)，在其后期稳定地以0.99的几何级数递减。

b. 折现因子在 $t+1$ 期显著减小表明在 t 时期的偏好与 $t+1$ 时期的偏好是不一致的。因此，在时期 t 所做的关于 $t+1$ 时期的决定可能并不适应 $t+1$ 时的偏好，因为在 $t+1$ 时的偏好与 t 时期的偏好并不一致，所以个人会根据 $t+1$ 时期的偏好改变 t 时期所做的决定。也就是说，在当期所做的长期计划在下一期很可能改变，从而导致了短视的行为。

c. 在时期 t，c_{t+1} 和 c_{t+2} 的 *MRS* 等于 $U'(c_{t+1})/\delta U'(c_{t+2})$，在时期 $t+1$，c_{t+1} 和 c_{t+2} 的 *MRS* 等于 $U'(c_{t+1})/\beta\delta U'(c_{t+2})$，从决策者的角度看，$t$ 时期的 *MRS* 与 $t+1$ 时期的 *MRS* 并不相等，这表明决策者在两个时期的有效偏好是不同的，这会促使决策者在当期改变上一期所做的消费选择，以达到新的 *MRS*。

d. 为了防止在一个时期改变其在另一个时期所做的消费选择，约束是必要的。因为在 t 时期约束未来的消费选择能避免 $t+1$ 时期的过度消费。现在的自己通过限制未来的自己消耗积累财富的能力来保证未来的消费都沿着效用最大化的路径。

e. 现实世界中人们用于约束自己未来选择的方法包括退休基金，以及对提前支取退休基金的罚款，房地产，储蓄债券，定期存单等。一般来说，非流动资产提供了一种防止未来过度消费的约束方法。

第 18 章　不对称信息

18.1　复习笔记

1. 应对不对称信息的复杂合同

(1) 不对称信息

不对称信息是指在交易中，一方拥有而另一方不拥有的信息。不对称信息可能会造成无效率的问题。

(2) 合同的价值

在合同设计时通过加入更多的合同条款可以对这些无效性进行规避。但是合同只能在一定程度上降低不对称信息带来的效率损失，无法完全消除这些效率损失带来的影响。

2. 委托代理模型

(1) 两个经典模型

隐藏行动模型是指委托人看不到代理人所采取的行动，而只能观察到其行动结果的模型。隐藏行动模型也被称作道德风险模型。

隐藏类型模型是指代理人在和委托人签订合同之前就掌握了与现实状态相关的私人信息。代理人的私人信息称为代理人的类型。隐藏类型模型也称作逆向选择模型。

(2) 最优、次优和第三优

最优合同：在完全信息条件下，委托人能够向代理人提出一个使双方的联合剩余最大化的合同。但是委托人只需保证不论签订合同与否，他给代理人的剩余无差异，因此委托人获得的是所有的剩余。这个结果即为最优结果，而能达到这个结果的合同被称为最优合同。最优合同只能作为理论上的参照点，在现实中，委托人很难获得完全信息，也几乎无法达到最优结果。

次优合同：当面临委托人掌握的信息比代理人少的约束时，委托人剩余最大化的结果即为次优结果，而能达到这个结果的合同也被称为次优合同。

第三优：在信息约束之外添加其他约束即可得到第三优结果。这依赖于所加入的约束的数量。

3. 隐藏行动

委托人想要让代理人采取能使他们的联合剩余最大化的行动(在委托人提供合同的条件下，想要尽可能地占有剩余)。委托人可能难以观察到代理人的行动，如果想要掌握代理人的行动，得付出较高的成本。而代理人会因为其行动不能被观察到倾向于偷懒，选择一个损人(代理人)利己的行动。合同能够通过将报酬和观察到的结果挂钩的方式减轻代理人的偷懒行为。

4. 所有者-经理人关系

在现代企业制度下，所有权和控制权往往分离，导致了所有者与经理人之间潜在的利益不一致。为解决这一问题，建立合理的公司治理框架变得尤为重要，旨在促进信息透明度、增强问责制，并通过绩效薪酬等方式将经理人的个人收益与公司的成功紧密联系起来。此外，良好的沟通渠道也是维持健康所有者-经理人关系的关键因素之一。

5. 保险中的道德风险

道德风险是指在签订保险合同后，投保人或被保险人可能因为有了保险保障而改变行为方式，增加发生保险事故的可能性或损失程度的现象。

(1)特点

①信息不对称：保险公司无法完全了解投保人的真实行为或风险状况。

②行为变化：投保人可能不再像以前那样谨慎，因为他们知道损失会由保险公司承担。

(2)示例

①车险中，投保人可能因为有保险而不小心驾驶，导致出险概率增加。

②健康保险中，被保险人可能过度使用医疗服务，增加医疗费用。

(3)解决方法

保险公司通常通过以下方式降低道德风险：

①设定免赔额或共保比例：让投保人分担部分损失，激励其更谨慎。

②加强监管和核查：对理赔情况进行严格审查。

③限制赔偿范围：明确不承保的行为或情况。

总结来说，道德风险是保险市场中一个重要的问题，需要通过合理的设计和管理来平衡各方利益。

6. 隐藏类型

在隐藏类型模型中，代理人的私人类型属于不可观测的外生固有属性。这种信息不对称赋予代理人缔约优势，导致委托人无法通过契约设计完全攫取所有类型代理人的信息租金。具体表现为：当委托人制定能完全获取高效率代理人剩余的契约时，低效率代理人将面临负效用而拒绝缔约。因此，委托人必须通过契约结构的优化设计来平衡收益分配，即使这种优化可能降低整体社会福利。实践表明，包含多个可选契约菜单的方案通常优于单一契约，因为代理人类型与契约选择的自选择机制会形成激励相容约束，使得高效率代理人始终能获得正的信息租金。

7. 保险中的逆向选择

保险公司在提供保险服务时会面临一个问题，即高风险的消费者更倾向于购买保险，但是高风险的消费者购买保险给保险公司带来的服务成本也更高。

8. 市场信号

(1)竞争性保险市场中的信号

在存在逆向选择的保险市场中，竞争性均衡下保险公司仅向低风险消费者提供部分保险。低风险消费者可主动向保险公司披露风险类型，但需通过第三方审计机构验证其真实性。为保证信号可信度，消费者需支付验证成本，该成本等于其均衡剩余与完全信息下最优剩余的差额。

由于高风险消费者存在更强的激励通过贿赂审计机构伪造风险报告，建立权威的审计机构或可靠的验证机制至关重要。

(2)柠檬市场

乔治·阿克洛夫在1970年发表的《次品市场：质量的不确定性与市场机制》一文中指出：与完全竞争假设不同，现实市场中的产品质量并非已知且价格既定，对交易双方来说，有关产品质量的信息是不对称的。以旧车市场为例，旧车的主人对车的了解程度，无疑比潜在买者要多一些。尽管买主可以通过多种途径来检查轿车，但卖方和买方之间的信息不对称是不可能完全消除的，因此买者对轿车质量总是不太放心。如果卖者在合同签订之前隐藏某些信息，企图卖个好价钱，结果不仅卖不到应有的价钱，甚至根本卖不出去，导致事与愿违，称为逆向选择。逆向选择指的就是在商品市场上，质量差的商品倾向于把质量好的商品逐出市场，这是由卖者隐蔽信息导致的。

9. 拍卖

(1)拍卖的分类(见表18－1)

表18－1　拍卖的分类

分类标准	具体内容	
商品的性质	个人价值拍卖	指拍卖商品对每一个参与人都具有不同的潜在价值的拍卖
	共同价值拍卖	指拍卖商品对每一个投标人都具有相同的价值，但不同的投标人对这个共同价值可能具有不同预测的拍卖
竞价的规则	英国式拍卖	拍卖人先以一个保留价格起拍，这是商品的出售者所愿意卖出商品的最低价格。接下来，投标人要相继给出一个较高的价格；通常，每一个出价都要按某个最小的竞价增量超出前一个出价。当没有投标人愿意再提高出价时，出价最高的人就获得了这件商品
	荷兰式拍卖	拍卖人先以一个较高的价格起拍，然后逐步降低价格，直到某个投标人愿意接受这个价格为止。荷兰式拍卖的进程非常迅速，这是它的一个主要优点
	密封拍卖	在密封拍卖中，每一个投标人都把自己的出价记录在一张纸上，并密封在一个信封中。最终，所有的信封集中在一起，出价最高的人将获得商品，他要向拍卖人支付他出的价格。如果这里存在保留价格，并且所有的出价都低于这个保留价格，那么商品将不属于任何出价人
	维克里拍卖	维克里拍卖类似于密封拍卖，但它却具有一个关键性的差异：商品由出价最高的投标者获得，但他却只需按第二高的出价支付
	自动升价拍卖	在自动升价拍卖中，出价最高的投标人赢得商品，但出价最高的投标人和出价第二高的投标人都必须支付他们的竞价

(2)拍卖的收益

在简单的模型设置下(风险中性的投标人能够清楚地了解自己对拍品的估价，投标人之间不存在勾结和共谋，等等)，上述不同的拍卖形式(也包括许多其他的拍卖形式)在均衡中为垄断者提供的期望收益相同。

18.2　课后习题详解

1. 克莱尔经营一家钢琴店。她的效用函数为：

$$\text{效用} = w - 100$$

其中，w 表示克莱尔获得的所有货币支付，**100** 表示维持店铺运营所需付出努力的货币性等价。运营店铺的次优方案给她带来的效用为 **0**。店铺收入取决于随机因素，各有 **50%** 的概率获得 **1000** 美元和 **400** 美元。

a. 如果股东愿意与她平分店铺收入，克莱尔的期望效用会是多少？她会接受这样的合同吗？假如她只获得 **1/4** 的收入呢？她愿意接受的最低分成比例是多少？

b. 如果股东决定出售店铺，克莱尔最多愿意支付多少？

c. 假设股东决定如果店铺盈利 **1000** 美元便给予克莱尔 **100** 美元奖励，那么为使她接受合同，固定工资应当为多少？

d. 假设克莱尔仍然选择和之前一样付出努力，但现在她可以选择不付出努力，在这种情形下，她可以获得努力带来的负效用，并且店铺的收入为确定性的 **400** 美元。

i. 如果股东决定提供一个和问题 **a** 相同的收入分成合同，那么诱使她付出努力的最低分成比例是多少？

ii. 如果股东设计的合同包括固定工资和奖金，那么最大化他们期望利润（收入减去支付给经理的报酬）的合同是怎样的？

解： a. 如果股东愿意与克莱尔平分店铺收入，则克莱尔的收入有两种情况：500 美元和 200 美元，概率均为 50%，则克莱尔的期望效用为：$EU = 0.5 \times 500 + 0.5 \times 200 - 100 = 250$。

如果克莱尔只获得 1/4 的收入，则克莱尔的收入有两种情况：250 美元和 100 美元，概率均为 50%，则克莱尔的期望效用为：$EU = 0.5 \times 250 + 0.5 \times 100 - 100 = 75$。

假设最低分成比例为 s，满足条件 $0.5 \times 1000s + 0.5 \times 400s - 100 = 0$，化简得到 $s = 1/7$。

b. 克莱尔的期望效用为：$EU = 0.5 \times 1000 + 0.5 \times 400 - 100 = 600$。

因此，如果股东决定出售店铺，克莱尔最多愿意支付 600 美元。

c. 令克莱尔的固定工资为 w，克莱尔的期望效用为：$EU = 0.5w + 0.5(w + 100) - 100 = w - 50$。

因此，要使克莱尔接受合同，必须满足 $w \geqslant 50$，则固定工资为 50 美元。

d. i. 假设收入分成比例为 s，克莱尔付出努力的期望效用为：$EU = 0.5 \times 1000s + 0.5 \times 400s - 100 = 700s - 100$。

克莱尔不付出努力的期望效用为：$EU = 400s$。

为了使克莱尔付出努力，则 $700s - 100 \geqslant 400s$，解得 $s \geqslant 1/3$。

ii. 能促使克莱尔努力工作的奖金 b 可以满足 $0.5b - 100 \geqslant 0$，即 $b \geqslant 200$，她不需要额外的固定工资，因为奖金也会给她至少与外部选择一样多的预期效用。

2. 一个人身伤害的律师作为代理人为受到人身伤害的原告服务。原告能够从这场诉讼中获得的期望赔偿金为 l（考虑到原告获胜的概率和获胜后能够获得的赔偿金），其中 l 是律师的努力程度。律师努力的成本为 $l^2/2$。

a. 通常律师能够获得 **1/3** 的胜诉费（也就是说，如果原告胜诉，他就需要将 **1/3** 的赔偿金作为诉讼费支付给律师），那么均衡时律师的努力程度、律师的剩余以及原告的剩余分别是多少？

b. 如果律师的胜诉费为一个固定值 c，那么此时律师的均衡努力程度、均衡剩余以及原告的均衡剩余又是多少？

c. 从原告的角度出发，最优的胜诉费是多少？计算此时律师和原告的剩余。

d. 如果原告能够把诉讼"卖"给律师(也就是说，原告可以向律师预付胜诉费，金额可能会比问题 c 中的高)，那么从原告的角度出发，最优的胜诉费是多少？计算原告需要预付的金额(假设原告向律师报价)，以及律师和原告能够获得的剩余。与问题 c 相比，"卖出"诉讼是否让他们变得更好了？你认为为什么很多国家不允许交易诉讼。

解：a. 律师的利润为：

$$\pi_l = \frac{l}{3} - \frac{l^2}{2}$$

均衡时律师选择利润最大化的努力程度，有：

$$\frac{\mathrm{d}\pi_l}{\mathrm{d}l} = \frac{1}{3} - l = 0$$

因此均衡时律师的努力程度为：$l^* = \frac{1}{3}$，律师的剩余为 $\pi_{l^*} = \frac{1}{18}$，原告的剩余为：$\pi_{p^*} = l^* - \frac{1}{3}l^* = \frac{2}{9}$。

b. 此时，律师的利润为：

$$\pi_l = cl - \frac{l^2}{2}$$

此时均衡时律师的努力程度为：$l^* = c$，律师的剩余为 $\pi_{l^*} = \frac{c^2}{2}$，原告的剩余为：$\pi_{p^*} = l^* - cl^* = c - c^2$。

c. 此时的胜诉费为 p，律师面临的选择问题为：

$$\max_l \pi_l = pl - \frac{l^2}{2}$$

律师的选择为：

$$\frac{\mathrm{d}\pi_l}{\mathrm{d}l} = p - l = 0$$

即 $l = p$。

原告面临的选择问题为：

$$\max_p \pi_p = l - pl = p - p^2$$

原告的选择为 $p = \frac{1}{2}$。

此时，律师的剩余为：$\pi_l = \frac{l}{2} - \frac{l^2}{2} = \frac{1}{8}$，原告的剩余为：$\pi_p = \frac{l}{2} = \frac{1}{4}$。

d. 交易诉讼的含义是指，原告将整起案件最终的收益权卖给律师，并提前预付诉讼费以完全从该起案件中抽身。对原告而言，最终收益已和他本人无关，而律师要极大化个人收益必然使原告收益等于 0。

律师面临的问题为：

$$\max_l \pi_l = pl - \frac{l^2}{2}$$

有：

$$\begin{cases} \pi_p = l - pl = 0 \\ \dfrac{\mathrm{d}\pi_l}{\mathrm{d}l} = p - l = 0 \end{cases}$$

解得：$p=1$，$l=1$，$\pi_l=\dfrac{1}{2}$，$\pi_p=0$。

此时，二者的总剩余最大，律师得到了二者的全部总剩余，原告的剩余为0，律师的境况变好，原告的境况能从出售诉讼中获得的收入得到弥补。

交易诉讼在很多国家被禁止的理由如下：

①尽管此时的总剩余最大化，但是却并没有最大化社会总剩余，社会总剩余不仅包括律师和原告的剩余，也包括被告的剩余和法庭的费用。

②交易诉讼可能扭曲律师的行为，使其产生不诚实行为，在效率最优时欠缺公平。

③原告的道德风险行为使得即使对于原告和律师的组合而言交易诉讼也可能是一个无效率行为。交易诉讼使得原告置身事外，没有激励在诉讼中全力以赴，产生道德风险。

3. 求解例18.4中咖啡店会采用的最优线性定价(每盎司咖啡的价格)。与使用非线性定价策略相比，使用线性定价会使咖啡店的利润发生何种变化？提示：第一步应该计算在线性价格为p时各个类型消费者的需求。

解：当咖啡店采用线性定价时，消费者面临的选择问题为：

$$\max_q 2\theta\sqrt{q}-pq$$

解得消费者的选择为：$q=\left(\dfrac{\theta}{p}\right)^2$。

因此高类型的消费者和低类型的消费者的选择分别为：$q_H=\left(\dfrac{20}{p}\right)^2$ 和 $q_L=\left(\dfrac{15}{p}\right)^2$。

咖啡店面临的选择问题为：

$$\max_p \frac{1}{2}p\left[\left(\frac{20}{p}\right)^2+\left(\frac{15}{p}\right)^2\right]-\frac{1}{2}\times 5\left[\left(\frac{20}{p}\right)^2+\left(\frac{15}{p}\right)^2\right]=\frac{625}{2p}-\frac{3125}{2p^2}$$

解得 $p=10$。

此时，咖啡店的利润为$\dfrac{625}{20}-\dfrac{3125}{200}=15.625$。与非线性定价相比，咖啡店的利润降低。

4. 回到例18.4中垄断咖啡店面对的非线性定价问题，但现在假设高需求消费者的比例上升到2/3，而低需求消费者的比例下降到1/3。那么次优情形的最佳合同菜单是什么？与例18.4相比，这个菜单发生了什么变化？

解：此时，次优的小杯咖啡的大小为：

$$\theta_L q_L^{-1/2}=c+2(\theta_H-\theta_L)q_L^{-1/2}$$

代入数据解得：$q_L=1$。

在确保不丢失低类型消费者的前提下能够向低类型的消费者索要的最高价格为：

$$T_L=2\theta_L\sqrt{q_L}=30$$

大杯咖啡的大小为：

$$\theta_H q_H^{-1/2}=c$$

解得 $q_H=16$。

大杯咖啡的价格为：

$$T_H=\theta_H[v(q_H)-v(q_L)]+\theta_L v(q_L)=150$$

与教材例18.4相比，由于此时低类型消费者的比例降低，小杯咖啡的大小偏离最优更远了，因为这样做的成本降低了，同时，咖啡店可以增加大杯咖啡的价格。

5．假设个体的效用是所拥有财富的对数值。个体的初始财富为 20000 美元，并且他有 1/2 的概率会遭遇车祸并且因此损失 10000 美元。在市场上竞争性的保险公司以公平的保险费向消费者提供保险。

a．如果个体购买全额保险，计算均衡的结果。

b．如果个体只能购买承保一半损失的部分保险，计算均衡的结果。证明消费者更偏好于问题 a 中的结果。

c．现在假设购买部分保险的个体在驾驶时会更加小心，在遇到车祸时遭受的损失由 10000 美元降到 7000 美元。计算此时部分保险的实际公平保费。现在消费者是偏好全额保险还是部分保险？

解： a．对于竞争性的保险公司，均衡时期望利润为 0，因为个体购买全额保险，因此有：

$$p-0.5\times 10000=0$$

解得 $p=5000$ 美元。

b．当个体只能承保一半的部分保险时，保险价格满足 $p-\frac{1}{2}\times 5000=0$，即保险价格为 $p=2500$ 美元。

①在问题 a 中，个体的期望效用为：

$$E(U_a)=\frac{1}{2}\ln(20000-5000)+\frac{1}{2}\ln(20000-5000)=\ln 15000=9.6158$$

②在问题 b 中，个体的期望效用为：

$$E(U_b)=\frac{1}{2}\ln(20000-2500)+\frac{1}{2}\ln(15000-2500)=\ln(\sqrt{17500}\times\sqrt{12500})=9.6017$$

因此，$E(U_a)>E(U_b)$。

c．当为部分保险时，保险价格满足 $p-\frac{1}{2}\times 3500=0$，即保险价格为 $p=1750$ 美元。此时个体的期望效用为：$E(U_c)=0.5\ln(20000-1750)+0.5\ln(20000-7000-1750+3500)=9.7055>E(U_a)$。

因此，此时个体偏好部分保险。

6．假设左撇子要比惯用右手的人群更容易受伤。在一项事故中左撇子确定会遭受 500 美元损失，右撇子只有 50%的概率受损。群体中包含 10 个左撇子和 100 个右撇子。所有人的财富效用函数为对数形式，且初始财富为 1000 美元。

a．对于一个垄断保险公司，求解完全信息情形下的结果(例如说可以观察出个体是左撇子还是右撇子)。保险公司从每个合同中赚取的人均利润是多少？

b．如果消费者拥有关于自身类型的私人信息，求解一个垄断保险公司的利润最大化结果。保险公司从每个合同中赚取的人均利润是多少？为两类消费者提供保险是明智的吗？

c．求解完全竞争性保险市场中完全信息情形下的结果。

d．证明以消费者拥有关于自身类型的私人信息为前提，若合同包含公平保险(正如完全竞争要求的那样)，则任何对于右撇子的包含部分保险的分离合同都会诱使左撇子偏离分离合同。由此得出的结论是，竞争性均衡的结果使得右撇子没有保险。进一步地，此处的逆向选择问题如此严重，使得任何竞争性均衡等价于该市场中保险的完全消失。

解： a．保险公司对左撇子提供全额保险，投保费为 500 美元，保险公司利润为 0。

右撇子的全额保险的保费满足投保与不投保的期望效用相等，即：

$$\ln(1000-p_R)=\frac{1}{2}\ln(1000-500)+\frac{1}{2}\ln(1000)$$

解得：$p_R=292.9$ 美元。

因此，完全信息下左撇子的投保费为 500 美元，右撇子的投保费为 292.9 美元。保险公司从左撇子合同中赚取的人均利润为 0，从右撇子合同中获得的人均利润是 42.9 美元。

b. 左撇子会完全保险，即 $x_L=500$ 美元。为了保证左撇子的合同和右撇子的合同是无差异的，满足条件：

$$\ln(1000-p_L)=\ln(1000-500-p_R+x_R)$$

解得 $p_L=500+p_R-x_R$。

为了保证右撇子会投保，满足条件：

$$\frac{1}{2}\ln(1000-500-p_R+x_R)+\frac{1}{2}\ln(1000-p_R)=\frac{1}{2}\ln(1000-500)+\frac{1}{2}\ln(1000)$$

解得 $x_R=p_R(1500-p_R)/(1000-p_R)$。

保险公司的利润为：$10(p_L-x_L)+100(p_R-x_R/2)$。

已知 $x_L=500$，$p_L=500+p_R-x_R$，$x_R=p_R(1500-p_R)/(1000-p_R)$，将保险公司的总利润转化为 p_R 的函数：$50p_R(400-p_R)/(1000-p_R)$。

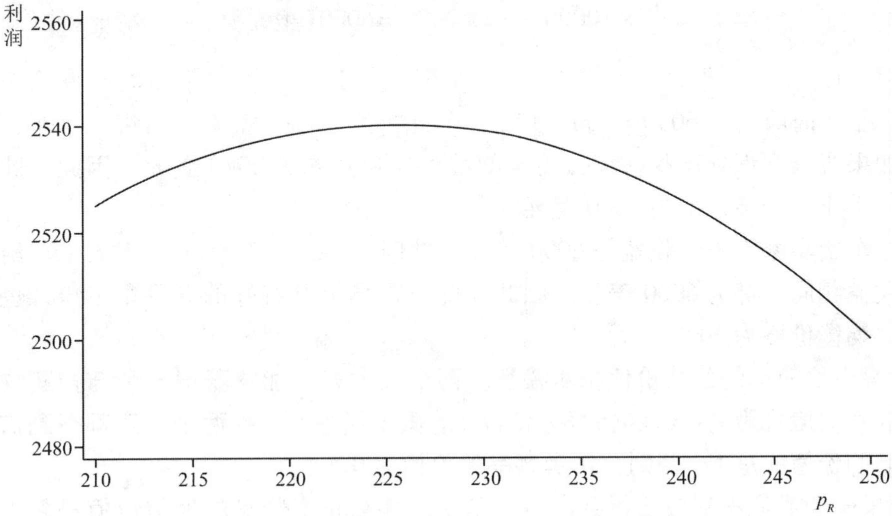

图 18－1　保险公司最优选择

如图 18－1 所示，当 $p_R=225$ 美元时，总利润最大，为 2540 美元。此时，右撇子的保费为 370 美元，左撇子的保费为 355 美元。

保险公司为左撇子提供的每份合同获得的损失为：500－355＝145 美元，为右撇子提供的每份合同获得的利润为 225－370/2＝40 美元。

由于为左撇子提供保险总是获得损失，但鉴于左撇子总是可以接受针对右撇子的合同，他们不能被排除在市场之外，最终均衡是保险公司能够实现的最优结果，逆向选择不利于保险公司。

c. 完全竞争性保险市场中完全信息情形下，保险公司对左撇子提供全额保险，投保费为 500 美元；保险公司对右撇子提供全额保险，投保费为 250 美元，此时保险公司利润为 0。

d. 对于完全保险合同，如果在竞争下制定公平价格，相当于没有保险。如果为右撇子提供公平价格的保险合同，满足条件 $p_R = x_R/2$。此时，左撇子从这个合同中获得的期望利润为：

$$\ln(1000-500-p_R+x_R)=\ln\left(500-\frac{x_R}{2}+x_R\right)=\ln\left(500+\frac{x_R}{2}\right)$$

因此，只要 $x_R>0$，左撇子总会选择为右撇子提供的公平保险合同，因此竞争条件下不存在分离均衡。只有当 $x_R=0$ 时，这个全额保险对左撇子相当于不保险，因此，任何竞争性均衡等价于该市场中保险的完全消失。

7. 假设二手车市场上有 100 辆二手车待售。其中有 50 辆好车，能够给买家带来的价值是 10000 美元。剩下的 50 辆车是次品，每辆只值 2000 美元。

a. 如果买家不能观察到二手车的质量，那么他的最大支付意愿是多少？

b. 假设市场中买家的数量足够多，买家之间的竞争会导致每辆汽车都能以买家的最大支付意愿售出。如果好车给卖家带来的收益为 8000 美元，那么市场均衡是怎样的？如果好车给卖家带来的收益为 6000 美元，那么均衡又是怎样的？

解： a. 此时，买家只愿支付平均的二手车的价值，最大支付意愿为：

$$\frac{1}{2}\times 10000+\frac{1}{2}\times 2000=6000(\text{美元})$$

b. 如果好车给卖家带来的收益为 8000 美元，当其不出售二手车时收益为 8000 美元，当其出售二手车时收益为 6000 < 8000 美元，因此，好车的卖家不会出售二手车，市场上只有次品。如果买家意识到这些，那么买家的最大支付意愿为 2000 美元。因此，此时市场上只有次品二手车，均衡价格为 2000 美元。

如果好车给卖家带来的收益是 6000 美元，此时出售二手车和不出售二手车给好车的卖家带来的收益相同，都为 6000 美元。因此，此时市场上既有好的二手车出售，也有次品二手车出售，均衡价格为 6000 美元。

8. 考察下面简单的公共价值拍卖模型。两个买家各自能够获得一个与拍卖物品价值有关的私人信号。信号为高(H)和信号为低(L)的概率相等。如果两个买家都得到信号 H，那么拍卖物品的价值就是 1；否则，拍卖物品的价值为 0。

a. 如果一个买家看到自己得到的信号是 L，那么拍卖物品的期望价值是多少？如果买家看到的信号是 H 呢？

b. 假设买家根据问题 a 中计算得到的期望价值出价。证明观察到信号 H 的买家能够获取的利润是负的——这是一个赢者诅咒的例子。

解： a. 如果一个买家看到自己得到的信号是 L，显然，此时不可能两个买家都得到信号 H，因此拍卖物品的期望价值为 $0\times 1+1\times 0=0$。如果买家看到的信号是 H，此时，另一个买家的信号为 H 的概率为$\frac{1}{2}$，信号为 L 的概率也为$\frac{1}{2}$，因此拍卖物品的期望价值为$\frac{1}{2}\times 1+\frac{1}{2}\times 0=\frac{1}{2}$。

b. 此时，拍卖博弈策略集合为 $(H, H)=\left(\frac{1}{2}, \frac{1}{2}\right)$，$(H, L)=\left(\frac{1}{2}, 0\right)$，$(L, H)=$

$\left(0, \frac{1}{2}\right)$，$(L, L)=(0, 0)$，博弈的支付矩阵为：

	H	L
H	(1/2, 1/2)	(−1/2, 0)
L	(0, −1/2)	(0, 0)

对于参与者1而言，当策略为(H, H)和(L, L)时，其有1/2的概率获胜，当策略为(H, L)时，必然获胜，当策略为(L, H)时，其必然失败，因此参与者1拍卖的获胜期望利润为：

$$\frac{1}{2}\times\frac{1}{2}\times\frac{1}{2}+\frac{1}{2}\times\left(-\frac{1}{2}\right)=-\frac{1}{8}$$

同样，参与者2的获胜的期望利润为−1/8。

因此，这是一个胜利者诅咒，因为赢者知道他赢的是一件无价值的拍卖物品。

9. 医患关系

考察病人和医生之间的委托代理关系。假设病人的效用函数为$U_p(m, x)$，其中m表示医疗服务（医疗服务的数量由医生决定），x表示病人的其他消费。病人的预算约束为$I_c=p_m m+x$，其中p_m是医疗服务的相对价格。医生的效用函数则是$U_d(I_d)+U_p$，即医生的效用不仅仅与收入有关，由于医生的利他心理，病人的健康也会影响医生的效用。不仅如此，在医生效用函数中直接加上病人的效用，就说明医生是一个完美的利他主义者，他的效用会随病人效用以1∶1的比例增加。医生的收入来源是病人的医疗支出：$I_d=p_m m$。请证明，在这种情境下，医生选择的医疗服务水平m会高于有完全信息的病人自己愿意选择的医疗服务水平。

解：医生自己选择医疗服务水平时，医生面临的选择问题为：

$$\max_m U_d(I_d)+U_p(m, x)=U_d(I_d)+U_p(m, I_c-p_m m)$$

$$s.t.\quad I_d=p_m m$$

医生效用最大化的一阶条件为：

$$p_m U'_d+\frac{\partial U_p}{\partial m}+\frac{\partial U_p}{\partial x}(-p_m)=0$$

有：

$$\frac{\partial U_p/\partial m}{\partial U_p/\partial x}=p_m\left(1-\frac{U'_d}{\partial U_p/\partial x}\right)<p_m$$

完全信息的病人面临的选择问题为：

$$\max_m U_p(m, x)$$

$$s.t.\quad I_c=p_m m+x$$

效用最大化的一阶条件为：

$$\frac{\partial U_p}{\partial m}+\frac{\partial U_p}{\partial x}(-p_m)=0$$

即

$$\frac{\partial U_p/\partial m}{\partial U_p/\partial x}=p_m$$

因为医生和病人的选择在同一条预算约束线上，且边际效用递减，因此医生选择的医疗服务水平 m 会高于有完全信息的病人自己愿意选择的医疗服务水平。

10. 在拍卖中增加买家之间竞争的激励程度

在一场油画拍卖中有 n 个买家，各个买家对油画的估值都服从 0 到 1 之间的均匀分布。

a. 计算首价密封投标拍卖的均衡出价策略，同时计算在这种拍卖中卖家能够获得的期望收入。提示：运用均匀分布的第 k 顺序统计量的期望公式[(18.81)式]。

b. 计算第二价格密封投标拍卖的均衡出价策略，以及卖家能够获得的期望收入(利用问题 a 给出的线索)。

c. 这两种拍卖形式给卖家带来的收入是否相等？

d. 对于上述两种拍卖形式，随着买家数量的增加，买家的出价策略以及卖家的收入会发生怎样的变化？

解： a. 买家 1 面临的选择问题为：

$$\max_{b_1} \Pr(b_1>\max(b_2, \cdots, b_n))(v_1-b_1)+\Pr(b_1<\max(b_2, \cdots, b_n))(v_1-b_1)\times 0$$

假设其他买家使用线性定价策略，即 $b_i=kv_i(i\neq 1)$，上述问题化为：

$$\max_{b_1} \Pr(b_1>\max(b_2, \cdots, b_n))(v_1-b_1)+\Pr(b_1<\max(b_2, \cdots, b_n))(v_1-b_1)\times 0$$

$$=\max_{b_1}(v_1-b_1)\prod_{i=2}^{n}\Pr(b_1>kv_i)=\max_{b_1}(v_1-b_1)\prod_{i=2}^{n}\Pr\left(v_i<\frac{b_1}{k}\right)$$

$$=\max_{b_1}(v_1-b_1)\left(\frac{b_1}{k}\right)^{n-1}$$

解得 $b_1=\frac{n-1}{n}v_1$。

对买家 1 的分析同样适用于对其他买家的分析，因此拍卖的均衡出价策略为：

$$b_i=\frac{n-1}{n}v_i(i=1, 2, \cdots, n)$$

卖家的期望收入为

$$E(\max(b_1, b_2, \cdots, b_n))=\frac{n-1}{n}E(\max(v_1, v_2, \cdots, v_n))=\frac{n-1}{n}\times\frac{n}{n+1}=\frac{n-1}{n+1}$$

b. 此时买家 1 面临的选择问题为：

$$\max_{b_1} \Pr(b_1>\max(b_2, \cdots, b_n))(v_1-b_{n-1})+\Pr(b_1<\max(b_2, \cdots, b_n))(v_1-b_1)\times 0$$

假设其他买家使用线性定价策略，即 $b_i=kv_i(i\neq 1)$，上述问题化为：

$$\max_{b_1} \Pr(b_1>\max(b_2, \cdots, b_n))(v_1-b_{n-1})+\Pr(b_1<\max(b_2, \cdots, b_n))(v_1-b_1)\times 0$$

$$=\max_{b_1}(v_1-b_{n-1})\prod_{i=2}^{n}\Pr(b_1>kv_i)=\max_{b_1}(v_1-b_{n-1})\prod_{i=2}^{n}\Pr\left(v_i<\frac{b_1}{k}\right)$$

$$=\max_{b_1}(v_1-b_{n-1})\left(\frac{b_1}{k}\right)^{n-1}$$

当 $b_1>\max(b_2, \cdots, b_n)$时，$v_1\geqslant b_1>b_{n-1}$，因此上式递增，所以解得 $b_1=v_1$。

对买家 1 的分析同样适用于对其他买家的分析，因此拍卖的均衡出价策略为：

$$b_i=v_i(i=1, 2, \cdots, n)$$

卖家的期望收入为

$$E(b_{n-1})=E(v_{n-1})=\frac{n-1}{n+1}$$

c. 显然，由问题 a 和问题 b 的结果可知两种拍卖形式给卖家带来的收入相等。

d. 对于首价密封投标拍卖，$\lim\limits_{n\to\infty}\frac{n-1}{n}v_i=v_i(i=1, 2, \cdots, n)$，因此随着 n 的增加，买家出价增加，并逐渐接近买家对拍品的真实估价。对于第二价格密封投标拍卖，买家的均衡策略为以对拍品的真实估值出价，不随买家数量的变化而变化。两种情况下，都有 $\lim\limits_{n\to\infty}\frac{n-1}{n+1}=1$，因此卖家的收入随买家数量的增加而增加，并逐渐接近于1。

11. 团队合作

团队人数的增加可能会降低团队成员工作的积极性，我们将在本题说明这个结论。假设 n 个合作者的共同产出的收益为 $R=e_1+\cdots+e_n$，其中 e_i 是合作者 i 的努力程度，他付出努力 e_i 需要的成本为 $c(e_i)=e_i^2/2$。

a. 如果合作者平分收益 R，那么均衡的努力程度和剩余(收益 R 减去努力的成本)分别是多少?

b. 如果最后只有一个合作者能够获得收益，那么均衡的努力程度和平均剩余是多少?最后收益应该集中分配给一个合作者还是应该平均分配?

c. 回到问题 a，把一个合作者获得的剩余对 n 求导。一个合作者获得的剩余随 n 递增还是递减?随着 n 的增加，每个合作者获得剩余的极限值是多少?

d. 一些评论员认为员工持股计划(ESOPs，让所有的公司员工都获得公司的股票)是有利的，因为这样能够给予员工努力工作的激励。请根据问题 c 的结果，分析现代企业中员工持股计划的激励特征(现代企业一般都有上千名员工)。

解：a. 对于合作者 i，其面临的选择问题为

$$\max_{e_i}\pi_i=\frac{R}{n}-c(e_i)=\frac{\sum_{k=1}^{n}e_k}{n}-\frac{e_i^2}{2}$$

解得：$e_i=\frac{1}{n}$，$\pi_i=\frac{2n-1}{2n^2}$。

b. 假设合作者 i 获得全部收益，其他合作者 $j(j\neq i)$ 面临的选择问题为：

$$\max_{e_j}\pi_j=0-c(e_i)=0-\frac{e_j^2}{2}$$

因此 $e_j=0(j\neq i)$。

合作者 i 面临的选择问题为：

$$\max_{e_i}\pi_i=R-c(e_i)=e_i-\frac{e_i^2}{2}$$

解得 $e_i=1$，$\pi_i=\frac{1}{2}$。平均剩余为$\frac{1}{2n}$。

当 $n=1$ 时，分配给一个合作者和平均分配无差异；当 $n>1$ 时，平均分配时每个人获得的平均收益大于分配给一个人时每个人获得的平均收益，因此平均分配更好。

c. 有：

$$\frac{\mathrm{d}[(2n-1)/2n^2]}{\mathrm{d}n}=\frac{1-n}{n^3}$$

因此，当 $n>1$ 时，一个合作者获得的剩余随 n 递减，且有 $\lim_{n\to\infty}\frac{2n-1}{2n^2}=0$。

d. 上面的分析表明在一个理性的模型中员工持股计划给员工在利润分配上带来的努力工作的激励很少。但是这样的计划可能会对员工产生心理效应。同时，这样的计划使得雇主更容易进行工资谈判。例如，当公司处于衰退而员工并不了解此类的信息时，考虑到自身也持有公司的股票，员工会减少对于工资方面的过分要求。避免谈判失败可以使得公司和员工免受罢工和公司破产造成的损失。

12. 助推消费者进入逆向选择

畅销书《助推》(*Nudge*)表明，通过将一些选择设置为默认选项，或者为备选选项提供更多特征信息，助推消费者作出更明智的选择(低卡路里食物、低费用的基金等)，而不是限制他们的选择，或许是一个更有效的做法，这会使得一些可以从其他选择中获益的消费者仍然选择它们。本杰明·汉德尔(Benjamin Handel)最近的一篇论文指出，助推并不是完全无害的。在保险市场，助推消费者选择更适合他们风险类型的保险的政策可能加剧整个市场的逆向选择问题。

为了说明这一点，我们回到例 18.6，该例中竞争性厂商提供汽车保险，投保者的效用函数为对数形式，初始财富为 100000 美元，且他们的类型(汽车颜色)为私人信息。对于红色汽车主人，他的价值为 20000 美元的车被偷的概率为 0.25；对于灰色汽车主人，他的车被偷的概率为 0.15。红色汽车占总数的 10%，灰色汽车占 90%。该例表明均衡分离合同包括以 5000 美元保险费为 20000 美元损失提供全额保险(对于红色汽车主人)和以 453 美元保险费为灰色汽车主人提供部分保险，保险赔付金额约为 3021 美元。

a. 参照先前的保险知识，为获得不确定性情形下各消费者的福利度量，汉德尔建议计算每个消费者的确定性等价(即能为消费者提供均衡时期望效用水平相等的确定性财富——参见第 7 章的定义)，再计算这些确定性等价的平均值。计算例 18.6 中竞争性均衡下的平均确定性等价。

b. 假设由于迟钝、信息错误或其他行为偏见，一些消费者选择了"错误的"保险类型。这里我们假设一个非常简单的行为模型：行为消费者对于任何可选择的保险合同是同等偏好的。进一步假设所有消费者都是行为消费者。针对这个问题，保持问题中提到的合同不变，计算消费者的平均确定性等价。一个"助推"方案提供了足够信息，使得此处提到的行为消费者转化为问题 a 中的理性消费者。比较这一问和问题 a 中的福利结果，说明"助推"提升了福利。

c. 现在不提供固定的合同条款，假设合同中的保险条款考虑了给定消费者行为偏好的实际成本。找到竞争性均衡，计算此均衡的消费者平均确定性等价。和问题 a 的结果比较，说明"助推"行为消费者成为问题 a 中的理性消费者减少了福利。

汉德尔在论文中所做的远不止得到此处的理论观点。他的样本是一家大型企业，员工习惯在 2000 元处作出决策，根据他对这家企业保险需求的估算(在他的研究中是健康保险，而非汽车保险)，如果员工储蓄低于 2000 美元，他们将不会改变保险计划。这个惯性值阻止了一些高风险类型消费者选择全额保险，导致福利损失产生。对立的福利增加则使得一些低风险类型消费者维持全额保险，降低了提供保险的平均成本，因此降低了竞争性保险费。总体来说，汉德尔认为惯性行为的好处超过了坏处，意味着改变这个惯性的"助推"会降低福利，就和问题 c 中的结果一样。

解：a. 红色车主均衡时购买全额保险，保费为 5000 美元，因此确定性等价为 100000 − 5000 = 95000 美元。

灰色车主均衡时购买部分保险，其确定性等价满足：

$$\ln(CE) = 0.15\ln(80000 - 453 + 3021) + 0.85\ln(100000 - 453)$$

解得：$CE = 96793$ 美元。

确定性等价的平均值为：95000 × 0.1 + 96793 × 0.9 = 96614 美元。

b. 若红色车主选择错误，其确定性等价满足：

$$\ln(CE) = 0.25\ln(80000 - 453 + 3021) + 0.75\ln(100000 - 453)$$

解得：$CE = 95000$ 美元。

若灰色车主选择错误，其购买全额保险，确定性等价为 95000 美元。

因此，确定性等价的平均值为：95000 × 0.1 + (95000 × 0.5 + 96793 × 0.5) × 0.9 = 95807 美元。

与问题 a 中相比，平均确定性等价下降，“助推”提升了福利。

c. 在竞争性均衡下，实现混同均衡，保险公司提供一份保险合同，期望利润为 0。

平均风险为：0.1 × 0.25 + 0.9 × 0.15 = 0.16，全额保险的公平价格为：0.16 × 20000 = 3200 美元。

相应的确定性等价为：100000 − 3200 = 96800 美元。

与问题 a 相比，消费者的平均确定性等价增加，“助推”使得消费者福利减少。

第19章　外部性与公共品

19.1　复习笔记

1. 外部性的定义和分类

(1)外部性的定义

外部性也称外在效应或溢出效应，是指经济当事人的行为以不反映在市场交易之中的某种方式影响另一个当事人的行为，并且这种影响并不是在有关各方以价格为基础的交换中发生的，因此其影响是外在的。

外部性具有如下特点：

①外部性是一种人为的活动，不包括非人为事件造成的影响。当这种非人为事件发生时，无论它给人类带来的是损失还是收益，都不能被看成是外部性，如自然灾害等。

②外部性应该是在某项活动的主要目的以外派生出来的影响。如果是故意造成的，如抢劫给他人造成财产损失不能算作是外部性。

③外部性包括对生态环境等与社会福利有关的一切生物或非生物的影响。

(2)外部性的分类(见表19－1)

表19－1　外部性的分类

分类标准		定义	举例
根据外部性影响分类	负外部性	指一个经济主体的经济活动导致其他经济主体蒙受的额外经济损失，也称外部成本	有毒品排放
	正外部性	指一个经济主体的经济活动导致其他经济主体获得的额外经济利益，也称外部收益	产蜂蜜和种苹果
根据外部性产生原因分类	生产外部性	指生产过程中存在外在成本或外在收益，生产者所承担的生产成本小于实际发生的全部社会成本，或者生产者的产品收益小于实际产生的全部社会收益	上下游污水排放
	消费外部性	指在消费过程中，当消费者给他人带来效用的增加或减少而没有为此得到补偿或付出代价，其消费活动具有的外部性	养花、吸烟
根据外部性时空结构分类	空间外部性	指某项经济活动在一定空间上对其周围的经济主体所造成的额外收益或损失，一般是对经济活动的现实影响	产业集聚
	时间外部性	指目前的某项经济活动对未来时期可能造成的额外收益或损失，一般是对经济活动的未来影响	环境污染

2. 外部性与资源配置无效率

在固定价格的情况下，当生产存在负的外部性时，如果生产者不支付生产行为过程中的全部成本，就会生产过多的产品，使产量超过社会的最优产出水平。反之，当生产存在正外部性时，如果生产者不能获得全部社会效益，产出就会低于社会最优水平。因此，外部性的存在使社会偏离了最有效的生产状态，使市场经济机制无法很好地实现其优化资源配置的基本功能，从而实现帕累托最优配置。

假定某个人进行某项活动的私人收益为 V_P，而该活动所产生的社会收益为 V_S。由于存在外部收益，私人收益小于社会收益，$V_P < V_S$。如果这个人进行该项活动的私人成本 C_P 大于私人收益而小于社会收益，即有 $V_P < C_P < V_S$，尽管从社会的角度看该行动是有益的，这个人显然不会进行这项活动。因此，在存在外部收益的情况下，私人活动的水平常常低于社会所要求的最优水平。在这种情况下，还存在帕累托改进的余地。如果这个人进行这项活动，则他所受损失部分为 $(C_P - V_P)$，社会上其他人由此而得到的好处为 $(V_S - V_P)$。由于 $(V_S - V_P) > (C_P - V_P)$，如果从社会上其他人所得到的收益中拿出一部分来补偿行为者的损失，社会可以得到好处。

反之，假定某个人进行某项活动的私人成本和社会成本分别为 C_P 和 C_S。由于存在外部成本，私人成本小于社会成本，$C_P < C_S$。如果这个人进行这项活动所得到的私人利益 V_P 大于私人成本而小于社会成本，即 $C_P < V_P < C_S$，则尽管从社会的观点看，该活动是不利的，这个人显然也会采取行动。因此，在存在外部成本的情况下，私人活动常常高于社会所要求的最优水平。在这种情况下，也存在帕累托改进的余地。如果这个人不采取这项行动，则他放弃的好处即损失为 $(V_P - C_P)$，但社会上其他人由此而避免的损失却为 $(C_S - C_P)$。由于 $(C_S - C_P) > (V_P - C_P)$，如果以某种方式重新分配损失的话，就可以使全社会的损失减少。

3. 处理外部性问题的方法

(1)征税和补贴

政府可以对负外部性征收附加税，对正外部性给予补贴。征收附加税的方法是由经济学家庇古提出的，因此附加税也叫庇古税。征收附加税将抑制具有负外部性的经济活动，进行补贴可以增加具有正外部性的经济活动。税收和补贴取得理想效果的关键之一是政府能否获得足够的信息，使税收或补贴与相关外部性完全一致。

(2)企业合并

当企业的生产活动影响到另一个企业或多个企业时，如果影响是外部的正影响，则该企业将无法因其他企业的附加利益而恢复自身的利益，从而使其生产低于社会最优水平；相反，如果这种影响是外部的负影响，则无论给其他企业造成多大的额外负担，前者都会使其生产超过社会最优水平。然而，如果这些企业合并为一个企业，过去的外部效应将“内部化”。为了它们的整体利益，被合并的大型企业将使成本和收益将等于社会成本和收益，从而使资源配置达到相对帕累托最优状态。

(3)产权界定与科斯定理

①产权界定

当企业使用某种资源必须支付成本时，这种成本将构成影响企业生产决策的重要因素。例如，企业雇用劳动力必须支付相应的报酬，因为企业员工拥有的劳动产权受到法律的明确界定和保护。企业之所以可以随意污染河流，是因为河流产权模糊，企业可以将其视为方便排污的场所。如果河流产权清晰，企业向河流排放污染物必须征得河流所有者的同意，并支付足够的补偿，此成本将不再为外部成本而不可避免地进入企业决策者的考虑范围。

②科斯定理

科斯认为，从根本上说，外部性是因为产权界定不明确或界定不恰当而造成的，只要能够界定并保护产权，且产权可以自由交易，随后产生的市场交易就能使资源的配置达到最优。

a. 科斯第一定理：如果产权是明确界定的，而且谈判协商的成本为零或者很小，则无论初始由哪一方拥有产权，都能带来资源的有效配置。

如果只考虑资源的最优配置，将产权赋予交易的任何一方都无关紧要。只要产权界定明确，双方将通过协商和交易最有效地利用资源。不同的人对初始产权的定义只会导致不同的收入分配。

b. 科斯第二定理：一旦考虑到进行市场交易的成本，合法权利的初始界定就必然会对经济制度运行的效率产生影响。

不同的产权制度和法律制度会导致不同的资源配置效率。产权制度是决定经济效率的重要内生变量，政府的重要职责之一就是尽可能明确界定社会经济生活中的各种产权。

4. 公共品

(1)公共品的性质(见表 19－2)

表 19－2　公共品的性质

要点	定义	举例
非竞争性	指对于任一给定的公共品的产出水平，增加额外一个人的消费，不会引起生产成本的任何增加，即消费者人数的增加所引起的社会边际成本趋于零	非高峰时期的公路桥
非排他性	指公共品一旦被生产出来，可以允许公众共同消费，采取收费的方式限制任何一个消费者对公共品的消费，是非常困难甚至是不可能的，将任何个体排除在享用该商品外的可能性趋于零	国防体系

(2)公共品与市场失灵

公共品的非竞争性意味着边际成本几乎等于零，边际收益也应为零，但边际收益为零则意味着产品应该免费提供，显然这在私人品市场上是不可能发生。公共品的非排他性决定公共品不适宜由私人生产。因为不能排他，使收费变得十分困难，生产者的收益难以保证。

(3)公共品的提供方式

公共物品会导致市场机制的失灵，政府干预是不可避免的。政府的主要责任是提供社会所需的公共物品，为社会经济的正常有效运行创造基本条件，而不是经营普通企业能够生产的私人物品。然而，政府提供公共品并不意味着政府生产所有公共品，也不意味着它完全取代了公共品，特别是准公共品的“市场”。

单纯由政府生产公共品，由于多种原因往往缺乏效率：第一，政府在生产和经营公共品时处于垄断地位，由于没有竞争，容易造成低效率；第二，从政府部门生产和经营公共品的非营利性来看，由于缺乏利润动机，因而难以实现高效率；第三，政府部门用于公共物品生产经营的支出来自预算。为了自身利益，不同部门往往强调自身公共物品的重要性，从而尽可能扩大预算比例，导致部分部门供给过多，损害效率。因此，政府的职能应该是“提供”而不是“生产”所有公共产品。

(4)公共品成本补偿(见表 19－3)

表 19－3　公共品成本补偿

要点	定义	举例
税收补偿	由政府承担公共品供给的条件下，有一部分是无需消费者直接支付代价的纯公共品，政府可以通过征税的形式获得提供这类公共服务所需要的经费	国防、立法、环保、新闻、天气预报

续表

要点	定义	举例
价格补偿	有一部分准公共品是由政府或其他公共部门提供的，但却可以通过市场并按照市场机制获得它们的价格	邮电、交通、供水、供电、供气
补贴加收费补偿	在由政府管理的公共品供给部门中，有时考虑到社会公平、政治安定等因素，往往采取一种部分由政府给予补贴、部分按较低的价格收费的成本补偿形式	教育、医疗

(5)萨缪尔森规则

萨缪尔森规则是指社会生产公共物品的成本应该等于每个人关于公共物品与私人物品边际替代率之和。萨缪尔森规则利用帕累托最优，追求效用的最大化。

假设社会只有两个家庭 A 和 B。G 表示公共产品的数量；x_1，x_2 分别是两个消费者的私人产品的消费量，可以把其抽象为货币。W_1 与 W_2 是两个消费者初始财富。

$U^1(x_1, G)$是消费者 A 的效用函数，决定于 A 消费的私人产品和公共产品的数量；$U^2(x_2, G)$为消费者 B 的效用函数，决定于 B 消费的私人产品和公共产品的数量。

这一问题可以归结为如下的有约束的最优化问题：

$$\max_{x_1,x_2,G} U^1(x_1, G)$$

$$s.t. \begin{cases} U^2(x_2, G) \geqslant \overline{U} \\ x_1 + x_2 + C(G) = W_1 + W_2 \end{cases}$$

第一个约束条件表示第二个人的效用不小于 $\overline{U}$ 的水平，第二个约束条件表示消费品的总开支等于总财富。构造拉格朗日函数，并把 x_2 代入得到：

$$L = U^1(x_1, G) + \lambda\{U^2[W_1 + W_2 - x_1 - C(G), G] - \overline{U}\}$$

根据最优化问题的一阶条件：

$$\frac{\partial L}{\partial x_1} = U_x^1 - \lambda U_x^2 = 0$$

$$\frac{\partial L}{\partial G} = U_G^1 - \lambda U_x^2 C'(G) + \lambda U_G^2 = 0$$

所以，$\dfrac{U_G^1}{U_x^1} + \dfrac{U_G^2}{U_x^2} = C'(G)$。

在最优条件下，所有居民的私人产品与公共产品之间边际替代率的总和要等于生产公共品的边际成本。由于私人产品是用货币度量的，因此$\dfrac{U_G^i}{U_x}(i=1, 2)$就表示增加一单位的公共产品，最多愿意牺牲的货币数量，也就是公共产品的需求函数 $P(G)$，这样上式可以重写成：

$$P_1(G) + P_2(G) = MC(G)$$

此即为公共物品需求曲线的纵向相加的理论依据，如图 19－1 所示。

(6)林达尔定价

①林达尔定价的定义

林达尔通过一个新的定价方法来建立起一个类似于私人物品竞争性均衡的公共物品的均衡模型，称为林达尔均衡。在林达尔的均衡中，不是所有消费者面临一个公共的(相同的)

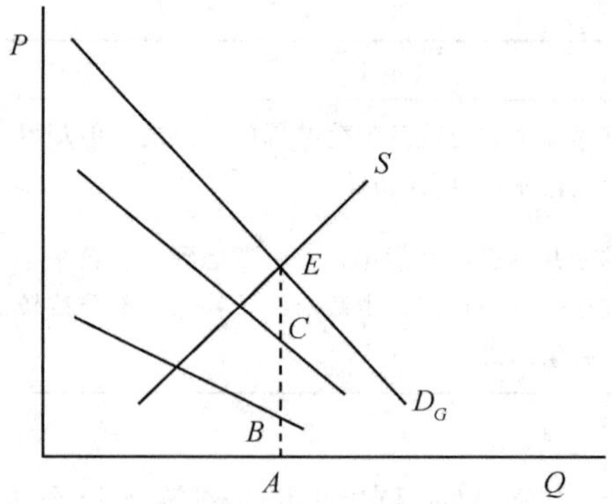

图 19－1　公共品需求的加总

价格，而是全部消费者有一个公共的数量；不是总产量在全体消费者之间分配，而是总成本在消费者之间分摊。因此，要尽量使每个消费者面临的价格符合其对公共物品的真实评价（或偏好）。这样就使得消费者愿意支付的价格总和正好等于公共物品的总成本。于是生产的约束条件就变成总收入等于总成本。

②林达尔定价的缺点

公共品问题中的搭便车激励很强，消费者知道自己的税赋比例将基于其报告的需求，因此有动机低报需求以搭便车，这导致难以获取计算林达尔均衡分摊比例所需的信息。由于无法准确获得消费者在面临价格时对公共品的真实评价，林达尔解决方案可能因此失效。

5. 投票和资源配置

(1)多数原则

多数原则是指一项决策须经半数以上人赞成，才能获得通过的一种投票规则。多数投票规则的实质，是"少数服从多数"。由于一致同意规则具有很高的决策成本，因此多数同意规则成为在实践中最为普遍运用的投票规则。

(2)投票悖论

投票悖论是指在集体决策过程中，尽管每个个体的偏好是理性的，但通过多数投票规则可能导致集体偏好出现循环或不一致的现象。具体表现为：

①循环偏好：例如，选民 A 偏好 X＞Y＞Z，选民 B 偏好 Y＞Z＞X，选民 C 偏好 Z＞X＞Y。在多数投票下，X 胜过 Y，Y 胜过 Z，但 Z 又胜过 X，形成循环。

②不一致结果：不同的投票顺序可能导致不同的集体选择结果，缺乏稳定的最优选择。

投票悖论揭示了多数投票规则可能无法产生一致的集体决策，影响决策的公平性和效率。

6. 投票机制

(1)格罗夫斯机制

格罗夫斯机制是一种在机制设计理论中用于解决公共品提供问题的激励相容机制。其主要目的是确保参与者能够诚实地报告他们对某项公共品的真实估价或偏好，从而实现社会福利的最大化。

①支付规则：每个参与者的支付取决于所有其他参与者的选择和自己的选择。具体来说，如果某个参与者改变了自己的选择而其他人保持不变，那么这个参与者所承担的成本变化应该等于他对整个社会成本的影响。

②激励相容性：通过特定的设计，使得每个参与者发现最有利可图的行为就是诚实报告自己对于公共品的真实价值评估。这意味着，在给定他人行为的情况下，没有一个个体能通过撒谎来获得更好的结果。

(2)克拉克机制

克拉克机制同样需要向个人询问他对公共项目的净估值，不过与格罗夫斯机制不同的是，克拉克机制主要关注“关键投票人”——关键投票人是指他们报告的估值能够改变总体估值的正负。非关键投票人报告的估值不会改变决策，所以非关键投票人会倾向于报告真实估值。

19.2 课后习题详解

1. 一个完全竞争行业中的一家厂商首创了一种制作小机械品的新技术。新技术使厂商的平均成本曲线下移，这意味着这家厂商自己(尽管仍是一个价格接受者)能在长期获得真正的经济利润。

a. 如果每件小机械品的市场价格是20美元，厂商的边际成本曲线为 $MC=0.4q$，其中 q 是厂商每天的小机械品产量，那么厂商将生产多少小机械品？

b. 假定政府研究发现厂商的新技术污染空气，并且估计厂商生产小机械品的社会边际成本是 $SMC=0.5q$。如果市场价格仍为20美元，那么该厂商的社会最优生产水平是多少？为了实现这个最优生产水平，政府应征收多大比例的税收？

c. 用图形表示你的结果。

解：a. 对于完全竞争性厂商而言，其最优产量决策应当满足 $P=MC$，即 $20=0.4q$，解得 $q=50$。

b. 从政府的角度讲，厂商的最优产量决策应当满足 $P=SMC$，即 $20=0.5q$，解得 $q=40$。为了使厂商生产全社会有效水平的产量 $q=40$，政府应当对厂商征税。假设征收从量税 t，则征税后厂商的边际成本为 $MC(t)=0.4q+t$，那么厂商的最优产量决策满足：

$$P=0.4q+t \qquad ①$$

把 $P=20$ 和 $q=40$ 代入①式中，解得 $t=4$。

若以从价税来表示，则有：

$$P(1-t)=MC=0.4q$$

将价格20和产量40代入得到：

$$t=0.2$$

c. 问题a和问题b中的结果如图19-2所示。

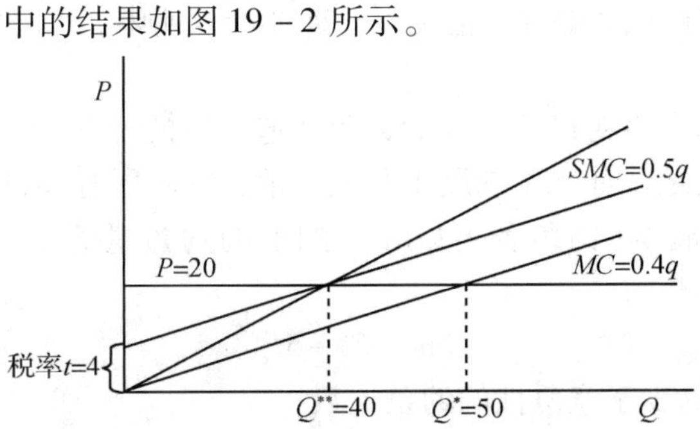

图19-2 通过征税限制污染量

2. 在 Pago 岛上，有 2 个湖和 20 个垂钓者。每个垂钓者可以在任意一个湖上垂钓。在 x 湖上，被钓到的鱼的总数由下式给出：

$$F^x = 10l_x - \frac{1}{2}l_x^2$$

其中，l_x 是在湖上垂钓的人数。y 湖的钓鱼数量为：

$$F^y = 5l_y$$

a. 在协会的组织下，钓到的鱼的总数会是多少？

b. Pago 岛的管理者曾经读过一本经济学的书，认为通过限制在 x 湖上垂钓的人数可以增加钓到的鱼的数量。为了最大化总的钓鱼量，被准许在 x 湖上垂钓的人数应是多少？在这种情况下钓到的鱼的总量是多少？

c. 与强制机制相反，管理者决定发放在 x 湖上垂钓的执照。如果发放执照会带来最优的人力配置，那么，（为了垂钓而）获取执照的费用应该是多少？

d. 解释这个问题如何揭示产权和外部性之间的联系。

解：a. 由题可知，$l_x + l_y = 20$。钓到鱼的总数为：

$$F^T = F^x + F^y = 10l_x - 0.5l_x^2 + 5l_y = 10l_x - 0.5l_x^2 + 5(20 - l_x) = 5l_x - 0.5l_x^2 + 100$$

在协会的组织下，每个湖每人平均的钓鱼量将相等，从而有：

$$\frac{F^x}{l_x} = \frac{F^y}{l_y}$$

即：$10 - 0.5l_x = 5$，从而可以解得：$l_x = 10$，$l_y = 10$。

从而可知在协会的组织下，钓鱼总数为：$F^T = 50 - 0.5 \times 100 + 100 = 100$。

b. 总钓鱼量的函数为：

$$F^T = 5l_x - 0.5l_x^2 + 100$$

最大化的一阶条件为：$\frac{\mathrm{d}F^T}{\mathrm{d}l_x} = 5 - l_x = 0$。

解得：$l_x = 5$，从而 $l_y = 15$。

最大化的钓鱼量为：$F^T = 5 \times 5 - 0.5 \times 5^2 + 100 = 112.5$。

c. 在协会组织下，x 湖的钓鱼量为：$F_1^x = 50$，每人平均钓鱼量为 $50 \div 10 = 5$。

在 x 湖限制钓鱼人数的情况下，其钓鱼量为：$F_2^x = 37.5$，平均每人钓鱼量为 $37.5 \div 5 = 7.5$。

因而执照费用为 $7.5 - 5 = 2.5$。

d. 该例子证明了在存在外部性的情况下，即使产权明晰，“竞争性”资源配置也可能并非最优。

x 湖上新增一位钓鱼者将对已经在那的钓鱼者造成负的外部性，因为它将降低平均钓鱼量。此处，x 湖被视为公地。如果 x 湖属于私人领地，它的所有者将选择 l_x 来最大化总钓鱼量与每个钓鱼者的机会成本（钓鱼者可以在 y 湖上的钓鱼量 5）之差，即私人所有者的问题是：

$$\max F^x - 5l_x$$

从而解得：$l_x = 5$，这少于竞争性的钓鱼人数。

3. 假设乌托邦的石油工业是完全竞争的，所有的企业都在一个（不会耗竭的）油田上抽油。假定每个竞争者都认为自己能以稳定的世界市场价格（每桶 10 美元）出售其生产的全部

石油，而每年维持一口油井的经费是 1000 美元。

油田每年的总产出(Q)是油田中工作的油井数(n)的函数。有：

$$Q = 500n - n^2$$

并且，每口油井的产油量(q)由下式得出：

$$q = \frac{Q}{n} = 500 - n$$

a. 描述在这种完全竞争情况下的均衡产出和均衡油井数。在行业中私人边际成本和社会边际成本是否存在差异？

b. 假定现在政府对油田实行国有化。应该有多少口油井投入运营？总产出将是多少？每口井的产出将是多少？

c. 作为国有化之外的一种选择，乌托邦政府正在考虑通过对每口油井征收执照费的办法来抑制过度开采。如果要促使这个行业开采最佳数量的油井，这种执照费应为多少？

解：a. 由题可知：$AC = MC = 1000$(美元/井)。

在完全竞争的情况下，每口井的利润都为零，从而有：

$$10q = 5000 - 10n = 1000$$

从而可以解得：$n = 400$。

在行业中私人边际成本和社会边际成本存在着差异，因为此时存在着外部性，多打一口油井就会降低所有油井的产量。

b. 在油井国有化的情况下，国家将实现产油收益最大化，即有：$VMP = MC$。

因为总产量为：$Q = 500n - n^2$，所以 $VMP = P \cdot MP = 5000 - 20n = 1000$，从而解得：$n = 200$，即国家会打 200 口油井。此时总产出为：$Q = 500 \times 200 - 40000 = 60000$，每口油井的产出为：$q = 60000 \div 200 = 300$。

c. 由问题 b 可知，最优的打井数量为 200，此时每口井的平均收益为：$300 \times 10 = 3000$(美元)。假设每口井执照费为 x，则由：$3000 - x = 1000$ 可得：$x = 2000$(美元)，即为了使油井数量实现最优，政府对每口井应该征收的执照费为 2000 美元。

4. 关于产品安全有很多法律争论。两种极端的情况是“商品售出，概不退换”(让买主小心)和“包退包换”(让卖主小心)。在前一种情况下，生产者对其产品的安全没有责任，买主承担全部损失。在后一种情况下，上述责任安排刚好相反，厂商依照法律对产品不安全导致的损失负完全责任。请运用简单的供求分析方法，讨论这种责任安排将会对资源配置产生什么影响。如果厂商严格依照法律，会生产出安全的产品吗？可能出现的信息不对称会对你的结果产生什么影响？

解：如图 19－3 所示，买者的需求曲线为 D，卖者拥有水平的供给曲线 S。在“商品售出、概不退换”下，买者将承担所有损失。当责任制发生变化时，供给和需求曲线都将发生变化：在“包退包换”下，损失(L)将由厂商承担，因而供给曲线将从 S 上移至 S'；买者此时将不必支付这些损失，从而他们的需求曲线将上移 L 至 D'。最终市场价格从 P_1 上涨至 P_2，产出水平保持在 Q^* 处不变。

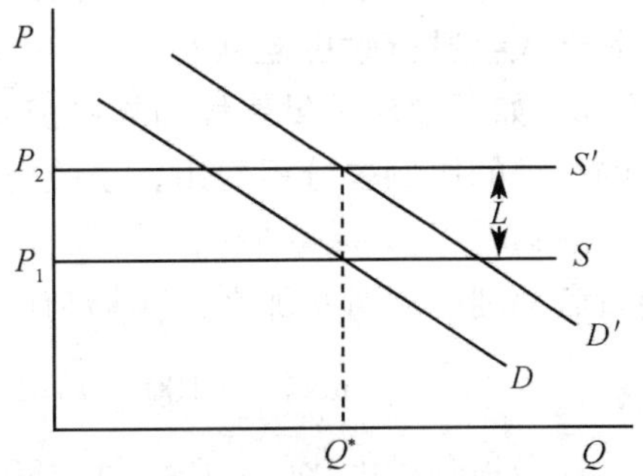

图 19－3　不同责任制对供给和需求曲线的影响

在信息不对称的情况下，仅当“商品售出，概不退换"与"包退包换"这两种责任制下存在巨大的信息成本，才有可能导致不同的均衡。也有可能 L 是责任制的函数(道德风险问题)，这也可能导致不同的均衡。

5. 假定一垄断者引致了有害的外部性。请使用消费者剩余的概念分析对污染者征收最优税收对改善福利是否是必要的。

答：对污染征收一个最优税收对改善福利未必是必要的。

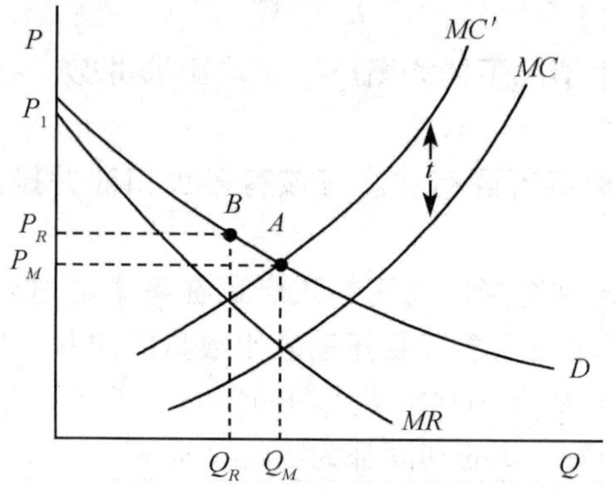

图 19－4　税收未必导致社会最优

如图 19－4 所示，未征税前，垄断者的产量为 Q_M，垄断价格为 P_M。如果社会边际成本为 MC，则 Q_M实际上恰好等于社会最优的产出水平。此时消费者剩余为 P_1P_MA。

每单位产品征税 t 将使垄断者的产出水平变为 Q_R，此时产出水平低于社会最优的产出水平，市场价格上升为 P_R。此时消费者剩余减少为 P_1P_RB。因而最优税收反而导致了福利的恶化。

因为税收总是导致产出的减少，所以只有在社会最优的产出水平低于垄断产量 Q_M的情况下，才可以通过税收来使产量减少为社会最优水平，从而改善社会福利。但是在许多情况下，税收却导致产出低于社会最优产量。

6. 假定社会上只有两个人。对 A，蚊虫控制的需求曲线为：

$$q_a = 100 - p$$

对 B，蚊虫控制的需求曲线为：

$$q_b = 200 - p$$

a. 假定蚊虫控制是纯公共品，即一旦生产出来，每个人都会从中受益。如果它能以每单位 120 美元的不变边际成本得到，那么其最优水平是多少？

b. 如果蚊虫控制由私人市场来进行，又会提供多少？你的答案是否取决于每个人都假定其他人会进行蚊虫控制？

c. 如果政府提供最优的蚊虫控制规模，这将花费多少？如果个人按其从蚊虫控制中所得的好处的比例去分担费用，税收将怎样在两个人之间分配？

解：a. 公共品的最优供给数量应当使得社会福利最大化，这里用消费者剩余作为每个消费者福利的度量，那么社会福利最大化问题为：

$$\max_Q \int_0^Q (100 - t)\,\mathrm{d}t + \int_0^Q (200 - t)\,\mathrm{d}t - 120Q = 180Q - Q^2$$

社会福利最大化的一阶条件：$180 - 2Q = 0$，解得 $Q = 90$。

b. 给定 B 对蚊虫控制的提供量为 q_b，因为 A 为蚊虫控制愿意支付的最高价格(100)低于进行蚊虫控制的边际成本(120)，所以 A 的最优选择就是不提供蚊虫控制，即 $q_a = 0$。给定 A 不会选择提供，B 选择使自己福利最大化的蚊虫控制的供应量：

$$\max_{q_b}\int_0^{q_b}(200-t)\,dt-120q_b=80q_b-\frac{1}{2}q_b^2$$

由最大化一阶条件：$80-q_b=0$，解得 $q_b=80$，因此蚊虫控制的总供应量为 $q_a+q_b=80$，低于有效供应水平。

c. 如果由政府提供最优的蚊虫控制规模，这将花费 $120\times90=10800$。把 $q^*=90$ 代入 A、B 两人的需求曲线，可得：$p_a=10$，$p_b=110$。如果个人会按其从蚊虫控制中所得的好处的比例去分担费用的话，A 支付的税收为 $T_a=q^*\times p_a=90\times10=900$，B 支付的税收为 $T_b=q^*\times p_b=90\times110=9900$。两消费者在总税收中负担比例为：$\frac{T_a}{T_b}=\frac{900}{9900}=\frac{1}{11}$。

7. 设一个经济生产一种公共品 x 和一种私人商品 y，其生产可能性边界为：$100x^2+y^2=5000$。

这个经济中有 100 个相同的人，每个人的效用函数为：

$$\text{效用}=\sqrt{xy_i}$$

其中，y_i 是消费者享受的私人商品的数量（$=y/100$），注意，公共品是非排他的，每个人享受的数量都等于生产水平。

a. 如果商品 x 和 y 的市场是完全竞争的，这些商品各会生产多少？每个人的效用会是多少？

b. 商品 x 和 y 的最优生产水平是多少？此时每个人的效用水平是多少？如何对 y 商品的消费征税才能得到这种结果？提示：这个问题的结果不是整数，只需得到近似的结果即可。

解： a. 市场达到竞争性均衡时，每个消费者的边际替代率相同，都等于产品的边际转换率，即

$$MRS_{x,y}^i=RPT_{x,y},\ i=1,\ 2,\ \cdots,\ 100$$

从而得到：

$$\frac{y_i}{x}=\frac{100x}{y} \qquad ①$$

因为每个人的效用函数都相同，所以利用对称性可知，达到竞争性均衡时，每个人消费的私人品的数量相同，即 $y_1=y_2=\cdots=y_{100}=y/100$，从而①式变为：

$$\frac{y}{100x}=\frac{100x}{y} \qquad ②$$

联立②式和生产可能性边界方程 $100x^2+y^2=5000$，解得 $x=0.704$，$y=70.4$，从而 $y_i=0.704$，此时每个人的效用为 $u^i=0.704$。

b. 根据公共品供给的萨缪尔森加总规则，公共品和私人品达到最优分配时应当满足如下条件：

$$\sum_{i=1}^{100}MRS_{x,y}^i=RPT_{x,y}$$

即：

$$\sum_{i=1}^{100}\frac{y_i}{x}=\frac{100x}{y} \qquad ③$$

因为每个人的效用函数都相同，所以利用对称性可知，达到最优时，每个人消费的私人品的数量相同，即 $y_1 = y_2 = \cdots = y_{100} = y/100$，从而③式变为：

$$\frac{y}{x} = \frac{100x}{y} \quad ④$$

④式和生产可能性边界方程 $100x^2 + y^2 = 5000$，联立解得 $x = 5$，$y = 50$，从而 $y_i = 0.5$，$i = 1, 2, \cdots, 100$。此时每个人的效用为 $\sqrt{xy_i} = 0.5\sqrt{10}$。政府可以通过向消费者消费公共品征收数量税，使得在竞争条件下公共品的供给达到有效数量。假设私人品的价格为1(这相当于把私人品作为计价物)，公共品的税率为 t，那么达到竞争性均衡时，每个消费者的边际替代率相同，都等于私人品和公共品的价格之比(公共品的价格即税率)，即 $MRS^i_{x,y} = t$，从而得到：

$$\frac{y_i}{x} = t \quad ⑤$$

把 $x = 5$ 和 $y_i = 0.5$ 代入⑤式中，解得 $t = 0.1$。

8. 了解更多林达尔均衡的知识

在本章中对公共品的分析使用了只有两个消费者的模型。这个结果可以推广到 *n* 个人。

a. *n* 个人的经济中，公共品有效生产的条件是什么？解释在这些条件中反映出来的公共品的特征。

b. 提供公共品给 *n* 个人的纳什均衡是什么？解释这个均衡为什么是无效率的。为什么公共品的供给不足比在两个人的经济中更严重？

c. 林达尔的解决方法如何推广到 *n* 个人的情况？在这个更复杂的模型中一定存在林达尔均衡解吗？

解：a. 此时，有效分配资源的必要条件为

$$\max_{y_s^1,\cdots y_s^n} U^1(x,\ y^{1*} - y_s^1)$$

$$s.t.\ \ U^i(x,\ y^{i*} - y_s^i) = \overline{U^i},\ i = 2,\ \cdots,\ n$$

$$x = f(y_s^1 + y_s^2 + \cdots + y_s^n)$$

拉格朗日函数为：

$$L = U^1(x, y^{1*} - y_s^1) + \sum_{i=2}^{n} \lambda_i [U^i(x, y^{i*} - y_s^i) - \overline{U^i}]$$

解得

$$\begin{cases} \dfrac{\partial L}{\partial y_s^1} = U_1^1 f' - U_2^1 + \sum\limits_{i=2}^{n} \lambda_i U_1^i f' = 0 \\ \dfrac{\partial L}{\partial y_s^2} = U_1^1 f' - \lambda_2 U_2^2 + \sum\limits_{i=2}^{n} \lambda_i U_1^i f' = 0 \\ \cdots \\ \dfrac{\partial L}{\partial y_s^i} = U_1^1 f' - \lambda_i U_2^i + \sum\limits_{i=2}^{n} \lambda_i U_1^i f' = 0 \\ \cdots \\ \dfrac{\partial L}{\partial y_s^n} = U_1^1 f' - \lambda_n U_2^n + \sum\limits_{i=2}^{n} \lambda_i U_1^i f' = 0 \end{cases}$$

得到 $\lambda_i U_2^i = U_2^1$，$i=2$，…，n，$\frac{U_1^1}{U_2^1} + \sum_{i=2}^{n} \frac{\lambda_i U_1^i}{\lambda_i U_2^i} = \frac{1}{f'}$，即 $\sum_{i=1}^{n} MRS^i = \frac{1}{f'}$。

其中，边际替代率相加表明每个人消费相同数量的公共品，体现了公共品的非排他性，而$\frac{1}{f'}$独立于每个消费者体现了公共品的非竞争性。

b. 纳什均衡时，对于消费者 i，他面临的选择为

$$\max_{y_s^i} U^i \left[f(\sum_{k=1}^{n} y_s^i), y^{i*} - y_s^i\right]$$

最大化的一阶条件为$\frac{U_1^i}{U_2^i} = MRS^i = \frac{1}{f'}$。

对消费者 i 的分析同样适用于对其他消费者的分析，因此纳什均衡为

$$MRS^i = \frac{1}{f'},\ i=1,\ 2,\ \cdots,\ n$$

此时，$\sum_{i}^{n} MRS^i = \frac{n}{f'} > \frac{1}{f'}$，因此，纳什均衡是无效率的。问题在于每个人只考虑他投资公共品时自己的收益，而不考虑给别人带来的收益。在有很多消费者的情况下，直接的收益可能很小，此时每个人成为了纯粹的搭便车者，希望从别人的花费中得到收益。如果每个人都选择这种战略，就不会有资源被捐助到公共品中了。

c. 假设消费者 i 被要求支付的比例为 α^i。此时，消费者 i 面临的选择问题为：

$$\max_{x} U^i[x,\ y^{i*} - \alpha^i f^{-1}(x)]$$

利润最大化的一阶条件为：$\frac{U_1^i}{U_2^i} = MRS^i = \frac{\alpha^i}{f'}$，从而 $\alpha^i = MRS^i \cdot f'$。当均衡为有效率时，$\sum_{i=1}^{n} MRS^i = \frac{\sum_{i=1}^{n}\alpha^i}{f'} = \frac{1}{f'}$，因此林达尔均衡解为 $\sum_{i=1}^{n} \alpha^i = 1$。

9. 对污染征税

假设有 n 个企业生产同样的产品，但它们的生产函数不同。这些企业的产出只由劳动投入决定，所以生产函数可以写为 $q_i = f_i(l_i)$。企业在生产过程中会造成一定的污染，各个企业产生的污染量是其劳动投入的函数 $g_i(l_i)$。

a. 假定政府想设置一个总污染上限 K，那么企业间最有效率的劳动配置是怎样的?

b. 依据企业的产量对企业征收统一的庇古税能否实现问题 a 中描述的有效率的资源配置?

c. 假定政府不是根据企业的产量征税，而是对每单位污染征收庇古税。那么应该怎样制定税收? 这一税收能否实现问题 a 中描述的资源配置?

d. 这道题对采取污染控制策略有什么启示? 想了解更多相关的内容，可以阅读本章扩展部分。

解： a. 当企业间整体达到利润最大化时，劳动的配置是有效率的，企业面临的选择问题为：

$$\max_{l_1,\cdots,l_n} p\sum_{i=1}^{n} f_i(l_i) - w\sum_{i=1}^{n} l_i$$

$$s.t.\ \sum_{i=1}^{n} g_i(l_i) = K$$

利润最大化的一阶条件为：

$$pf'_i - \lambda g'_i = w$$

$$K - \sum_{i=1}^{n} g_i(l_i) = 0$$

即对于每个企业而言，劳动的最佳投入为劳动的净边际产出等于工资，劳动的净边际产出定义为劳动的边际产出减去由影子价格衡量的污染的边际成本。

b. 此时，企业 i 面临的选择问题为：

$$\max_{l_i} \pi_i = pf_i(l_i) - wl_i - tf_i(l_i)$$

利润最大化的一阶条件为：$\frac{\partial \pi_i}{\partial l_i} = pf'_i - w - tf'_i = 0$，即 $f'_i = \frac{w}{p-t}$。

因此，当对企业的产量征收统一的庇古税时，会减少每个企业雇用的劳动和产量。但是此时的庇古税只作用于企业的边际产出，而对企业的污染没有影响。

c. 当对每单位污染征收庇古税时，企业 i 面临的选择问题为：

$$\max_{l_i} \pi_i = pf_i(l_i) - wl_i - tg_i(l_i)$$

利润最大化的一阶条件为：$\frac{\partial \pi_i}{\partial l_i} = pf'_i - w - tg'_i = 0$。

因此，当 $t = \lambda$ 时，税收能使劳动达到问题 a 中的最有效率配置。

d. 题目的分析表明，对污染采取适当的税收措施能使企业间的产出达到有效率配置，而对产量征税则无法实现有效率的均衡。

10. 投票交易

假定社会上有三个人要对三种社会状态（A、B 与 C）排序。对于下述每一个社会选择方法，请至少举一个例子说明 A、B、C 的社会排序结果要么是非传递的（正如投票悖论描述的那样），要么是不能确定的。

a. 没有投票交易的多数原则。

b. 有投票交易的多数原则。

c. 用记点的办法投票，在这种情况下，每个投票者对每个方案可以给出 1、2、3 点，总点数最高的方案被选中。

解：假定此时的个人偏好为：

个人	偏好
1	$C > A > B$
2	$A > B > C$
3	$B > C > A$

a. 在没有投票交易的多数原则下，此种偏好下，社会的排序结果为 A 优于 B，B 优于 C，C 优于 A，是非传递的。

b. 假设 3 号非常厌恶 A，那么他可能与 1 号达成如下交易：如果 1 号在 A 和 B 之间选择 B，那么 3 号将在 B 和 C 之间选择 C。此时，多数原则下社会排序结果为 C 优于 A，C 优于 B，B 优于 A。这表明 3 号对最后的社会排序有很大的决定权，因为只有 3 号认为 B 优于 A，此时违反了阿罗不可能定理中的不存在独裁的原则。

c. 此时，假设每个人对最优偏好的选择给出 3 点，次优的选择给出 2 点，最厌恶的选择给出1点。在此原则下，A、B和C都将得到6点，因此社会排序不能确定。此时，如果引入一个不相关的选择D，则可能得到一个确定的社会排序。

11. 失业保障的公共选择

假设消费者明年被解雇的概率为u。他们如果被解雇，则会得到失业保障b，如果仍被雇用，则工资为$w(1-t)$，其中t是用来支付失业保障的税率。政府用于支付失业保障的预算约束为$ub=tw(1-u)$。

a. 假设每个人的效用函数为$U=(y_i)^{\delta}/\delta$，其中$1-\delta$度量了不变的相对风险厌恶。使其效用最大化的b和t为多少呢？

b. 效用最大化时对b和t的选择如何对失业率u的变化作出反应？

c. b和t如何变化以应对风险厌恶参数δ的变化？

解：a. 此时，消费者面临的选择问题为：

$$\max_{b,t} E(U)=(1-u)\frac{[w(1-t)]^{\delta}}{\delta}+u\frac{b^{\delta}}{\delta}$$

$$s.t.\quad ub=tw(1-u)$$

解得：$t=u$，$b=w(1-t)=w(1-u)$。

b. 由$\frac{dt}{du}=1$，$\frac{db}{du}=-w$可知当失业率增加一个单位时，t增加一个单位，b减少w个单位。

c. 由求解结果可知t和b独立于δ，不随δ变化而变化。

12. 概率投票

概率投票是一种模型化投票过程的方式，它能够把连续性引入个人的投票决策中。通过这种方式，我们就能在计算中使用微积分工具。下面介绍概率投票的一种简单形式。假设有n个投票人和两个候选人(A和B)。每个候选人都进行竞选演说，并向各投票人承诺一个净收益或者净损失。这些演说记为θ_i^A和θ_i^B，其中$i=1,\cdots,n$。投票人i会给A投票的概率为

$$\pi_i^A=f(U_i(\theta_i^A)-U_i(\theta_i^B))$$

其中$f'>0>f''$。投票人i会给B投票的概率为$\pi_i^B=1-\pi_i^A$。

a. 在给定每个候选人约束$\sum_i\theta_i^A=\sum_i\theta_i^B=0$的条件下，各候选人会选择怎样的演说策略以最大化他赢得选举的概率？

b. 对于两个候选人，是否存在纳什均衡的演说策略？

c. 候选人采取的演说策略是不是社会最优的策略，也就是说，他们的策略能够最大化功利主义的社会福利吗？[社会福利为$SW=\sum_i U_i(\theta_i)$。]

解：a. 候选人A面临的选择问题为：

$$\max_{\theta_i^A,i=1,\cdots,n}\sum_{i=1}^{n}\pi_i=\sum_{i=1}^{n}f[U_i(\theta_i^A)-U_i(\theta_i^B)]$$

$$s.t.\quad \sum_{i=1}^{n}\theta_i^A=0$$

候选人B面临的选择问题为：

$$\max_{\theta_i^B, i=1,\cdots,n} n - \sum_{i=1}^{n} \pi_i = n - \sum_{i=1}^{n} f[U_i(\theta_i^A) - U_i(\theta_i^B)]$$

$$s.t. \sum_{i=1}^{n} \theta_i^B = 0$$

拉格朗日函数为：

$$L_1 = \sum_{i=1}^{n} f[U_i(\theta_i^A) - U_i(\theta_i^{B*})] + \lambda_A(0 - \sum_{i=1}^{n} \theta_i^A)$$

$$L_2 = n - \sum_{i=1}^{n} f[U_i(\theta_i^{A*}) - U_i(\theta_i^B)] + \lambda_B(0 - \sum_{i=1}^{n} \theta_i^B)$$

其中 θ_i^{A*} 是 A 的最佳演说策略，θ_i^{B*} 是 B 的最佳演说策略。

解得 $f'U_i' = \lambda_A$，$f'U_i' = \lambda_B$。

b. 从博弈论的角度而言，这个概率投票模型是一个拥有连续策略集的零和博弈。由博弈论的理论可知纳什均衡存在。纳什均衡的策略集为：

$$EV_1(\theta_1, \theta_2^*) \leqslant EV_1(\theta_1^*, \theta_2^*) \leqslant EV_1(\theta_1^*, \theta_2)$$

其中

$$EV_1 = \sum_{i=1}^{n} \pi_i = \sum_{i=1}^{n} f[U_i(\theta_i^A) - U_i(\theta_i^B)]$$

c. 当社会福利最大化时，有：

$$\max_{\theta_i, i=1,\cdots,n} \sum_{i=1}^{n} U_i(\theta_i)$$

$$s.t. \sum_{i=1}^{n} \theta_i = 0$$

解得：$L = \sum_{i=1}^{n} U_i(\theta_i) + \lambda(0 - \sum_{i=1}^{n} \theta_i)$，$\frac{\partial L}{\partial \theta_i} = U_i' - \lambda = 0$。

对每个候选人而言，由问题 a 可知他们的最佳策略为 $f'U_i' = \lambda$，其中，λ 是个常数，而 f' 对每个投票人相同，因此上式意味着 U_i' 对每个投票人相同，这正好满足社会福利最大化的条件。因此，候选人的演说策略是社会的最优策略。